ROSS EDGLEY

WERDE UNBESIEGBAR

Bibliografische Information der Deutschen Nationalbibliothek:
Die Deutsche Nationalbibliothek verzeichnet diese Publikation in der Deutschen Nationalbibliografie; detaillierte bibliografische Daten sind im Internet über https://dnb.de/ abrufbar.

Für Fragen und Anregungen:
info@m-vg.de

Wichtige Hinweise
Dieses Buch ist für Lernzwecke gedacht. Es stellt keinen Ersatz für eine individuelle medizinische Beratung dar und sollte auch nicht als solcher benutzt werden. Wenn Sie medizinischen Rat einholen wollen, konsultieren Sie bitte einen qualifizierten Arzt. Der Verlag und der Autor haften für keine nachteiligen Auswirkungen, die in einem direkten oder indirekten Zusammenhang mit den Informationen stehen, die in diesem Buch enthalten sind.

Ausschließlich zum Zweck der besseren Lesbarkeit wurde auf eine genderspezifische Schreibweise sowie eine Mehrfachbezeichnung verzichtet. Alle personenbezogenen Bezeichnungen sind somit geschlechtsneutral zu verstehen.

4. Auflage 2026

Türkenstraße 89
80799 München
Tel.: 089 651285-0

Die englische Originalausgabe erschien 2020 bei HarperCollins Publishers Ltd. unter dem Titel *The Art of Resilience*.

Übersetzung: Mark Bergmann
Redaktion: Julia Kaumeier
Umschlaggestaltung: Marc-Torben Fischer
Umschlagabbildung: © Olaf Pignataro/Red Bull Content Pool
Illustrationen: Liane Payne © HarperCollins Publishers 2020
Satz: Daniel Förster, Belgern
Druck: GGP Media GmbH, Pößneck
Printed in Germany

ISBN Print 978-3-7423-1603-5
ISBN E-Book (PDF) 978-3-7453-1286-7
ISBN E-Book (EPUB, Mobi) 978-3-7453-1307-9

ROSS EDGLEY

WERDE UNBESIEGBAR

Strategien für maximale Widerstandskraft und Willensstärke

riva

Vielen Dank an meinen Vater,
den größten stoischen Sportler,
den ich kenne.

INHALT

VORWORT

VON ANT MIDDLETON

Allein diese Zahlen sind atemberaubend: 2865 Kilometer, 157 Tage auf See, eine halbe Million verbrannte Kalorien und über zwei Millionen vollendete Schwimmzüge. Doch am meisten umgehauen hat mich diese Zahl: null Tage krank.

Ich hatte geglaubt, dass es schon schwer genug sei, Großbritannien mit dem Boot zu umsegeln. Wer sollte so verrückt sein, den ganzen Weg zu schwimmen? Deshalb wollte ich einer der Ersten sein, die Ross gratulierten, als er nach fünf Monaten draußen im Meer sein Mammutprojekt, den »Great British Swim«, erfolgreich beendet hatte und am Margate Beach wieder an Land ging. Eines der Dinge, die mir von diesem Tag am stärksten im Gedächtnis geblieben sind, ist, dass er zwar erschöpft war, hungrig, und aussah wie ein Außerirdischer von einem anderen Stern, aber dennoch bis über beide Ohren lächelte. Eines der wichtigsten mentalen Grundprinzipien, die mich durchs Leben gebracht haben, ist eine positive Einstellung. Und wer Ross kennt, muss mir nicht erklären, dass er davor nur so strotzt. Wenn man positiv ist, hat man mehr mentale Energie. Man ist smarter. Eine positive Einstellung kann uns durch die dunkelsten Stunden führen (und beim Lesen dieses Buchs wirst du feststellen, dass Ross einige solcher Stunden erlebt hat).

Was treibt uns über die Schmerzgrenze hinaus an und verleiht uns die Widerstandsfähigkeit, jedes Hindernis zu überwinden, das uns die Natur in den Weg stellt? Was macht den Geist so mächtig, dass er uns ganz unglaubliche Dinge vollbringen lässt? Woher nahm Ross die außergewöhnliche Kraft, derart über die menschliche Natur hinauszuwachsen und etwas zu leisten, das vor ihm niemand sonst geschafft hat?

Auf der Suche nach Antworten auf diese Fragen denke ich zurück an meine Zeit in der Spezialeinheit der Armee und wie ich dort im Training lernte, allen Widrigkeiten zum Trotz mein Schicksal in die Hand zu nehmen. In einer Gefechtssituation musste ich stets abwägen, was passieren könnte, wenn ich etwa durch eine Tür gehe, hinter der ein bewaffneter Feind lauert. Erwischt er mich, bevor ich ihn erwische? Wie groß ist das Risiko, eine Kugel in den Kopf zu bekommen, die mich sofort tötet? Meist waren die Chancen, die ich mir so ausrechnete, äußerst gering, sodass mir nichts anderes übrig blieb, als zu sagen: »Scheiß drauf, das wird schon. Ich gehe jetzt da rein!«

Auch Ross hat sein Schicksal in die Hand genommen, trotz der Quallen in der Straße von Corryvreckan, der Tanker, die seinen Weg kreuzten, der tückischen Strömungen und Strudel, der Winde und Wellen und nicht zuletzt der Stürme. Es ist eigentlich ein Wunder, dass keiner der seltenen Nordseehaie mal kurz vorbeigeschaut hat, um Hallo zu sagen. Ross erfüllte die physischen und mentalen Voraussetzungen und besaß mit seiner Qualifikation als Sportwissenschaftler und Erfahrung im Bereich Ernährung die nötigen Kenntnisse für ein solches Wahnsinnsprojekt. Wenn jemand den Great British Swim erfolgreich meistern konnte, dann Ross. Selbst der beste Schwimmer der Welt hätte es nicht über die erste Woche hinausgeschafft, ohne die nötige mentale Stärke, Widerstandskraft und die Fähigkeit, per Knopfdruck in den Überlebensmodus zu wechseln.

Endlos viele Lektionen hat uns dieses kühne Unterfangen gelehrt: Lass andere Menschen nicht bestimmen, wer du bist! Besiege die Furcht vor dem Unbekannten! Befreie deinen Geist von allem – es gibt nur noch dich und deinen Kampf gegen das Wasser! Beiß die Zähne zusammen, reiß dich am Riemen und zieh das jetzt durch!

Ross ist einer der bodenständigsten und inspirierendsten Menschen, die man sich vorstellen kann. Die Botschaft, die beim Lesen dieses Buchs hängen bleibt, lautet: Du kannst alles schaffen!

Wer wagt, der schwimmt. Viel Glück, Kumpel! Ich könnte nicht stolzer sein, dich als meinen Freund zu bezeichnen. Du bist ein Unikat, ein wahrer britischer Held, und ich kann gar nicht abwarten, welches große (und hoffentlich trockene) Abenteuer dein nächstes ist.

PROLOG

Es ist 10 Uhr morgens, am 31. Januar 2018 im Royal Marines Commando Training Centre in Lympstone, Devon, Großbritannien. Ich hatte gerade eine 48-stündige Schwimmeinheit beendet (und dabei 185 Kilometer im Trainingsbecken der Anlage zurückgelegt), in Vorbereitung auf meinen Weltrekordversuch: die längste strömungsneutrale Strecke aller Zeiten in einem Ozean, einem Meer oder einer Bucht zu schwimmen. Mein ursprünglicher Plan war es, dafür die Bermudainseln zu umrunden, wo das Wasser warm und das Essen lecker ist und ich viele Leute kenne, die ein Boot besitzen, sodass genug Unterstützer bereitgestanden hätten.

Im Offizierskasino (dem Bereich, in dem sich das hochrangige Militärpersonal trifft und isst) setzte ich mich mit meinem guten Freund Ollie Mason zusammen – ein Kapitän der Royal Marines, Rugby-Coach und übergangsweise mein Schwimmtrainer –, um die vergangenen Tage auszuwerten. Wir machten es uns auf ein paar üppigen Ledersofas bequem, tranken Tee und verbrachten die ersten Augenblicke in Stille. Als ich mich so umsah, erschien es mir wie ein großes Privileg, überhaupt hier sein zu dürfen. Hunderte Offiziere waren über die Jahre in diesen Räumen ein- und ausgegangen. Dieser Ort besaß eine zeitlose und doch altmodische Opulenz, mit den Bücherregalen aus massiver Eiche, den Türrahmen aus poliertem Messing, dem Flügel in der Ecke und dem großen Gemälde, das eine Gruppe Kommandotruppen zeigte, die ihre Green Berets erhalten und so zu vollwertigen Royal Marines werden.

Die Stille wurde unterbrochen, als sich einer der älteren Offiziere zu uns setzte.

»Junge«, sagte er und deutete auf meine schrumpeligen Hände und Füße. »Ich habe von deinem 48-Stunden-Schwimmtraining gehört. Für was genau trainierst du denn da?«

Er war groß und hatte gewaltige Hände, in denen die Tasse, aus der er trank, geradezu absurd winzig wirkte. Sein Oberlippenbart war nicht minder beeindruckend. Einen besseren Offizier der Royal Marines hätte sich kein Drehbuchautor ausdenken können.

»Ich trainiere wohl für die längste strömungsneutrale Strecke aller Zeiten«, entgegnete ich.

Er hielt kurz inne, nippte an seinem Tee und blickte nachdenklich in die Tasse, als wolle er dort nach Indizien suchen, bevor er sein Urteil fällt.

»Kann ich ehrlich zu dir sein, junger Mann?«, fragte er schließlich.

»Ja, aber bitte«, antwortete ich, neugierig, was er wohl sagen würde.

»Das klingt ganz schön beschissen.«

Mit einer solchen Meinung hatte ich selbstverständlich nicht gerechnet. Im Grunde hatte ich nicht einmal um seine Meinung gebeten. Im Gegenteil, weder hatte ich mich überhaupt vorgestellt noch kannte ich seinen Namen. Aber den üblichen Austausch von Höflichkeiten hatten wir offenbar übersprungen, um direkt mit einer spontanen Runde Brainstorming zu beginnen.

Nun schaltete sich auch Ollie ein: »Ich will ehrlich sein, Kumpel. Meiner Meinung nach solltest du einfach den Hintern zusammenkneifen und einmal um ganz Großbritannien schwimmen.«

»Warum sollte ich das tun?«, fragte ich, geschockt von der Größenordnung dieses Vorschlags.

»Also mir fallen da mindestens drei Gründe ein«, sagte er. »Das sind etwa 2900 Kilometer, es wäre also die längste in Etappen geschwommene Strecke der Menschheitsgeschichte. Du würdest diesen Rekord damit heim in britische Gewässer holen. Und es klingt nicht so beschissen wie ›ein strömungsneutraler Rekord in Bermuda‹.«

Ich ließ mir seine Logik kurz durch den Kopf gehen. Zunächst verwarf ich die Idee. Völlig erschöpft und mit noch immer jeder Menge Chlor im Hirn schlürfte ich meinen Tee und schüttelte lachend den Kopf, schaudernd beim Gedanken daran, den gesamten Sommer über durch einige der tückischsten Strömungen der Welt die britische Küste auf und ab zu schwimmen.

Doch als im Verlauf des Abends die Teevorräte langsam zur Neige gingen, musste ich gestehen, dass der Vorschlag gar nicht mehr so übel klang. Vielleicht konnte ich aufgrund des Schlafmangels nicht mehr klar denken, doch als ich dort, halb benommen, in meinem riesigen Ledersessel saß, lief der Gedanke, um diesen gigantischen Felsen namens Großbritannien zu schwimmen, in meinem Kopf auf Dauerschleife. Ich dachte plötzlich an all die großen britischen Abenteurer von früher, an Captain James Cook und Ernest Shackleton. Abenteuer und Entdeckungen scheinen uns Briten im Blut zu liegen. Die Vorstellung, in deren Fußstapfen zu treten (auf meine bescheidene Art und Weise), hatte ein Feuer in mir entfacht, das selbst ein energiezehrendes 48-stündiges und 185 Kilometer langes Schwimmtraining nicht mehr zu löschen vermochte.

~

Es ist 19 Uhr am 3. August 2018. 63 Tage und knapp 1300 Kilometer des Great British Swim liegen hinter mir. Ich habe die Straße von Corryvreckan erreicht, eine kleine Meerenge zwischen den Inseln Jura und Scarba vor der schottischen Westküste. Diese Region ist zweifelsohne der ganz wilde Westen Großbritanniens. Im Sommer laufen die gewaltigen Bergketten auf dem Festland in malerische, von Pinien gesäumte grüne Täler aus. Doch im Winter sind dieselben Berge von dichtem Weiß umhüllt, weil arktische Blizzards eine kristallartig schimmernde Schneeschicht auf ihren Gipfeln hinterlassen haben.

Im Moment befinden wir uns irgendwo zwischen Sommer und Herbst. Kilometer um Kilometer des rauen, feuchten Heidelands mit seinen Fjorden und Fjellen nimmt unter den immer schwächer werdenden Sonnenstrahlen langsam eine goldbraune Farbe an. Eine atemberaubende Aussicht, die man genießen könnte, wenn man einen dicken Mantel, eine Wollmütze und warme Thermohandschuhe tragen würde.

Doch nicht, wenn man von acht Grad kaltem Wasser umgeben ist, auf halber Strecke des Versuchs, als erster Mensch Großbritannien zu umschwimmen, die neuntgrößte Insel der Welt.

Und genau dort befinde ich mich gerade, bei etwa Kilometer 1380 des sogenannten Great British Swims. Alles andere als glücklich – und alles andere als gesund.

Nachdem ich durch mörderische Stürme, peitschende Wellen, tückische Strömungen und verschmutzte Wasserstraßen geschwommen bin, funktionieren meine Lunge und meine Gliedmaßen nicht mehr so gut wie gewohnt. Die letzten zwei Monate hatte ich durchweg zwölf Stunden täglich mit Erschöpfung zu kämpfen. Doch so erschöpft wie jetzt war ich noch nie.

Die Erschöpfung steckte mir buchstäblich tief in Sehnen und Bändern. Wegen des vielen Salzwassers begann meine Zunge, sich Schicht für Schicht aufzulösen. (Dieser Zustand nennt sich »Salzzunge«. Dabei geht alle Flüssigkeit im Mund verloren und die obersten Schichten der Zunge beginnen zu erodieren.) Und um all dem die Krone aufzusetzen, zeigten die schottischen Gewässer keine Gnade mit mir. Die Wellen schienen wütend zu sein und türmten sich bösartig vor mir auf.

Meinen anderen Körperteilen war es nicht besser ergangen: Die Schultern wurden immer wieder von den Wellen verdreht, meine Haut war wund gescheuert und gepeinigt von Wassergeschwüren und der bitteren Kälte. Sie war inzwischen ganz rau geworden, hatte ihre natürliche Farbe verloren und dafür einen seltsamen Ton aus Blau, Lila und Grau angenommen, sodass ich aussah, als sei ich nicht von dieser Welt. Meine Nase und Wangen waren durch die ständigen Wellenschläge so stark angeschwollen, dass ich Schwierigkeiten hatte, die Schwimmbrille auf meine immer stärker schmerzenden Augenhöhlen zu setzen.

Doch trotz dieser langen Liste von Beschwerden war ich glücklich, noch immer auf dem Wasser zu sein (statt auf dem Meeresgrund). Der Mann von der örtlichen Küstenwache hatte uns berichtet, dass die Gewässer hier derart tückisch und schon so viele Menschen darin ertrunkenen seien, dass dieser Ort ein fester Bestandteil schottischer Folklore geworden ist. Einheimische Fischer erzählen von einer mythischen Hexengöttin, die über die schottischen Seen und Teiche wacht. Dazu muss ich sagen, dass ich mich – bevor ich in Corryvreckan ankam – nicht gerade als abergläubischen Menschen bezeichnet hätte. Das änderte sich allerdings schnell. Als der heulende Wind so über die Inseln pfiff, machte mich dieser eindringliche Sound, der die Küsten entlangzuschallen schien, glauben, die schottische Mythologie sei tief beleidigt, dass ich etwas wie das hier überhaupt versuchte.

Das galt im Übrigen auch für die wilde schottische Tierwelt. Vögel versammelten sich, um dem Spektakel beizuwohnen, und kreisten über meinem Kopf, in weiter Ferne beobachtete mich eine einsame Möwe. Sie alle mussten sich gewundert haben, was sie da sahen. Weil meine Schultern schon so lange von den Wellen malträtiert wurden, waren meine Schwimmzüge zäh und schwerfällig geworden und ich sah wohl nicht mehr so aus wie die meisten Menschen, die sie bisher gesehen hatten.

In sicherer Entfernung zu diesem seltsamen Wesen, das halb Mensch, halb Tier zu sein schien, beschloss das Team auf dem Support-Boot – der *Hecate* –, dass es an der Zeit sei, mich auf noch mehr Qualen vorzubereiten. Matt (der Kapitän des Great British Swims) und Taz (Matts Sohn und Teamchef) riefen mir von Deck aus laute und präzise Instruktionen zu.

»Du musst die nächsten drei Stunden mit vollem Tempo sprinten«, sagte Matt mit einem Anflug von Empathie, wissend, dass er meinem geschundenen, ausgelaugten Körper damit einiges abverlangte. »Wenn du das schaffst, sind wir raus aus dem Strudel.«

In Anbetracht meines Zustands war ein dreistündiger Sprint ambitioniert. Doch Matt hatte leider recht. Es war die einzige Möglichkeit, durch diesen schäumenden Meeresabschnitt zu gelangen, der als »Strudel von Corryvreckan« berüchtigt ist. In diesem Moment existierten Pacingstrategien, Pausen und Regeneration schlicht nicht mehr – entweder ich schwamm am Limit oder ich schwamm bald gar nicht mehr.

Ich signalisierte Matt und Taz, dass ich bereit war. Vorsichtig rückte ich die Schwimmbrille auf meinen geschwollenen Augen zurecht, stellte den Timer meiner Uhr auf drei Stunden ein und versprach mir selbst, nicht mit dem Schwimmen aufzuhören, bevor ich den Alarm hörte. Kein Strudel und keine mythischen Fabelwesen würden mich von der Aufgabe abhalten können, die nun vor mir lag.

Zug um Zug führte ich einen Kampf der Extreme, zwischen Mut und gesundem Menschenverstand. Meine Arme schmerzten und meine

Lunge protestierte, doch mir war klar, dass all dies besser war als die Alternative: ein Schicksal auf dem Grund des Meeres. In den ersten 40 Minuten flehte ich meinen Körper deshalb an, das unmögliche Tempo zu halten, während wir unseren Angriff auf die Straße von Corryvreckan fortführten. Doch nach etwa einer Stunde konterten die schottischen Gewässer – die auch als der mystische Waschzuber der Hexengöttin bekannt sind – und warfen mir einen weiteren Knüppel zwischen die Beine ... beziehungsweise eine gigantische Qualle direkt ins Gesicht.

Und die war nicht allein; vor mir schwamm eine ganze Armee der Biester. Die Gelbe Haarqualle kann bis zu 25 Kilogramm schwer werden und ihre Tentakel bis zu 1,80 Meter lang. Zwar wurde ich schon oft von Quallententakeln im Gesicht getroffen, doch dieses Mal war etwas anders. Obwohl ich versuchte, die ersten Quallenstiche einfach wegzuschwimmen, spürte ich ein Brennen an Nase und Wangen. Nach zwei Stunden waren die Schmerzen kaum noch auszuhalten. Es fühlte sich an, als würde jemand einen glühenden Schürhaken in mein Gesicht pressen, der mir das Fleisch versengte. Mit jedem weiteren Kilometer konnte ich die Brandblasen spüren, die sich auf meiner Haut bildeten. Nach zweieinhalb Stunden lähmten mich die Schmerzen. Ich spürte, dass ich keine Kontrolle mehr über meine linke Gesichtshälfte hatte, weil das Gift der Qualle in meine Haut einzog und die schmerzhafteste Lähmung verursachte, die ich jemals erlebt hatte. Ohne noch Herr über meinen eigenen Mund zu sein, begann ich zu sabbern, aber Gott sei Dank nicht zu ertrinken. Nach zwei Stunden und 45 Minuten machten die Schmerzen mich blind ... Die Lähmung hatte meine Augen ergriffen und verursachte Tränen, die meine Brille füllten und meine Sicht beeinträchtigten. Als ich mitten in einem Schwimmzug versuchte, die Brille zu richten, bemerkte ich, dass der letzte Hieb einer Qualle mein Gesicht so hart getroffen hatte, dass meine Augenhöhle sich entzündete, wodurch die Ränder der Brille nicht mehr dicht waren.

»Schwimm weiter!«, rief Matt vom Boot aus.

Mit 40 Jahren Erfahrung als Segler wusste er am besten, dass wir uns noch immer unangenehm (und gefährlich) nah an einem der größten und tödlichsten Strudel der Welt befanden.

Weil meine Sicht durch die Tränen und das Salzwasser zunehmend schlechter wurde, war ich inzwischen halb blind ... im offenen Meer ... ohne Orientierungssinn ... Also drosch ich die Brille aus purer Verzweiflung in mein Gesicht. So bekam ich die Ränder irgendwie (schmerzhaft) wieder dicht, konnte ein wenig besser sehen und war so in der Lage, in die Richtung zu sprinten, die Matt mir vorgab.

Nach drei Stunden hatten all die Schmerzen sich endlich gelohnt. Der Alarm meiner Uhr hatte noch nie schöner geklungen als in diesem Moment, in dem er mir signalisierte, dass der Strudel hinter mir lag. Zeit, mich zu freuen, hatte ich allerdings nicht, denn die Schmerzen der Quallenstiche plagten mein Gesicht, meinen Hals und meine Arme.

»Eine Qualle hat mich erwischt«, rief ich der Crew zu.

Taz hastete an den Rand des Boots, um die Situation besser einzuschätzen.

»Meine Haut brennt immer noch«, sagte ich, vor Schmerzen zuckend.

Während Matt sich darauf konzentrierte, präzise den Kurs durch die lebensgefährlichen Gewässer zu halten, nahm Taz mein Gesicht in Augenschein und erkannte sofort, wo das Problem lag. »Das kann ich mir denken«, sagte er und zuckte ebenfalls zusammen. »Der Tentakel ist noch immer um dein Gesicht gewickelt.« Unglaublich – ich hatte durch die gesamte Straße von Corryvreckan einen Quallententakel um mein Gesicht getragen.

Ich schälte den dicken, fetten und giftigen Tentakel ab, der sich irgendwie um das Gummiband der Brille und mein Gesicht gewickelt hatte, und spürte einen kurzen Moment lang Linderung, als die kalte schottische Meeresbrise meine Haut kühlte. Somit war ich in der Lage weiterzuschwimmen und legte noch fünf zusätzliche Kilometer zurück, um die Fänge des Corryvreckan hinter mir zu lassen.

Nachdem ich zurück ins Boot geklettert war, kollabierte ich an Deck, so sehr hatte ich mich mental und körperlich verausgabt. Mir war nun bewusst geworden, dass die konventionellen Regeln des Sports hier draußen nicht galten. In diesem wilden, ungezähmten Winkel Britanniens war meine Schwimmtechnik nicht der limitierende Faktor. Stattdessen werden Abenteuer wie dieses durch die

Fähigkeit entschieden, jedes noch so kleine bisschen mentale Stärke im Körper abzurufen, um die chronische und lähmende Erschöpfung zu besiegen.

In dieser Nacht wurde mir klar, dass dies mehr als eine Schwimmtour war ... Es war die absolut extremste Methode, unbesiegbar zu werden.

~

Es ist 7:45 Uhr am 13. August 2018 und wir befinden uns (immer noch) inmitten der Inneren Hebriden Schottlands.

»Sobald Sie unter dieser Brücke durch sind, ist alles anders«, knurrte der Fischer in einem breiten schottischen Akzent, der alles, was er sagte, noch bedrohlicher klingen ließ. Er war alt, sicher schon über 70, und segelte seit mehr als einem halben Jahrhundert in diesen Gewässern. All seine Erfahrung und alles Seefahrerwissen schienen in jede Falte des zerfurchten und wettergegerbten Gesichts eingekerbt zu sein. Man glaubte, die vielen Jahre, in denen er seinen täglichen Fang einholte, an den schwieligen Händen ablesen zu können.

»Bis jetzt war Schottland noch sanft zu dir«, fuhr er fort.

»Tatsächlich?«, rief ich ungläubig und zog den Kragen meines Pullis herunter, um meine Andenken aus den letzten Schlachten zu zeigen: Wassergeschwüre und eine Haut, die vom Neoprenanzug wund gescheuert war. Quallenstiche und Narben von meiner Nacht mit der Hexengöttin in der Straße von Corryvreckan.

»Wenn das sanft war, würden Sie mir dann verraten, was Ihrer Meinung nach grob ist?«, fragte ich ihn.

»Oh, Junge«, entgegnete er mit einem besorgten Lächeln. »Du bist durch die Inneren Hebriden geschwommen, zwischen den Inseln vor dem schottischen Festland. Die sind ganz nah beisammen, manchmal nur eine Meile voneinander entfernt, und bieten dir Schutz vor Wind und Wellen. Wenn ein Sturm aufzieht, kannst du schnell den nächsten Hafen ansteuern, wo du Essen und Vorräte findest und vielleicht sogar eine Kostprobe der berühmten hebridischen Gastfreundschaft bekommst – inklusive eines regionalen Single-Malt-Whiskys.«

Während er das sagte, deutete er in Richtung Kyle of Lochalsh, einen Ort, in dem noch die uralte gälische Sprache gesprochen und im kleinen Pub mit einem Folkloremusiker gesungen wurde.

»Sobald du unter der Skye Bridge durchgeschwommen bist, gibt es so was nicht mehr«, mahnte er. »Einmal da durch, kommst zu den Äußeren Hebriden und noch weiter raus. Dort gibt es 50 Kilometer weit und breit keinen Schutz vor einem Sturm. Dort oben heißt dich keiner mit einem Whisky willkommen, da gibt's nur 50 Knoten starke arktische Stürme und sechs Meter hohe Wellen. Quallen dürften dann deine kleinste Sorge sein.«

Wir standen erst mal einen Moment lang baff da und starrten stumm in Richtung Skye Bridge. Gut 1,5 Kilometer lang, verbindet sie das schottische Festland und das Dörfchen Kyle of Lochalsh mit der Insel Skye, die bis 1995 nur mit dem Boot erreichbar war. Nun würde das Wasser dort ein wichtiger Meilenstein des Great British Swim werden.

Am Vormittag saß ich auf dem Boot und beantwortete Medienvertretern und einigen Fischern, die von unserer Tour um Großbritannien fasziniert waren, ihre Fragen. Der Gezeitenwechsel hatte begonnen – mein Signal, dass die Zeit für Interviews vorüber war und ein weiterer Schwimmabschnitt vor mir lag. Als die Journalisten und Fischer das Boot verließen, saß ich still mit Matt dort und versuchte vorsichtig, den kalten, klammen Neoprenanzug über meine frischen, schmerzenden Wunden zu ziehen. Während ich das tat, war noch ein einzelner Schreiber auf Deck geblieben und fasste den Mut, mir drei letzte Fragen zu stellen, die sowohl für den weiteren Verlauf meiner Tour als auch dieses Buch von wesentlicher Bedeutung werden würden:

- »Warum tun Sie sich das an?«
- »Warum zerbricht Ihr Körper nicht daran?«
- »Warum kapituliert Ihr Geist nicht einfach?«

Um ehrlich zu sein, versuchte ich zu diesem Zeitpunkt noch immer selbst, mir diese Fragen zu beantworten. Erschöpfung und Schmerz steckten tief in jeder Zelle meines Körpers und drohten, während ich nun dort saß, meinem Weltrekordversuch ein Ende zu setzen. Vor dem Journalisten versuchte ich nun mein Bestes, eine Schlussfolgerung zu geben, die ich nach 74 Tagen auf See gezogen hatte, auch wenn ich mir der Antwort nicht hundertprozentig sicher war:

»Ich glaube, mein Körper ist nicht daran zerbrochen und mein Geist hat (noch) nicht kapituliert, weil ich die Lehren antiker griechischer Denker mit moderner Sportwissenschaft verschmolzen und so meine ganz eigene Philosophie geschaffen habe, die ich ›stoische Sportwissenschaft‹ nenne.«

Der Journalist wirkte zunächst ein wenig verwirrt, nickte dann aber mit gezücktem Stift und Notizblock, so als erwarte er meine nächste Antwort schon gespannt, voller Hoffnung, ich würde ein wenig tiefgründiges, tief spirituelles Seefahrerwissen mit ihm teilen. Doch leider hatte ich nichts weiter für ihn parat. Ich musste noch mehr als 1500 Kilometer schwimmen, meine neu gefundene Philosophie war also alles andere als bewährt. Ich erklärte ihm aber, dass ich – sobald ich das Ziel erreicht hätte – meine Studien und das Buch dazu fertigstellen würde.

»Dann werde ich wohl warten müssen, um ein Exemplar zu kaufen«, sagte er lachend.

Ich lächelte und einen Moment lang saßen wir nur da und sogen die gewaltige Weite der Natur auf, die uns umgab, sinnierend darüber, was uns hier an diesem ungewöhnlichen Ort zusammengebracht hatte.

»Okay, also warum tun Sie sich das alles nun an?«, fragte er.

Ich sah zu Matt hinüber, der mit wissenden Augen zu mir zurückblickte. Es musste nichts gesagt werden.

Die Erinnerung an den Beginn dieser Reise (und das Leben daheim an Land) schienen eine Ewigkeit zurückzuliegen. Viele Kilometer, Gezeiten und Sonnenuntergänge war dieser Tag bereits her. Um zu verstehen, warum wir uns das antaten, muss man verstehen, dass wir Menschen die Kunst der Unverwüstlichkeit bereits seit Jahrhunderten praktizieren. Sie ist das eine Schlüsselmerkmal, das wir allen anderen Arten voraushaben. Was am 1. Juni am Strand von Margate Beach in Südostengland begann, war daher in vielerlei Hinsicht nur ein gesteigerter Ausdruck unserer einzigartigen menschlichen Fähigkeit, aus Leiden Kraft zu schöpfen.

TEIL 1 | LEBEN AN LAND (VOR DER SCHWIMMTOUR)

KAPITEL 1 | WARUM HABE ICH MIR DAS ANGETAN?

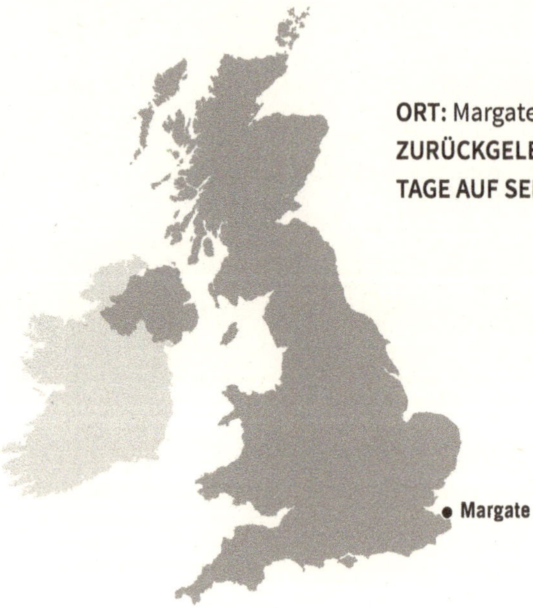

ORT: Margate
ZURÜCKGELEGTE DISTANZ: 0 Kilometer
TAGE AUF SEE: 0

Es ist 7 Uhr morgens am 1. Juni 2018, im kleinen Küstenstädtchen Margate. Versteckt an Englands Südostküste, nur 130 Kilometer von London entfernt, ist der Badeort mit seinen feinen Sandstränden seit vielen Jahren ein Magnet für die Hauptstädter. Alles in Margate, von den Eisdielen über Cafés und Restaurants bis hin zum Freizeitpark und den Spielhallen, besitzt den zeitlosen Charme vergangener Tage. Die Geschichte der Stadt war stets eng mit der See verknüpft und das Fehlen des einstmals prächtigen viktorianischen Piers, der bei einem Sturm 1978 zerstört wurde, ist für Anwohner und Touristen eine mahnende Erinnerung, welch unbändige Kraft das Meer besitzt.

Deshalb war die britische Küstenlinie das ideale »Testgebiet«, um die Kunst der Unverwüstlichkeit zu erforschen. Ihre weltbekannten, gefährlichen Wetterumschwünge, Wellen und Strömungen, die bedrohlichen Strudel, rauen Landzungen und wilden Nordseestürme waren ideale Werkzeuge, um meinen Geist zu schärfen und meinen Körper abzuhärten.

Warum wir Margate als Startpunkt wählten? Als wir die Tour geplant hatten, beschlossen wir, Großbritannien im Uhrzeigersinn zu umschwimmen, weil die vorherrschenden Winde üblicherweise von Westen oder Südwesten auf die Insel treffen. So erwartete uns der »schwerere« Teil der Reise – die Südküste entlang, um Cornwall herum und die Irische See hinauf nach Westschottland – während der Sommermonate. Die »leichtere« Hälfte der Strecke verlief dann theoretisch über die Spitze Schottlands und die Ostküste Britanniens hinab, die uns aufgrund der topografischen Beschaffenheit der Küstenlinie einigermaßen guten Schutz vor den starken Südwestwinden bot. Um unsere Mission vor Wintereinbruch zu beenden, mussten wir allerdings schnell sein.

An jenem Morgen stand ich jedoch am Strand, blickte hinaus aufs Meer und hatte absolut keine Ahnung, was mich erwarten würde. Viele Leute bezeichneten mein Vorhaben als »schwimmenden Selbstmord« und glaubten, es sei unmöglich, allein der Versuch töricht. Um jedoch die preisgekrönte Romanautorin Pearl S. Buck zu zitieren: »Die jungen Leute wissen noch zu wenig, um vernünftig zu handeln. Darum versuchen sie das Unmögliche – und bringen es, Generation auf Generation, immer wieder zuwege.«

Deshalb war mein Plan so simpel. Als schwimmendes Versuchskaninchen würde ich als erster Mensch probieren, 2865 Kilometer um ganz Großbritannien herum zu schwimmen und dabei die Wissenschaft, die hinter Kraft, Mut und Stoizismus steckt, zu erforschen. Indem ich auf meiner Mission die unterschiedlichsten Facetten der Widerstandskraft kennenlernte, wollte ich verstehen, was den menschlichen Willen so unzerstörbar macht.

Auch die Regeln des Versuchs waren recht einfach: Betitelt wurde das Ganze als »weltlängste in Etappen geschwommene Strecke«

(wobei die Länge der einzelnen Etappen von Tag zu Tag variieren konnte und eine neue Etappe immer dort begann, wo die letzte aufgehört hatte). Zudem galten die Regularien der World Open Water Swimming Association (WOWSA) und des *Guinnessbuchs der Weltrekorde*. Ich wurde mit einem elektronischen GPS-Tracker ausgestattet und mein Standort am Ende jeder Etappe von der WOWSA dokumentiert. Während der Etappen schleppte ich aus Sicherheitsgründen eine aufblasbare Boje mit mir herum (vor allem nachts, denn an der Boje war ein Blitzlicht angebracht, sodass man mich immer sehen konnte). Ich selbst bestand darauf, während der gesamten Schwimmtour kein einziges Mal Land zu betreten, verbrachte meine Erholungsphasen aber außerhalb des Wassers auf einem Support-Boot.

Natürlich war ein solches Projekt nicht allein zu stemmen. Für eine Tour dieser Größenordnung brauchte ich einen Bootskapitän mit stählernem Mut und jahrelanger Segelerfahrung unter den widrigsten Bedingungen, die Mutter Natur heraufbeschwören kann. Dazu eine Crew mit unerschütterlichem Glauben, die Tag und Nacht, durch Himmel und Hölle, an meiner Seite segeln würde – nur so konnte diese Mission ein Erfolg werden.

Doch statt ein solches Team zu finden, fand ich etwas viel Besseres: Ich fand eine Familie.

Familie Knight war eine Truppe leidenschaftlicher Segler und Wellenreiter, die schon seit vielen Jahren den (gemeinsamen) Traum hatten, einmal Großbritannien zu umsegeln. Wegen seiner Liebe zum Abenteuer und einem Faible für das Unmögliche wurde mir Vater, Ehemann und Kapitän Matt Knight von einem gemeinsamen Freund als perfekter Kopf meiner Crew empfohlen. Als wir uns im südenglischen Städtchen Torquay zum ersten Mal trafen, um die Mission zu besprechen, hatte ich ihn mit meinem Enthusiasmus förmlich umgehauen und musste gar keine großartige Überzeugungsarbeit mehr leisten, damit er mich völlig naiven und wahnsinnig optimistischen Schwimmer aufnahm und mit mir die erste Umschwimmung des gigantischen Felsens plante, den wir Großbritannien nennen.

Matt und seinen Charakter zu beschreiben, ist nicht einfach, aber ich will es versuchen. Er ist über 1,80 Meter groß und war zum damaligen Zeitpunkt bereits 60, aber trotzdem noch gebaut wie ein Triathlet: kein Gramm Fett am Körper, dafür riesige Unterarme, die an Popeye erinnerten, und eine Haut, die nach Jahren im Kampf mit Wind, Wellen und Salzwasser aussah wie Leder. Doch all diese Eigenschaften waren nur die physische Komponente seiner tiefen Verbindung zum Meer, die seit den 1980er-Jahren bestand, als er, als junger Bursche auf der Suche nach Abenteuer, seine Heimatstadt verließ, als Deckhelfer auf einem Schiff anheuerte und über den Atlantik segelte. Mit harter Arbeit und einer unsterblichen Liebe für das Meer arbeitete er sich die Ränge hinauf und machte Jahre später seinen »Jachtmaster« – den britischen Sportbootführerschein – und führte Boote als Skipper durch den Atlantik, Pazifik und den Indischen Ozean.

Dabei lernte er auch Mutter, Ehefrau und Küchenchefin Suzanne kennen, eine zierliche blonde Lady aus Devonshire, deren Mutterinstinkt nur dann ganz befriedigt zu sein schien, wenn sie bei sechs Meter hohen Wellen im offenen Meer Essen für die ganze Familie und Crew kochte. Als Paar segelten sie und Matt die Küstenlinien von Frankreich, Cornwall, Devon, Wales, Irland, Portugal und Madeira entlang und erkundeten einige der abgelegensten Inseln im Südpazifik und in Indonesien.

Unterwegs fanden sie sogar die Zeit, vier tolle Kinder zu zeugen, die später meine Crew und neuen Adoptivbrüder und -schwestern wurden: Taz, Harriet, Peony und Jemima. Ohne festgelegte Hierarchie tat jedes meiner »Meeresgeschwister« alles Menschenmögliche, um sicherzustellen, dass wir auf unserem Weg die Küste entlang weiter vorankamen, lotsten mich vorbei an Hummerfallen, zerklüfteten Felsen und durch gefährliche Schifffahrtsrouten und beschützten mich vor Haien, Killerwalen und Seehunden in der Paarungszeit.

Zu guter Letzt muss ich das Boot erwähnen, das 157 Tage lang mein Zuhause gewesen ist: Die *Hecate* war ein 16 Meter langer und sieben Meter breiter, speziell angefertigter Katamaran (nach seinem Designer »Wharram« genannt), der aus zwei parallelen Schiffsrümpfen bestand, die im Grunde nur von Tau und Takelage zusammengehalten wurden. Dadurch bewegte, bog und krümmte sich das Boot mit den Wellen. Vorlage für diese besondere Bauweise war die traditionelle polynesische Bootsbaukunst, die sich seit Tausenden von Jahren nicht verändert hat.

Der Plan sah vor, dass die *Hecate* sooft es ging unter Segel fuhr. Es würde jedoch auch Zeiten geben, in denen die See besonders rau oder die Strömungen besonders tückisch waren, sodass wir den Motor anwerfen mussten.

Das Beste an der *Hecate* war die Kombüse, die als Bordküche und Bibliothek diente und in der ein Großteil dieses Buchs geschrieben wurde. Nachdem ich zwölf Stunden täglich geschwommen war, verbrachte ich die verbleibende Zeit mit Essen, Schlafen (Träumen) und dem Aufschreiben von Theorien und Prinzipien zur Unverwüstlichkeit, die mir durch den Kopf gingen, während ich auf den Meeresgrund starrte. Wir haben ausgerechnet, dass ich während meiner 157-tägigen Tour mehr als 1500 Stunden (also über 60 Tage) mit dem Gesicht nach unten schwamm, in den dunkelblauen Abgrund blickte und die Kapitel dieses Buchs in meinem Kopf vollendete, noch bevor ich sie auf Papier niederschrieb.

Deshalb besteht der Inhalt dieses Buchs aus einer Mischung aus

- wahren Begebenheiten der Schwimmtour,
- Erlebnissen aus meiner Vergangenheit, von denen die Schwimmtour beeinflusst war,
- Geschichten aus der sonderbaren Welt der Reizabschirmung, die in meinem Kopf stattfanden.

Der eine rote Faden, der sich durch das gesamte Buch zieht, ist die sogenannte Resilienz – mit anderen Worten: Belastbarkeit, Unnachgiebigkeit und Unverwüstlichkeit. Inspiriert wurde ich dazu auch durch Forschungsergebnisse in einem Artikel im Fachblatt *Journal of Personality and Social Psychology*, in dem stand: »Die Bedeutung intellektuellen Talents für Erfolge in allen professionellen Bereichen ist hinreichend belegt, weniger bekannt war bisher jedoch über die Bedeutung der Resilienz. Resilienz, definiert als Beharrlichkeit und Leidenschaft für langfristige Ziele ... beeinflusste den IQ zwar nicht positiv, es zeigte sich aber, dass sich eine schrittweise Verbesserung der Vorhersagevalidität von Erfolg an mehr als nur dem IQ misst. Die Ergebnisse lassen vermuten, dass das Erreichen komplizierter Zielstellungen nicht einzig vom Talent, sondern auch von der beständigen und zielgerichteten Anwendung dieses Talents über einen gewissen Zeitraum abhängt.«[1]

Unterm Strich heißt das: Intelligenz ist super und mit Talent gesegnet zu sein definitiv ein Vorteil. Doch eine der am meisten unterschätzten und doch stärksten Tugenden, die ein Mensch besitzen kann, ist Resilienz – was auch der Grund dafür war, dass ich mir diese Schwimmtour unbedingt antun wollte.

Ich träumte davon, in die Fußstapfen meines Helden Captain Matthew Webb zu treten, dem am 25. August 1875 gelang, was viele für unmöglich gehalten hatten: das Durchqueren des Ärmelkanals, 33,79 Kilometer von Dover in England nach Calais in Frankreich. Erfahrene Seemänner behaupteten damals, das sei schwimmender Selbstmord, weil die Strömungen zu stark und das Wasser zu kalt seien. Aber Captain Webb schwamm – in einem Taucheranzug aus Wolle und gestärkt mit Brandy und Rinderbrühe – im Brust𝐬til drauflos (weil Kraulen zur damaligen Zeit unter Gentlemen verpönt war) und kämpfte sich 20 Stunden lang durch die Wellen, um Geschichte zu schreiben.

Ich liebe diese Geschichte. Sie steht für Charakterstärke, Hartnäckigkeit und das Trotzen gegen alle Widrigkeiten. Seine verbissene Sturheit und der Glaube an sich selbst entsprachen dem damaligen Zeitgeist und zementierten Webb als Helden des viktorianischen Zeitalters.

Großbritannien zu umschwimmen war deshalb eine Möglichkeit für mich, zu diesen kraftvollen und ursprünglichen menschlichen Eigenschaften zurückzufinden. Wenn man die Anthropologie von uns Menschen (und die 4,5 Millionen Jahre alte Geschichte der Erde) betrachtet, sind diese Eigenschaften der Grund, warum wir heute alle unbestritten an der Spitze der Nahrungskette stehen und Sieger in einem Spiel sind, das Charles Darwin und Herbert Spencer als »Survival of the Fittest« bezeichneten.

Wie wir das geschafft haben? Nun, unsere Strategie war simpel: Vor etwa 100000 Jahren entwickelten unsere Vorfahren große Gehirne und die erstaunliche Fähigkeit, ausdauernde körperliche Arbeit zu verrichten, und waren seitdem in der Lage, schneller zu denken, besser zu jagen und länger zu bestehen als größere, stärkere und schnellere Vertreter des Tierreichs.

Für sie waren Tapferkeit und Widerstandsfähigkeit keine seltenen und geachteten Tugenden, sondern alltägliche Eigenschaften, die Menschen einfach besitzen mussten, um außerhalb ihrer sicheren Höhle zu überleben, wo alles und jeder sie fressen wollte.

Machen wir einen Sprung ins Zeitalter der modernen (zivilisierten) Menschheit. Dieselben Attribute – Charakterstärke, Entschlossenheit und Mut –, die einst unser Überleben sicherten, sichern nun unseren Erfolg. Ob Captain Matthew Webbs erste Durchquerung des Ärmelkanals oder die ersten Everest-Besteigung durch Sir Edmund Hillary und Tenzing Norgay 1953, die Konzepte von Beharrlichkeit, Heldenmut und innerer Stärke waren im Verlauf der Geschichte immer Triebfedern für die größten Meisterleistungen der Menschheit.

Doch heutzutage sind wir in Gefahr. Wir ignorieren diese Schlüsselattribute, die unsere Art so überlegen gemacht haben, und verlieren zusehends die uralte Fähigkeit zur mentalen und körperlichen Robustheit. Wir führen ein Leben zwischen Schreibtisch und Sofa. Unsere tollkühnen Vorfahren, die vor 70000 Jahren auszogen, um ihre Träume wahrzumachen, und von Ostafrika aus die Welt entdeckten, würden uns nicht wiedererkennen. Genau deshalb habe ich mich entschieden, um Großbritannien zu schwimmen und dieses Buch zu schreiben.

Um zu zeigen, dass wir modernen Menschen dieselbe übermenschliche Unverwüstlichkeit in uns tragen wie unsere furchtlosen Urahnen.

KAPITEL 2 | WARUM DER KÖRPER NICHT ZERBRICHT

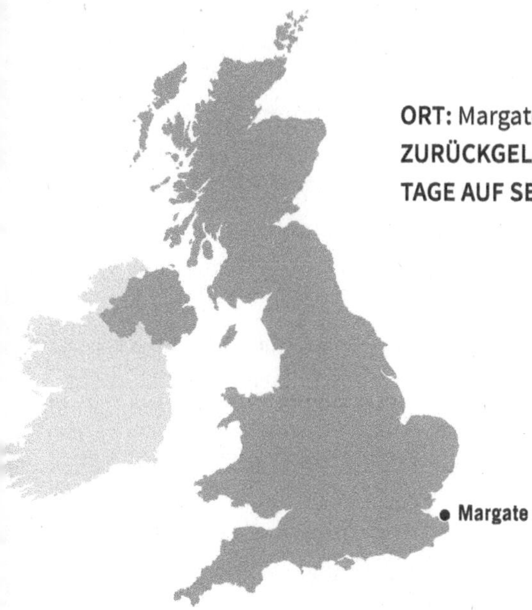

ORT: Margate
ZURÜCKGELEGTE DISTANZ: 0 Kilometer
TAGE AUF SEE: 0

Die Uhr am Strand von Margate schlägt 14 Uhr und läutet somit meine letzten drei Stunden auf der Insel ein.

Diese letzten wertvollen Momente verbrachte ich damit, zwischen Patisserien und Pizzerien an der Seepromenade zu pendeln, um mit einer großzügigen Portion Teegebäck, Donuts und einer riesigen Familienpizza mit Käserand meine Nerven zu beruhigen. Weil ich nicht wusste, wann ich das nächste Mal eine frisch gebackene Pizza genießen könnte, aß ich soviel ich konnte und steckte mir den Rest in die Tasche, bevor ich mich auf den Weg zum Strand machte, um die Bürgermeisterin von Margate zu treffen, die freundlicherweise ein paar Worte an mich und die Medienvertreter richten wollte, bevor wir die Segel setzten und in See stachen.

Ihr Name war Julie und sie war einfach bezaubernd. Tadellos gekleidet, trug sie ein riesiges, »Chain of Office« genanntes goldenes Medaillon. Sie und ihr Mann Ray hatten bereits meine Eltern kennengelernt, die schon früher am selben Tag angekommen waren. Wir übersprangen deshalb die Formalitäten und redeten über Teegebäck und Schwimmen. Ich aß die Pizzareste aus meiner Tasche, während sie mir von der Geschichte und dem Erbe ihrer geliebten Stadt erzählte.

»Was glauben Sie, wie lange Sie brauchen werden?«, fragte Julie.

Ich hielt einen Moment inne, denn ich hatte wirklich absolut keine Ahnung. Ich wusste nur, dass die Wellen, Wind und Wetter entscheiden würden, ob und wann ich ins Ziel komme. Als sehr grobe Schätzung entgegnete ich: »100 Tage vielleicht, vermutlich aber mehr.«

»Oje!«, sagte sie enttäuscht und schaute Ray besorgt an. »Dann wird er unser Food Festival im August verpassen, wenn er sich nicht sputet.«

In diesem einen Moment habe ich Margate für immer ins Herz geschlossen.

Das herrliche Margate! Traditionsbewusst und gastfreundlich, dabei gänzlich unprätentiös und bodenständig. Während alle sich über den Start Gedanken machten, plante Julie bereits (ambitioniert) mein Finish zeitlich passend zum Food Festival, wo sie zweifellos mit Teegebäck und Konfitüre warten würde. Deshalb werde ich der Stadt, in der meine Reise ihren Anfang genommen hat, für immer verbunden sein.

Ich will nicht unerwähnt lassen, dass nicht jeder Julies Optimismus teilte und dass an diesem Tag, bis auf ein paar Einheimische, nicht viele Zuschauer da waren. Sponsoren hatten sich bemüht, landesweite Medien zur Berichterstattung über den Start zu bewegen, aber die wenigsten nahmen die Aktion ernst. Einige Monate zuvor hatte ein anderer Schwimmer denselben Versuch gestartet, aufgrund schlechter Bedingungen aber schon nach einer Woche abgebrochen.

Daher hielten die meisten Journalisten dies für den weiteren unseligen Versuch eines unmöglichen Abenteuers. Die sozialen Medien quollen geradezu über vor Posts von Leuten, die an mein Scheitern glaubten.

Viele dachten, mein Geist würde kapitulieren ...

Andere, mein Körper würde daran zerbrechen ...

Doch unter all den Unkenrufen am lautesten waren die der Sportwissenschaftler aus der Schwimm-Community, die schnell darauf verweisen, dass ich es mit meinen gerade mal 1,73 Metern und stämmigen 88 Kilogramm niemals um die Insel schaffen und die Gesetze der Hydrodynamik (die Lehre von Objekten, die sich durchs Wasser bewegen) aufgrund meiner kurzen, stummeligen Gliedmaßen gegen mich arbeiten würden.

All dessen war auch ich mir bewusst. Monate bevor ich in Margate zu meiner Mission aufbrach, hatte ich mich in einem Sportlabor einer vollständigen medizinischen Untersuchung unterzogen, um zu sehen, ob mein Körper eine Schwimmtour dieser Größenordnung überhaupt überleben könnte. Nachdem ich stundenlang untersucht und gepikst worden war, hatte man mir unmissverständlich klargemacht, dass ich »nicht über die physischen Attribute eines Eliteschwimmers« verfügte. Nicht ohne hinzuzufügen, dass ich vermutlich »wie ein Stein sinken« würde, sollte ich dieses unselige Abenteuer wagen.

Doch es kam noch schlimmer ... Als ich an einem Tag das Untersuchungszimmer betrat, hielt der wissenschaftliche Leiter des Instituts ein Klemmbrett mit meinen Testergebnissen in der Hand, musterte mich von oben bis unten und sagte: »Sie sind ziemlich schwer ... aber auch ziemlich klein.«

Ein wenig schroff, aber wahr, dachte ich mir.

»Das ist nicht gut«, fuhr er fort und begann nun die Stirn zu runzeln, so als hätte mein untersetzter Körperbau ihn und sein Labor irgendwie beleidigt. »Aber wenn ich ehrlich sein soll, sorgt mich Ihre Körperzusammensetzung am meisten. Fett schwimmt und hält warm, doch Sie haben kaum welches. Dafür besitzen Sie massig Muskeln, die allerdings sinken. Ihnen dürfte es schon schwerfallen, nur im Wasser zu treiben und warm zu bleiben, vom Schwimmen einmal ganz zu schweigen.«

Ich nickte und dachte mir, dass dies wohl die brutalste Einschätzung eines Körpers in der Geschichte des Schwimmsports gewesen sein musste. Aber das war noch nicht alles. Er fuhr mit seiner jegliches Selbstwertgefühl vernichtenden Kritik fort und störte sich nun an bestimmten Körperteilen.

»Ihr Kopf ist auch ein Problem«, sagte er.

»Was ist denn mit meinem Kopf?«, wollte ich wissen. Inzwischen fühlte ich mich regelrecht verlegen.

»Er ist groß und dicht«, erklärte er barsch.

»Ich weiß, dass ich einen großen Kopf habe, aber ...«, begann ich, wurde jedoch jäh unterbrochen, bevor ich meinen überdimensionierten Schädel verteidigen konnte.

»Ja, aber er ist nicht nur groß, sondern auch äußerst dicht«, sagte er und gestikulierte dabei mit seinen Händen. »Tatsächlich sind alle Ihre Knochen sehr dicht. Worum ich mich aber sorge, ist, dass Sie sich aufgrund der Größe und Position Ihres Kopfes im Grunde in ein menschliches U-Boot verwandeln, weil das massive Gewicht Ihres Schädels Sie nach unten auf den Meeresgrund zieht.«

Anschließend blätterte er weiter durch seine Datenblätter, wertete die Statistiken aus und erklärte mir wieder und wieder, dass ich einen der dichtesten Schädel hätte, die er je gesehen habe. Einige Augenblicke (und fünf Seiten) später fand er aber einen statistischen Lichtblick.

»Oh, warten Sie«, sagte er. »Das hier ist vielleicht eine gute Nachricht.«

Erleichtert atmete ich auf.

»Sie haben eine ganz ausgezeichnete, dicke, fette, gebärfreudige Hüfte!«

»Was?« Mir war nicht ganz klar, warum das eine gute Nachricht sein sollte, aber es war wohl immer noch besser als ein massiver U-Boot-Schädel, also beschloss ich hinzuhören.

»Ihr ganzes Fett befindet sich an den Schenkeln, wie bei einer Frau«, sagte er und gestikulierte erneut mit den Händen. »Das bedeutet, auch wenn Ihr schwerer Kopf sinkt, werden Ihre Schenkel oben schwimmen ... wie der Hintern einer Ente.«

Er hielt kurz inne, um seine endgültige Diagnose zu formulieren. »Wenn Sie meinen Rat hören wollen: Ich würde mit dem Krafttraining aufhören, Muskelmasse abbauen und einen Körper formen, der dem eines Schwimmers ähnlicher ist. In ein paar Jahren können Sie dann versuchen, einmal um Großbritannien zu schwimmen. Jetzt im Moment glaube ich nicht, dass Sie um die Insel laufen könnten – und schwimmen erst recht nicht.«

Ich stimmte ihm in jeder Hinsicht zu, außer seiner »Hüftdiagnose«. Ich besitze einen schweren Kopf und eine gebärfreudige Hüfte, die mich zu einem übergroßen Sumo-Schwimmer machte, war mir aber sicher, dass diese Hüfte mir – entgegen den Erkenntnissen konventioneller Sportwissenschaft – auf meiner Schwimmtour um Großbritannien helfen würde.

Warum ich mir da so sicher war? Weil seine Einschätzungen auf Erfahrungen mit Eliteschwimmern basierten, die in ihren Wettkämpfen Distanzen von 100 Metern oder 10 Kilometern zurücklegen, und nicht auf jemandem, der vorhat, 2865 Kilometer um mehrere Länder herumzuschwimmen. Das war der wesentliche Unterschied: Mir war bewusst, dass ich als schlankerer, leichterer Schwimmer schneller sein würde. Doch als schwererer, stärkerer Schwimmer war ich robuster.

Studien belegen das. Untersuchungen der National Strength and Conditioning Association (NSCA) zeigen, dass die »Rolle eines Kraft- und Konditionstrainers über das Verordnen von Übungen und Überwachen der korrekten Ausführung hinausgehen kann, etwa im Rahmen von Strategien zur Vermeidung von Sportverletzungen, durch das Formen *robuster und widerstandsfähiger Athleten.*«[1]

Das gilt für Schwimmen genauso wie für andere Sportarten. Schon 1986 wurden im *Journal of Sports Medicine* Forschungsergebnisse veröffentlicht, die belegen, dass das »Auftreten von Verletzungen, die aus Überbeanspruchung resultieren, wie die Schwimmerschulter oder der Tennisarm, durch die Ausführung von Widerstandstraining reduziert werden kann«.[2] Wie das? Die Wissenschaftler ergänzten: »Widerstandstraining fördert das Wachstum und stärkt die Kraft von Sehnen und Bändern, deren Verbindungen mit den Knochen, des Knorpelgewebes sowie des Bindegewebes zwischen der Muskulatur. Studien zeigen darüber hinaus, dass Widerstandstraining den Mineralgehalt der Knochen erhöhen und daher bei der Prävention von Knochenverletzungen helfen kann.«[3]

Nun ist natürlich jeder Sportler anders und es gibt Tausende hervorragende (und spezifische) Behandlungsmethoden von weltweit führenden Physiotherapeuten, Osteopathen und Spezialisten für Verletzungsprävention, mit denen Tausende komplizierte Verletzungen behandelt werden und deren Bedeutung ich an dieser Stelle keinesfalls kleinreden möchte. Doch Untersuchungen belegen – wie du später in diesem Kapitel noch sehen wirst –, dass Widerstandstraining in der Breite, also in allen Sportarten, Ländern, Altersgruppen und Geschlechtern, der Schlüssel zur Schaffung robuster und widerstandsfähiger Menschen sein kann.

Und dies würde – so glaubte ich – ein entscheidender Faktor bei dieser Schwimmtour sein. Denn selbst wenn mir nur einige wenige Tage perfekter Schwimmbedingungen aufgrund einer Verletzung flöten gegangen wären, hätte mich das locker 160 Kilometer Streckenfortschritt gekostet. Natürlich wäre Schnelligkeit ein Vorteil gewesen, doch Widerstandsfähigkeit war eine Notwendigkeit.

Selbstverständlich waren diesbezüglich viele Experten anderer Meinung. Einer aber stimmte mir zu: Barry. Barry hat immer an mich geglaubt. Er war 65 Jahre alt, ein Fischer aus Margate und hatte sein gesamtes Leben dort verbracht. Als die Nachricht seinen Pub erreichte, dass jemand versuchte, um Großbritannien zu schwimmen, kamen er und sein Kumpel George zum Hafen runter, um sich den Start dieses Spektakels anzusehen.

Nachdem sie mich von oben bis unten gemustert hatten wie ein zu kleines Rennpferd, entschieden sie offenbar, dass sich mit meinem kleinen Abenteuer Geld machen ließe. Während sie an Ihren Pints regional gebrauten Ales nippten, diskutierten sie die Bedingungen ihrer Wette und gaben schließlich beide eine Prognose darüber ab, wie diese Schwimmtour enden würde.

George trat als Erster an mich heran. Sehr freundlich, aber auch äußerst skeptisch. Er sah die Sache wie die Wissenschaftler aus der

Schwimmgemeinde und prophezeite mir, dass ich es 160 Kilometer die Küste entlang schaffen würde, bevor mein Körper zerbrechen oder mein Geist kapitulieren würde.

»Bitte nehmen Sie mir das nicht übel, junger Mann«, sagte er und begutachtete erneut meine (fehlende) Größe. »Aber wenn man bedenkt, wie rau die See hier an der Südküste manchmal werden kann, dann glaube ich, dass ich mit Ihnen gerade 100 Mäuse gewonnen habe.«

Barry aber schüttelte entschieden den Kopf, legte seinen Arm um mich und sagte: »Du machst das schon, Junge. Ich kümmere mich um das Bier, wenn du zurück bist.«

Da musste ich lachen und nahm Barry fest in die Arme.

Wie gesagt: Dies ist der Grund, aus dem ich Margate liebe. Ich dankte ihnen für ihr Kommen, denn beide waren – unabhängig von ihrer Wette – zum Hafen gegangen, um mir zum Abschied zu winken. Ich verabschiedete mich mit den Worten: »Cider ist mir lieber als Bier, aber wir sehen uns auf jeden Fall in paar Monaten.«

Es war bereits spät am Nachmittag und der Gezeitenwechsel stand bevor. Sobald die Tide gestiegen war, würde ich mich auf den Weg machen, den Hafen ostwärts in Richtung der berühmten Kreidefelsen von Dover und der Südküste Englands verlassen und erst nach Margate zurückkehren, nachdem ich einmal komplett um Großbritannien herumgeschwommen war.

Um das zu schaffen, musste ich dafür sorgen, dass mein Körper nicht daran zerbrach und mein Geist nicht kapitulierte. Mir war allerdings auch klar, dass ich nicht über den Gesetzen der Sportwissenschaft stand. Viele der Regeln, nach denen unsere Psychologie und Physiologie funktionieren, sind unfehlbar und als studierter Sportwissenschaftler wusste ich, dass ich sie nicht einfach brechen konnte.

Stattdessen musste ich in den kommenden 157 Tagen lernen, wie man sie verbiegt.

KAPITEL 3 | WARUM DER GEIST NICHT KAPITULIERT

ORT: Margate
ZURÜCKGELEGTE DISTANZ: 0 Kilometer
TAGE AUF SEE: 0

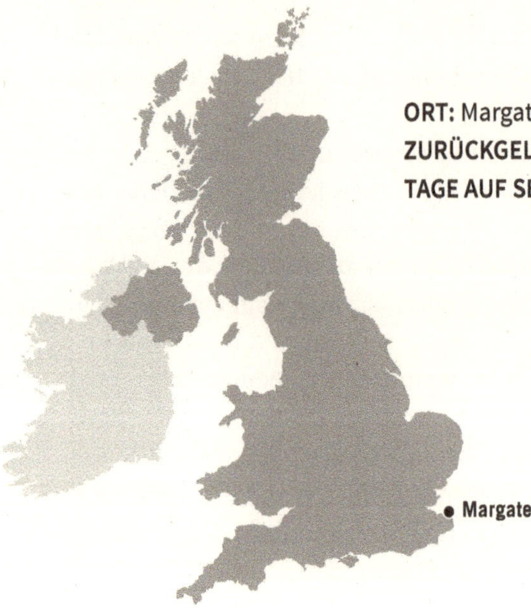

Es ist 17 Uhr. Ich stehe barfuß am Strand und blicke aufs Meer hinaus.

Ich wusste, dass meine Füße und Zehen mit der Zeit das Gefühl von Sand und festem Boden vergessen würden. Als ich an diesem Tag den Hafen von Margate in südlicher Richtung verließ, schwor ich mir, kein Land mehr zu betreten, bevor ich die 2865 Kilometer um Großbritannien geschafft und denselben Hafen aus nördlicher Richtung kommend wieder erreicht hatte. Ich versuchte, das Gefühl von festem Boden so gut es ging zu genießen, krallte meine Zehen in den Sand und wackelte mit ihnen hin und her.

Kurz darauf stießen meine Mutter, mein Vater und meine Freundin zu mir.

Normalerweise bin ich vor meinen sportlichen Abenteuern gern allein, weil ich sehr nervös werde, aber diese drei bilden eine Ausnahme. Mein Vater hat stets ein paar weise Worte parat, die mich beruhigten. Meine Mutter bringt üblicherweise ihren hausgemachten Zitronen-Heidelbeer-Käsekuchen mit, der mich für kurze Zeit von allen Sorgen ablenken kann, die ich vielleicht habe. Und meine Freundin Hester sorgt in diesen Situationen immer für ein wenig Normalität, indem sie etwas sagt wie: »Tja, schon eine komische Art, seinen Sommer zu verbringen, oder?«

Ich nahm mir ein großes Stück Käsekuchen und lachte drauflos.

»Hätten wir nicht einfach in den Urlaub fliegen können wie ein normales Pärchen?«, fragte Hester.

Wir waren seit fünf Jahren zusammen, sie wusste also bereits, dass »normale« Ferien nicht mein Ding waren. Einmal versprach ich ihr einen romantischen Urlaub in der Karibik, nur um dort dann einen Triathlon mit einem Baumstamm auf dem Rücken zu bestreiten (für einen guten Zweck) – den ersten »Tree-athlon« der Welt. Aber Spaß beiseite, Hester war äußerst verständnisvoll und kannte meine sportlichen Abenteuer inzwischen, in denen ich nur allzu oft blind und enthusiastisch Herausforderungen annahm, die meine Fähigkeiten bei Weitem überstiegen. Seinen Ursprung hat dieser Drang wohl in meiner Familie, die aus absoluten Sportfanatikern besteht und mich stets bei allem unterstützt.

Als Kind habe ich jede Sportart ausprobiert. Mein zwei Jahre älterer Bruder Scott nahm mich überallhin mit, ob zum Fußball, Mountainbiking, Leichtathletik oder Tennis. Weil ich kleiner und jünger als alle anderen war, musste ich meinen Mangel an Größe und sportlichen Fähigkeiten durch Sturheit und Schnelligkeit wettmachen.

Mein Vater unterstützte mich stets dabei. Nach dem Fußballtraining am Sonntag bat ich ihn einmal, am Ende unserer Straße anzuhalten, damit ich aus dem Auto aussteigen und mir ein Wettrennen mit ihm liefern konnte. Natürlich fuhr er dabei nur acht Kilometer pro Stunde – gerade langsam genug, dass ich als Erster daheim ankam –

und ließ mich gewinnen, was beim anschließenden Sonntagsbraten gefeiert wurde, wo ich meiner Mutter stolz (und naiv) berichtete, dass ich schneller war als ein Auto. Sie belohnte mich dafür mit einer Extraportion Yorkshire-Pudding und mehreren Portionen ihres hausgemachten Reispuddings (das Lieblingsessen von meinem Bruder und mir).

Ein Jahr darauf wollte ich stärker werden und entdeckte so die Liebe für den Ringsport. Welche Art von Ringen, war mir egal. Mit meinem Großvater schaute ich mir sonntags alte Sumo-Kämpfe im Fernsehen an und wenn mein Vater heimkam, räumten wir die Möbel im Wohnzimmer um und veranstalteten unser eigenes Turnier. Meine Mutter strickte währenddessen meist, feuerte uns aber an und zog ihre Beine aus dem Weg, damit die Arena größer wurde.

Dann versuchten Scott, mein jüngerer Bruder Craig und ich abwechselnd, unseren Vater zu besiegen, der amtierender Sumo-Champion im Haus war. Gelungen ist uns das nie. Bis heute ist er wohl der hochrangigste Sumo-Ringer der Edgley-Familie.

Von Beginn an hatten unsere Eltern die Begeisterung für Sport in uns geweckt, sodass ich bereits im Alter von zehn geradezu besessen vom Training war. Ich versuchte stets, größer, stärker und fitter zu sein, damit ich mit Scott und seinen Freunden mithalten konnte. Auf dem Schulweg packte ich Gewichte in meinen Ranzen und löcherte meinen Vater nach Übungen, von denen ich »kräftigere Arme« oder »schnellere Beine« bekommen würde.

Ich war völlig ahnungslos, aber total motiviert. Ich kann mich noch erinnern, wie ich mal ein ganz simples militärisches Zirkeltrainingsprogramm in einem alten Buch fand, das aus Liegestützen, Ausfallschritten, Sit-ups und Shuttle Runs bestand. Übungen, die »den Charakter stärken«, so stand es darin geschrieben. Ich ging mit dem Buch zu meinem Vater und fragte ihn, welcher Muskel damit gemeint war, weil ich ihn nämlich auf keiner Anatomie-Übersicht finden konnte.

Drei Jahre später spielte ich als 13-jähriger Schuljunge bereits Wasserball gegen erwachsene Männer – ein knallharter Sport, bei dem unter Wasser gehauen und getreten wird, was das Zeug hält. Weil ich siebenmal pro Woche eine Abreibung bekam und unter Wasser gedrückt wurde, war das irgendwann ganz normal für mich, bis ich die Pubertät eines Tages hinter mir hatte und auch mal den einen oder anderen Zweikampf gewann.

So ging das die nächsten 20 Jahre weiter. Die Arbeitsmoral, die ich von meinen Eltern übernommen hatte, formte die Grundlage meines Glaubenssystems. Jede Trainingseinheit, die ich in den vergangenen zwei Dekaden absolviert habe, stand unter folgendem Motto:

»Harte Arbeit ist oft die Antwort.
Die Frage spielt oft keine Rolle.«

ROSS EDGLEY

Dieses Motto und die Einstellung dahinter hatten auch für die vor mir liegende Schwimmtour eine ganz wichtige Bedeutung. Denn die Bauweise meines Körpers und die Verdrahtung meines Gehirns waren in vielerlei Hinsicht das Ergebnis der grenzenlosen Unterstützung durch meine Familie einerseits und des konstanten Strebens nach – wie viele glaubten – unmöglich oder kaum zu meisternden Abenteuern.

Um 17:15 Uhr brach ich auf zu meinem bisher größten Abenteuer. Ich zog meinen Neoprenanzug an, setzte meine Schwimmbrille auf und umarmte Mutter, Vater und Hester. Es war kein emotionaler Abschied, denn sie hatten bereits geplant, wo sie wann hinkommen mussten, um mich von der Küste aus zu sehen. Außerdem hatten sie Matt auf Kurzwahl, sodass ich schon bald von ihnen hören würde.

Meine größte Sorge war zunächst, sicher ins Wasser und erfolgreich aus dem Hafenbecken rauszukommen, während eine kleine Gruppe Menschen (und Lokalmedien) sich am alten Pier versammelt hatte, um mir zum Abschied zu winken. Insgesamt waren es vielleicht nur 50 Personen (darunter die Besitzer des Pizzaladens), aber ihre Anfeuerungsrufe schallten übers Wasser und klangen wie eine ganze Armee von Unterstützern.

Ich watete bis zur Brust ins Wasser, drehte mich ein letztes Mal um und dankte Barry, George, Julie und Ray, bevor ich in Richtung der

Hecate losschwamm, die einige Hundert Meter voraus ihren Kurs setzte. Als mein Gesicht ins Wasser eintauchte, spürte ich ein Gefühl großer Erleichterung am ganzen Körper. Die Zeit des Planens und der Vorbereitung war nun vorüber. Jetzt gab es nur noch mich und das Meer, in einer Schlacht von Wind und Wellen gegen Schwimmen und Sportwissenschaft.

Ich gab mir Mühe, meine Emotionen zu kontrollieren, und hielt kurz am Pier, um den Einwohnern von Margate zu danken, dass sie meinem Start beiwohnten. Ich sagte ihnen, dass ich hoffte, noch vor Weihnachten zurück zu sein. Sie alle lachten (denn Weihnachten war erst in sechs Monaten), doch leider meinte ich das völlig ernst.

Während der ersten Kilometer wurde ich noch von Pizza, Käsekuchen und purem Adrenalin angetrieben. Captain Matt hielt beständig seinen Kurs und ich nutzte die *Hecate* als Wegweiser, während wir uns auf in Richtung Hafen von Dover machten. Ich schwamm bis spät in die Abendstunden hinein und startete früh am Morgen sofort wieder, sodass ich in weniger als neun Stunden 33,79 Kilometer zurücklegte – das Äquivalent des Ärmelkanals. Gemessen an üblichen Schwimmerstandards könnte man also sagen, dass ich gute Fortschritte machte.

Doch das vor mir liegende Unterfangen hatte eine völlig andere Größenordnung als alles bisher Dagewesene und die nackten Zahlen, die dahinterstanden, waren ziemlich deprimierend: Um Großbritannien einmal schwimmend zu umrunden, musste ich die bereits geschaffte Strecke erneut zurücklegen ... bis zu 100 Mal.

Schon jetzt taten meine Augen weh, meine Arme waren müde davon, ständig gegen die Wellen anzukämpfen, und meine Zunge war wund von all dem Salzwasser und den Massen an Kalorien, die nötig waren, um meine Energiespeicher für die Strecke am nächsten Tag aufzufüllen.

Selbst zu diesem extrem frühen Zeitpunkt war mir bereits klar, dass dies keine reine Schwimmexpedition mehr war. Die Position meines Kopfs und meiner Hände oder das Intervall meiner Schwimmzüge würden nicht darüber entscheiden, ob ich diesen riesigen Felsen namens Großbritannien umrundete oder nicht. Dies würde ein 157-tägiger Kampf gegen einen ganz anderen Gegner werden: Erschöpfung in all ihren Formen.

Deshalb stand in der Bordküche/Bibliothek der *Hecate* auch ein Buch, das ich eifrig studierte, seit ich die Idee zu dieser Schwimmtour hatte: *The Facts of Fatigue* (deutsch: Die Fakten der Erschöpfung).

ERSCHÖPFUNG: DIE FAKTEN

In der Sportwissenschaft war das Thema Erschöpfung lange Zeit nicht vollständig erforscht. Wir wussten nur, dass sie hervorgerufen wird, weil etwas in uns versagt.[1] Seit jeher stritten sich Psychologen und Physiologen jedoch, ob Erschöpfung sich nun im Kopf oder im Körper manifestiert. So steht im Fachblatt *Journal of Neuromuscular Fatigue in Contact Sports*: »Der Begriff ›Erschöpfung‹ wurde in Abstimmung mit den unterschiedlichen Subdisziplinen definiert, die mit der Sportwissenschaft im Zusammenhang stehen, nämlich den Fachbereichen der Physiologie (Körper) und Psychologie (Geist).

Auf der einen Seite stehen die Physiologen, die Erschöpfung als Versagen oder Fehlfunktion eines bestimmten physiologischen Systems betrachten (Entstehung im Körper). Auf der anderen Seite stehen die Psychologen, die Erschöpfung als unangenehme Wahrnehmung oder unangenehmes Gefühl betrachten (Entstehung im Geist).«[2]

Bei mir hatte das Meer allerdings Körper und Geist gleichermaßen ramponiert. Die Erschöpfung plagte mich sowohl körperlich als auch geistig, sodass ich auf meiner Reise um Großbritannien den helfenden Rat sowohl von Physiologen als auch Psychologen benötigen würde. Nach Hunderten Seiten Recherche war mir schließlich bewusst geworden, dass die moderne Sportwissenschaft der Auffassung ist, Erschöpfung definiere sich als eine Kombination aus beiden Denkrichtungen (Physiologie und Psychologie).

Oder, wie Forscher vom Institut für Bewegungs- und Neurowissenschaft der Deutschen Sporthochschule Köln sagen: »Es können mehrere Symptome von Erschöpfung gleichzeitig auftreten. Die zugrunde liegenden Mechanismen (sowohl *biologische* als auch *psychische*) überschneiden sich und interagieren miteinander.«[3]

Deshalb entwickelten moderne Wissenschaftler das psychobiologische Erschöpfungsmodell und betrachten Erschöpfung inzwischen als eine Kombination vieler komplexer Faktoren sowohl physischer als auch mentaler Natur.

ERSCHÖPFUNG: EINE MODERNE GESCHICHTE

Wir haben allerdings nicht immer so über Erschöpfung gedacht. Im frühen 20. Jahrhundert glaubten die Menschen, Erschöpfung sei das Symptom eines zusammenbrechenden Körpers. Um diese Theorie zu überprüfen, schnitten Nobelpreisträger Frederick Hopkins und sein Team im Jahr 1907 Fröschen die Hinterbeine ab und stimulierten die Muskeln darin mit winzigen Stromstößen wieder und wieder, bis sie nicht mehr kontrahieren konnten. Sie entdeckten dabei, dass die erschöpften Froschmuskeln voller Milchsäure steckten und nicht mehr in der Lage waren, sich zu bewegen.

Die Forscher glaubten deshalb, Erschöpfung entstehe, weil der Körper nicht mehr in der Lage ist, Sauerstoff in die beanspruchte Muskulatur zu pumpen, wodurch der Säuregehalt im Blut durch die Decke geht und viele andere physiologische Mechanismen versagen, weshalb man, vereinfacht gesagt, schlappmacht, umkippt und aufgibt.

Dies ist einer der Gründe, warum im Jahr 1954 noch viele Menschen glaubten, es sei unmöglich, eine Meile (1,6 Kilometer) in unter vier Minuten zu laufen, obwohl Läufer aus Australien, Europa und Amerika bereits zum Verzweifeln nah rangekommen waren. In den USA brauchte Wes Santee in einem viel beachteten Meilenlauf 4 Minuten und 2,4 Sekunden. In Australien war John Landy sogar noch schneller und bestritt vier unterschiedliche Meilenläufe, für die er jeweils um die 4 Minuten und 2 Sekunden benötigte. Trotzdem schien niemand den bestehenden Weltrekord von 4 Minuten und 1,4 Sekunden brechen zu können, den der Schwede Gunder Hägg schon 1945 aufgestellt hatte, weshalb die Sportwissenschaftler von damals (gestützt durch ihre Frosch-Experimente) glaubten, dass die Beine und Lunge eines Menschen schlicht nicht in der Lage wären, besagte Meile in unter vier Minuten zu laufen.

Doch ein 25-jähriger Medizinstudent namens Roger Bannister war da anderer Meinung.

ERSCHÖPFUNG: ROGER BANNISTERS 4-MINUTEN-MEILE

Bannister nutzte seine Medizinkenntnisse, um die Bewegungsmechanik seines Laufstils zu optimieren und einen eigenen Trainingsplan zu entwickeln. Außerdem stellte er das stärkste Duo Tempomacher zusammen, das die Welt je gesehen hat.

Das Team bestand aus Christopher Chataway (der in jenem Sommer den Weltrekord auf der 5000-Meter-Distanz aufstellte) und Chris Brasher (Olympiasieger im Hürdenlauf 1956), zwei Männern, die beide auf einzigartige Weise in der Lage waren, das Tempo für die schnellste Meile aller Zeiten vorzugeben. Und genau das taten sie am 6. Mai 1954 auf der Laufbahn der Universität von Oxford im Örtchen Iffley.

Brasher führte als Erstes an und legte zwei tadellos getimte, geradezu metronomische Runden hin, bevor er an Chataway übergab. Bannister, der dicht dahinter folgte, musste die letzte Viertelmeile (400 Meter – eine Runde) in 59 Sekunden laufen. Nachdem er es über die Ziellinie geschafft hatte, brach er zusammen und hörte den Statistiker Norris McWhirter über die Lautsprecher durchsagen: »Ein neuer Streckenrekord, englischer, britischer Landes- und Empire-, europäischer und Weltrekord! Die Zeit: 3 ... [der Rest ging im Jubel der Zuschauer unter] ... Minuten und 59,4 Sekunden.«

Doch dieser historische Tag auf der Laufbahn von Iffley war nicht der letzte Durchbruch für Sportwissenschaft und Psychologie. Nur 46 Tage später durchbrach John Landy die Schallmauer von vier Minuten erneut, mit einer Zeit von 3 Minuten und 58 Sekunden. Ein Jahr darauf gelang dies sogar drei Läufern in einem einzigen Rennen. Und im letzten halben Jahrhundert haben Tausende Läufer geschafft, was einst als unmöglich galt.

Was war also geschehen? Ein plötzlicher Sprung in der menschlichen Evolution? Bahnbrechende Verbesserungen der Laufschuhtechnologie oder Ernährungswissenschaft? Nein. Die sprichwörtliche Messlatte wurde höher gelegt und die Einstellung von Laufsportlern weltweit hatte sich kollektiv verändert. Als die Menschen erkannten, dass die vermeintliche Grenze der menschlichen Leistungsfähigkeit durchbrochen und die 4-Minuten-Marke zu schaffen war, gelang dies auf einmal auch mehr Leuten.

Bannister sorgte im Grunde dafür, dass jede Theorie zum Phänomen Erschöpfung neu geschrieben werden musste, indem er gezeigt hat, dass es sich durch die elektrische Stimulierung von abgetrennten Froschbeinen allein eben nicht vollumfänglich erklären lässt. Stattdessen müssen wir berücksichtigen, welche Schlüsselrolle unser Geist dabei spielt. Und genau das tat Prof. Tim Noakes 1996.

Aufbauend auf den Arbeiten von Archibald Hill aus dem Jahr 1924, entwickelte Noakes die Theorie, dass das Gehirn unsere physische Fähigkeit zu laufen, zu schwimmen, Rad zu fahren oder jede andere Aktivität fortzusetzen außer Kraft setzt und unseren Körper quasi »abschaltet«, bevor wir uns ernste Schäden (oder was unser Gehirn dafür hält) zufügen können. Bekannt wurde dieses Prinzip als »Central Governor Theory« (deutsch in etwa: Theorie der zentralen Regulierung). Sie besagt, dass der Punkt, an dem wir glauben, nicht mehr weitermachen zu können, keine physiologische Realität, sondern in Wirklichkeit eine Reaktion unseres Gehirns ist, die bewirken soll, dass wir sicherheitshalber einen Gang zurückschalten, um unsere Gesundheit zu schützen.

Soll heißen: Das Gehirn gibt vor dem Körper auf.

Aber warum ist das so? Nun, dafür gibt es gute Gründe. Wenn unser Gehirn körperliche Strapazen nicht auf diese Weise regulieren würde, könnten wir uns buchstäblich zu Tode rennen, indem wir entweder Skelett- oder Herzmuskulatur zerstören oder unser Nervengewebe an Sauerstoff- und Zuckermangel zugrunde geht.

Deshalb glaubte Noakes, unser Gehirn sei von Natur aus egoistisch und schere sich nur um sich selbst. Es wird alles Nötige tun, um die Balance im Körper zu bewahren, einen ausgeglichenen Zustand, den wir als »Homöostase« bezeichnen.

HOMÖOSTASE: EINE KURZE ZUSAMMENFASSUNG

Erstmals entdeckt wurde dieser Zustand bereits im antiken Griechenland. Der berühmte Mediziner Hippokrates (der als Begründer der westlichen Medizin gilt) glaubte, dass ein Körper nur dann gesund bleibe, wenn in ihm ein ausgewogenes Gleichgewicht der Elemente vorherrsche, aus denen er besteht, und dass ein Ungleichgewicht dieser Elemente krank mache. In gewisser Hinsicht sind Hippokrates und die medizinische Schule, die auf seinen Erkenntnissen aufbaut, also die Erfinder des Homöostase-Gedankens.[4] Erst viele Jahre später aber wurde die Idee dieses harmonischen Gleichgewichts dann als messbare medizinische Theorie formuliert.

1915 schrieben der amerikanische Physiologe Walter Cannon und der französische Wissenschaftler Charles Richet: »Das Lebewesen ist stabil. Das muss es auch sein, damit es nicht von den kolossalen, oft widrigen Kräften, denen es ausgesetzt ist, vernichtet, aufgelöst oder zersetzt wird. Aber durch einen scheinbaren Widerspruch bleibt es nur dann beständig, wenn es reizbar und in der Lage ist, sich je nach äußerem Stimulus selbst zu verändern und seine Reaktion an diesen Stimulus anzupassen. Es ist gewissermaßen beständig, weil es veränderbar ist – diese leichte Instabilität ist die notwendige Voraussetzung für die wahre Stabilität des Organismus.«

Das klingt kompliziert, ist aber eigentlich ganz simpel. Wenn deine Körpertemperatur stimmt, dein Immunsystem stark ist und Millionen anderer Mechanismen in deinem Körper zusammen funktionieren wie ein Uhrwerk, sodass du gesund bleibst, ohne dafür bewusst einen Finger rühren zu müssen, dann ist Homöostase am Werk. So einfach ist das.

Noakes glaubt, dass unser Gehirn das Ziel hat, diese interne Homöostase während andauernder Anstrengungen im Körper aufrechtzuerhalten, und dass seine größten Sorgen dabei folgende sind:

- Ein vollständiges Aufbrauchen des Muskelglykogens (Kohlenhydratspeicher)
- Ein zu starker Anstieg der Herzfrequenz, der zum Herzversagen führen kann

- Ein zu starker Anstieg der Körpertemperatur, der eine Hyperthermie (Überhitzung) zur Folge haben kann
- Das Entstehen von Hirnschäden aufgrund einer zu geringen Konzentration von Glukose im Blut

In vielerlei Hinsicht ist unser Gehirn also ein Hypochonder, der den fürsorgenden Babysitter für unseren Körper spielt und für jeden Körperteil den Worst Case fürchtet. Egal, was wir tun, wenn Schmerz und Erschöpfung signalisieren, dass unsere Homöostase bedroht ist, rät das Gehirn unserem Körper, besser damit aufzuhören.

Wenn die Intensität einer Aktivität und die Belastung für Herz, Skelettmuskulatur und Nervengewebe die »Grenze des Sicheren erreichen, gelangt diese Information zum motorischen Kortex des Gehirns, der die beanspruchte Muskulatur steuert und dann aufhört, weitere Muskeln zu aktivieren«, so Noakes. Das bedeutet, das Gefühl von Erschöpfung (sowie die dazugehörigen Schmerzen) und das Verlangsamen des Tempos sind vorbeugende, äußerst wirksame Schutzmaßnahmen unseres Gehirns, um reale physische Schäden in unserem Körper zu verhindern.

Wir Sportler verstehen das, weil wir alle schon eines dieser Workouts erlebt haben, in denen wir mittendrin das Gefühl hatten, unsere Lunge würde brennen und wir umkippen, sollten wir weitermachen. In solchen Momenten ist die Homöostase vollkommen aus der Balance geraten.

Aber sobald das Workout vorüber ist (oder wir einfach aufhören), fühlen wir uns plötzlich auf wundersame Weise wieder prima. Wir besitzen keine übermenschlichen Heilungskräfte, die Schäden an unserem Körper umgehend repariert haben, sondern sind ganz einfach in den normalen Gleichgewichtszustand der Homöostase zurückgekehrt. Das Gehirn weiß deshalb, dass die Bedrohung durch körperliche Strapazen vorbei ist, weshalb es Schmerz und Erschöpfung sofort abstellt.

Noakes fasste das Konzept des Central Governors – der zentralen Regulierung also – daher folgendermaßen zusammen: »Erschöpfung ist lediglich ein gefühlsmäßiger Ausdruck der subjektiven Symptome, die entstehen, wenn diese unterbewussten Kontrollmechanismen einen erbitterten Kampf mit dem bewussten Geist führen, um sicherzustellen, dass das Bewusste sich letztlich dem überlegenen Willen des Unterbewussten unterwirft.«

Das bedeutet, dass jedes Rennen, jedes Abenteuer und jede Trainingseinheit nur einen Kampf in unserem Inneren darstellt und dass die besten Sportler und Abenteurer der Welt diejenigen sind, die diese Kämpfe beständig gewinnen. Heutzutage wird der Begriff »Central Governor« von den meisten Wissenschaftlern nicht mehr verwendet, weil es nicht die eine physische Region im Gehirn gibt, die für diesen Effekt verantwortlich ist. Durchgesetzt hat sich stattdessen die Bezeichnung »psychobiologisches Modell der Erschöpfung«.

Doch als Sportler und Abenteurer, als jemand, der ständig an vorderster Front gegen die Erschöpfung ankämpft, habe ich kein Interesse an Wortklaubereien – denn das Konzept, das hinter diesen Begriffen steht, ist das gleiche. US Navy SEALs sprechen beispielsweise nicht vom psychobiologischen Modell der Erschöpfung, sondern von der Forty Percent Rule (deutsch: 40-Prozent-Regel), meinen aber dasselbe. Auf den Punkt gebracht, glauben die Elitesoldaten: Wenn dein Hirn dir sagt, dass du erledigt bist, völlig erschöpft und auf keinen Fall irgendwie weitermachen kannst, dann bist du gerade mal zu 40 Prozent erledigt.

Abschließend möchte ich betonen, dass natürlich auch physiologische Anforderungen real existieren. Wenn du deine körperliche Fitness verbesserst, wirst du selbstverständlich schneller laufen, weiter schwimmen und länger Rad fahren können. Aber nach dem psychobiologischen Modell der Erschöpfung musst du Körper und Geist gleichermaßen trainieren, um extreme physische Aktivitäten wirklich erfolgreich zu meistern.

Diese Erfahrung hatte auch ich bald gemacht, während ich mit meiner selbst entwickelten Philosophie namens »stoische Sportwissenschaft« riesigen Containerschiffen auf der meistbefahrenen Wasserstraße der Welt ausweichen musste.

TEIL 2 | LEBEN AUF SEE (WÄHREND DER SCHWIMMTOUR)

LEKTION 1 | STOISCHE SPORTWISSENSCHAFT IST EINE THEORIE, DIE AUS DER PRAXIS ENTSTAND

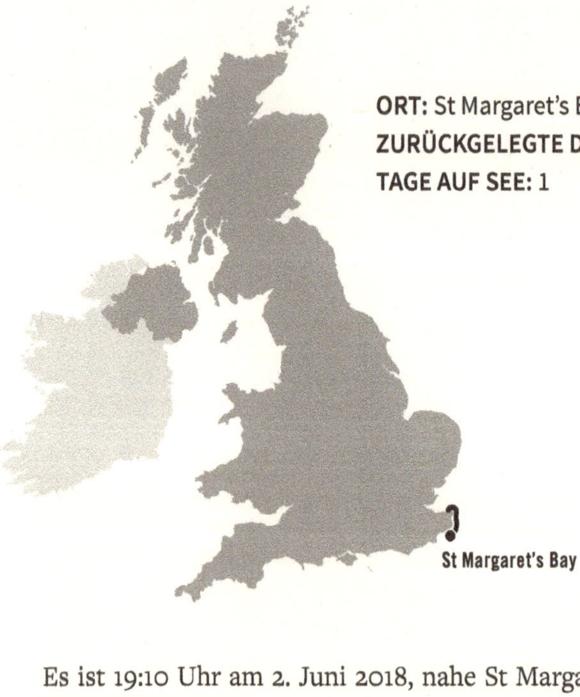

ORT: St Margaret's Bay
ZURÜCKGELEGTE DISTANZ: 33 Kilometer
TAGE AUF SEE: 1

Es ist 19:10 Uhr am 2. Juni 2018, nahe St Margaret's Bay an der Südküste von Kent. Dieser ruhige, friedliche Küstenstreifen ist nur wenige Kilometer von einem der berühmtesten Wahrzeichen Englands entfernt, den Kreidefelsen von Dover. Die majestätischen Kalksteinwände thronen 106 Meter über dem Meeresspiegel und verdanken ihre einzigartige Optik dunklen Streifen aus Feuerstein, die den weißen Kalk durchziehen. Diese Felsen waren Zeugen einiger der dramatischsten Momente der englischen Geschichte, von der Ankunft der Römer über die Rückkehr der britischen Truppen nach der Schlacht von Dünkirchen während des Zweiten Weltkriegs.

An jenem Abend wohnten sie jedoch dem ambitioniertesten Schwimmversuch bei, den der Küstenabschnitt je gesehen hatte. Ich war nämlich gerade einmal etwas über 24 Stunden und nur 30 Kilometer geschwommen und hatte schon arge Probleme mit dem Salzwasser und meinem Neoprenanzug. Die ständige Reibung des Anzugs, gepaart mit dem Salz, hatte ein Wunde verursacht, die sich gleichmäßig um meinen Hals zog. Dazu muss ich sagen, dass ich daran komplett selbst schuld war, weil ich (blöderweise) einen brandneuen Neoprenanzug trug, der noch nicht richtig »eingetragen« war und den ich vorher nicht einmal ausprobiert hatte. Ich bemerkte sofort nach dem Start, wie der Kragen des Anzugs in meine Haut einschnitt, aber es wäre mir peinlich gewesen, noch mal anzuhalten und mich umzuziehen, vor allem weil Barry (der immerhin 100 Pfund auf mich gesetzt hatte) und meine Eltern mich noch sehen konnten, die sich dann sicher die gesamte Heimfahrt über Sorgen gemacht hätten.

Inzwischen bereute ich das zutiefst. Erschwerend kam hinzu, dass ich gerade im Begriff war, eine der meistbefahrenen Schifffahrtsstraßen der Welt zu durchschwimmen: den Hafen von Dover. Der ist aufgrund seiner Nähe zu Frankreich weltberühmt und entsprechend stark frequentiert: Bis zu zwölf Millionen Passagiere, drei Millionen Lastwagen, zwei Millionen Autos und 80 000 Reisebusse kommen Jahr für Jahr hier an. Heute kam ein verrückter Schwimmer hinzu.

Als wir uns dem Hafen näherten, verständigte Matt über Funk die Hafenverwaltung und informierte sie über unsere Pläne. Schon Wochen zuvor hatte er per E-Mail Kontakt mit den Behörden aufgenommen und ihnen alle Sicherheitsmaßnahmen übermittelt, die wir getroffenen hatten. Sicherheit war unser oberstes Gebot, besonders weil gerade zwei gigantische Frachtschiffe aus Frankreich am Horizont auftauchten, die jeweils etwa 200 Meter lang, 25 Meter breit und mit 20 Knoten unterwegs waren, sodass eine Kollision für mich definitiv nicht gut ausgegangen wäre.

Ich kannte die Beamten von Dovers Verkehrszentrale VTS (für englisch: Vessel Traffic Service) außerdem, weil ich Monate zuvor bereits mit ihnen über meine Pläne gesprochen hatte, als erster Mensch den Ärmelkanal entlangzuschwimmen (531 Kilometer von Dover nach Land's End) und anschließend ganz entspannt einmal um das gesamte Land. Bevor man mir glaubte, dass ich es tatsächlich ernst meinte, musste ich zigmal dort vorstellig werden. Irgendwann erklärten mir die Beamten dann freundlich, dass es zwar viele logische Gründe gebe, dies zu unterlassen, aber keine rechtliche Grundlage, es mir zu verbieten. Das war der Hoffnungsschimmer (und Funke der Zustimmung), den ich brauchte.

»Schön, dass du wieder da bist, Ross«, konnte man den Hafenmeister durchs Funkgerät beinahe lächeln hören. »Schwimmst du heute richtig rum, von England nach Frankreich durch den Kanal (33,8 Kilometer), wie die meisten normalen Leute?«, fragte er. »Oder nimmst du wieder den langen Weg bis nach Land's End (531 Kilometer)?«

»Land's End in Cornwall«, bestätigte Matt in ernstem Tonfall, der zeigen sollte, dass wir es mit unserem Vorhaben hundertprozentig ernst meinten, so gewagt es auch erscheinen mochte.

Während die Frachter weiter bedrohlich am Horizont zu sehen waren, wurde der Ton der Unterhaltung auch vonseiten des VTS-Beamten ernster, der fragte: »Wie schnell wird der Schwimmer unterwegs sein? Wenn ihr vier Knoten beibehaltet, könnt ihr passieren, bevor die Frachtschiffe aus Frankreich ankommen, und wir gewähren euch sichere Durchfahrt. Wenn nicht, müsst ihr leider warten.«

Ich schwamm nahe des Boots wassertretend auf der Stelle, als Matt mich fragte: »Schaffst du vier Knoten? Wenn nicht, müssen wir warten.«

Selbst in dieser frühen Phase der Tour war mir klar, dass Verzögerungen schlecht sind und um jeden Preis vermieden werden mussten. Obwohl der Neoprenanzug weiter eine immer größer werdende Wunde um meinen Hals fraß, signalisierte ich deshalb, dass ich bereit sei und weitere Instruktionen erwartete.

Matt informierte mich, dass es gleich losging, und wartete am Funkgerät auf das Go der Hafenaufsicht. Wenige Augenblicke später bekamen wir grünes Licht. Ich tauchte ab und machte sechs kraftvolle Züge, um in die Gänge zu kommen. Sobald ich mein Zieltempo von vier Knoten (7,4 Kilometer pro Stunde) draufhatte, wechselte ich in meinen Rhythmus. Ich schwamm im Dreierzug, atmete also bilateral immer nach drei Schwimmzügen. Zu meiner Linken konnte ich Matt sehen, der die *Hecate* zwischen mich und die Frachtschiffe bugsiert hatte, die noch immer aus Richtung Frankreich auf uns zusteuerten. Zu meiner Rechten ragten die beeindruckend massiven Wände des »Admiralty Pier Turret« genannten alten Geschützturms in die Höhe, der 1882 am westlichen Hafendamm von Dover komplett aus Granit erbaut wurde und einen gepanzerten Kopf besitzt, unter dem noch immer zwei 80 Tonnen schwere Maschinengewehre ruhen – die größten in ganz Großbritannien –, die seit 1902 aber nicht mehr in Betrieb sind.

Ich fühlte mich als der eigenartige Meerestourist, der ich war, irgendwie privilegiert. Leider konnte ich die Aussicht nicht lange genießen, denn mit jedem Schwimmzug schnitt der Neoprenanzug tiefer in meine Haut und das Salzwasser brannte wie Feuer in der Wunde, die mit jedem Meter tiefer zu werden schien. Das Wasser schmeckte, wie man das von der meistbefahrenen Schifffahrtsstraße der Welt erwarten würde: industriell. Als meine Geschmacksnerven rebellierten, versuchte ich, nur durch die Nase zu atmen. Doch die chemischen Stoffe, die auf der Wasseroberfläche trieben, plagten meine Nasenlöcher genauso heftig wie meinen Mund.

»Schneller, schneller, schneller«, rief Matt vom Boot aus und hob dabei vier Finger, um mir zu signalisieren, dass wir unbedingt unsere vier Knoten halten mussten.

Pflichtbewusst tat ich mein Bestes, für ihn und das Team das benötigte Tempo abzuliefern. 30 zähe und schmerzhafte Minuten später passierten wir den Eingang zum Hafen und waren in Sicherheit, raus aus der Schusslinie der Frachter. Ich drehte mich zum Wachturm um und dankte den Beamten winkend für ihre Unterstützung. Matt tat dasselbe verbal übers Funkgerät.

Erleichtert holte ich tief Luft, spürte aber auch, wie Milchsäure meinen Körper zu fluten begann, nach dem unmöglichen Tempo, das ich gerade eine halbe Stunde lang gehalten hatte.

Für Jubel war allerdings keine Zeit. Weil mich der riesige Geschützturm nun nicht mehr vor Wind und Wellen schützte, bekam ich plötzlich meine erste Dosis Seekrankheit ab. Für alle, die sich damit nicht auskennen: Die sogenannte Reisekrankheit entsteht, wenn ein Konflikt herrscht zwischen dem, was deine Augen sehen, und dem, was das Gleichgewichtsorgan in deinem Innenohr spürt. Passen die Informationen dieser beiden Systeme nicht zueinander, wird dir übel und du hast Schwierigkeiten, dein Frühstück im Magen zu behalten ... Eine Erfahrung, die ich auch bald machen würde.

DIE SEEKRANKHEIT SCHLÄGT ZU

Wir hatten inzwischen 21:10 Uhr und die Situation wurde immer schlimmer. Die Sonne ging unter und die Nacht begann, sich über uns zu legen. Im Dunkeln schwimmend, gegen unstete Wogen und zwei Meter hohe Wellen ankämpfend, fühlte ich mich wie in einer riesigen Waschmaschine gefangen. Ich tat mein Bestes, mir nichts anmerken zu lassen, während ich konstant gegen die See, meinen Magen und den Würgereiz ankämpfte, aber Matt spürte, dass etwas nicht in Ordnung war.

»Alles in Ordnung, Ross?«, fragte er ernsthaft besorgt.

Seine Sorge war berechtigt. Ich war gerade einmal gute 24 Stunden geschwommen und nahm bereits eine seltsame Farbmischung aus Grau und Grün an. Weil ich nicht zugeben wollte, dass es mir schlecht ging, versuchte ich, trotz Seekrankheit so gut es ging zu lächeln. Ich wollte nicht, dass Matt sich in dieser frühen Phase der Reise bereits Sorgen machen musste.

»Ja, alles prima hier unten! Ich glaube allerdings, dass ich vor dem Start zu viel Pizza gegessen habe«, gab ich zu.

Harriet stand nun auf dem Deck und lächelte sympathisch. Sie war meine frisch adoptierte Seeschwester und hatte ihre Wohnung, Arbeit und ihr Leben an Land zurückgelassen, um bei ihrer Familie zu sein und mich auf meiner Schwimmtour zu unterstützen. Auch sie sollte deshalb nicht sehen, wie schlecht es mir ging. Ich stellte daher den Rhythmus meiner Schwimmzüge um und atmete nun bilateral alle fünf Züge. Mein Plan war es, mich unter Wasser zu übergeben und so die belastenden Beweise zu verstecken. Ich unterbrach dabei auch kaum meinen Rhythmus und dachte, ich käme unbemerkt davon ... Es gab nur ein Problem.

Wir schwammen in dieser Nacht mit Rückenwind, die Pizza- und Porridge-Reste wurden also vor mir hergetrieben. Die Strömungen um Dover sind außerdem ziemlich schnell, sodass mein eigenes Erbrochenes mit beeindruckendem Tempo vorankam. Ich musste mich deshalb entscheiden, entweder schneller zu schwimmen oder darin zu baden – kein Dilemma, vor dem du einmal stehen möchtest.

Da war ich nun, gefangen in einem Wettrennen mit meinem eigenen halb verdauten Essen im Meer. Eine Stunde verging und ich musste mich immer noch ständig übergeben, während ich die Südostküste Englands in dunkler Nacht entlangschwamm und versuchte, die Beweisstücke unter Wasser zu verstecken. Schlimmer kann's nicht mehr werden, sagte ich zu mir – und irrte mich gewaltig.

»Es wird dunkel«, rief Matt der Crew zu. »Harriet, richte zur Sicherheit einen Scheinwerfer auf Ross.«

Kurz darauf leuchtete Harriet mich mit einem 500-Watt-Hochleistungsstrahler an, der den gesamten Ozean um mich herum in taghelles Licht tauchte ... Und mit ihm mein Erbrochenes. Jeder Versuch, meine Würde zu bewahren, war damit gescheitert.

Harriet alarmierte die Crew: »Er hat sich übergeben!«

Während Matt versuchte, den Kurs zu halten, antwortete Suzanne von der Kombüse aus: »Nur übergeben oder hat er sich auch eingemacht?«

»Nein, sieht nur wie Erbrochenes aus.«

Nun schepperten Pfannen und Töpfe in der Bordküche, bis irgendwann ein Wasserkessel pfiff. Suzanne platzte durch die Tür der Kombüse und hielt heldenhaft ein altes Seemannshausrezept in Händen: Frisch aufgebrühten Ingwertee, den sie mir vom Boot herabreichte. Ich versuchte, inmitten der Wellen so gut es ging auf der Stelle zu schwimmen und kein Meerwasser in die Tasse zu bekommen.

Später verriet mir Suzanne, dass dieses Hausmittelchen auf einer Studie des National Centre for Biotechnology Information in den USA beruhte, in deren Rahmen 80 Marinekadetten, die das Segeln noch nicht gewöhnt waren, Ingwerwurzel verabreicht bekamen, um deren Wirkung auf die Reisekrankheit zu untersuchen.[1] Dabei stellten die Forscher fest, dass »nach der Einnahme von Ingwerwurzel Symptome wie Übelkeit und Schwindel in geringerem Maße auftraten«. Die moderne Wissenschaft kann bis heute nicht genau erklären, warum das so ist, in diesem Moment war es mir aber auch egal – denn es funktionierte. Mein Magen begann endlich wieder, mit mir zu kooperieren.

Was in dieser Nacht und während der Tide passierte, wird bei Ausdauer-Events und Expeditionen häufig nicht berücksichtigt. Und das, obwohl Forschungen zeigen, dass Magen-Darm-Beschwerden jeglicher Art einer der Hauptgründe dafür sind, dass Ultramarathonläufer (und viele andere Sportler) aufgeben müssen. Laut einem Artikel im *International SportsMed Journal* kommen »Magen-Darm-Beschwerden bei Ausdauersportlern häufig vor. Berichten zufolge treten sie bei 30 bis 50 Prozent aller Marathonläufer auf.«[2]

Dass ich mir nun vor meiner gesamten Crew einen Wettlauf mit meinem eigenen Erbrochenen lieferte, war mir zwar peinlich, aber auf seltsame Weise auch irgendwie befreiend. So hatten wir an diesem ersten Tag die Messlatte dafür gesetzt, was sozial akzeptabel war. Und wenn es okay war, einen Ingwertee zu schlürfen, währen ich in Meerwasser und Erbrochenem bade, dann würden all die anderen Tage ein Spaziergang werden.

Aber von der rückverdauten Pizza mal abgesehen, in diesem Moment war mir klar geworden, dass die offene See sich nicht um Pacingstrategien, Pausen und Regeneration schert – und auch nicht um meinen empfindlichen Magen.

Ich begriff, dass sportwissenschaftliche Studien mir immer weniger helfen würden, je länger diese Schwimmtour dauerte, weil es Schnittwunden vom Neoprenanzug, abgerissene Hautschichten, Schifffahrtsstraßen, Stürme, Wale und Haie im konventionellen Sport einfach nicht gibt.

Stattdessen brauchte ich für meine Reise ins Ungewisse ein mentales Grundgerüst, das wie eine Art Betriebssystem dafür sorgte, dass Geist und Körper – trotz schier unüberwindbarer Schmerzen, Entbehrungen und Widrigkeiten – harmonisch zusammenarbeiteten. Im Grunde brauchte ich eine Philosophie, eine Theorie, die künftig als Handlungsmaxime für mein Verhalten gelten würde.

Auf meiner Suche nach Antworten stieß ich auf die Philosophie der alten Griechen.

DIE PHILOSOPHIE DER UNVERWÜSTLICHKEIT

Geist und Körper werden viel zu häufig getrennt betrachtet, genauso wie die damit zusammenhängenden Fähigkeiten und Talente. Soll heißen: Wir betrachten Menschen entweder als geniale Bücherwürmer oder rekordverdächtige Ausnahmesportler – selten als beides. Um im Angesicht größter Widerstände eine felsenfeste Unverwüstlichkeit aufzubauen, braucht es aber ein tiefgehendes Verständnis beider Aspekte.

Egal, wie stark dein Geist ist, wenn du körperlich nicht fit genug bist, um gegen die Wellen und Strömungen anzukämpfen, landest du irgendwann auf dem Meeresgrund. Umgekehrt kannst du der beste Schwimmer der Welt sein, aber wenn dein Geist zu schwach ist, wird er an den kalten, arktischen Stürmen zerbrechen, die oft an der nördlichsten Spitze Schottlands wüten.

Die alten Griechen verstanden bereits, dass man Körper und Geist gleichermaßen trainieren muss. Der große griechische Historiker Thukydides (etwa 460–400 vor Christus) sagte einst den berühmten Satz: »In einer Nation, die zu sehr zwischen Gelehrten und Kriegern unterscheidet, wird das Denken von Feiglingen und das Kämpfen von Dummköpfen erledigt.«

Deshalb diente ein »Gymnasium« im antiken Griechenland auch als Trainingsstätte für Wettkämpfer der öffentlichen Spiele, wie etwa Ringer, aber auch als Ort der intellektuellen Zusammenkunft, an dem diskutiert, gelehrt und gelernt wurde und der viele große griechische Denker hervorgebracht hat.

Platon zum Beispiel, der bis heute dafür gefeiert wird, gemeinsam mit Sokrates und Aristoteles die philosophischen Grundlagen unserer westlichen Kultur niedergeschrieben zu haben, war auch ein erfolgreicher Ringer und talentierter Turner. Er nahm sogar an den Isthmischen Spielen teil, die damals mit den Olympischen Spielen vergleichbar waren. Sein eigentlicher Name war Aristokles, der Spitzname »Platon« wurde ihm, Überlieferungen zufolge, erst von seinem Ringertrainer verpasst, weil er so breite Schultern hatte (auf Griechisch bedeutet »Platon« nämlich »breit«).

Im Gymnasium begann er die Arbeit an seinem bekanntesten Werk *Der Staat*, das er um 380 vor Christus geschrieben hatte. Darin spricht er sich ganz deutlich für die positiven Folgen von Leibesertüchtigung und für ein ausgewogenes Gleichgewicht zwischen körperlichem Training und einem »Kultivieren des Geistes« aus. Er schrieb: »Um im Leben erfolgreich zu sein, gab Gott dem Menschen zwei Instrumente, Bildung und Leibesertüchtigung. Nicht getrennt, eins für die Seele und eins für den Körper, sondern nur mit beiden Instrumenten gemeinsam kann der Mensch Perfektion erlangen.« Er sagte außerdem: »Der Athlet ist zu grob, zu ordinär, zu unzivilisiert, der Gelehrte zu schwach, zu verweichlicht. Der ideale Bürger ist ein gelehrter Athlet, ein Mann des Denkens und ein Mann des Handelns.«

Ein solcher gelehrter Athlet musste ich werden. Ich musste, vereinfacht gesagt, körperliche und geistige Stärke in gleichem Maße trainieren, wenn ich die Hindernisse, die vor mir lagen, bewältigen wollte. Inspiriert durch Platon setzte ich meine Recherche deshalb fort und stieß dabei auf die Werke der antiken Stoiker.

Deren Lehren verschmolz ich mit einem Jahrzehnt meiner eigenen Erfahrung im Bereich der Sportwissenschaft und hoffte so, das Prinzip und die Philosophie unbändiger menschlicher Widerstandsfähigkeit besser zu verstehen.

»Ringe danach,
dass du der Mann bleibest,
zu dem dich die Philosophie bilden wollte.«

MARK AUREL

WAS IST STOIZISMUS?

Die griechische Philosophie des Stoizismus wurde im frühen dritten Jahrhundert vor Christus in Athen begründet. Am meisten fasziniert mich an dieser mehr als 2000 Jahre alten und doch zeitlosen Denkrichtung, dass sie uns lehrt, selbst unter widrigsten, unvorhersehbarsten Umständen standhaft und stark zu bleiben und kontrolliert zu handeln. Der Philosoph Zenon von Kition, Begründer der Stoa genannten Philosophenschule, erinnert uns damit daran, wie unberechenbar die Welt sein kann. Seine zentralen Lehren lauten:

- Wir können äußere Umstände nicht kontrollieren, sondern nur uns selbst und unsere Reaktionen darauf.
- Unsere Wahrnehmung bestimmt, wie wir die Welt um uns herum sehen.
- Wir sind unzufrieden, weil wir oft nicht logisch, sondern impulsiv und emotional aufgeladen handeln.

Die Stoa liefert uns keine komplizierten Theorien über die Welt, sondern lehrt uns, destruktiver Emotionen Herr zu werden und nur dann zu handeln, wenn wir damit etwas bewirken können. Der von ihr ausgehende Stoizismus ist eine Philosophie des Handelns, nicht der endlosen Debatten, und ihre drei berühmten Hauptvertreter verwendeten sie als Grundlage für ihre Entscheidungen:

- Mark Aurel war von 161 bis 180 nach Christus Kaiser des Römischen Reichs und galt damit seinerzeit als mächtigster Mann der Welt. Täglich fertigte er Notizen über Zurückhaltung, Barmherzigkeit und Demut an. Er schuf mithilfe des Stoizismus ein Weltreich.
- Epiktet wurde als Sklave geboren, überlebte die Gräuel der Sklaverei jedoch und gründete seine eigene Philosophenschule, in der er viele von Roms größten Denkern unterrichtete. Er schuf mithilfe des Stoizismus eine Akademie.

- Seneca war ein stoischer Philosoph und Rhetoriker, dessen Schriften bis heute erhalten sind und vielen als zeitlos gelten. Seine Gedanken beeinflussten viele historische Persönlichkeiten, wie Blaise Pascal, Francis Bacon und Michel de Montaigne. Er schuf mithilfe des Stoizismus eine Lehre, die für viele bis heute Gültigkeit besitzt.

Und dann war da noch ich. Ich versuchte, mithilfe des Stoizismus einmal um Großbritannien herumzuschwimmen.

Sportwissenschaft allein hätte nicht ausgereicht, um Kilometer für Kilometer die physischen und mentalen Hindernisse auf meiner Reise zu überwinden.

Stattdessen musste ich ein Jahrzehnt der Forschung an der Loughborough University School of Sport, Exercise and Health Sciences mit dieser antiken Philosophie zum Umgang mit Widrigkeiten kombinieren. Das Ergebnis nannte ich stoische Sportwissenschaft, weil sie für eine Evolution des Denkens steht, vom Sportler hin zum Abenteuersportler.

WAS IST STOISCHE SPORTWISSENSCHAFT?

Der Great British Swim war ein einziges großes Sportabenteuer im Wasser, für das ich die Grundprinzipien des Schwimmens nehmen, erweitern und schließlich außerhalb einer konventionellen Sportumgebung, in einem abenteuerlichen Umfeld anwenden musste. Dies ist der fundamentale Unterschied zwischen einem Sportler und einem Abenteuersportler.

Nehmen wir Schwimmen als Beispiel: Als Sportler schwimmt man in einem Schwimmbecken oder See und wenn im Meer, dann nur wenige Kilometer von der Küste entfernt, zwischen 20 Sekunden bis zu maximal zwei Stunden lang. Das heißt im Grunde:

Sportler wenden sportwissenschaftliche Prinzipien unter kontrollierten, sicheren Bedingungen an.

Als Abenteuersportler, der versucht, Großbritannien im Wasser zu umrunden, schwimmt man in Wellen, über Landzungen, mit Seekrankheit und Haien. Das bedeutet:

Abenteuersportler wenden sportwissenschaftliche Prinzipien unter unkontrollierbaren, gefährlichen Bedingungen an.

Man muss also ein größeres Maß an Schmerzen, Belastung und Ungewissheit aushalten und benötigt daher mehr kognitive Klarheit und Widerstandsfähigkeit während extremer physischer und mentaler Erschöpfung. Weil aber noch niemand zuvor eine Schwimmtour dieser Größenordnung gemeistert hat, gab es dafür kein Erfolgsrezept – ich musste mir also selbst eins zusammenstellen.

Also verbarrikadierte ich mich in der Bordküche der *Hecate* und begann, meine eigene Philosophie niederzuschreiben und mein eigenes Betriebssystem zu programmieren, das dafür sorgen sollte, dass mein Geist und mein Körper in Einklang zusammenarbeiten. Eine eigene Theorie, die als Handlungsmaxime für mein Verhalten dienen würde, egal, wie rau die See oder wie empfindlich mein Magen war.

DER WEG ZU EINEM STARKEN KÖRPER, STOISCHEN GEIST UND STRATEGISCHEN PLAN

Bei extremer Belastung und Erschöpfung steigt das Verletzungsrisiko und die körperliche und mentale Fähigkeit, bewährte sportwissenschaftliche Prinzipien anzuwenden, sinkt. Denn unser angeborener, systemimmanenter Selbstschutzmechanismus, der den sicheren Zustand der Homöostase aufrechterhält, verstärkt unsere Wahrnehmung von Erschöpfung und den Willen aufzuhören. Ziel der stoischen Sportwissenschaft ist es, besagte sportwissenschaftliche und psychologische Prinzipien unter extremer Erschöpfung, Stress und widrigen Bedingungen physisch leistungsfähig und mental klar anzuwenden.

Es handelt sich dabei im Grunde um eine theoretische Sportwissenschaft und Philosophie, die aus der Praxis entstanden ist. Um damit erfolgreich zu sein, benötigst du drei Dinge:

- Einen starken Körper
- Einen stoischen Geist
- Einen strategischen Plan

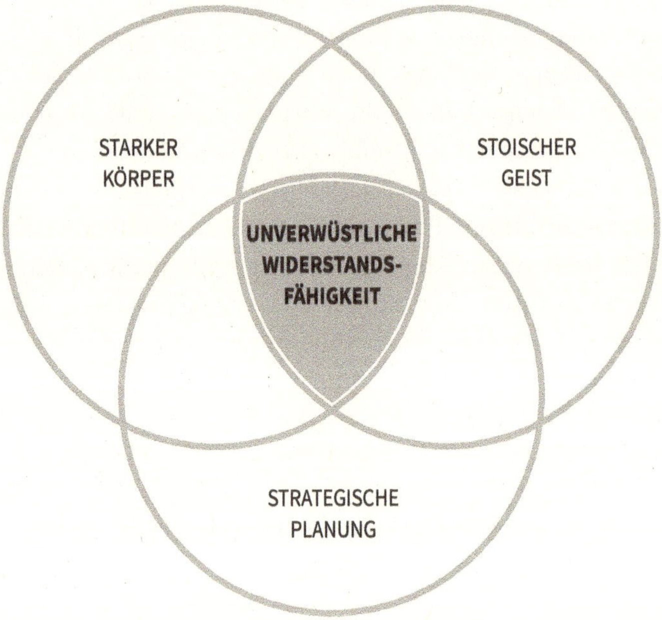

Unser Körper bestimmt nur unser (theoretisches) physisches Potenzial: im Wesentlichen Lungenvolumen, Kraft, Biomechanik, die Fähigkeit zur Aktivierung und Koordination von Muskelfasern, Gelenken und Bändern sowie viele andere Faktoren, die beeinflussen, wie schnell wir laufen, wie weit wir schwimmen und wie viel wir heben können.

Es bleibt ungenutzt, bis unser Gehirn dauerhaft die nötigen Impulse durch den Körper sendet, die uns dieses (theoretische) physische Potenzial vollständig ausschöpfen und so schnell wie möglich laufen, so weit wie möglich schwimmen und so viel wie möglich heben lassen. Gleichzeitig muss der Geist beim Auftreten von Erschöpfung weiterhin funktionieren und hart arbeiten, um unseren angeborenen, systemimmanenten Selbstschutzmechanismus und den Drang, langsamer zu werden oder ganz aufzuhören (also den sicheren Homöostasezustand aufrechtzuerhalten), logisch außer Kraft zu setzen.

Doch das ist nur unser (theoretisches) physisches und mentales Potenzial. Wir sind zum Scheitern verurteilt, wenn wir für unseren starken Körper und stoischen Geist keinen strategischen Plan besitzen. Erst der erlaubt es uns, Einschränkungen wie starke Schmerzen, Erschöpfung, Schlaf- und Nahrungsmangel zu erforschen und deren negative Auswirkungen zu begrenzen, indem wir logisch und mit kognitiver Klarheit handeln, statt emotional aufgeladen und reflexiv auf diese Einschränkungen zu reagieren.

So verhinderte ich letztlich, dass mein Körper zusammenbricht und mein Geist kapituliert, während ich mich die Küste Großbritanniens entlangkämpfte. Die stoische Sportwissenschaft diente mir als mentale Landkarte, die mir Einschränkungen aufzeigte und systematisch mögliche Lösungsvorschläge anbot.

EINE PHILOSOPHIE ZUM LEBEN, NICHT ZUM LESEN

Es genügt nicht, nur von der stoischen Sportwissenschaft zu lesen, man muss sie praktizieren. Deshalb sagte Epiktet einst zu seinen Schülern: »Ein Zimmermann wird nicht zu euch sagen: ›Hört, wie ich Reden über die Kunst des Zimmermannshandwerks halte‹, er wird einen Vertrag zum Bau eines Hauses mit euch schließen und dieses Haus bauen. [...] Verfahrt auf dieselbe Weise mit euch selbst. Esst wie Männer und trinkt wie Männer. [...] Heiratet, habt Kinder und beteiligt euch am bürgerlichen Leben. Lernt, Beleidigungen zu ertragen und andere Menschen zu tolerieren.«

Es geht im Grunde nicht darum, eine Lektion zu lernen, sondern eine Lektion zu praktizieren. Wie? Nun, eine der besten Methoden dafür ist das Führen eines Tagebuchs. Dies ist die eine Gewohnheit, die alle Stoiker gemein hatten. Weil Epiktet ein Lehrer war, Mark Aurel ein Kaiser und Seneca ein Dramatiker, nahmen sie alle sich die Zeit, ihre Gedanken, Gefühle und Theorien täglich zu dokumentieren.

Epiktet erinnerte seine Schüler ständig daran, dass es sich bei Philosophie um etwas handele, dass sie »täglich niederschreiben« sollten und das schriftliche Tagebuch eine Methode sei, um sich konstant in Reflexion und Selbstverbesserung zu üben.

Seneca führte sein Tagebuch in erster Linie für sich selbst. Am liebsten schrieb er in den Abendstunden, wenn seine Frau bereits zu Bett gegangen und er mit seinen Gedanken allein war. Einem Freund erklärte er: »Ich betrachte meinen gesamten Tag und was ich getan und gesagt habe, ohne dabei etwas vor mir selbst zu verstecken oder auszulassen.« Erst danach ging er zu Bett, weil er den »Schlaf, der auf eine solche Selbstbetrachtung folgte« stets geruhsamer fand.

Für die Niederschrift seiner Gedanken berühmt wurde Mark Aurel, auch wenn er deren Veröffentlichung mit großer Wahrscheinlichkeit niemals geplant hatte, denn seine Werke trugen keinen offiziellen Titel und bestanden meist nur aus Zitaten unterschiedlicher Länge, von einem Satz bis hin zu längeren Absätzen. Seit Wilhelm Xylander jedoch 1558 seine Notizen übersetzt hatte und diese in Buchform unter dem Titel »Selbstbetrachtungen« veröffentlicht wurden, wurden sie millionenfach verkauft.

Doch wie beginnt man ein Tagebuch? In einem Brief an seinen älteren Bruder Novatus beschreibt Seneca eine hilfreiche Übung, die er sich von einem anderen berühmten Philosophen abgeschaut hatte. Am Ende eines jeden Tages stellte er sich selbst Variationen der folgenden Fragen:

- Welche schlechte Angewohnheit konnte ich heute zügeln?
- Inwiefern habe ich mich verbessert?
- Waren meine Handlungen angemessen?
- Wie kann ich mich verbessern?

Unterm Strich musst du dir merken, dass es im Stoizismus beim Führen eines Tagebuchs um mehr geht als den bloßen Akt der Niederschrift deiner Gedanken. Du übst dich damit täglich in Philosophie, indem du vergangene Tage reflektierst und dich auf kommende Tage vorbereitest. So gesehen ist das Führen eines Tagebuchs Stoizismus. Das eine kann es ohne das andere nicht geben und es ist wichtig, dass du

- darüber nachdenkst, welche Lehren du aus vergangenen Ereignissen gezogen hast.
- vergangene Lehren deiner Mentoren wiederholst und dir selbst ins Gedächtnis rufst.

Und genau das tat ich während meiner gesamten Schwimmtour, woraus im Grunde dieses Buch entstanden ist. Meist schrieb ich mein Tagebuch allein in der gemütlichen Bordküche, diskutierte aber auch Theorien und Philosophien aus Meereswelt und Sportwissenschaft bei einem Ingwertee mit Matt. In vielerlei Hinsicht entstanden daraus kleine See-Seminare in stoischer Sportwissenschaft, von denen wir das erste nach nur zwei Tagen auf See im Hafen der Stadt Folkestone in der Grafschaft Kent abhielten.

DAS ERSTE SEE-SEMINAR IN STOISCHER SPORTWISSENSCHAFT

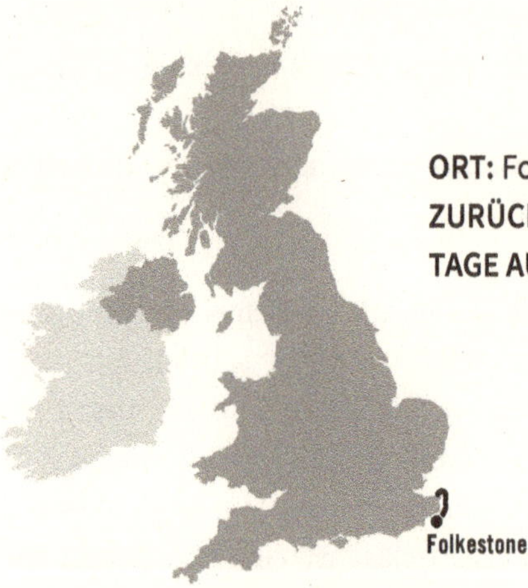

ORT: Folkestone
ZURÜCKGELEGTE DISTANZ: 53 Kilometer
TAGE AUF SEE: 3

Es ist der 3. Juni 2018, kurz vor Mitternacht.

Gerade passierte ich einen der vielen Küstenorte der Grafschaft Kent, wobei Folkestone sich für mich stets von all den anderen abhob. Während Whitstable für seine bonbonfarbenen Strandhütten und vornehmen Gäste bekannt ist und Broadstairs für seine weiten Sandstrände, die es sich vom Nachbarn Frankreich geborgt zu haben schien, besaß Folkestone eine andere einzigartige Qualität: Eine Aura stoischer Widerstandskraft, erwachsen aus Jahrhunderten, in denen die Stadt Stürmen und dem eisigen Salzwasser ausgesetzt war. Selbst die deutschen Bomber warfen im Ersten und Zweiten Weltkrieg ihre ungenutzte Last auf dem Rückweg aus London dort ab. Und trotzdem stand sie noch immer dort, trotzig und unzerstörbar, unter dem dunklen Himmel der Nacht. Der unbeugsame Charakter von Folkestone und seinen Bewohnern inspirierte mich. Es war deshalb genau der passende Ort für unser erstes See-Seminar in stoischer Sportwissenschaft.

Ich war dankbar, dass mein Verdauungstrakt und ich nun wieder Freunde waren, weil die als »Dungeness« bekannte Landspitze vor uns kostbaren Schutz vor Wellen und den Südwestwinden bot. Meinem Magen ging es also gut, meiner Haut dafür ganz und gar nicht.

Als ich an diesem Tag am Ende meiner Schwimmetappe aufs Boot geklettert und auf einem Stuhl zusammengesackt war, nahm ich meine Brille und Schwimmkappe ab und ein Mix aus Salzwasser und Blut tropfte meinen Hals hinunter und bildete eine Lache zwischen meinen Füßen.

»Du siehst aus, als hättest du einen Hai geküsst«, lächelte Matt.

»Ich weiß. Und er hat mir nicht mal Rosen gekauft«, antwortete ich lachend.

So lustig das auch war, es traf den Nagel ziemlich auf den Kopf. Der Schmerz war noch immer kräftezehrend und lähmend und inzwischen zum Dauerzustand geworden.

»Also, wie schlimm ist es?«, fragte ich, während ich Matt meinen Nacken zeigte, damit er den Schaden begutachten konnte.

»Hm, die Wunden werden mit jeder Etappe breiter und tiefer. Wenn wir nichts dagegen unternehmen, können sich daraus akute Wassergeschwüre entwickeln.«

»Was ist das?«, wollte ich wissen. Ich hatte noch nie von Wassergeschwüren gehört, wusste aber, dass ich ganz sicher keine haben wollte.

»Das sind Risswunden in deiner Haut, die nicht heilen oder austrocknen können, weil du ständig im Wasser bist und jeden Tag zwölf Stunden in zwei 6-Stunden-Intervallen schwimmst. Jedes Mal, wenn du ins Wasser kletterst, löst sich der Schorf, der eigentlich als Schutzschicht dient, und die Wunde wird tiefer und tiefer.«

»Und was passiert dann?«, fragte ich ein wenig besorgt.

»Es gab Fälle, in denen diese Art von Verletzung so schlimm geworden ist, dass die Risse bis in Sehnen, Muskeln und sogar Knochen hineinreichten.«

Wir wussten beide in diesem Moment, dass die einzig wirksame Behandlungsmethode gewesen wäre, mit dem Schwimmen aufzuhören, damit die Wunden heilen konnten, doch wir beide weigerten uns, das laut auszusprechen. Nach drei Tagen schon abzubrechen oder auch nur zu pausieren, kam für keinen von uns infrage – dafür waren wir viel zu stur.

»Das Beste, was wir jetzt tun können, ist, die Wunde zu reinigen, großzügig mit Desinfektionsmittel zu spülen und ein wenig zu schlafen. Die Gezeiten wechseln in sechs Stunden, dann kommt die Flut wieder in unsere Richtung. Um fünf Uhr müssen wir also zum Weiterschwimmen bereit sein.«

Unser Zeitplan war gnadenlos. Entspannung, Regeneration und medizinische Behandlung waren Luxusgüter, die wir nicht besaßen. Hinzu kam, dass ein »großzügiges Spülen mit Desinfektionsmittel« sicher nicht bloß ein leichtes Kribbeln verursachen würde. Matt griff in den Medizinschrank des Boots, holte eine große 500-Milliliter-Flasche Desinfektionslösung hervor und schraubte den Deckel ab.

»Bereit?«, fragte er ernst.

Ich beugte meinen Kopf nach vorn, damit er die gesamte Wunde übergießen konnte und sagte: »Ja, kipp rein so viel du kannst«, während ich versuchte, den Schmerz mit zusammengebissenen Zähnen wegzulächeln.

Während Matt den Großteil des Flascheninhalts in meine offenen (und blutenden) Wunden goss, dachte ich an ein zentrales Motiv des Stoizismus. »Eine Lektion soll man nicht lernen, sondern praktizieren.« Deshalb begannen Matt und ich, während ich so dort saß und meine Haut wie Feuer brannte, über Mark Aurel zu philosophieren.

Aurel sprach stets davon, rohe und sanfte Erregungen, die sich dem Geist aufzwingen, distanziert zu betrachten. Er stellte fest, dass unangenehme Empfindungen aufgrund des natürlichen Einklangs von Körper und Geist (unserer Geist-Körper-Verbindung) Einfluss auf unsere Wahrnehmung ausüben, dass wir aber davon absehen sollten, sie als gut oder schlecht zu bezeichnen. Stattdessen sollten wir selbst diese »rohen« Empfindungen mit absoluter Gleichgültigkeit betrachten.

Für mich war das, als würde man Sandpapier auf meinen offenen Wunden reiben, sie anschließend in Salzwasser und Essig tränken, und das viermal täglich. Aber diese tägliche Behandlung sorgte dafür, dass die Wunden sich nicht entzündeten und wir weiterschwimmen konnten.

»Okay, Zeit, ins Bett zu gehen«, sagte Matt, nachdem er fertig war.

Also ging ich ins Bett, wohl wissend, dass ich in sechs Stunden mit meiner wunden und schmerzenden Haut wieder erst in Salzwasser und dann in Desinfektionslösung schwimmen würde, während ich weiter die Lehren der stoischen Sportwissenschaft praktizierte.

»Der leitende und herrschende Teil deiner Seele soll von der sanften oder rauen Bewegung im Fleische unberührt sein.«

MARK AUREL

Lektion 1

- Der Stoizismus lehrt dich, dass Tugend glücklich macht und du Verhalten statt Worte beurteilen sollst. **Du kannst externe Ereignisse nicht kontrollieren, sondern nur dich selbst und deine Reaktion darauf.**
- Die beste Methode, dich im Stoizismus zu üben, ist das Führen eines Tagebuchs. Schreibe täglich deine Gedanken nieder. **Stoizismus liest man nicht, man lebt ihn!**
- Stoische Sportwissenschaft ist eine Weiterentwicklung des Stoizismus und lehrt dich, dass unter Bedingungen extremer Erschöpfung das Verletzungsrisiko steigt und die physische und mentale Kapazität, bewährte Prinzipien der Sportwissenschaft anzuwenden, geringer wird.
- Ziel der stoischen Sportwissenschaft ist es deshalb, mit physischer Leistungsfähigkeit und mentaler Klarheit besagte sportwissenschaftliche und psychologische Prinzipien unter extremer Erschöpfung, Stress und widrigen Bedingungen anzuwenden. Es ist eine Theorie, die aus der Praxis entstanden ist.
- Sie sorgt mithilfe von drei Komponenten dafür, dass dein Körper nicht zusammenbricht und dein Geist nicht aufgibt: mithilfe **eines starken Körpers, eines stoischen Geistes und eines strategischen Plans.**

LEKTION 2 | ENTDECKE DIE KRAFT DER SPIRITUELLEN SPORTWISSENSCHAFT

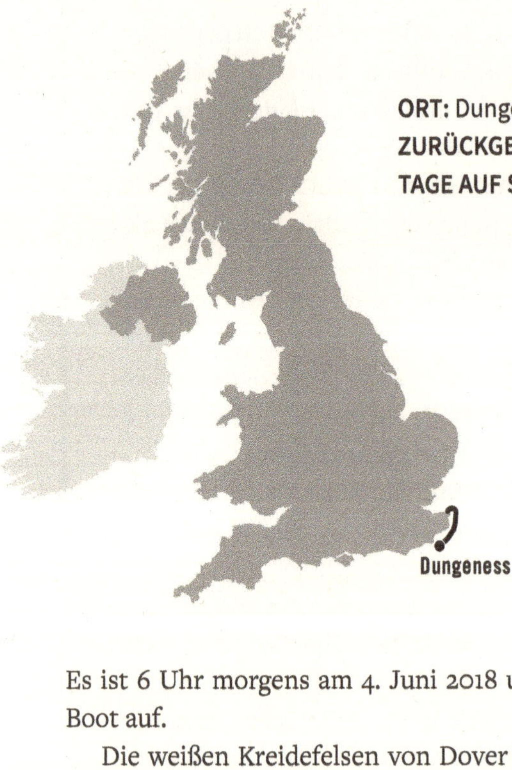

ORT: Dungeness
ZURÜCKGELEGTE DISTANZ: 77 Kilometer
TAGE AUF SEE: 4

Es ist 6 Uhr morgens am 4. Juni 2018 und die Sonne geht über dem Boot auf.

Die weißen Kreidefelsen von Dover lagen inzwischen in unserem sprichwörtlichen »Rückspiegel« und Margate war nur mehr eine blasse Erinnerung, während wir unseren Weg an der Südküste Englands entlang fortsetzten. Schwer erschöpft von der brutalen Etappe der letzten Nacht, wollte ich trotz des schrillen Weckeralarms und der Sonnenstrahlen, die durch das Bullauge schienen, einfach nicht aufwachen. Harriet öffnete deshalb die Tür zu meiner Kajüte und stellte mir (freundlicherweise) eine Tasse Kaffee auf die Stufe, in der Hoffnung, der Duft frisch aufgebrühter Bohnen würde mich aus dem Bett locken können. Ich schaffte es gerade so, ein »Danke« unter meiner Decke hervorzumurmeln. Als ich den Kopf vom Kissen hob, wusste ich sofort, dass etwas nicht stimmte. Matt hatte meinen Hals nach der letzten Etappe zwar hervorragend desinfiziert, ich war aber mit den noch feuchten, offenen Wunden ins Bett gefallen, sodass Blut und Wundwasser nun an meinem Kissen festgetrocknet waren. Mir blieb also nichts anderes übrig, als die Wunden wieder aufzureißen, bevor ich meine heutige Etappe antreten konnte.

Ich zählte: »Drei ... zwei ... eins ... Sch***e!«, und riss mir das Kissen (und ein paar Schichten Haut) mit einer ruppigen Bewegung vom Hals. Anschließend ging ich ins Bad, um den Schaden zu begutachten. Ich nahm einen Schluck Kaffee, um den Schmerz ein wenig zu betäuben, und versuchte, nicht das ganze Boot vollzubluten, das von der Nacht zuvor ohnehin schon aussah wie der Schauplatz eines Mordes.

Als ich in den Spiegel blickte, sah ich meine schlimmsten Befürchtungen bestätigt. Die Wunden waren bereits tiefer geworden und nur einige wenige Schwimmetappen davon entfernt, sich zu akuten Meeresgeschwüren zu entwickeln. Hinzu kam, dass die Haut genau an der Stelle gerissen war, an der meine Schultern am Hals rieben, wenn ich zu einem Schwimmzug ausholte. Bei jedem Zug riss meine Haut also weiter ein, die Wunde wurde tiefer und das Risiko einer Infektion höher.

Ich entschied, dass es am besten wäre, Matt zu konsultieren, und fand ihn auf Deck in der Bordküche seinen Kaffee trinken. Als ich mich neben ihn setzte, musste ich gar nichts mehr sagen. Das ganze Blut, das meinen Hals hinunterlief, genügte, um zu erkennen, dass ich keinen besonders guten Start in den Tag erwischt hatte.

»Sieht aus, als hättest du dich am Kissen geschnitten«, sagte Matt einen Augenblick später, immer noch an seinem Kaffee nippend. Ich konnte nicht anders und lachte drauflos. Das musste eine der bescheuertsten Verletzungen gewesen sein, die es je auf hoher See gab.

Dann wurden wir beide plötzlich wieder still, wohl wissend, dass die wirksamste Behandlungsmethode eine Schwimmpause wäre, in der meine Wunden abheilen konnten. Doch wir wussten auch, dass uns dadurch selbst in dieser frühen Phase der Reise viele wichtige Kilometer fehlen würden, die wir hintenraus, wenn der Winter drohte, vielleicht nicht mehr reinholen könnten.

Im britischen Winter wurden die Stürme auf dem Meer häufiger, die Bedingungen unsicher und das Schwimmen praktisch unmöglich. Wir mussten also unbedingt vorher fertig werden. Statt der vernünftigen Lösung wählten wir in diesem Moment also die sture.

Angetrieben von einem trotzigen Optimismus, sahen wir uns im Boot nach brauchbaren Utensilien um und fanden Isolierband, einige Tuben Vaseline, Pflaster und Müllsäcke. Unsere Lösung mag nicht perfekt gewesen sein und stand ganz sicher in keinem Segel- oder Schwimmlehrbuch, aber indem wir all dieses Zeug um meinen Hals wickelten, schufen wir den (halb) wasserdichten Prototyp eines »Meeresschals« mit Antireibungsfunktion, der meine Wunden hoffentlich trocken halten würde, damit sie sich nicht verschlimmerten. Das war zumindest der Plan.

Wir begannen damit, Desinfektionslösung großzügig auf jede Hautpartie aufzutragen, die rot, wund, geschwollen oder gerissen war, um meine offenen Wunden von allen infektiösen Bakterien zu reinigen, die in den Schifffahrtsstraßen von Dover lauerten. Abgedeckt wurde das Ganze dann mit einem übergroßen Pflaster, das wir vorsichtig so auf der Wunde platzierten, dass dabei keine Falten entstanden, die wiederum neue wunde Stellen an meinem ohnehin bereits ramponierten Hals verursacht hätten. Nun mussten wir dafür sorgen, dass kein Wasser an die Wunde kam, damit die gerissene Haut heilen konnte.

Wir klebten deshalb rollenweise Isolierband auf meine »gute Haut«, damit Pflaster und Verband auf der »schlechten Haut« nicht verrutschen konnten und trocken blieben. Das war natürlich nicht ideal, weil Klebeband und Haut in der Regel nicht gut zusammenpassen und ich mit der Zeit (wenn wir so weitermachen würden) nur noch wenig »gute Haut« übrig gehabt hätte. Aber im Moment war es unsere einzige Möglichkeit.

Um zu verhindern, dass ich mir weitere Hautpartien durch Reibung wund scheuerte, schmierten wir Vaseline in jede Falte, die im Bereich meiner Schultern und Arme zu finden war.

In gewisser Weise versinnbildlichte dieser Moment die Philosophie der stoischen Sportwissenschaft. Um Epiktet zu zitieren: »In Schwierigkeiten offenbart sich der Charakter einer Person.« Ich musste nun, mehr denn je, lernen, »bewährte sportwissenschaftliche und psychologische Prinzipien unter extremer Erschöpfung, Stress und widrigen Bedingungen anzuwenden«.

Vorsichtig zog ich den Reißverschluss des Neoprenanzugs über meinen frisch »gepanzerten« Halsverband und ich dachte wieder einmal an Mark Aurel, den römischen Kaiser, der zwar krank gewesen war, aber dennoch nicht aufgegeben hatte.

TROTZ KRANKHEIT NIEMALS AUFGEBEN

Nach allem, was wir heute wissen, war Mark Aurel ein kranker Mann. Er litt unter chronischen Schmerzen in Brust und Bauch, Schlafstörungen, Appetitlosigkeit und zahlreichen anderen Symptomen. Zwar ist unbekannt, welche Krankheit den römischen Kaiser genau plagte, Wissenschaftler gehen heute jedoch davon aus, dass es sich um Magengeschwüre handelte, deren Ursprung wiederum in einer Vielzahl anderer Krankheiten gelegen haben könnte.

Aurels Gesundheitszustand verschlechterte sich derart, dass viele sogar glaubten, er sei gestorben. Darunter auch einer seiner ranghöchsten Generäle, Avidius Cassius, der daraufhin den Titel des römischen Imperators für sich selbst beanspruchte, sodass Aurel gezwungen war, persönlich nach Osten zu reisen, um die Kontrolle zurückzuerobern. (Cassius musste er sich dabei allerdings nicht stellen, denn der wurde von seinen eigenen Soldaten ermordet.)

Was mich während unserer Tour immer wieder inspiriert hat, war die erstaunliche physische Widerstandsfähigkeit, die Aurel trotz seiner massiven körperlichen Gebrechen auszeichnete. Er wurde fast 60 Jahre alt, in einer Zeit, in der Kriege und Seuchen viele seiner Zeitgenossen vorher dahinrafften. Seinen Adoptivbruder Lucius Verus zum Beispiel, der zwar stärker und scheinbar gesünder als er war, der mit 38 aber einfach tot umfiel. Oder Aurels eigener Sohn Commodus, der mit 31 ermordet wurde.

Wie war es also möglich, dass Mark Aurel so lange allen Widrigkeiten trotzte? Sein Geheimnis war schiere Willenskraft. So lautet eines seiner berühmtesten Zitate: »Nichts geschieht uns, was zu ertragen uns nicht natürlich wäre. Bei manchen Schicksalen sind wir freilich nur aus Stumpfsinn oder aus Prahlerei standhaft und unverwundbar.« Im Grunde sagte Aurel damit, dass wir durch innere Stärke und eine tugendhafte Natur jede Herausforderung meistern können.

Er glaubte außerdem, dass unangenehme körperliche Empfindungen wie Schmerzen im Leben etwas ganz Natürliches und Unvermeidbares wären, dass unsere Vernunft aber »ihr Urteil hinzufüge, ob hier etwas gut oder böse sei«, und er mahnte, wie zwecklos es sei, gegen ein Leid anzukämpfen, das sich unserer direkten Kontrolle entzieht: »Ein Mensch, der seinem Unwillen über irgendetwas Luft macht und sich beklagt, unterscheidet sich im Grunde genommen gar nicht von einem Stück Vieh, das beim Schlachten mit allen vieren um sich stößt und dazu schreit.«

Er ergänzte, dass wir unser emotionales Leid häufig nur noch verstärken, wenn wir vergeblich gegen bestimmte Ereignisse ankämpfen und schließlich vom Leben frustriert sind. Als ich beim Schwimmen wegen all des Isolierbands Probleme hatte, Luft zu holen, dachte ich deshalb immer wieder an Mark Aurel, einen Mann, der ein ganzes Kaiserreich regierte, Kriege und Seuchen überlebte und dennoch älter wurde als die meisten seiner Verwandten.

Bei jedem Atemzug sagte ich also zu mir selbst: »Wenn es auszuhalten ist, dann halte es aus. Hör auf, dich zu beschweren. Und wenn es nicht auszuhalten ist, dann hör trotzdem auf, dich zu beschweren. Denk dran: Du kannst alles aushalten, wenn dein Kopf es dir sagt. Behandle Widrigkeiten, als seien sie zu deinem Vorteil oder lägen in deiner Natur.«

Mark Aurel war also der Grund dafür, dass ich an diesem Morgen vom Heck des Boots ins Wasser sprang und Matts neues, wasserdichtes Schwimmequipment mit Antireibungstechnologie ausprobierte.

WUNDE MEERESHAUT UND TRÜBES WASSER

»Wie fühlt es sich an?«, fragte Matt.

Ich versuchte, mich so wenig wie möglich zu bewegen und darauf zu achten, ob Wasser durch die vielen Meter Isolierband drang, die um meinen Hals gewickelt waren.

»Ich kann meinen Kopf nicht richtig zum Atmen eindrehen«, sagte ich.

Das hätte sich natürlich zum Problem entwickeln können, da ich zum Schwimmen schließlich Sauerstoff brauchte. Die Halskrause war außerdem ganz schön eng, sodass ich an diesem Tag vermutlich keine neue Bestzeit schwimmen würde. Trotz alledem war ich aber optimistisch.

»Scheint aber wasserdicht zu sein, könnte also funktionieren«, sagte ich deshalb.

Matt lächelte stolz. Es schien tatsächlich zu klappen, auch wenn ich meinen Körper ganz umständlich krümmen und verdrehen musste, um Luft zu holen. Es fiel mir außerdem schwerer, mich nach rechts zu drehen, weil die Wunden an meinem Hals auf dieser Seite tiefer waren. Ich konnte daher nicht in Richtung Küste schauen und musste mich ausschließlich am Boot orientieren. Und zu guter Letzt konnte ich meine Arme bei den Schwimmzügen nicht ganz nach vorn ausstrecken, sondern musste unnatürlich weit zu den Seiten ausholen, damit meine Schultern nicht am Hals rieben. Trotzdem kam ich mit dieser stark modifizierten Schwimmtechnik (die nur ganz entfernt an Kraulschwimmen erinnerte) voran und zog langsam vorbei am Kiesstrand der Landspitze Dungeness.

Nachdem ich ein paar Kilometer hinter mir hatte, registrierten meine Geschmacksnerven plötzlich eine veränderte Wasserqualität. Auch die Farbe veränderte sich und war plötzlich ganz trübe und graubraun. Also hob ich den Kopf aus dem Wasser und fragte:

»Warum schmeckt das Wasser so komisch?«

Harriet kam zur Seite des Boots gelaufen und versuchte, sich das Lachen zu verkneifen. Sie wusste, dass ich meinen Kopf nicht nach rechts eindrehen konnte und deshalb das riesige Atomkraftwerk nicht gesehen hatte, das auf der Landspitze Dungeness stand und an dem ich seit etwa einer Stunde vorbeischwamm.

»Könnte damit zusammenhängen«, sagte sie und zeigte auf die gigantische Betonfestung.

Nun will ich an dieser Stelle nicht behaupten, das Wasser sei durch das Kraftwerk verschmutzt gewesen – aber sauberer war es davon definitiv auch nicht geworden. Ich beschloss daher so schnell zu schwimmen, wie meine schmerzenden und wunden Schultern es zuließen, um schnell wieder in klareres, sauberes Wasser vorzudringen. Es dauerte drei Tage, in denen ich Tag und Nacht geschwommen war, bis ich die Landspitze hinter mir gelassen und den Geschmack des Atomkraftwerks aus dem Mund bekommen hatte. Währenddessen tüftelten Matt und ich immer weiter an meinem »Meeresschal« und behandelten die Wunden darunter großzügig mit Desinfektionsmittel.

Auch See-Seminare in stoischer Sportwissenschaft waren Bestandteil unseres täglichen Rituals. In einer dieser Sitzungen fragte Matt, wann die Idee zum Great British Swim entstanden war. Nachdem ich lange und gründlich über die Antwort nachgedacht hatte, erklärte ich ihm, dass die Ursprünge wohl zehn Jahre in der Vergangenheit lagen, als ich mit einer Gruppe Yamabushi-Mönchskrieger in Japan lebte. Von denen lernte ich eine fast schon spirituelle Art des Sports, in dem es keine Rekorde, Medaillen oder Pokale gab und der einen viel »pureren« Zweck erfüllte.

»Das ist eine lange Geschichte«, warnte ich ihn.

»Oh, wir haben sicher jede Menge Zeit«, sagte er mit einem Lächeln.

Und so erklärte ich Matt in den See-Seminaren in stoischer Sportwissenschaft, die wir zwischen meinen Schwimmetappen abhielten, dass diese Schwimmtour für mich eine moderne Version des Okugake war, eines uralten Brauchs, den ich beim Besteigen eines heiligen Bergs in Japan kennengelernt hatte.

SPIRITUELLE SPORTWISSENSCHAFT

2008 bestieg ich den Sanjogatake, einen 1700 Meter hohen Berg auf Honshū, der größten Insel Japans. Ich begleitete eine Gruppe Yamabushi-Mönchskrieger auf ihrem alljährlichen Okugake genannten Pilgerzug, der mithilfe von Ausdauer und Selbstdisziplin zu spiritueller Erleuchtung führen soll. Er ist fundamentaler Bestandteil der Shugendo-Religion der Yamabushi, die in den Bergen nach Weisheit suchen und glauben, die zerklüfteten Felsen und schwindelerregenden Gipfel seien heilige Orte, in denen Kräfte ruhen, die außerhalb menschlicher Vorstellungskraft liegen.

So ein Okugake lässt sich nur schwer beschreiben, aber ich will es versuchen. Ein zentraler Bestandteil des Lebens der Yamabushi ist die Askese, also die Abkehr von sinnlichen Freuden. Die Askese findet sich in vielen religiösen Traditionen wieder und geht häufig mit einem bescheidenen Lebensstil und Fastenperioden einher, während denen sich mit spirituellen Fragen auseinandergesetzt wird.

Unsere tägliche Routine sah so aus, dass wir um vier Uhr morgens aufstanden und so viel grünen Tee tranken, wie unsere Blasen aushielten, auf ein Frühstück aber verzichteten. Dann wurde viel meditiert und anschließend gab es noch mehr grünen Tee, bevor wir 30 Kilometer durch bergiges Terrain marschierten. Zum Abschluss meditierten wir unter einem Wasserfall, um die Grenzen unserer Willenskraft und der Durchblutung unserer Extremitäten auf die Probe zu stellen. Wer all das überlebte, dem wurde Einlass ins benachbarte Kloster gewährt, wo es Abendessen gab und man schlafen konnte, bevor die ganze Prozedur am nächsten Tag von vorne losging.

Wozu das alles? Um spirituelle Erleuchtung durch Selbstdisziplin zu erlangen, indem man sich der weiten Natur der Bergwelt aussetzt und die eigene Weisheit durch Disziplinierung von Körper und Geist schärft. Die Yamabushi glauben, dass man am besten lernt, wenn man Körper und Geist an ihre Grenzen bringt. Und das tun sie, indem sie durch ein Gelände wandern, dass so steil und abschüssig ist, dass es Lunge und Beine gleichermaßen fordert.

Über dieses Konzept spiritueller Sportwissenschaft wollte ich natürlich mehr erfahren und setzte mich beim Abendessen zu einigen älteren Yamabushi-Mönchen. Es wurden Reisschalen und noch mehr grüner Tee gereicht. Ich nahm all meinen Mut zusammen und fragte:

»Wo liegt der Schnelligkeitsrekord hier auf dem Sanjogatake?«

Die Mönche blickten sich gegenseitig an und lächelten.

»Ross, es geht nicht um Schnelligkeit, sondern um Spiritualität«, sagte einer der Alten in gebrochenem Englisch.

Tief in mir drin wusste ich das selbst, doch ich war noch jung und naiv und der Sportler in mir wollte es einfach wissen. »Okay, verstanden. Wo liegt dann der Spiritualitätsrekord hier auf dem Sanjogatake?«, fragte ich.

Nun brachen die Mönche in schallendes Gelächter aus.

Auch ich lachte, wollte insgeheim aber immer noch den Spiritualitätswettbewerb »gewinnen« oder zumindest einen neuen Streckenrekord auf dem Sanjogatake aufstellen. Ohne meinen Enthusiasmus bremsen zu wollen, erzählten mir die Alten daraufhin vom brutalsten Ultramarathon, von dem ich je gehört hatte. Es gibt dabei keine Medaillen zu gewinnen, dafür dauert er 1000 Tage und 1000 Marathons und endet entweder mit spiritueller Erleuchtung oder dem Tod.

DER BRUTALSTE ULTRAMARATHON DER WELT

In der Gebirgskette vor den Toren der Stadt Kyoto gibt es einen heiligen Berg namens Hiei-zan, auf dem die legendären japanischen Tendai-Bergmönche leben. Diese Mönche sind Anhänger der Tendai-shū, einer besonderen Schule des Buddhismus, und bekannt dafür, besonders extreme Vertreter der »spirituellen Sportwissenschaft zu sein«. Besonders berüchtigt ist das Kaihōgyō, ein Ritual, bei dem die Mönche 1000 Marathons in 1000 Tagen laufen, um so Erleuchtung zu erlangen. Natürlich tun sie dies nicht mithilfe der neusten Sportlernahrung und in Hightech-Funktionsbekleidung, sondern mit bescheidenen Rationen Reis und Gemüse und in »Waraji« genannten Strohsandalen.

Aber der krasseste Teil kommt noch: Traditionell müssen sich neue Tendai-Mönche für das Kaihōgyō im Rahmen einer 100-tägigen Übungsphase qualifizieren, in der sie 30 bis 40 Kilometer am Tag laufen. Haben sie die hinter sich gebracht, müssen sie die älteren Mönche um Erlaubnis bitten, die übrigen 900 Tage absolvieren zu dürfen.

Wird ihnen diese Erlaubnis erteilt, dann nicht ohne Warnung. Denn während der ersten 100 Tage ist es den Jung-Mönchen noch erlaubt, die Challenge abzubrechen. Ab dem 101. Tag – so will es die Tradition – müssen sie das Ritual entweder zu Ende bringen oder sich mit dem Seil und Kurzschwert, die sie tragen, das Leben nehmen.

Heutzutage handelt es sich dabei natürlich nur noch um einen symbolischen Akt und der Auswahlprozess stellt sicher, dass diejenigen, die diesen Pfad der Erleuchtung einmal beschreiten, ihn auch bis zu Ende gehen können. Aber die vielen anonymen Gräber von Tendai-Mönchen vergangener Tage erinnern heute noch daran, wie ernst sie das Kaihōgyō nahmen und wie heilig es ihnen war. Nur selten beschritt ein Mönch diesen spirituellen Pfad und noch seltener ging ihn einer bis zum Ende.

Tatsächlich schlossen die 1000-Tages-Challenge seit 1885 nur 46 Männer ab. Ein Blick auf den formellen Ablauf lässt ahnen, wieso:

Jahr 1	Jahr 2	Jahr 3	Jahr 4	Jahr 5	Jahr 6	Jahr 7
100 Tage lang 40 km pro Tag	100 Tage lang 40 km pro Tag	100 Tage lang 40 km pro Tag	200 Tage lang 40 km pro Tag	200 Tage lang 40 km pro Tag	100 Tage lang 60 km pro Tag	100 Tage lang 84 km pro Tag, danach 100 Tage lang 40 km pro Tag

Im fünften Jahr erwartet einen wandernden Mönch dann der, wie viele glauben, schwierigste Teil der ganzen Challenge: Sieben Tage lang muss er ohne Essen, Wasser oder irgendeine Form von Pause aushalten und im Tempel sitzend Mantras vor sich hin beten, während zwei andere Mönche – einer auf jeder Seite – aufpassen, dass er nicht einschläft.

Als die alten Yamabushis ihre Geschichte zu Ende erzählt (und ihre Reisschüsseln aufgegessen) hatten, fragten sie mich, ob ich immer noch den Streckenrekord des Sanjogatake wissen wollte. Lächelnd schüttelte ich den Kopf. Dies war der ultimative Weg zur Selbstoptimierung und Selbsterkenntnis durch Selbstdisziplin. Nun verstand ich, dass Spiritualität nichts mit Medaillen, Rekorden oder Pokalen zu tun hat. Die eigentliche Belohnung ist der Prozess selbst.

Der Weg ist das Ziel.

MENTAL STARK WIE EIN MÖNCH

Was hatte ich also aus meiner Zeit in Japan mitgenommen? Ich habe die mentale Stärke von Mönchen kennengelernt, denen Geld, Medaillen oder Rekorde egal waren und die stattdessen von einem tieferen intrinsischen Zweck motiviert wurden. Sportpsychologen unterscheiden zwischen intrinsischer und extrinsischer Motivation:

- **Extrinsische Motivation:** Die Motivation besteht im Erhalt einer Belohnung (oder im Vermeiden einer Bestrafung). Wir tun etwas also nicht, weil es uns Befriedigung verschafft, sondern weil wir uns etwas davon erhoffen (oder eine Strafe vermeiden wollen).
- **Intrinsische Motivation:** Die Motivation, eine Aktivität auszuführen, ist die daraus resultierende Befriedigung. Es gibt keine Pokale, Rekorde oder Auszeichnungen. Die Aktivität selbst ist die Belohnung.

Welche Form der Motivation ist nun die beste? Untersuchungen lassen vermuten, dass intrinsische Motivation mit höherer Wahrscheinlichkeit zum Erfolg führt. Im Rahmen einer groß angelegten Studie folgten Wissenschaftler 11320 Kadetten der renommierten West-Point-Militärakademie bei New York über einen Zeitraum von 14 Jahren und beurteilten, aus welchen Gründen sie die Akademie absolvierten.[1] Dabei fanden sie heraus, dass Kadetten, die sich aus einer inneren Motivation heraus eingeschrieben hatten, mir höherer Wahrscheinlichkeit einen Abschluss machten, befördert wurden, eine Offizierslaufbahn einschlugen und auch über die Dienstpflicht hinaus im Militär blieben als jene, die sich aus externen Motiven einschrieben.

Natürlich können sowohl extrinsische als auch intrinsische Motivation ein wirksamer Antrieb sein. Doch mir war klar: Um in der Isolation des Ozeans 157 Tage lang zwölf Stunden täglich zu schwimmen, brauchte ich dieselbe Art intrinsischer Motivation, die auch für einen erfolgreichen Okugake nötig ist.

Eins der besten Beispiele für intrinsische Motivation war der Bergsteiger und Entdecker Sir Edmund Hillary. Nachdem er 1953 den Mount Everest bestiegen hatte, feierten ihn die Medien als Sinnbild für die Überlegenheit des Menschen, der das Dach der Welt erklommen und Mutter Naturs höchsten Gipfel erobert hatte. In einem Interview mit der *Pittsburgh Post-Gazette* aus dem Jahr 1998 äußerte Hillary sich geradezu philosophisch zu seiner Motivation, als er sagte: »Wir erobern nicht den Berg, sondern uns selbst.« Anschließend führte er weiter aus: »Ich sage immer, es ist dieses Gefühl der Herausforderung, das Bestreben, sich bis zum Äußersten zu belasten und dabei beträchtliche Schwierigkeiten zu meistern. Wenn man das schafft, wird man mit einem Gefühl großer Genugtuung dafür belohnt.« Ob er es wusste oder nicht, Hillary beschrieb hier eine Art des Okugake, eine starke Form der intrinsischen Motivation, die jener der Yamabushi ganz ähnlich ist.

Zwei weitere passende Beispiele sind die beiden besten Langstreckenläufer aller Zeiten: Emil Zátopek und Eliud Kipchoge. Beide stammten aus verschiedenen Epochen und Winkeln der Erde und doch hatten beide die gleiche, fast spirituelle Einstellung zur Sportwissenschaft.

Zátopek sagte einst den inzwischen berühmten Satz: »Wenn du laufen willst, lauf eine Meile. Wenn du ein anderes Leben kennenlernen willst, lauf einen Marathon.« Die »tschechische Lokomotive« galt als bester Läufer des 20. Jahrhunderts und wurde international bekannt, als er bei den Olympischen Sommerspielen 1952 in Helsinki drei Goldmedaillen gewann. Er wurde Olympiasieger über die 5000 und 10 000 Meter, die dritte Medaille gewann er jedoch, als er sich in letzter Minute dazu entschied, den ersten Marathon seines Lebens zu laufen.

1954 schaffte er es außerdem als erster Läufer, die 10 000 Meter in unter 29 Minuten zu laufen, nachdem er drei Jahre zuvor die 1-Stunden-Marke auf der 20-Kilometer-Distanz geknackt hatte. Das Faszinierende an Zátopek ist, dass er all das erreicht hat, obwohl er aus extrem einfachen Verhältnissen stammte. Geboren als siebtes Kind eines mährischen Zimmermanns, verbrachte er seine Jugend in einer

Schuhfabrik in Zlín. Während des Zweiten Weltkriegs entdeckte er das Lauftraining als Möglichkeit, der Unterdrückung durch die Nazibesatzer für kurze Momente zu entfliehen – also trainierte er mit nie da gewesener Besessenheit und ebensolchem Erfindungsreichtum. Als seine Heimat befreit wurde, war er bereits der beste Läufer des Landes.

Er trat in die neu gegründete tschechoslowakische Armee ein und wurde schnell einer ihrer ersten Offiziere neuen Typus: aus der Arbeiterklasse, dem Kommunismus gegenüber aufgeschlossen. Zátopek wuchs in großer Armut auf und glaubte daher an die grundlegenden Ideale des Sozialismus. Er praktizierte Selbstdisziplin, Askese und intrinsische Motivation. Einer seiner Leitsätze war: »Ein Athlet kann nicht mit Geld in seinen Taschen laufen. Er muss mit Hoffnung in seinem Herzen und Träumen in seinem Kopf laufen.«

Erst viele Jahre später kam ein anderer Sportler an Zátopeks Lauftalent und seine mönchsartige mentale Stärke heran: der großartige Eliud Kipchoge. Der Kenianer gilt nicht nur als einer der besten Läufer der modernen Ära, sondern ist außerdem ein Mann mit immenser Selbstdisziplin. Obwohl er ein Selfmade-Millionär und in seiner Heimat geradezu ein Volksheld ist, findet sich in seinem Leben keine Spur von Größenwahn. An einem Tag bricht er Weltrekorde und gewinnt Medaillen auf der Laufstrecke, am nächsten schneidet er Gemüse für das Gemeinschaftsmahl seines Teams oder hilft der Familie bei der Hausarbeit.

Mindestens genauso beeindruckend wie seine Lauferfolge ist Kipchoges extrem asketische Ernährung, die schon mönchsartige Züge besitzt und bewusst einfach gehalten ist. So trinkt er Milch von Kühen, die auf den Feldern nahe seines Trainingslagers grasen, und ernährt sich praktisch ausschließlich von Reis und dem kenianischen Getreidebrei Ugali. Nur selten gibt es dazu ein wenig Rindfleisch.

Besonders ungewöhnlich war jedoch seine Antwort auf die Frage, ob er es gern als erster Mensch schaffen würde, einen Marathon in unter zwei Stunden zu laufen (was lange Zeit ein mächtiger intrinsischer Motivator für viele Laufsportler war). Kipchoge antwortete: »Ich möchte mit einem entspannten Geist laufen«, und ergänzte:

»Um genau zu sein, versuche ich nur, meine persönliche Bestzeit zu laufen. Wenn dabei ein neuer Weltrekord herauskommt, freut mich das. Aber für mich wäre das dann trotzdem nur meine persönliche Bestzeit.«

Am 12. Oktober 2019 tat er genau das. Mit einem »entspannten Geist« (und intrinsisch motiviert) lief er auf den Straßen von Wien eine neue persönliche Bestzeit und schaffte die 42,195 Kilometer in einer bemerkenswerten Zeit von 1 Stunde 59 Minuten und 40 Sekunden.

Und das war auch genau das, was ich tun wollte: Mein ganz eigenes Okugake-Sportabenteuer erleben, Selbstoptimierung durch Selbstdisziplin erfahren und die Küste Großbritanniens umrunden, um eine neue persönliche Bestleistung aufzustellen.

MATT UND SEIN OKUGAKE

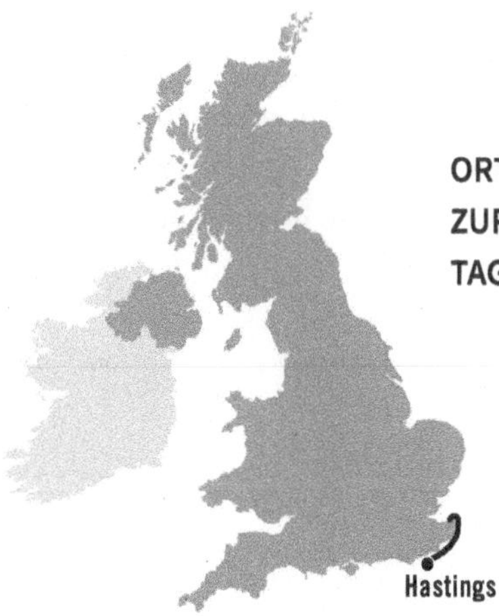

ORT: Hastings
ZURÜCKGELEGTE DISTANZ: 98 Kilometer
TAGE AUF SEE: 5

Es ist 17 Uhr am 5. Juni 2018 und wir befinden uns vor der Küste von Hastings. Als ich diesen Küstenabschnitt passierte, wagte ich es nicht, mich zu beschweren oder von meinen eigenen Problemen zu erzählen, denn diese Gegend ist bekannt für die Schlacht bei Hastings 1066, zwischen den französischen Normannen unter Wilhelm dem Eroberer und den Angelsachsen unter König Harald II. An diesen Stränden wurde derart viel Blut vergossen, dass meine Schmerzen und Zipperlein verglichen damit nur kleine Kratzer waren.

In diesem Moment tiefer Einkehr (und noch immer mit den Lektionen des Okugake im Kopf) befand ich mich plötzlich in einem Zustand spiritueller, stoischer Ruhe und begann, über Matts Motive nachzudenken, bei diesem Projekt mitzumachen. Ich wusste, er liebt das Meer und stammt aus einer Familie von Seglern und Wellenreitern, die schon immer den Traum hatten, einmal Großbritannien zu umsegeln. Sicher wollte er dabei aber keinen seekranken Schwimmer im Schlepptau haben, der ihm sein schönes Boot vollblutet.

»Warum hast du also zugesagt?«, wollte ich wissen.

Er hielt inne und bedachte sorgfältig seine Antwort.

»Weil ich selbst sehen wollte, ob es möglich ist«, gab er zu. »Um Großbritannien zu segeln, ist selbst für die erfahrensten Kapitäne der Welt eine echte Herausforderung. Aber noch nie hat jemand ein Boot geführt, das einen Schwimmer um die Insel bringen sollte. Ich schätze, der Grund war reine persönliche Neugier. Ich wollte einfach wissen, ob wir das hinkriegen«, sagte er mit einem Lächeln.

Diese Antwort gefiel mir, gesprochen wie ein echter Yamabushi. Vielleicht war Segeln ja sein Okugake. Um es mit Mark Aurel zu sagen: »Jedes Wesen, ein Pferd, ein Weinstock, dient irgendeinem Zweck. Wozu gibt's dich? Die wahre Freude des Menschen ist's, die Dinge zu tun, für die er geschaffen wurde.«

Lektion 2

- Wir Menschen unterziehen uns seit Jahrhunderten Akten extremer Selbstdisziplin (etwa Pilgerreisen oder einem **Okugake**), um mehr über uns selbst zu erfahren.
- Studien zeigen, dass **intrinsische Motivation** (persönliche Genugtuung ohne Pokale oder Auszeichnungen) ein größerer Erfolgsprädikator ist als **extrinsische Motivation** (das Erhalten einer Belohnung oder Vermeiden von Strafe).
- Die Kombination von intrinsischer Motivation mit einem Akt der Selbstdisziplin zum Zweck der Selbsterkenntnis ist die moderne Form der Pilgerreise und eine wirksame Art spiritueller Sportwissenschaft, die viele der besten Athleten der Weltgeschichte verinnerlicht hatten.

LEKTION 3 | DER KÖRPER BLUTET UND LEIDET, DOCH GIBT SICH NICHT GESCHLAGEN

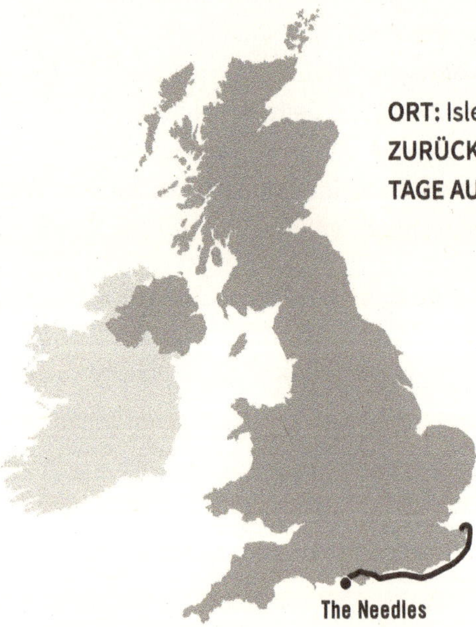

ORT: Isle of Wight
ZURÜCKGELEGTE DISTANZ: 270 Kilometer
TAGE AUF SEE: 12

Es ist 21:40 Uhr am 11. Juni 2018 und wir kommen gerade an der Isle of Wight vorbei, einer kleinen Insel vor der englischen Küste, die für ihre Strände und Seepromenaden bekannt und in vielerlei Hinsicht der britischste Urlaubsort ist, den es gibt.

Leider hatte ich davon überhaupt nichts.

Stattdessen schwamm ich zwölf Stunden täglich und lebte praktisch in dem schmalen, rund drei Kilometer breiten Gewässer, das die Insel vom britischen Festland trennt, und war damit beschäftigt, nicht mit all den Jetskis und Fährschiffen zu kollidieren, mit denen ich mein »Schwimmbecken« teilte.

Tag und Nacht schwammen wir weiter, bis unsere Mühen nach 48 Stunden belohnt wurden und der westlichste Punkt der Insel in Sicht kam: The Needles. Diese drei Felseninseln aus Kreide gehören zu den meistfotografierten Felsformationen der Welt. Etwa 30 Meter hoch ragen sie aus dem Meer, stets unter dem wachsamen Blick des alten Leuchtturms, der dort stolz seit dem 19. Jahrhundert steht.

Das war ein wichtiger Meilenstein, der eigentlich gefeiert werden musste. Wir hatten 240 Kilometer hinter uns gebracht, starke Gezeitenströmungen gemeistert und fast die Hälfte der Südküste Englands geschafft. Meine Freude wurde nur ein wenig gedämpft, weil die Salzwassererosion bereits jetzt eine Reihe von Opfern gefordert hatte. Darunter:

- 2 zerrissene Brillengurte
- 3 zerschlissene Schwimmkappen
- 1 kaputter Neoprenanzug
- Die oberste Hautschicht meiner Zunge

Wie du dir sicher vorstellen kannst, bereitete mir Punkt vier dieser Liste die größten Sorgen.

Als ich vor der Küste von Brighton die ersten Anzeichen der Salzzunge spürte, weil der chronische Kontakt mit dem aggressiven Salzwasser meinem Mund jede Feuchtigkeit raubte, bereitete Suzanne mir eine leckere Gemüsesuppe zu, in der Hoffnung, die könnte ich leichter zu mir nehmen. Es funktionierte und ich verputzte Schüssel um Schüssel, bis ich mich irgendwann fragte, warum ich als Einziger Fleischstücke in meiner Suppe hatte.

»Ist das Rind, Schwein oder Hühnchen?«, fragte ich freundlich nach.

Suzanne spähte in meine Schüssel, verglich deren Inhalt mir ihrer eigenen und sagte: »Nein, das scheint deine Zunge zu sein.«

Weil ich nicht so recht wusste, was ich nun tun sollte, aß ich sie einfach mit. Schmeckte gar nicht so übel, wenn auch ein wenig zäh.

So ging das einige Tage lang weiter und während ich mich darauf einstellte, im Dienst der Sache noch mehr von meiner Zunge zu verlieren (und zu essen), fragte ich mich gleichzeitig, wie viel davon ich noch opfern müsste, um den ganzen Weg um Großbritannien zu schaffen.

Nun musste ich mir darüber Gott sei Dank keine Gedanken mehr machen, denn auf der Isle of Wight gab es eine Lösung für dieses Problem – und sein Name war Siggy. Siggy war ein Freund von Harriet, der auf der Insel geboren war und der Crew an Bord der *Hecate* half, während Suzanne ein paar Wochen lang auf Landgang weilte. Er war Koch und kannte sich auch ein wenig mit Pflanzenheilkunde aus.

Siggy sah sich meine Zunge an, die sich langsam immer mehr auflöste, und sagte: »Nimm vor dem Schwimmen einen Mund voll Kokosöl und lass es auf der Zunge zergehen. Theoretisch sollte das die Feuchtigkeit in der Zunge halten und eine Art Schutzschicht gegen das Salzwasser bilden. Kaue anschließend auf ein paar Minzblättern, die verändern den Laugengrad deiner Zunge, was für eine gesunde Mundhöhle auf jeden Fall gut ist.«[1]

Ob das funktioniert hat? Und wie! Nur 24 Stunden (und 32 Kilometer) später kraulte ich wie ein Weltmeister an der Küste der Isle of Wight entlang, mit meiner Zunge noch immer im Mund und einer feuchten, minzig-frischen Mundhöhle. Siggy war ein Genie: Wie ein Zauberer aus dem Meer erschien er auf unserem Boot, rettete meine Zunge und kehrte ein paar Wochen später wieder auf seine Insel zurück. Auch wenn seine Zeit an Bord nur kurz war, hat er doch wahnsinnig viel zum Erfolg dieser Schwimmtour beigetragen und meine Zunge wird ihm ewig dankbar sein.

Als Schwimmer entwickelte ich mich nun ständig weiter. Kilometer um Kilometer passten wir uns besser an die äußeren Umstände an und erfanden passende Lösungen für auftretende Probleme, darunter:

- Minzige Mundmedizin
- Kokosschutz für die Zunge
- Matts Meeresschal (der im Grunde nur aus Isolierband und Vaseline bestand)

Vor allem Letzterer funktionierte inzwischen großartig. Nur acht Tage nach seiner Erfindung hatte der Schal dafür gesorgt, dass die einst wunde und entzündete Haut an meinem Hals nun nicht mehr komplett wegerodierte, sondern (zumindest halbwegs) zu heilen begann. Durch all die Schwielen und das Narbengewebe fühlte sie sich wie ein gepanzerter Nacken an. Das sah zwar nicht gerade ästhetisch aus, eignete sich zum Schwimmen aber gut.

Ich muss sagen, dass ich auch ein wenig stolz auf meinen schwieligen Nacken war. Er fühlte sich wie ein Ehrenabzeichen an, das ich nach einer bedeutsamen Schlacht verliehen bekommen hatte. Passend dazu schwamm ich gerade an Cowes Castle vorüber, das 1539 von König Heinrich VIII. erbaut wurde, um England vor fremden Invasoren zu schützen. Heute dient es als Klubhaus des elitären Royal Yacht Squadron, einem der prestigeträchtigsten Jachtklubs der Welt, in dem sich den Sommer über viele erfahrene Segler versammeln.

Trotz seiner langen Geschichte hatte das altehrwürdige Klubhaus noch nie einen Nacken wie meinen gesehen. Ein paar ältere Segler, die wir während einer Schwimmpause getroffen hatten, meinten, nur in Afrika je eine derart dicke Haut gesehen zu haben – bei einem Nashorn. Wir alle lachten darüber, dabei traf diese Beschreibung den Nagel auf den Kopf. Von da an nannten mich die Segler der Isle of Wight deshalb »Rhino Neck«, zu Deutsch: Nashornnacken.

Ich will ehrlich sein: Der Spitzname gefiel mir. Er fasste den bisherigen Verlauf meiner Schwimmtour prima zusammen und klang raubeinig und ehrlich zugleich.

Nach fast zwei Wochen im Meer waren noch andere Veränderungen an meinem Körper vonstattengegangen, ich besaß nun unter anderem einen volleren und, durch das Salzwasser und meinen totalen Verzicht auf Pflegemittel oder -methoden, viel dichteren Bart. Der sah zwar ganz furchtbar aus, bot aber zumindest ein wenig Schutz vor den Elementen.

Ich sah vermutlich wie ein schwimmender Werwolf aus und die Wellen stellten nach wie vor das Durchhaltevermögen meiner Gliedmaßen auf die Probe, genauso wie die Schifffahrtsrouten die Strapazierfähigkeit meines Immunsystems und Magens. Gott sei Dank nahte

Rettung in Person meines Freunds und Physiotherapeuten Jeff Ross, den Taz mit einem kleineren Motorboot von Land abholte.

Jeff stammte aus Neuseeland und war der geborene Segler. Normalerweise kümmerte er sich als Physiotherapeut um das körperliche Wohlbefinden von Topsportlern, etwa aus Neuseelands Rugbyliga oder Englands Fußball-Premier-League. Nun knetete er in der Bordküche der *Hecate* meinen geplagten, ausgelaugten Körper durch.

Er besitzt unverhältnismäßig große Unterarme und muskelbepackte Finger, sodass er seine Daumen ganz mühelos in Sehnen, Bändern, Muskeln und Gewebe vergraben kann, um dort jeden Knoten und jede Verspannung zu lösen. Und genau das tat er mehrere Stunden lang, untersuchte mich, sondierte jeden meiner Muskeln und gab anschließend seine Diagnose ab. Während ich mit dem Gesicht nach unten auf der Massageliege lag, die Jeff irgendwie in der Bordküche zusammengebaut hatte, sagte er ganz nebenbei und mit seinen Knöcheln noch immer tief in meinem Rücken vergraben:

»Du siehst ganz fürchterlich aus und fühlst dich auch genauso an.«

Er hatte recht. Ich sah aus wie ein haariger, aufgedunsener Pirat.

»Du hast wegen des Salzwassers Teile deiner Zunge verloren und die Schürfwunden an deinem Hals und Schultern könnten sich entzünden.«

Auch das stimmte. Ich hatte eine Menge Haut vor den Küsten Großbritanniens gelassen.

»Aber komischerweise bist du weder verletzt noch krank.«

Ich lächelte, denn da war er: der Hoffnungsschimmer, den ich brauchte. Ich erzählte Jeff von meinem Besuch im Sportlabor, meinem U-Boot-Schädel, der gebärfreudigen Hüfte, dem bojenartigen Ententhintern und dem Gefühl, dass all die Jahre Krafttraining mir übergroßem Sumo-Schwimmer auf besondere Art und Weise halfen, diese Schwimmtour zu überstehen.

Er hielt einen Moment inne und ließ sich meine Theorie durch den Kopf gehen, bevor er sagte: »Ich glaube, dass du damit vollkommen recht hast. Ich bin fest davon überzeugt, dass Kraft bei allem, was wir tun, von Vorteil ist und dass ein Zuwachs an Kraft mit der Zeit allen Strukturen in unserem Körper erlaubt, sich so anzupassen, dass sie besser mit den Belastungen und Strapazen zurechtkommen, die wir ihnen aufbürden. Egal ob Knochen, Muskeln, Gelenke, Sehnen oder Bänder, all diese Strukturen besitzen die Fähigkeit, sich den Kräften anzupassen, die auf sie wirken. Wenn wir diese Kräfte zu schnell vergrößern und unseren Körper und seine Strukturen vorher nicht daran gewöhnt haben, dann sind Verletzungen praktisch vorprogrammiert. Erhöhen wir die Belastung aber schrittweise und geben dem Körper ausreichend Zeit, sich auszuruhen und zu erholen (und vor allem: anzupassen), dann werden wir dadurch stärker und widerstandsfähiger.«

Was ich da hörte, gefiel mir und linderte die Schmerzen an meinem wunden Nacken gleich ein wenig. Während Jeff weiter sein seemännisches Fachwissen zum Besten gab, machte ich mir eifrig Notizen.

»Es ist durchaus möglich, dass du diese extremen Strapazen auch deshalb aushältst, weil du deinen Körper schon seit vielen Jahren den verschiedensten Belastungen unterzogen hast und ständig neue Kräfte und Spannungen darauf wirkten. (Zwar wirkte beim Schwimmen keine Stoßlast auf meinen Körper, aber meine Gelenke wurden dennoch stark belastet – vor allem im Oberkörper.) Deine Muskeln, Sehnen und Bänder haben sich mit der Zeit an die Kräfte gewöhnt, die auf sie wirkten. Sie sind dadurch stärker geworden und verkraften die Belastung des Great British Swim daher besser. Ich glaube zum Beispiel nicht, dass man irgendeinen Büroangestellten einfach ins Wasser schmeißen und von ihm verlangen könnte, dass er das Gleiche schafft wie du. Selbst ein erfahrener Sportler, der aber vor allem seine unteren Extremitäten beansprucht und seine Schultern und den Oberkörper eben nicht derselben Belastung aussetzt wie du, wäre wohl nicht in der Lage, mit den Strapazen dieser Schwimmtour fertigzuwerden.«

Anschließend erklärte mir Jeff, dass die Entwicklung einer solchen Widerstandsfähigkeit Jahre erforderte. »Die meisten Leute glauben, das Training in der Saisonvorbereitung sei dazu da, die Sportler und Mannschaften für die kommende Spielzeit fit zu machen. Und das stimmt natürlich auch zu einem gewissen Grad. Viel wichtiger ist aber, dass die Athleten und Teams dabei an die enormen Belastungen einer langen Saison gewöhnt werden. Auch eine solche Saisonvorbereitung hat aber natürlich ihre Grenzen, weshalb die Summe aller Saisonvorbereitungen der vergangenen Jahre die Robustheit eines Sportlers ausmacht.«

Jeff und ich sprachen außerdem darüber, wie eine solche Saisonvorbereitung nicht nur den Körper widerstandsfähiger, sondern auch den Geist robuster macht. Mit meinem Gesicht im Schaumstoffkissen von Jeffs Massageliege vergraben begann ich also, ein weiteres See-Seminar in stoischer Sportwissenschaft abzuhalten, und erzählte ihm eine absolut verrückte Geschichte aus dem Bereich der Sportpsychologie, die mir bis heute dabei hilft, mit Schmerzen umzugehen.

WIE MAN SCHMERZTOLERANZ TRAINIERT: DIE KALENDJIN

Der 15. August 2008 war ein Tag, den meine Beine, Füße und Genitalien wohl niemals vergessen werden.

Ich war (wieder einmal) unterwegs auf einer meiner Abenteuerreisen. Dieses Mal in den sonnengebleichten Ebenen Namibias, im Süden von Afrika, wo ich das Leben der San dokumentieren wollte, eine der bedeutendsten, noch heute existierenden Jäger-und-Sammler-Kulturen der Geschichte.

Wir hatten gerade mal die Hälfte einer insgesamt 50 Kilometer langen Jagd hinter uns und ich hatte bereits arge Schwierigkeiten. Mit der Hitze, mit dem Mangel an Nahrung und vor allem damit, das gnadenlose Tempo über die wahnsinnigen Distanzen mitzugehen, die meine Gastgeber tagein, tagaus problemlos zurücklegten.

Bei meinen Gastgebern handelte es sich um das Volk der Ju/Wasi. Eine detaillierte DNA-Analyse ergab, dass die Ju/Wasi von den ältesten menschlichen Ureinwohnern der Erde abstammen. Sie hatten die Kunst der Ausdauer und des Durchhaltevermögens also länger perfektioniert als jedes andere Volk.[2] Nicht um Medaillen zu gewinnen oder Rekorde zu brechen, sondern um in einer der unwirtlichsten Gegenden der Erde ihr Überleben zu sichern. Bei 30 Grad Hitze liefen sie Tag für Tag einen Marathon, auf Sand und praktisch ohne Wasser und

Nahrung. Ihre Fähigkeit, Tiere so bis zur totalen Erschöpfung zu jagen, ist legendär.

Sie haben sogar einen Namen dafür: Ausdauerjagd. Im Grunde verfolgt man dabei sein Abendessen so lange, bis es vor Erschöpfung umkippt und quasi von selbst auf dem Teller landet. Waffen braucht es dafür nicht, nur Geduld, jahrelange Erfahrung im Fährtenlesen in der afrikanischen Steppe sowie fundierte Kenntnisse der Unterschiede zwischen menschlicher und tierischer Ausdauer.

Der Anführer des Stamms, mit dem ich unterwegs war, hatte diese Fähigkeiten viele Jahre lang (und über viele Kilometer hinweg) perfektioniert. Er hieß Duee, war 1,68 Meter groß, gertenschlank und besaß die tiefsten Runzeln und Lachfalten, die ich je gesehen hatte. Wie in sein Gesicht gemeißelt, von all den Jahren des Jagens in den glühend heißen, staubtrockenen Ebenen Namibias, reichten sie von den Augen bis zum Mund hinab. Seine Fähigkeiten als Jäger schienen nur noch von seiner schier übermenschlichen Ausdauer übertroffen zu werden.

Und dann stand ich dort: Meine Haare waren seit sieben Monaten nicht geschnitten worden, ich sprach kein Wort Afrikaans und wog 30 Kilogramm mehr als der Schwerste aus dem Stamm. Vermutlich war ich der schlimmste Möchtegern-San, den Duee jemals babysitten musste.

Ich war mir dessen auch schmerzlich bewusst, denn ich besaß keines der Attribute, die einen guten Jäger ausmachen, und kämpfte beim Versuch, mitzuhalten, konstant gegen das psychobiologische Modell der Erschöpfung an. Duee bemerkte, dass ich Schwierigkeiten hatte, aber auch, dass ich zum Aufgeben zu stur war.

So vergingen viele Stunden und Kilometer und als Duee eine Versammlung einberief, begann die Sonne bereits unterzugehen. Er nutzte eine uralte Form der Kommunikation, die aus klickenden Geräuschen bestand, und Karten, die er mit einem Stock in den Sand zeichnete. Ich hatte nicht die leiseste Ahnung wovon er sprach, weshalb ich mich an meinen Vertrauten Tau hielt, der ein wenig Englisch sprach, mich als »Bruder« adoptiert und unter seine Fittiche genommen hatte.

Tau war größer als Duee, etwa 1,78 Meter, aber genauso schlank und leicht. Seine Familie stammte ursprünglich aus Kenia, das gut

3200 Kilometer nördlich von unserem Lager lag. Dort hatte er gelernt, Englisch und verschiedene Afrikaans-Dialekte zu sprechen, und es zum Beruf gemacht, linguistisch gehandicapten Reisenden (wie mir) beim Leben und Lernen in der afrikanischen Savanne zu helfen.

»Wir schlagen hier heute Nacht unser Lager auf«, übersetzte Tau für mich.

Ich nickte und war ein wenig erleichtert, weil ich nicht wusste, wie weit ich es in der brütenden Hitze noch geschafft hätte. Meine Beine und Lunge hatten mein Hirn längst angefleht, endlich anzuhalten. Ich sackte auf dem Boden zusammen, anschließend machten wir ein Feuer und teilten unsere Rationen zu gleichen Teilen untereinander auf.

Eine Sache hat mich rückblickend besonders beeindruckt: Klar war ich schwerer und physiologisch nicht dafür gerüstet, derartige Distanzen in einer solchen Hitze zurückzulegen, aber während wir dort ums Lagerfeuer herumsaßen, war in den Gesichtern der Ju/Wasi keinerlei Spur von Erschöpfung zu erkennen.

Stark, stoisch und bar jeden Unbehagens saßen sie dort. Deshalb fragte ich Tau, wie sein Stamm so gut mit dem Schmerz umgehen konnte und warum jeder Afrikaner, den ich je traf, ein geborener Ausdauersportler zu sein schien. Er lachte und übersetzte meine Frage für die Gruppe, die daraufhin rege diskutierte. Denn wie sich herausstellte, gibt es viele Theorien, warum die Afrikaner so gute Läufer sind, die sich jedoch alle voneinander unterscheiden, je nachdem, in welchem Teil von Afrika man sich befindet.

Die meisten Experten behaupten, es liege an der Kombination aus überlegenen Erbanlagen[3] und besonderen Umweltfaktoren[4], während andere den Grund in der Motivation sehen, »athletische Erfolge zum Zweck ökonomischen und sozialen Aufstiegs zu sammeln«.[5]

Mit einer bestimmten Theorie hatte ich jedoch nicht gerechnet: Tau war felsenfest davon überzeugt, dass das Geheimnis des Lauferfolgs der Kenianer in ihren Penissen ruhen würde.

Er erklärte mir, Kenianer seien deshalb so gute Läufer, weil ihre Schmerztoleranz aufgrund ihres traditionellen Beschneidungsrituals besonders hoch sei. Nicht weil sie dadurch ein paar Gramm leichter oder ihr Luftwiderstand etwas geringer wäre, sondern weil der brutale

Initiationsritus, dem sich viele Jungen beim Eintritt ins Erwachsenenalter unterziehen müssen, eine eiserne Schmerztoleranz bildet.

In diesem Zusammenhang berichtete er mir von den Kalendjin, einer kenianischen Volksgruppe mit einer langen Geschichte und einem unglaublich reichen Erbe. Die Kalendjin machen nur drei Prozent der kenianischen Gesamtbevölkerung aus, haben aber mehr Spitzenmarathonläufer hervorgebracht als jedes andere Land der Erde und dominieren den internationalen Laufsport auf der Mittel- und Langdistanz seit über 40 Jahren. Die Jungen der Kalendjin werden allerdings auch von Kindesbeinen an darauf vorbereitet, extreme Schmerzen auszuhalten, damit sie an den quälenden (oft Narben verursachenden) Ritualen teilnehmen können, um sich als mutig und heiratsfähig zu erweisen. Wer sich diesen Zeremonien verweigert, wird als »kebitet« (Feigling) stigmatisiert und von der gesamten Gemeinschaft geächtet.

Wie schlimm ein solches Ritual wohl sei, wollte ich von Tau wissen. Seine Antwort ließ eine Bar Mitzwa wie einen Kindergeburtstag erscheinen.

»Zunächst musst du nackt durch einen Tunnel voller afrikanischer Brennnesseln kriechen«, erklärte er und versicherte mir dabei, dass diese Sorte viel schlimmer sei als jene, die daheim in meinem Garten wachse. Sie verursacht Ausschlag, Blasen, Narben und jede Menge Schmerzen. Danach setzt es harte Stockschläge auf die knöchrigen Teile der Fußgelenke und Knöchel, bevor die Säure der Brennnesseln auf den Genitalien verrieben wird und schließlich die rituelle Beschneidung erfolgt – mit einem scharfen Stock und ohne Betäubung oder jegliche Art von Schmerzmitteln.

Ich musste allein beim Gedanken an diese Prozedur zusammenzucken.

»So ein Gesicht könntest du dabei nicht machen«, sagte Tau ernst. Während der Zeremonie wird das Gesicht der Jungen mit getrocknetem Schlamm bedeckt, um zu verhindern, dass sie wegen den Schmerzen der Beschneidung wegzucken. Man muss still sitzen, ruhig sein und Stärke zeigen. Jedes unfreiwillige Zucken der Wange würde die getrocknete Schlammschicht reißen lassen und das Stigma des Feiglings bedeuten.

Tau glaubte, dass in dieser extremen Form der Abhärtung der Grund dafür liegt, dass die Läufer der Kalendjin aus Kenia so gut sind. Er sagte: »Du musst verstehen, dass es die Kalendjin schon seit Tausenden von Jahren gibt und die Jungen, die diese Prüfung zum Eintritt ins Erwachsenenalter überstehen, größere Chancen haben zu heiraten und Kinder zu bekommen. Mit jeder Generation wurde die Erblinie derer, die in der Lage waren, extreme Schmerzen auszuhalten, deshalb noch stärker und die Schwachen wurden praktisch aussortiert.«

Als ich so dasaß und mir diese Logik durch den Kopf gehen ließ, musste ich zugeben, dass sie irgendwie Sinn ergab. Darwin wäre stolz gewesen. Nur dass hier nicht der am besten Angepasste überlebte, sondern der Zäheste und Widerstandsfähigste. Tau vollendete seine Theorie, indem er sagte: »Kombiniert man diese Fähigkeit, Schmerzen auszuhalten, mit dem typischen Körperbau eines Kenianers (dünne Fußgelenke/Waden und eine leichte bis mittelschwere Statur), Höhentraining, der Chance, der Armut zu entfliehen, und der heldengleichen Verehrung, die Läufern in Kenia zuteilwird, dann kommen die besten Läufer heraus, die die Welt je gesehen hat.«

Dann starrten Tau und der Rest der Gruppe mich über das Lagerfeuer hinweg an.

Ich nickte. Es war unkonventionell, aber ergab Sinn. Wenn diese jungen Stammesmitglieder solch extreme Schmerzen aushalten konnten, ohne auch nur zu zucken oder irgendeine andere Art von Emotion zu zeigen, dann besaßen sie sicher auch die Fähigkeit, das psychobiologische Modell der Erschöpfung außer Kraft zu setzen.

»Willst du immer noch schneller laufen?«, fragte Tau und ergriff lächelnd ein Messer. Die Gruppe brach in schallendes Gelächter aus.

»Auf keinen Fall, nimm dein Besteck bloß weg von meinem Gemächt«, sagte ich, halb lachend, während ich sichtbar zusammenzuckte und mit den Händen meinen Schritt schützte.

»Morgen werde ich schneller laufen, versprochen! Lasst nur meine Genitalien in Ruhe.«

Und ich hielt Wort. Von diesem Tag an dachte ich immer, wenn ich mit einer schmerzhaften (aber auszuhaltenden) Situation konfrontiert war, an das Volk der Kalendjin. Dank ihnen waren die Wunden an meinem Hals, das Brennen des Salzwassers und der permanente Schmerz auf meiner Schwimmtour nun wie ein frisch beschnittener Kalendjin-Penis für mich.

Ich weiß, wie seltsam das klingt. Aber bei dieser Tour schwamm ich außerhalb der konventionellen Welt des Sports und benötigte daher auch eine unkonventionelle Einstellung. Eine Einstellung, die immer absonderlicher und primitiver wurde, je mehr Zeit ins Land ging. Meine (unglaublich verständnisvolle) Freundin Hester, die mich an den meisten Wochenenden auf dem Boot besuchte, wurde Zeugin dieser notwendigen Rückentwicklung, durch die ihr Partner sich innerhalb von Wochen in eine Art Urmensch verwandelte. Unsere Beziehung wurde so auf eine ernste Probe gestellt, kurz nachdem ich eine der gefährlichsten Landzungen der britischen Südküste passiert hatte: Portland Bill.

TOILETTEN-TROUBLE IN PORTLAND BILL

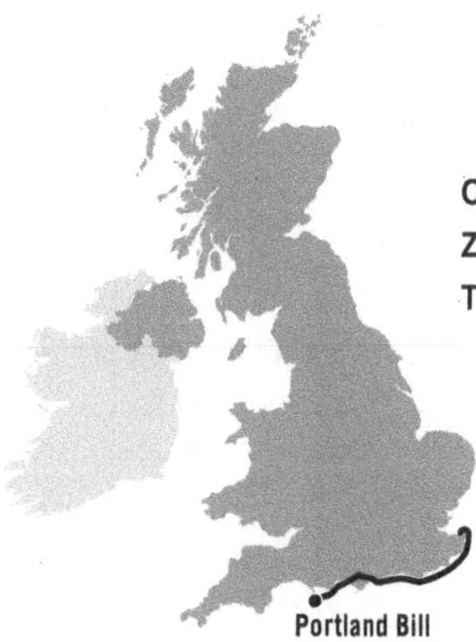

ORT: Portland Bill
ZURÜCKGELEGTE DISTANZ: 317 Kilometer
TAGE AUF SEE: 15

Es ist 1 Uhr morgens am 15. Juni 2018, als wir Portland Bill erreichen.

Die Gegend ist bekannt für ihre Kalksteinklippen, schroffen Felswände und Fossilien, die Millionen Jahre geologischer Geschichte bekunden. Sie besitzt aber auch eine dunklere (und gefährlichere) Vergangenheit: Die heimtückischen Gewässer hier an der Südküste wurden schon zum Friedhof für viele Schiffe, die den sicheren Hafen in Weymouth nicht erreichten.

Ich blickte in den Nachthimmel hinauf und gesellte mich am Bug des Schiffes zu Matt, um die nächste Etappe zu planen. Als ich sah, mit welcher Wucht die Wellen gegen die Felsen krachten, ahnte ich, dass meine seekranke Etappe in Dover im Vergleich hierzu nur Paddeln im Planschbecken gewesen sein würde.

»Wie geht's deinem Magen heute?«, fragte Matt.

»Gut«, versuchte ich, ihn zu beruhigen. »Aber wir sollten das Schicksal nicht herausfordern. Am besten hält Suzanne Ingwer und Teekessel schon mal bereit.«

»Das Wasser kocht schon«, sagte er.

Und das stimmte. Auf den sieben Weltmeeren war keine Bordküche besser ausgestattet als die der *Hecate* und keine Köchin zuverlässiger als Suzanne.

»Warum ist die See heute Nacht so aufgewühlt?«, wollte ich wissen.

»Hier unten ist sie das immer«, sagte Matt. »Das hat mit den Gezeitenströmen zu tun, die sich zwischen Portland Bill und der Shambles-Sandbank etwa fünf Kilometer südöstlich von hier praktisch permanent auf Kollisionskurz zueinander befinden. Selbst erfahrene Segler werden nervös, wenn sie auf die Klippen in dieser Gegend zusteuern.«

Er hielt einen Moment lang inne und zeigte auf ein blinkendes Licht in der Ferne. »Deshalb wurde der Leuchtturm von Portland Bill erbaut.« Das Licht des 41 Meter hohen Bauwerks ist 40 Kilometer weit zu sehen und dient Schiffen im Ärmelkanal bereits seit 1906 als Wegmarkierung.

Mit jedem Aufblinken des Lichts war die markante rot-weiße Fassade des Turms zu erkennen. »Das ist ein schöner Leuchtturm«, sagte ich.

»Lass dich vom malerischen Anblick nicht täuschen«, warnte Matt. »Das Ding ist auch ein riesiger Grabstein. Ich weiß von vielen Schiffen, die in dieser Gegend auf dem Meeresgrund liegen. Da wollen wir ganz bestimmt nicht dazugehören.«

Das waren in dieser Nacht Matts letzte Worte zu mir, bevor ich meinen Anzug überstreifte, meine Brille aufsetzte und ins Wasser stieg. Ich bemerkte sofort nach meinem Sprung vom Boot, dass die »Energie« des Meeres hier eine andere war. Es fühlte sich regelrecht bedrohlich an, sodass all meine Sinne alarmiert waren.

Ich war auch nicht der Einzige, dem das auffiel. Harriet hielt Wache an Deck und krallte sich dabei derart am Tau fest, dass ich sehen konnte, wie weiß ihre Knöchel wurden. Mit jedem Kilometer stellten die Wellen Bug und Takelage, die beide Rümpfe der *Hecate* zusammenhielten, auf eine heftige Belastungsprobe.

Matt stand dennoch vollkommen stoisch am Ruder. Seine ruhige Art, die er in über 40 Jahren auf See entwickelt hatte, war ansteckend, sodass ich schnell meinen Rhythmus fand und durch, über und unter den Wellen hinwegglitt. Ich war so gelassen, dass ich auf Höhe des Leuchtturms sogar kurz anhielt, um die Aussicht zu genießen – sehr zum Unmut von Harriet.

»Was tust du?«, rief sie mir zu, die Finger noch immer fest um das Tau gekrallt.

»Ich genieße die Aussicht und muss mal aufs Klo«, sagte ich lächelnd. Nun waren Harriets Knöchel weiß und ihr Gesicht rot.

»Was? Einen schlechteren Ort hättest du dir dafür nicht aussuchen können. Schwimm weiter!«

Ich verstand nun, warum sie so wütend war, aber Schwimmlogik unterscheidet sich eben von Segellogik. Als Segler auf einem Boot kann man vor Portland Bill kentern, umkippen und sinken. Als Schwimmer in einem Neoprenanzug schwimmt man, wenn man umkippt, einfach auf dem Rücken weiter. Ich erkannte jedoch, dass hier keine Zeit zum Diskutieren war (und fürchtete mich ehrlicherweise mehr vor Harriet als vor Portland Bill), also schwamm ich die nächsten vier Stunden so schnell, wie meine Arme es mir erlaubten, entschlossen, mich selbst, das Boot und die Crew in Sicherheit zu bringen.

Doch dieses Mal machte mir meine Blase einen Strich durch die Rechnung. Ich musste dringend urinieren und hätte dafür normalerweise die Toilette auf dem Boot benutzt. Weil ein Gentleman das eben so macht, aber auch, weil die Farbe meines Urins Rückschlüsse auf den Zustand meines Flüssigkeitshaushalts zuließ.[6]

GEFAHREN DER DEHYDRIERUNG

Flüssigkeitshaushalt und Leistungsfähigkeit eines Körpers sind untrennbar miteinander verknüpft. Untersuchungen der Abteilung für Thermal- und Bergmedizin des U.S. Army Research Institute of Environmental Medicine sowie Forschungsberichten im *Journal of Athletic Training*[7] zufolge beeinflusst bereits ein Dehydrierungsgrad von nur einem Prozent die Leistungsfähigkeit negativ.[8] Bei steigender Dehydrierung können die Folgen gar lebensbedrohlich sein:

- 1 Prozent Dehydration: verminderte Lungenkapazität und Durstgefühl
- 5 Prozent Dehydration: Konzentrationsschwierigkeiten, erhöhte Herzfrequenz, Atemprobleme
- 8 bis 9 Prozent Dehydration: Benommenheit, ernste Atemprobleme, Verwirrung, Schwäche
- 10 Prozent Dehydration: willkürliche Muskelkrämpfe, Gleichgewichtsverlust, geschwollene Zunge
- 11 Prozent Dehydration: Delirium, Schlaganfallrisiko, Probleme zu schlucken, es kann sogar zum Tod kommen

In jener Nacht war die Toilette allerdings keine Option, denn wir konnten nicht anhalten, wenn so starke Wellen gegen das Boot schlugen. Ich schwamm außerdem noch die nächsten sechs Stunden mit dem Gezeitenstrom. Wäre ich aufs Boot geklettert, um zu pinkeln, hätte ich wertvolle Minuten mit günstigen Schwimmbedingungen verloren. Und das konnte ich mir nicht leisten, da wir es bis Ende des Monats eigentlich um Land's Ende herumgeschafft haben wollten.

Deshalb scheute (und schämte) ich mich von diesem Tag an nicht mehr, in meinen eigenen Neoprenanzug zu urinieren. Problematisch wurde das erst am Ende einer Schwimmetappe, wenn ich den Anzug in meiner kleinen, abgeschlossenen Kajüte auf der *Hecate* zum Trocknen aufhängen musste.

Ich kann inzwischen aus erster Hand bestätigen, dass ein vollgepinkelter, in Salzwasser getränkter Neoprenanzug der furchtbarste Lufterfrischer der Welt ist.

Aber der Geruch störte mich eigentlich gar nicht. Ich lebte inzwischen seit zwei Wochen auf dem (und im) Meer, hatte vor Dover in meinem eigenen Erbrochenen gebadet, bei Dungeness Fetzen meiner Haut an ein Kopfkissen verloren und Teile meiner Zunge vor der Isle of Wight. Ich hatte mich in einen Barbaren aus dem Meer verwandelt, dessen Nase und Geruchssinn vom ständigen Salzwasser völlig zerstört waren.

Hester sah das allerdings weniger locker und ich kann sagen, dass der Zorn des Meeres vor Portland Bill nichts ist im Vergleich war zum Zorn einer wütenden Freundin, die in einer nach Urin stinkenden Kajüte nächtigen musste, weil ihr Partner unbedingt um Großbritannien herumschwimmen wollte.

»Was stinkt hier so, hast du ins Bett gemacht?«, fragte sie, als sie meine Kajüte betrat.

»Natürlich nicht«, entgegnete ich, beinahe beleidigt, dass sie mir eine solche Frage überhaupt stellen konnte.

»Viel besser: Ich habe nicht ins Bett gemacht, sondern in den Neoprenanzug, den ich über meinem Bett zum Trocknen aufgehängt habe«, sagte ich mit meinem besten unschuldigen Lächeln.

»Was?! Ross, das ist widerlich. Was sollte daran besser sein?«

Wenn ich rückblickend darüber nachdenke, verstehe ich ihren Standpunkt. Es war vermutlich wirklich nicht viel besser. Damals kam es mir jedoch irgendwie ritterlich vor, meinen Anzug neben dem Bett aufzuhängen, in dem ich schlief.

Der positive Aspekt dieser ganzen Situation war, dass Hesters empfindliche (und deutlich zivilisiertere) Nase fortan ein guter Indikator für den Zustand meines Flüssigkeitshaushalts wurde, denn

- wenn sie sich beschwerte, dass meine Kajüte furchtbar stank, war ich vermutlich dehydriert, weil mein Urin konzentrierter

war und dementsprechend mehr unangenehm riechenden Ammoniak enthielt.
- wenn sie sich nicht beschwerte, hieß das, mein Flüssigkeitshaushalt war in Ordnung (und dass ich auch nach Ende meiner Schwimmtour noch eine Freundin haben würde).

Natürlich war dies kein offizielles oder akkurates Messverfahren zur Bestimmung des Flüssigkeitshaushalts und das U.S. Army Research Institute würde diese Methode wohl kaum anerkennen. (Ich würde sie auch niemandem weiterempfehlen.) Überraschenderweise hatte ich aber auch nach vielen weiteren Tagen auf See noch immer eine Freundin, was wohl bedeuten musste, dass ich meinen Flüssigkeitshaushalt ziemlich gut im Griff hatte.

Lektion 3

- Studien belegen, dass **Krafttraining** eins der wirkungsvollsten Verfahren zur Verletzungsprävention ist und dass ein effektiv strukturierter Trainingsplan (vor allem in der Saisonvorbereitung) robustere und widerstandsfähigere Sportler hervorbringt.
- Manchmal sind die besten Athleten nicht die stärksten, schnellsten oder fittesten, sondern diejenigen, **die am besten Schmerzen aushalten können** (was beispielsweise das Volk der Kalendjin seit Jahrhunderten beherrscht).
- Die Fähigkeit, **Schmerztoleranz zu trainieren**, ist einer der wirksamsten (und dennoch am häufigsten vergessenen) Aspekte in der Wettkampfvorbereitung der meisten Sportler.

LEKTION 4 | UM DEINEN EIGENEN WEG ZU GEHEN, BRAUCHST DU EINEN EIGENEN PLAN

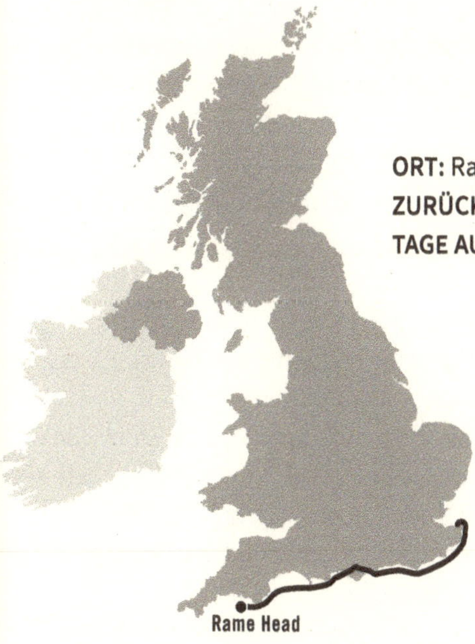

ORT: Rame Head

ZURÜCKGELEGTE DISTANZ: 450 Kilometer

TAGE AUF SEE: 24

Es ist der 25. Juni 2018 und die Sonne geht auf über der Landzunge Rame Head in Cornwall. Die Landschaft mit ihren Prielen, sandigen Stränden und dem üppigen Ackerland ist einfach malerisch. Leider konnte ich sie vom Boot aus nur betrachten, aber nicht betreten. Doch so waren die Regeln, die ich schließlich selbst aufgestellt hatte. Für mich war klar, dass ich beim Versuch, Großbritannien zu umschwimmen, keinen Fuß an Land setzen würde, bis meine Mission erfüllt war. Das mag ein altmodisches und romantisches Ideal gewesen sein, doch ich fand, meine Schwimmtour sollte auf eine Art und Weise durchgeführt werden, die dem Andenken eines Captain Webb gerecht wurde und die Sir Edmund Hillary und Tenzing Norgay gutgeheißen hätten.

Hotels, Duschen und kuscheliger Komfort passten da einfach nicht rein.

Doch obwohl ich uringetränkt und seekrank war, bestand bereits nach 24 Tagen mein größtes Problem in der Langeweile des Schwimmens – allein, zwölf Stunden täglich. Ich existierte in einer Welt des Reizentzugs, mit beeinträchtigter Sicht, eingeschränktem Gehör, praktisch non-existentem Geruchssinn und, aufgrund der Kälte, kaum Gefühl in den Fingern. Hinzu kam das monotone, stumpfsinnige Tempo, das ich beibehalten musste. Ich wünschte mir beinahe, dass ich eine weitere Schifffahrtsroute kreuzen musste, um etwas Abwechslung in meinen Seealltag zu bringen. 90 Prozent der Zeit befand ich mich nicht auf einer Schwimmtour, sondern in einem langweiligen, eintönigen Abnutzungskampf der Sinne.

Was immer half, waren neue Gesichter auf dem Boot. Während Matt und ich zwar konstant dabei waren, wechselte der Rest der Crew in einem Rotationssystem durch, sodass alle ein paar Wochen lang ihrem normalen Leben an Land nachgehen konnten.

Eines meiner liebsten temporären Crewmitglieder war Dom, ein weiterer Studienfreund von Harriet, ausgebildeter Meeresbiologe und obendrein brillant mit dem Paddelbrett. Tag und Nacht, Kilometer um Kilometer begleitete er mich bei meiner Schwimmtour und räumte oft in geschickter Weise Quallen mit seinem Paddel aus dem Weg.

Und an diesem Tag stießen zwei weitere neue Gesichter hinzu. Weil Matt wusste, was ich durchmachte, informierte er mich sofort darüber, was er gerade übers Funkgerät erfahren hatte: dass mich nämlich gleich zwei ganz besondere Besucher im Wasser begleiten würden.

Das klang toll, dachte ich mir. Wer auch immer es sein würde, war mehr als willkommen, ob Freiwasserschwimmer, ein Fischerboot oder selbst ein Kajakfahrer. Wenn auch nur für ein paar Kilometer, so freute ich mich doch über jede Gesellschaft … Und was ich am Ende bekam, war noch um Welten besser.

Meine Gefährten waren nämlich zwei gigantische, 20 Meter lange, 5,8 Meter breite und 49 Tonnen schwere Patrouillenboote der Royal Navy, die HMS Charger und die HMS Biter. Beide Schiffe hatten ihre Basis in Portsmouth, über 160 Kilometer entfernt, verlassen und fuhren nun mit 20 Knoten (37 Kilometer pro Stunde) in Richtung Falmouth zu einem Manöver. Unterwegs erfuhren sie aber von meinen Freunden bei den Royal Marines, dass meine Moral im Keller war, und dachten sich offenbar, dass ein kurzer Besuch meine Schwimmstimmung vielleicht etwas heben könnte.

Als Kind spielte ich in der Badewanne gern mit kleinen Plastikbooten. Nun, als Erwachsener, konnte ich im Meer mit großen Booten spielen. Wie zwei riesige Panzer tauchten sie am Horizont auf und wurden immer langsamer, während sie in sicherem Abstand zu beiden Seiten an mich heranfuhren, als ich aus dem Wasser aufblickte. Ich wirkte wie ein Zwerg gegen die beiden gewaltigen Schiffsrümpfe aus Stahl, die in der Sonne schimmerten, und konnte spüren, wie der Sound ihrer Motoren meine Knochen vibrieren ließ und im Wasser um mich herum nachhallte.

»Guten Morgen«, dröhnte die Stimme des befehlshabenden Offiziers über die Lautsprecheranlage. »Hier spricht die HMS Charger und dies dort ist die HMS Biter, Teil der Seestreitkräfte Ihrer Majestät und aktuell im Manövereinsatz von Portsmouth nach Falmouth.«

Bei dieser offiziellen und geschliffenen Vorstellung geriet ich ein wenig in Panik und meine Antwort fiel im Vergleich dazu etwas mager aus.

»Guten Morgen, hier spricht Ross Edgley. Ehemals Teil des Grantham-School-Schwimmklubs für Jungen und aktuell im Manövereinsatz von Margate nach ... Margate.«

Daraufhin ertönte vom Deck beider Boote schallendes Gelächter. Die Besatzung lud mich auf ein Getränk ein, dabei sprachen wir über Dover, Dungeness und Portland Bill und ich teilte meine Erfahrungen beim Segeln durch den Ärmelkanal mit den erfahrenen Marinesoldaten.

Das Ganze war mir eine große Ehre und eines der denkwürdigsten (und surrealsten) Erlebnisse, die ich auf See je haben würde. Im Sandwich zwischen zwei schwer bewaffneten Kriegsschiffen schwimmend, jedes ausgestattet mit einer 20-Millimeter-Oerlikon-Kanone und drei Mehrzweck-Maschinengewehren, unterhielten wir uns über Sonnenuntergänge und Seekrankheit und ich musste erklären, warum ich Vaseline und rollenweise Isolierband und Pflaster um meinen Hals trug.

Einige Minuten darauf dämmerte mir, dass ich so etwas niemals wieder erleben würde, dass dies eine einmalige Erfahrung war. Also tat ich die einzige logische Sache, die mir einfiel: Ich forderte die Boote zu einem Wettrennen heraus.

»Bis wohin?«, fragte der Offizier, der die Herausforderung freudig annahm.

»Ich könnte Dom bitten, uns auf seinem Paddelboard als Zielmarkierung zu dienen«, sagte ich. »Wir beginnen im Hochstart, die Distanzen sind 10, 20 und 30 Meter. Auf dem Spiel steht nicht weniger als die Ehre!«

»Kann losgehen«, sagte er lachend.

Wenig später saß Dom mit einer Flagge in der Hand auf seinem Paddelboot, bereit, das Rennen zu starten. Mir wurde langsam klar, warum die Besatzung gelacht und der Offizier die Herausforderung so schnell angenommen hatte. Jedes Schiff wog zwar gewaltige 49 Tonnen, wurde aber von zwei riesigen Rolls-Royce-Turbomotoren angetrieben, mit denen sie problemlos ein Tempo von 27 Knoten (50 Kilometer pro Stunde) erreichen konnten.

Die Besatzung beider Boote versammelte sich an Deck, um zuzusehen. Zwischen diesen beiden Megaschiffen (und ihren vier Motoren, zwei auf jeder Seite) eingezwängt, musste ich einen guten Start erwischen, wenn ich nicht die Wellen schlucken wollte, die von den Motoren erzeugt wurden und die mich meterweit zurückschleudern würden.

»Fertig?«, rief Dom, der mit seinem Paddelboot nun in zehn Metern Entfernung das Ziel markierte. »Drei, zwei, eins ... LOS!«, schrie er und schwenkte seine improvisierte Startfahne.

Das »Rennen« war vielleicht für die ersten drei Meter oder so ein Wettbewerb, danach war es nicht einmal mehr knapp. Das Wasser vor mir wurde derart aufgewühlt, dass ich mir vorkam, als würde ich durch Stromschnellen schwimmen und bis nach Portsmouth zurückgespült werden.

Das zweite Rennen über 20 Meter lief nicht besser und das über 30 Meter war geradezu beschämend. Als ich anschließend aber an Bord der HMS Biter geladen wurde, um Kapitän und Besatzung die Hände zu schütteln und zu einem starken Rennen zu gratulieren, geschah etwas, das ich der Royal Navy niemals vergessen werde. Mir wurde eine extra angefertigte Tafel überreicht, auf der stand: »Sie sind der Captain Webb unserer Generation und besitzen denselben unbeugsamen Willen, der alle großen britischen Abenteurer und Entdecker berühmt machte.«

Dazu sagten sie: »Egal, was andere denken, wir glauben fest daran, dass Sie es um Großbritannien herumschaffen. Und wir werden, wenn es so weit ist, gemeinsam mit Ihnen ein Siegerbier trinken.«

Da brauchte ich erst mal einen Moment, um mich zusammenzureißen und nicht vor den 40 versammelten harten Seemännern zu heulen. Nachdem so viele Leute an mir gezweifelt hatten, bedeutete mir dieses Gütesiegel eines Offiziers der Seestreitkräfte Ihrer Majestät extrem viel. Die nächste halbe Stunde verbrachten wir damit, uns über unsere Bewunderung für Webb auszutauschen, der selbst Seemann war, bevor er vor fast zwei Jahrhunderten zum berühmtesten Schwimmer der Welt avancierte.

CAPTAIN WEBB: SCHWIMMER DER EXTRAKLASSE

Captain Matthew Webb musste sich immer wieder anhören, dass sein Vorhaben, die 32,31 Kilometer von Dover nach Calais zu schwimmen, unmöglich sei. Lange bevor er am 25. August 1875 ins Wasser stieg, prophezeite ihm jeder sein Scheitern. Deshalb erhielt er zu Beginn auch kaum Unterstützung und musste sich sein eigenes Trainings- und Ernährungsprogramm zusammenstellen. Dennoch entschied er sich 1873 dazu, es zu versuchen, nachdem er von J. B. Johnsons gescheitertem Versuch vom 24. August 1872 erfuhr, der nach nur einer Stunde und drei Minuten aufgeben musste.

Er hing seinen Job als Schiffskapitän an den Nagel und begann in den Londoner Lambeth Baths zu trainieren. Kurze Zeit darauf wechselte er in die Themse (was angesichts der Wasserqualität im viktorianischen Zeitalter an sich schon ein mutiger Akt war) und, als er mit seinen Fortschritten zufrieden war, nach Dover, wo er (im Juni 1874) vom Admiralty Pier bis zur Nord-Ost-Boje der Varne-Sandbank schwamm, eine Strecke von rund 18 Kilometern.

Damit war er schon weiter geschwommen als Johnson bei seinem Versuch einer Ärmelkanal-Durchquerung und Webb spürte nun, dass es möglich war. Er absolvierte daraufhin eine Reihe weiterer Trainingsversuche, die sukzessive immer länger, schwieriger und kälter wurden. Besonders viel Beachtung wurde ihm zuteil, als er im Juli die 30 Kilometer vom Blackwall Pier zum Gravesend Town Pier nahe London schwamm. Anschließend meisterte er am 19. Juli 31,38 Kilometer von Dover nach Ramsgate, diesmal mit Unterstützung der Anwohner, die ihn im Flying Horse Inn begrüßten, dessen Gastwirt an ihn glaubte.

Nachdem ein erster Versuch gescheitert war, versuchte Webb es zwölf Tage darauf – am Dienstag, den 24. August 1875 – ein zweites Mal. Dazu rieb er seinen muskulösen, 1,73 Meter großen Körper mit Tran ein und sprang am Ende des Admiralty Piers ins kalte Wasser des Ärmelkanals. Wind, Strömung und Wetter boten optimale Bedingungen und drei Support-Boote begleiteten ihn. In einem saßen sein Bruder und Cousin mit jeder Menge belegter Brote als Proviant, die mit noch größeren Mengen Ale und Kaffee heruntergespült wurden.

Nach 21 Stunden und 45 Minuten hatte er sogar 64 Kilometer hinter sich gebracht, weil er im Kampf gegen die Strömungen im Zickzack durch den Kanal geschwommen war, und um 10:40 Uhr des 25. Augusts 1875, erreichte er einen halben Kilometer westlich von Calais endlich das französische Festland.

Als ich beim Schwimmen an diese Geschichte dachte, bekam ich eine Gänsehaut und notierte später in meinem Tagebuch:

»Wenn man das Unmögliche wagt, gibt es kein Erfolgsrezept. Man muss sein eigenes kreieren.«

Und genau das tat ich auch. Schon Monate bevor ich in Margate Beach ins Wasser stieg, begann ich zu leben wie Captain Webb. Ich schrieb meinen eigenen Plan, ging meinen eigenen Weg und pendelte zwischen der School of Sport, Exercise and Health Science der Loughborough University und dem Royal Marine Commando Training Centre in Lympstone, Devon, hin und her, um zu lernen, wie ich meinen Körper unverwüstlich machen konnte.

Und das hat (zumindest bis jetzt) auch ganz gut funktioniert.

Inzwischen war ich nur wenige Tage davon entfernt, als erster Mensch in der Geschichte den 563 Kilometer langen Ärmelkanal längs durchquert zu haben (143 Jahre nachdem Captain Webb heldenhaft die 33,79 Kilometer quer hindurchgeschwommen war). Wir spürten, wie sich nun auch die öffentliche Wahrnehmung veränderte und mehr und mehr Leute daran glaubten, dass unser tollkühner Rekordversuch, Großbritannien zu umschwimmen, tatsächlich möglich war.

EIN REKORD GEBROCHEN … VIELE WEITERE, DIE NOCH WARTETEN

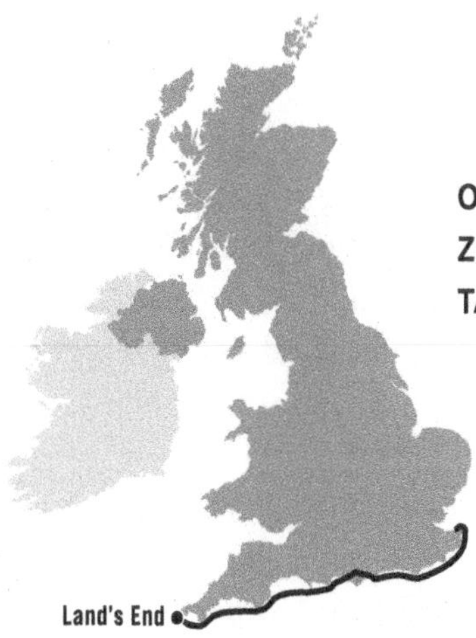

ORT: Land's End
ZURÜCKGELEGTE DISTANZ: 563 Kilometer
TAGE AUF SEE: 29

Es ist 11 Uhr am 29. Juni 2018. Land's End ist endlich in Sicht.

Die berühmteste Landzunge Großbritanniens (und sein südwestlicher Punkt) ist ein Meilenstein für uns, denn als erster Mensch überhaupt bin ich mit meiner Crew die gesamten 563 Kilometer des Ärmelkanals entlanggeschwommen. Als ich vom Wasser aus die Klippen hinaufblickte, sah ich Touristen, die vom berühmten Wegweiser Fotos machten, der direkt zum Atlantischen Ozean zeigt und auf dem steht: »New York, 3147 Meilen«. Aufgestellt in den 1950er-Jahren, zieht dieses inzwischen weltberühmte kornische Wahrzeichen Menschen aus aller Welt an, die sich davor fotografieren lassen wollen.

Für eine Handvoll Sportler hat dieser Wegweiser aus einem ganz anderen Grund eine besondere Bedeutung. Er ist nämlich der Ausgangspunkt für all jene, die die berühmte »Land's End to John o' Groats«-Route entlanglaufen, wandern oder Rad fahren wollen, die sich 1407 Kilometer durch ganz Großbritannien zieht. Im Grunde ist es also der Ort, an dem für viele Menschen ihr modernes Okugake beginnt.

Mein ganz eigenes Okugake war noch lange nicht vorüber. Viele Touristen konnten deshalb ein wenig erstaunt beobachten, wie ich schnell aufs Boot kletterte, um meiner Crew mitten in der laufenden Etappe eine dicke, fette Meeresumarmung zu verpassen. Erst waren es nur Matt und ich, aber schnell kamen auch Suzanne und Harriet aus der Bordküche hinzu und schließlich auch Taz, der extra von der Takelage heruntergeklettert war.

Niemand sprach ein Wort. Das war auch nicht notwendig. Mit dieser einen kurzen Gruppenumarmung war alles gesagt. Den gesamten Juni über war dies für uns alle mehr als nur eine Schwimmtour geworden. Uns allen war persönlich so viel daran gelegen, diese Insel zu umrunden, dass wir unsere Leben daheim an Land völlig vergessen hatten. Wir lebten auf unserem 16 Meter langen und sieben Meter breiten neuen Zuhause – der *Hecate*.

Als wären wir eine kleine Meeresfamilie, erfüllte jeder von uns fleißig und gewissenhaft seine jeweilige Rolle, während wir an jedem Strand, jeder Landzunge und jedem Leuchtturm vorbeizogen, die je auf diesem riesigen Felsen namens Großbritannien entstanden waren oder erbaut wurden. Suzanne hatte gekocht wie eine Weltmeisterin, um meinen monströsen Bedarf von 10 000 bis 15 000 Kalorien am Tag zu decken. Harriet, Peony und Taz beobachteten mich Tag um Tag und hatten mich mehr als einmal davor gerettet, von einem Frachtschiff oder Segelboot umgepflügt zu werden. Oft saßen sie nur wenige Meter von mir entfernt in unserem kleinen, motorisierten Schlauchboot. Und zu guter Letzt war es Matt, der uns meisterhaft durch stürmischen Wellengang und viel befahrene Schifffahrtsstraßen navigierte und meine Wunden fachmännisch verarztete, ob brennende Quallententakel oder wund geriebene Hautstellen. Wir hatten es als Team dorthin geschafft, wo wir nun waren.

Die Dankbarkeit, die ich an diesem Tag verspürte, war deshalb kaum in Worte zu fassen. Außerdem war dafür gar keine Zeit. Denn auch ich kannte meine Rolle innerhalb dieser Familie. Deshalb sprang ich sofort zurück ins Wasser und schwamm weiter um Land's End herum, in Richtung St Ives. Der Gezeitenstrom war immer noch günstig für uns und wir hatten wichtige Kilometer gutzumachen.

Als ich meine Etappe fortsetzte, kamen über mein Telefon (und das Funkgerät des Boots) unaufhörlich Glückwünsche aus aller Welt herein. In diesem Moment änderte sich für uns alles. Nach über 560 Kilometern ging es für uns endlich in Richtung Norden. Das war ein seltsames Gefühl, aber allein aufgrund der Tatsache, dass wir nun Fortschritte in Breitengraden machten, glaubte die Öffentlichkeit, dass unser Vorhaben gelingen könnte und wir vielleicht (nur vielleicht) verrückt genug wären, das durchzuziehen. Wir als Team erhielten sogar E-Mails von jenen Journalisten, die sich zuvor geweigert hatten, über unsere Schwimmtour zu berichten, in denen sie offen zugaben, nie geglaubt zu haben, dass wir so weit kommen würden.

Während ich weiterschwamm, dachte ich an jeden Zweifler und an jeden Kritiker zurück. An George und seine 100-Pfund-Wette mit Barry, an die Laborergebnisse, nach denen ich aufgrund meiner gebärfreudigen Sumo-Schwimmer-Figur (angeblich) zum Scheitern verurteilt war. Doch genauso dankbar war ich jenen, die von Beginn an fest daran geglaubt hatten, dass ich das packe: meinen Eltern, der Bürgermeisterin von Margate und der Besatzung der HMS Biter und HMS Charger.

Statt Gründe für mein Scheitern zu posten, fragten mich die Leute in den sozialen Medien nun, was ich als Nächstes vorhätte, und der Name »Edgley« war an Land in bestimmten Nischen der Sportwissenschafts-Community geradezu berüchtigt geworden.

Wenn ich ehrlich bin, hat mich aber nichts von alledem überrascht. Dass wir es bis nach Land's End geschafft hatten, war das Ergebnis von über zehn Jahren Forschung, in denen ich gelernt hatte, dass man regelmäßig an vier Dingen arbeiten muss, um einen widerstandsfähigeren, robusteren Menschen zu schaffen:

- **Belastungstoleranz:** Verwalte die Fähigkeit des Körpers, Belastungen und Reize aus Training/Wettkampf auszuhalten.
- **Spezifität:** Richte die Fähigkeit des Körpers, Belastungen und Reize auszuhalten, auf eine spezifische Form des Trainings und/oder Wettkampfs.
- **Durchhaltevermögen:** Verbessere schrittweise die Fähigkeit des Körpers, Belastungen und Reize aus Training/Wettkampf auszuhalten.
- **Individualität:** Schätze die individuellen Fähigkeiten des Körpers, Belastungen und Reize aus Training/Wettkampf auszuhalten, ehrlich ein.

Sobald du diese vier Punkte verinnerlicht hast, wirst du wissen, wie du einen Körper erschaffst, der widerstandsfähig und robust genug ist, um 2865 Kilometer um Großbritannien herum zu schwimmen, ohne einen einzigen Tag freizuhaben, krank oder verletzt zu sein. Zunächst musst du deinem Körper beibringen, mit Belastungen umzugehen – also an deiner Belastungstoleranz arbeiten. Wie das geht, lernte ich, als ich die kornische Küstenlinie entlangschwamm.

DIE BELASTUNGSTOLERANZ DES KÖRPERS

Es ist 11:20 Uhr am 30. Juni. Nach einer Etappe von 25,9 Kilometern ist St Ives in Sicht. Der pittoreske Fischereihafen gilt als Juwel von Cornwall und wirkte noch vor einer Woche unerreichbar fern. Captain Matt hatte die Gezeiten um Land's End jedoch mit brillanter Präzision abgepasst (und gezähmt) und deren kräftige Strömungen zu unseren Gunsten genutzt, um uns die kornische Küste entlang nordwärts zu katapultieren. Mein Job war dagegen die gesamte Zeit über simpel:

- Über Wasser bleiben.
- Zusammenstöße mit Frachtschiffen vermeiden.
- So lange schwimmen, wie ich den Gezeitenstrom im Rücken hatte.

So einfach war das. Es spielte keine Rolle, ob die Gezeiten mittags oder mitternachts wechselten. Wichtig war nur, dass ich wieder im Wasser war und Kilometer schrubbte, sobald ihr Strom sich in unsere Richtung bewegte. Meine Schwimmtechnik spielte deshalb eine immer untergeordnetere Rolle. Viel wichtiger war, dass ich täglich ins Wasser stieg und mein Körper dabei auf den Punkt funktionierte.

Wie ich das geschafft habe? Ich kannte die Belastungstoleranz meines Körpers und wusste, wie ich ihn dazu bringe, mit der Belastung und den Reizen zwölf Stunden täglichen Schwimmens fertigzuwerden. Dabei nutzte ich die Erkenntnisse des ungarisch-kanadischen Endokrinologen Hans Selye, der Sportler lehrte, die Menge an Belastung und Reizen zu begrenzen, die auf ihre Körper wirken, da wir für jeden Tag (oder jede Trainingseinheit) nur eine bestimmte Menge sogenannter »Anpassungsenergie« zur Verfügung haben. Setzen wir unsere Körper zu großer Belastung aus, machen wir keine Fortschritte mehr, stoßen an ein Plateau oder verletzen uns.

Deshalb unterzog ich meinen Körper nach jeder Etappe einer ehrlichen »Obduktion«, um zu prüfen, ob ich zur nächsten Tide bereit wäre, weiterzuschwimmen. Dabei achtete ich auf meine Gesundheit und Fitness allgemein und den Zustand meiner Gliedmaßen und Bänder im Speziellen. Ich untersuchte meinen gesamten Körper, um die darauf wirkenden Belastungen und Reize strategisch zu begrenzen.

Das war an diesem Tag nicht anders. Als wir in den Hafen einliefen, kletterte ich auf das Boot und stieg in die Bordküche hinab, wo ich mich in eine Decke einwickelte und gemütlich in eine Ecke kuschelte, von der aus alle Lebensmittelvorräte in Griffweite waren, von Bananen über Baguettes bis hin zu Proteinriegeln.

Durchs Bullauge konnte ich die Touristen beobachteten, wie sie an der Marina entlangspazierten. St Ives ist bekannt für seine Sandstrände und Kunstszene und wurde kurz zuvor erst zu Großbritanniens bestem Küstenort gewählt. Deshalb kamen Touristen nun von nah und fern, um das Labyrinth der engen Kopfsteinpflastergassen zu erkunden und die Museen, Kunstausstellungen und den Skulpturengarten des Städtchens zu besuchen. Ich dagegen musste aus zwei Gründen auf Sightseeing verzichten:

- Ich hatte geschworen, kein Land zu betreten, bevor ich nicht die gesamte Strecke geschwommen war.
- Auf den holprigen Kopfsteinpflasterstraßen herumzulaufen, wäre zu viel Belastung und Reiz gewesen, als mein Körper nach 32 Kilometer Schwimmen vertragen konnte, und hätte mich wertvolle Anpassungsenergie gekostet, die ich lieber für den Rest meiner 2864,6 Kilometer langen Schwimmstrecke aufwenden wollte.

Deshalb schloss ich mich bewusst mit Kalorien, Kuchen und Proteinshakes in der Bordküche ein und »begrenzte Belastung und Stimuli«, obwohl wir uns in einem so wunderschönen Hafen eines so bezaubernden Fischerörtchens befanden.

Dies nicht zu tun hätte bedeutet, entgegen besseren Wissens aus Jahren der Forschung zu handeln. Damals, in den 1930er-Jahren, erkannte Hans Selye, dass Belastung der Schlüssel zur Anpassung ist. Er fand das heraus, indem er Laborratten schrittweise höhere Dosen eines Gifts verabreichte, bis diese eine stärkere Resistenz dagegen entwickelten. Dies führte dazu, dass die Ratten irgendwann Injektionen letaler Dosen, die sie normalerweise getötet hätten, ohne Probleme überlebten.

Er notierte: »Durch die Gabe schrittweise höherer Dosen verschiedener alarmierender Stimuli lässt sich die Resistenz von Tieren verstärken [...] Ratten, die so mit einem bestimmten Wirkstoff vorbehandelt wurden, widerstehen Dosen dieses Wirkstoffs, die für die nicht vorbehandelte Kontrollgruppe tödlich wirken würde.«

In seinem Buch *Stress beherrscht unser Leben* folgerte er: »Stress ist der gemeinsame Nenner aller Anpassungsreaktionen des Körpers.« Jahre später entstand aus dieser These eine völlig neue Art, Sportler zu trainieren. Trainer begannen, Belastungsreize strategisch in ihren Einheiten einzusetzen (in Form schwererer Gewichte, längerer Läufe oder schnellerer Schwimmsprints), um die gewünschte Anpassung damit auszulösen (die Sportler stärker, fitter, schneller zu machen).

Das Ganze hat allerdings einen Haken: Laut Selye hat jeder Mensch nur eine bestimmte Menge Energie zur Anpassung an Belastungsreize zur Verfügung. Selye bezeichnete sie als »Anpassungsenergie«, die im Sport ganz eng mit der Plastizität des Körpers zusammenhängt, einem Begriff, der zur Beschreibung der Trainierbarkeit eines Sportlers verwendet wird.

»Der Verlust bereits erworbener Adaption im Erschöpfungszustand lässt sich schwierig erklären. Als Arbeitshypothese wurde angenommen, dass jeder Organismus über eine bestimmte und begrenzte Menge ›Anpassungsenergie‹ verfügt und ein Adaptionsprozess nicht mehr länger möglich ist, sobald diese aufgebraucht wurde.«

HANS SELYE, 1938

Plastizität beschreibt also die Fähigkeiten eines Sportlers, sich zu verändern und anzupassen. Manche Athleten besitzen mehr Anpassungsenergie (Plastizität) als andere und ich werde später auch erklären, wie man sie erhöhen kann. Für den Moment musst du dir aber erst einmal nur merken, dass Anpassungsenergie endlich ist und daher weise genutzt werden sollte. Ich sage deshalb immer: »Trainiere sooft du musst, nicht sooft du kannst.« Denn sobald du dein Limit erreicht hast, ist eine weitere Anpassung nicht mehr möglich. Im Training bedeutet das: Du stößt auf ein Plateau. Für mich und meine Schwimmtour würde es bedeuten, dass sie abrupt zu Ende wäre.

Studien zeigen, dass ein Anstieg in Trainingsfrequenz oder Intensität in Kombination mit unzureichender Regeneration schwere Schäden im Muskelgewebe verursacht, die Abwehrkräfte des Körpers schwächt und das empfindliche hormonelle Gleichgewicht durcheinanderbringen kann.[1] Physiologen sprechen dann von »Burn-out« oder chronischer Erschöpfung,[2] die sich als Zustand definieren lässt, in dem ein »sonst vitaler, konkurrenzfähiger und tatkräftiger Athlet chronisch ausgelaugt, energielos und schwach ist, wodurch er in Wettkampfsport, Profikarriere und sozialem Leben zwei oder mehr Jahre lang beeinträchtigt wird.«[3]

Die Wissenschaft kann zumindest dabei helfen, gar nicht erst in einen solchen Zustand zu geraten. Eine im *Journal of Sports Medicine* veröffentlichte Studie ergab: »Ein sportmedizinischer Dienstleister kann Übertraining mithilfe von Blutbildern und anderen Testverfahren diagnostizieren und die Auswirkungen der Trainingsintensität auf den Körper beobachten.«[4] Entsprechende Verfahren sind:

- Blutproben zur Kontrolle des Cortisol-Testosteron-Verhältnisses[5]
- Urinproben zur Messung des Cortisol-Cortison-Verhältnisses[6]
- Messung von Abweichungen der Herzfrequenz[7]

Leider befanden wir uns auf See weit weg von den Doktoren und Labors an Land und hatten den Luxus einer solchen sportwissenschaftlichen Betreuung nicht. Und selbst wenn wir den Grad meiner Erschöpfung wirksam hätten messen können, so hätten sich Mutter Natur und der Ozean nicht um das chronische Erschöpfungssyndrom geschert, sondern ohne Rücksicht auf mich und meinem Körper einfach weiter Gezeitenströme, Wellen und Wetter verändert.

Meine wirksamste »Waffe« gegen chronische Erschöpfung war daher ein tiefgreifendes und intuitives Verständnis meiner Belastungstoleranz. Nur weil ich das hatte, konnte ich 157 Tage lang zwölf Stunden täglich schwimmen. Nicht wegen meiner Kraft oder Ausdauer, sondern weil ich gut darin war, von der bequemen Bordküche aus meinen »Stress« strategisch zu organisieren, so wie ich dies in St Ives tat, eingewickelt in eine Decke und versorgt mit belegten Broten, Kuchen und Kalorien.

Lektion 4

- 1875 durchquerte Captain Matthew Webb als erster Mensch der Welt schwimmend den Ärmelkanal. Viele hatten dies für unmöglich gehalten, weshalb er seinen eigenen Trainingsplan entwickeln musste. Merke: **Wenn man das Unmögliche wagt, gibt es kein Erfolgsrezept. Man muss sein eigenes kreieren.**
- Ein Grund für Captain Webbs Erfolg war seine Widerstandsfähigkeit. Um ein robuster und widerstandsfähiger Athlet zu werden, musst du im Training an vier Dingen arbeiten:
  - **Belastungstoleranz:** Verwalte regelmäßig die Kapazität deines Körpers, Belastungen und Reize aus Training/Wettkampf auszuhalten.
  - **Spezifität:** Nutze die Fähigkeit deines Körpers, Belastungen und Reize auszuhalten, gezielt in einer spezifischen Form des Trainings und/oder Wettkampfs.
  - **Durchhaltevermögen:** Erhöhe die Kapazität deines Körpers, Belastungen und Reize aus Training/Wettkampf auszuhalten, schrittweise.
  - **Individualität:** Schätze die individuelle Kapazität deines Körpers, Belastungen und Reize aus Training/Wettkampf auszuhalten, ehrlich ein.
- Wenn du diese vier Punkte beachtest, kannst du deine **Arbeitskapazität** steigern, also die Fähigkeit deines Körpers verbessern, eine bestimmte Trainingsdauer oder -intensität auszuführen und zu vertragen.

LEKTION 5 | MACH DEINEN KÖRPER ZUM WERKZEUG, NICHT ZUM SCHMUCKSTÜCK

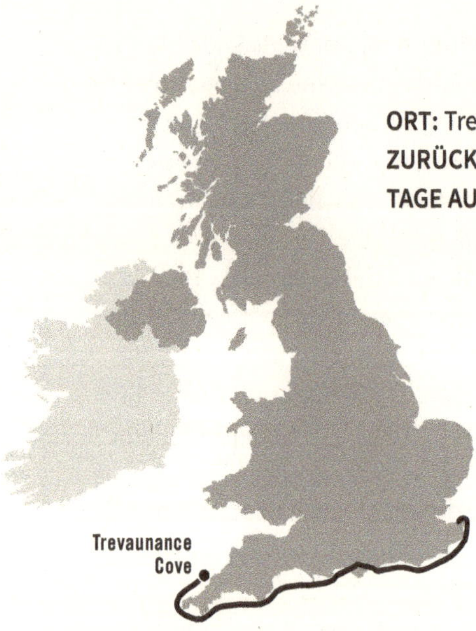

ORT: Trevaunance Cove
ZURÜCKGELEGTE DISTANZ: 623 Kilometer
TAGE AUF SEE: 31

Es ist 13 Uhr am 1. Juli 2018 und wir ankern nahe Trevaunance Cove, dem großen Strand von St Agnes.

Ich saß in meiner kleinen Toilettenkabine und konnte durch das Bullauge die Nordküste von Cornwall sehen, während ich den Neoprenanzug für die Nachmittagsetappe anzog. Ich liebe diese Gegend, jeder Strand hier besteht aus einer Mischung aus Sand und Kies, die in der Mittagssonne noch lebendiger wirkte. Außerdem gibt es in diesem Winkel Großbritanniens die meisten Gezeitentümpel und versteckten

Höhlen, die ich je gesehen habe. Überbleibsel aus alten Bergbautagen, die aussehen wie komplexe Felsmosaike und nur bei Ebbe sichtbar werden.

Leider konnte ich die Aussicht nicht genießen, denn ich steckte fest – in meinem eigenen Neoprenanzug! Nach meinem ersten Monat auf See hatte mein ohnehin unvorteilhaft geformter Schwimmerkörper offenbar noch seltsamere Proportionen bekommen, sodass der Anzug nicht mehr passte.

Wie konnte das geschehen? Indem ich die Kapazität meines Körpers, Belastungen und Reize auszuhalten, konstant und gezielt dafür nutzte, jeden Tag zwölf Stunden lang zu schwimmen.

DIE SPEZIFITÄT DES KÖRPERS

Dieses Modell ist eng verwandt mit dem SAID-Prinzip. Die Abkürzung steht für »Specific Adaptation to Imposed Demands«, was nichts anderes bedeutet, als dass dein Körper sich spezifisch an jene Anforderungen anpasst, denen du ihn aussetzt, und dass du Dinge, die du immer wieder übst, irgendwann richtig gut beherrschst.

Wenn ich mich nun so im Badspiegel betrachtete, wurde deutlich, was mein Körper immer wieder geübt hatte. Ich sah aus wie gemacht für Langstreckenschwimmen im Meer, denn:

- Meine Schultern, meine Arme und mein Rücken waren viel dicker und breiter geworden.
- Meine Beine waren dafür geschrumpft und viel weicher. Jegliche Muskeldefinition war daraus verschwunden.
- Mein gepanzerter Nashornnacken wurde immer kräftiger.

Molekularbiologische Studien haben außerdem gezeigt, dass diese Anpassungen aufgrund der einzigartigen Position, in der ich mich befand, bei mir besonders schnell vonstattengingen. Basierend auf Forschungen von Dr. Robert Hickson, die er 1980 an der University of Illinois durchführte, wird in einer Studie dargelegt, dass man die

Effektivität eines Trainings »verwässert«, wenn man zu viele Dinge gleichzeitig trainiert (etwa Kraft und Ausdauer) und sich dementsprechend nicht optimal in den einzelnen Bereichen verbessert. Soll heißen: Wer von allem etwas versteht, beherrscht nichts richtig.

Warum ist das so? Weil unser Körper nicht weiß, ob er stärker oder ausdauernder werden soll, und deshalb die Wirksamkeit des Trainingsreizes verloren geht. Das ergaben Forschungen der Abteilung für Molekularphysiologie der University of Dundee. Demnach führen Kraft- und Ausdauertraining zu verschiedenen Anpassungen im Körper. Werden beide Trainingsmethoden kombiniert, »blockieren sich ihre Signale zur Anpassung gegenseitig«.

»In den vergangenen Jahrzehnten haben viele Forscher einen Interferenzeffekt auf die muskuläre Kraftentwicklung beschrieben, wenn Kraft und Ausdauer gleichzeitig trainiert wurden. Der Großteil dieser Studien ergab, dass die Steigerung der Maximalkraft in jener Gruppe größer war, die ausschließlich Krafttraining absolvierte, als bei der Kontrollgruppe, die gleichzeitig Kraft und Ausdauer trainierte, was gemeinhin als ›Interferenzphänomen‹ bezeichnet wird.«[1]

Hier draußen auf See gab es jedoch kein solches »Interferenzphänomen«. Es gab keine gegensätzlichen Trainingsformen, deren »Signale zur Anpassung sich gegenseitig blockierten«.

Mein Leben (und Training) war äußerst simpel: Ich schwamm jeden Tag zwölf Stunden lang und verwaltete die Kapazität meines Körpers, Belastungen und Reize auszuhalten, indem ich alles vermied, das mir nicht dabei half, um Großbritannien herumzuschwimmen (Spaziergänge am Strand zum Beispiel).

Meine einzigen körperlichen Betätigungen außer Schwimmen waren Reha- und präventive Maßnahmen sowie ein wenig Kraft- und Konditionstraining für die Schultern auf Deck des Boots. 95 Prozent der körperlichen Belastung, Stimuli und meiner Anpassungsenergie wurden wie im folgenden Kuchendiagramm abgebildet gesteuert und verteilt:

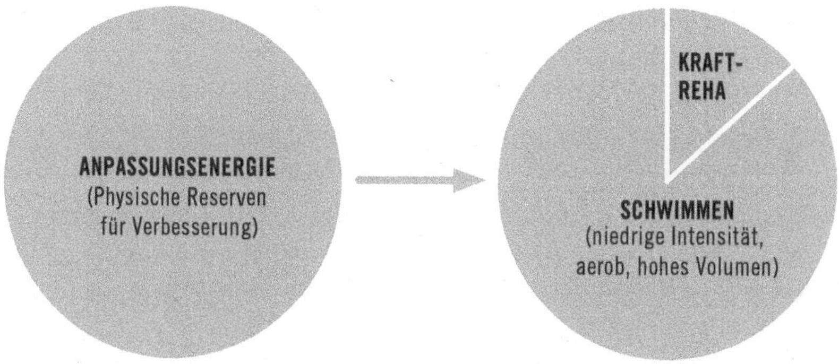

Steuern und Verwalten von Belastung, Reizen und »Anpassungsenergie«

Neoprenanzüge scheren sich allerdings nicht um das SAID-Prinzip oder zelluläre Signale, weshalb ich mich aus meinem nun wieder herausschälen musste wie Houdini aus einer Zwangsjacke. Ich ging nach oben und fand Matt in der Bordküche. Wenn ich auf See eines gelernt hatte, dann dass Captain Matt immer eine Lösung parat hatte, egal, in welcher verrückten Situation ich mich auch befand.

»Ich habe ein Problem«, sagte ich.

»Hals? Zunge? Seekrank?«, fragte Matt.

»Nein, an den Fronten ist überraschenderweise alles in Ordnung. Es geht um meinen Neoprenanzug. Ich habe offenbar etwas Masse am Oberkörper zugelegt (Fett und Muskeln) und dafür Muskelmasse an den Beinen verloren. Nun passt mir keiner meiner Anzüge mehr. Hast du eine Idee?«, wollte ich verzweifelt wissen.

Matt überlegte kurz, was für Möglichkeiten wir hatten.

»Wie viele Neoprenanzüge haben wir denn an Bord?«, fragte er, während sich die Zahnrädchen in seinem Kopf zu drehen begannen.

»Vielleicht zehn, mit deinem und dem von Taz«, sagte ich.

»Okay, wir machen Folgendes: Wir schneiden von meinem XL-Anzug die Arme ab und von Taz' Anzug in Größe L die Beine. Dann nehmen wir den Körper deines XXL-Anzugs und nähen aus allen Teilen eine Art ›Frankenstein-Neoprenanzug‹ zusammen.«

Das klang verrückt, aber Matts letzte Erfindung – der Meeresschal – hatte hervorragend funktioniert und uns an der Südküste Englands gerettet. Vielleicht würde uns der Frankenstein-Neoprenanzug nun an der Westküste retten.

Alle Beteiligten waren einverstanden und so sammelten wir jeden Neoprenanzug ein, den wir finden konnten, und legten sie Matt mit einer Schere auf den Tisch. Eine Stunde darauf war seine Arbeit getan und er rief alle in die Bordküche, um uns seine Kreation zu präsentieren.

Wie geplant, hatte er ein Paar XL-Überzüge für die Arme und ein Paar L-Überzüge für die Beine genäht. Das Glanzstück (und etwas, das ich nicht erwartet hatte) war aber der XXL-Body-Suit, den er nun stolz hochhielt.

»Was ist das denn?«, fragte ich lachend.

»Das ist eine ›Mankini-Weste‹ ... für den Gentleman der Ozeane«, sagte er.

Das Teil sah aus wie aus der Fetischabteilung eines Sexshops. Eine Art Tanga bildete den unteren Teil und verhinderte in Matts Theorie, dass die Weste nach oben rutschte. Sein merkwürdiges Design hatte also durchaus einen Sinn.

Irgendwie passte der Anzug auch auf schräge Weise zu meinem Meeresschal. Ich hatte ohnehin keine andere Wahl, die Mankini-Weste war meine einzige Hoffnung, wenn ich weiter die Nordküste Cornwalls hinaufkommen wollte.

DAS DURCHHALTEVERMÖGEN DES KÖRPERS

Es war nun 16 Uhr am 2. Juli, etwa 24 Stunden nachdem Matt uns seine neuste Erfindung präsentiert hatte.

Ich war inzwischen ein komplett anderer Schwimmer als der geworden, der als Erster die 563 Kilometer des Ärmelkanals entlanggeschwommen war. Nicht nur, dass ich mit meinem frisch geschneiderten Neoprenanzug aussah wie ein Sextourist im Fetisch-Dress, ich hatte

- regelmäßig die Fähigkeit meines Körpers verwaltet, mit Belastung und Reizen zwölf Stunden täglichen Schwimmens fertigzuwerden (Belastungstoleranz des Körpers).

- diese Belastungstoleranz konstant und gezielt genutzt, um weiterhin jeden Tag zwölf Stunden lang schwimmen zu können (Spezifität des Körpers).

Im Ergebnis schwamm ich nun mit einer erhöhten Arbeitskapazität. Ich war also in der Lage, eine bestimmte Trainingsdauer oder -intensität aufrechtzuerhalten und ohne Übertraining, Verletzungen oder Krankheiten zu vertragen. All das, weil ich die Fähigkeit meines Körpers, Belastung und Reize zwölf Stunden täglichen Schwimmens zu verkraften, schrittweise gesteigert hatte.

Noch mal: Das klingt kompliziert, ist es aber nicht. Im Grunde dachte mein Körper nun, zwölf Stunden Schwimmen am Tag seien normal, sodass er ohne Probleme damit zurechtkam, wenn ich 30 Kilometer und mehr zurücklegte. Das einzige Problem dabei war, dass die Crew auf dem Boot ausreichend Essen kochen und zubereiten musste, um mich und meine erhöhte Arbeitskapazität mit Treibstoff zu versorgen. Wir gingen deshalb irgendwann dazu über, für meine Sandwiches einen ganzen Laib Brot zu verwenden und 1-Kilo-Dosen Erdnussbutter wurden zu kleinen »Snacks«.

Nach 32 Tagen auf See war das für Suzanne und den Rest der Crew aber natürlich völlig normal geworden. Zwei Stand-up-Paddler aus Newquay, die uns bei der Etappe dieses Tages zufällig begleiteten, staunten dagegen nicht schlecht, als Taz auf einem Paddle-Board zwei ofenfrische Cornish Pasties – leckere Fleischpasteten aus der Region – an Bord brachte und einem Kerl im Fetisch-Anzug übereichte, der sie wie ein hungriger Seeelefant gierig verschlang und anschließend weiterschwamm.

»War wohl nur ein kleiner Snack zwischendurch?«, fragte einer der beiden im Scherz.

»So ist es«, antwortete Taz, allerdings ohne zu scherzen.

»Oh. Wenn das nur der Snack war – was isst er dann zum Abendbrot?«, fragte der Stand-up-Paddler weiter.

»Wahrscheinlich noch mehr Cornish Pasties.«

»Du machst immer noch keine Witze, oder?«, hakte er nach, während sein Lächeln langsam verschwand.

»Nein«, antwortete Taz kopfschüttelnd.

Natürlich aß ich nicht nur Cornish Pasties. Welche Snacks auf dem Speiseplan standen, hing auch maßgeblich davon ab, an welchem Küstenabschnitt ich mich befand, denn ich liebte es, verschiedene lokale Spezialitäten zu probieren. Ob Waliser Potato Cakes, frittierte Schokolade aus dem Osten Schottlands oder Fish and Chips aus Grimsby, ich verputzte alles, was ich zwischen die Kiemen bekam, um genügend Energie für meine gesteigerte Arbeitskapazität zu haben.

An diesem Tag stellte ich allerdings einen neuen Rekord auf, indem ich neun Cornish Pasties in einer einzigen Etappe verschlang. Ich wusste nämlich, dass im Sport oft diejenigen die besten Athleten sind, die am härtesten arbeiten und die höchste Arbeitskapazität besitzen. Die bulgarische Olympiaauswahl der Gewichtheber zum Beispiel. Was Fleiß und Arbeitsmoral angeht, hatte diese Truppe die Messlatte gehörig nach oben gelegt, ihre Belastbarkeit im Training war weltberühmt. Im Zeitraum zwischen 1968 und 2000 brachte dieses kleine Land, das kaum mehr Einwohner hat als New York, unter Trainer Iwan Abadschiew trotz begrenzter Mittel und schlechter wirtschaftlicher Rahmenbedingungen eine Gewichthebermannschaft hervor, der Dinge gelangen, die lange Zeit als unmöglich galten.

Wie das ging? Grob zusammengefasst bestand das knüppelharte bulgarische Trainingsprogramm aus einer bestimmten Anzahl Übungen, deren Sätze nahe am Maximalgewicht für eine Wiederholung (1RM) ausgeführt wurden – und das bis zu acht Stunden täglich, 365 Tage im Jahr. Alles unter den wachsamen Augen eines Trainers, der Erholung, Stärken und Schwächen seiner Sportler genauestens im Blick hatte und so immer wieder Korrekturen am Training vornahm. Das hältst du für verrückt? Zwölf Olympiasieger und 57 Weltmeister sind der beste Beweis, dass es funktioniert.

Nicht nur die Bulgaren nutzten eine solche Methode mit hoher Intensität, hohem Volumen und ohne Pausentage. In Amerika machte John Broz das bulgarische System bekannt, als er seinen Sportler Pat Mendes darauf hintrainierte, ohne Gurt und mit gerade mal 20 Jahren 360 Kilo zu beugen.

Auch im Ausdauersport gibt es ähnliche Methoden. Die Mitglieder des Greater Boston Track Clubs etwa hatten in den 1970er- und 1980er-Jahren ganz unglaubliche Distanzen in ihren Trainingseinheiten zurückgelegt. Sie liebten ihren Sport so sehr, dass sie einfach immer weiterliefen und an Dinge wie Übertraining, Pausentage oder das Konzept der Erschöpfung keinen müden Gedanken verschwendeten. Bill Rodgers (vierfacher Sieger des Boston Marathon) sagte: »Wir hatten Spaß dabei. Als Plackerei empfanden wir das nicht.« Und funktioniert hatte es auch. Anfang der 1980er-Jahre schaffte es ein halbes Dutzend Läufer des Klubs, den Marathon in einer Zeit von zwei Stunden und zwölf Minuten zu laufen.

Was also war ihr Erfolgsgeheimnis? An dieser Stelle will ich erwähnen, dass es keine universelle Methode gibt, um Widerstandsfähigkeit und Durchhaltevermögen zu trainieren. Deshalb stand schon 1991 im Fachblatt *Strength and Conditioning Journal*: »Gibt es das eine perfekte Workout? Ein Workout, das die besten Übungen mit Gewichten, plyometrische Bewegungen, Dehn- und Ausdauerübungen enthält? Ein Workout mit einer präzisen Anzahl Sätzen und Wiederholungen? Ein Workout mit einer vorgeschriebenen Menge an Gewicht, die für jeden Sportler gilt? Die Antwort lautet: ›Nein‹.«[2]

Und deshalb folgerten Wissenschaftler des Department of Sport, Health and Exercise Science der University of Hull – nachdem sie Tausende Studien aus vielen Jahren Forschung analysiert hatten –, dass es keinen universellen, einvernehmlichen Konsens dazu gibt, wie man am besten für Ausdauersportarten trainieren sollte. »Es existieren nur unzureichende direkte wissenschaftliche Belege, als dass man auf der Basis der begrenzten Forschungsarbeiten Trainingsempfehlungen formulieren könnte.«[3]

Es gibt zwar keine festgeschriebene Erfolgsformel für den Aufbau physischer Widerstandsfähigkeit und für die Steigerung der körperlichen Belastbarkeit, aber einen Vorgang, den wir als »Habituation von Stress« bezeichnen. Jede Belastung, der wir ausgesetzt sind, ob psychischer oder physischer Natur, löst eine Stressreaktion aus. Je häufiger wir dieser Belastung aber ausgesetzt sind, umso weniger belastend ist sie für uns. Nehmen wir an, deine persönliche Kniebeuge-

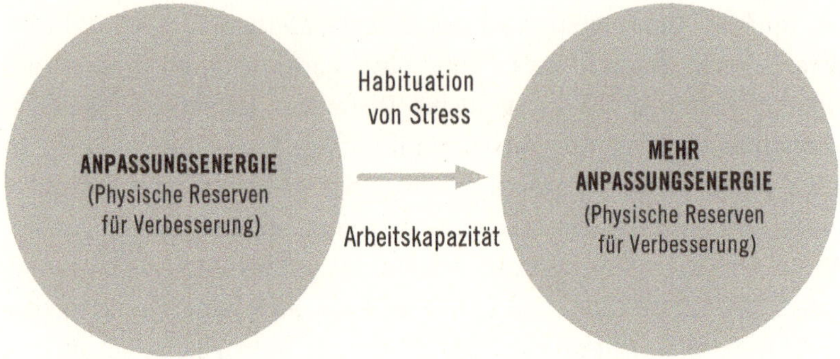

bestleistung liegt bei 200 Kilogramm. Dann ist es für dich höchstwahrscheinlich eine große physische Belastung, einen solchen Satz auszuführen. Die bulgarische Trainingsmethode beruht auf der Annahme, dass man sich an eine solche Belastung gewöhnt – sie habitualisiert –, wenn man täglich mit (annähernd) Maximalgewicht (1RM) trainiert. Eine Kniebeuge mit 200 Kilogramm wird sich dann also irgendwann ganz normal anfühlen. Das Gleiche gilt für den täglichen Lauf eines Marathons oder das Schwimmen von 32 Kilometern.

Allerdings muss man auch zugeben, dass diese Methode mehr Champions kaputtgemacht als hervorgebracht hat. Im *British Journal of Sports Medicine* veröffentlichte Forschungsergebnisse zeigten, dass bestimmte Varianten in der DNA-Sequenz von Genen einen Einfluss auf die individuelle Anfälligkeit für Sportverletzungen haben.[4] Jene Athleten, die ihre Belastung habitualisieren konnten, waren wie Hans Selyes unkaputtbare Laborratten, die morgens, mittags und abends Gift futtern konnten, ohne mit der Wimper zu zucken.

Wie genau wird die Habituation von Stress ermöglicht? Kurz gesagt: durch die Arbeitskapazität. Bei ihr handelt es sich im Grunde um die Gesamtmenge Training, die man ausführen, von der man sich erholen und an die man sich positiv anpassen kann. Mehr davon zu haben bedeutet auch, mehr Anpassungsenergie zu haben und sozusagen den Umfang des Kreises in oben stehender Abbildung zu vergrößern.

Diese Variable wird nur zu oft übersehen. Viele Trainer legen großen Wert auf Minimalismus, Spezifität und Erholung. Dabei vergessen wir häufig, dass wir manchmal einfach nur etwas mehr ackern müssen – so einfach ist das. Viele sind überrascht, wenn sie an ein Plateau stoßen, nachdem sie mehrere Monate lang mit dem gleichen Trainingsprogramm und dem gleichen Satz- und Wiederholungsschema trainiert haben. Wenn dies geschieht, lautet die einfache Lösung: ackern, ackern und noch mal ackern.

Das erhöht die Trainingsmenge, von der dein Körper sich erholen kann. Der Sinn des Steigerns der Arbeitskapazität liegt darin, die Trainingsbelastung etwas über die Regenerationsrate hinaus zu erhöhen, bis die Regenerationsrate aufholt und wieder mit der Trainingsbelastung mithalten kann.

Sobald du deine Arbeitskapazität erhöht hast und deine Regenerationsrate aufholt, verträgst du viel mehr Trainingsvolumen. Dadurch wird der Trainingsreiz größer, was wiederum das Potenzial erhöht, stärker, schneller und fitter zu werden.

Ich will damit nicht sagen, das bulgarische Trainingssystem sei das Nonplusultra. (Wie gesagt: Es hat mehr Champions kaputtgemacht als hervorgebracht.) Aber es gibt eine goldene Mitte. Lass dich von all den Tipps, Tricks und »schnellen Resultaten«, die in der Fitnessbranche stets versprochen werden, nicht täuschen. Eine Erhöhung der Arbeitskapazität ist die einzige Methode, mit der du dich konstant und kontinuierlich verbessern kannst.

Ein Sportler hat seine genetische Leistungsgrenze erst dann erreicht, wenn er nicht mehr länger in der Lage ist, seine Arbeitskapazität zu erhöhen.

Rufen wir uns in diesem Zusammenhang noch einmal den Kreislauf der Anpassungsenergie ins Gedächtnis. Diesmal möchte ich dafür jedoch eine kleine Analogie verwenden, die ich als »Trainingstoleranz-Autobahn« bezeichne.

- Stell dir eine Autobahn vor. Der Verkehr auf dieser Autobahn versinnbildlicht deine Trainingsbelastung.
- Stell dir vor, die Autobahn selbst ist deine Arbeitskapazität (und Anpassungsenergie).
- Geringer Verkehr (Autos, Lkw und Busse) bedeutet geringe Trainingsbelastung, etwa bei einem 2-Kilometer-Lauf oder ei-

ner lockeren 30-minütigen Einheit Krafttraining. Die Autobahn muss dafür nicht besonders breit sein (du brauchst also nicht viel Anpassungsenergie). Du erholst dich problemlos und passt dich positiv an das Training an.

- Starker Verkehr (Autos, Lkw und Busse) bedeutet, die Trainingsbelastung ist hoch, wie bei einem 20-Kilometer-Lauf oder einer bulgarischen Krafttrainingseinheit. Dafür benötigst du eine breitere, vielspurige Autobahn (also viel Anpassungsenergie), um dich zu erholen und positiv an das Training anzupassen.

Wichtig: Egal, wie viel Anpassungsenergie du besitzt (wie breit deine Autobahn ist), sie muss für das Maß an Belastung (Verkehr) ausreichen, damit Trainingsvolumen und/oder -intensität für dich ideal sind und du nicht über- oder untertrainiert bist.

Wie lassen sich die Arbeitskapazität und das Durchhaltevermögen des Körpers also erhöhen?

Die Geschichte hat uns gezeigt, dass es dafür keine allgemeingültige Methode gibt, sondern jeder Mensch ein anderes Trainingsprogramm dafür benötigt. Trainer versuchen mithilfe verschiedener Maßnahmen, die Fähigkeit des Körpers, Belastung und Reize aus Training und/oder Wettkampf auszuhalten, schrittweise zu verbessern. Dies sind vier Möglichkeiten:

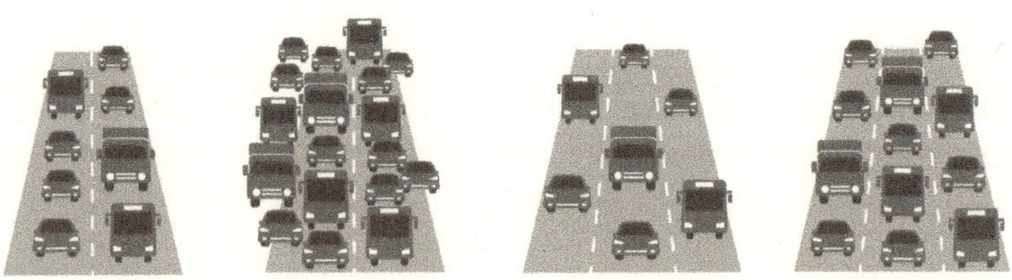

IDEALES TRAINING	ÜBERTRAINING	UNTERTRAINING	IDEALES TRAINING
Niedrige Belastung, niedrige Arbeitskapazität, wenig Anpassungsenergie, geringe Regenerationsrate	Hohe Belastung, niedrige Arbeitskapazität, wenig Anpassungsenergie, geringe Regenerationsrate	Niedrige Belastung, hohe Arbeitskapazität, viel Anpassungsenergie, hohe Regenerationsrate	Hohe Belastung, hohe Arbeitskapazität, viel Anpassungsenergie, hohe Regenerationsrate

1. Mehr Ausdauertraining

Die einfachste (und wirksamste) Methode zur Steigerung des körperlichen Durchhaltevermögens (Arbeitskapazität) besteht aus zusätzlichen Cardio-Einheiten, die du um dein reguläres Training herum absolvierst. Deshalb bin ich der Meinung, jeder Sportler könnte (und sollte vielleicht sogar) Schwimmeinheiten in sein Trainingsprogramm einplanen. Schwimmen ist schonend für die Gelenke und fordert die Toleranz des Körpers für Stress und Stimuli kaum (weshalb es nur wenig Anpassungsenergie verbraucht). Es erzeugt außerdem kein Interferenzphänomen, sodass du ein klares, zelluläres Signal an den Körper sendest, sich an all deine anderen Trainingsziele anzupassen.

2. Mehr Sätze

Deinem Trainingsprogramm einfach mehr Sätze hinzuzufügen, ist eine weitere, genauso einfach umzusetzende Methode. Nehmen wir an, du schaffst drei Sätze à drei Wiederholungen Kreuzheben mit 200 Kilogramm. Was wäre dann einfacher? Der Versuch, drei Sätze à drei Wiederholungen mit 210 Kilogramm zu schaffen oder am Ende einfach einen weiteren Satz mit 200 Kilogramm zu absolvieren? Alle Trainer (und Sportler) werden sicher zustimmen, dass der eine Extrasatz einfacher wäre, weil er den Körper weniger stark fordert und nicht so dramatisch weit jenseits deines aktuellen Leistungsstands liegt.

Die Idee ist, sobald der eine Extrasatz leicht von der Hand geht (und nur dann), einen zweiten Extrasatz mit 200 Kilogramm zu machen. Danach einen dritten, einen vierten und so weiter. Sobald du in der Lage bist, fünf bis acht Sätze à drei Wiederholungen zu schaffen, hat sich deine Arbeitskapazität verbessert. Nun kannst du mehr Gewicht auflegen (zum Beispiel 210 Kilogramm), mit dem du wieder nur drei Sätze absolvierst. Das Trainingsvolumen ist dann geringer als gewohnt, dafür ist das Gewicht höher.

3. Mehr Wiederholungen

Genauso simpel ist das Erhöhen der Wiederholungszahlen. Der berühmte kanadische Strongman und Gewichtheber Doug Hepburn machte diese Methode bekannt. Wähle ein Gewicht, mit dem du acht Sätze mit je einer Wiederholung schaffst. Mach dann nach und nach in jedem Satz eine Wiederholung mehr, bis du acht Sätze mit zwei Wiederholungen packst. Erhöhe anschließend das Gewicht und beginne wieder von vorn mit einer Wiederholung.

4. »Funktionelle Finisher«

Manche Kraftsportler verzichten auf Ausdauertraining aus Angst, es könnte die Belastungstoleranz und die Spezifität ihres Körpers zu sehr strapazieren und ein Interferenzphänomen erzeugen, sodass sie dem Körper keine deutlichen zellulären Signale mehr senden, ihre Kraft anzupassen. In einem solchen Fall sind »funktionelle Finisher« am Ende des Workouts eine sinnvolle, kraftbasierte Lösung. Es handelt sich dabei um schnelle, intensive bewegungsspezifische Übungen, die du am Ende deines Trainings einbauen kannst:

- 5 × 10 Meter Seilziehen für Bizeps und Rücken
- 5 × 20 Meter Schlitten-Sprints für die Beine
- 60-sekündige Intervalle Battle Ropes für die Schultern
- 10 × 10 Meter Tyre Flips für Rücken und Unterkörper

Diese Übungen wurde von einem russischen Trainingssystem abgeleitet, dessen Name »General Physical Preparedness« (GPP) auf Deutsch etwa bedeutet: allgemeine körperliche Bereitschaft. Es handelt sich dabei um eine Vorbereitungsphase des Trainings, die nicht gezielt auf eine spezifische Sportart ausgerichtet ist. Stattdessen besteht es aus schweren, funktionellen Bewegungen, die universelle motorische Aktivierungsmuster nutzt, um das Durchhaltevermögen (Arbeitskapazität) des Körpers zu verbessern und gleichzeitig die verschiedenen Fitnessaspekte wie Ausdauer, Kraft, Schnelligkeit und Beweglichkeit gleichmäßig zu verbessern. Der Kraftsport-Interessenverband National Strength and Conditioning Association sagt dazu: »Der Hauptzweck dieser Trainingsperiode besteht darin, ein Grundniveau körperlicher Fitness zu schaffen, um die Toleranz eines Athleten für intensiveres Training zu erhöhen. Ein entsprechendes Training beginnt mit relativ geringer Intensität und hohem Volumen: lange, langsame Läufe oder Schwimmeinheiten, niedrig-intensive plyometrische Übungen und Widerstandstraining mit geringen bis moderaten Gewichten und hohen Wiederholungszahlen.«[5]

Die Theorie hinter diesem System: Wenn du als Sportler vielseitige athletische Grundlagen besitzt, wird sich dein motorisches Potenzial – gewissermaßen dein Bewegungstalent – dementsprechend verbessern. Ohne diese Grundlagen, so sagen viele Trainer, wirst du auf ewig mit einer Art gezogener »physiologischer Handbremse« trainieren. Sie glauben, dass die direkte Beziehung zwischen zentralem Nervensystem (ZNS) und körperlichem Training eine wichtige Rolle dabei spielt, wie gut sich ein Sportler an sein Training anpasst. Wenn du als Athlet neurologisch effizient bist, wirst du später in der Lage sein, dich weiterzuentwickeln (und in einer bestimmten Sportart zu spezialisieren).

DIE INDIVIDUALITÄT DES KÖRPERS

Es war 23 Uhr am 3. Juli, inzwischen waren wir mehr als einen Monat auf See. Während dieser Zeit haben mich Captain Matt und seine Crew lädiert, erschöpft und blutig gesehen, doch niemals, dass ich mich geschlagen gab. Wir kamen daher gemeinsam zu dem Schluss, dass mein Körper eine genetische Prädisposition für Belastbarkeit besitzen musste. Von meiner sportfanatischen Familie hatte ich vermutlich einige ziemlich gute Gene abbekommen. Mein Vater war Tennisspieler, meiner Mutter Sprinterin, ein Großvater war beim Militär, der andere Marathonläufer. Sport und Bewegung lagen bei uns also in der Familie.

Untersuchungen haben gezeigt, dass manche Menschen genetisch bedingt widerstandsfähiger sind als andere. Gene kontrollieren all unsere biologischen Systeme wie Muskel-, Knorpel- und Knochenbildung, Muskelenergieproduktion und Blut- und Gewebeoxygenierung. Auf der anderen Seite wurden in Studien Genvarianten identifiziert, die Faktoren wie Verletzungsanfälligkeit und andere Komponenten körperlicher Fitness beeinflussen. Ein Artikel im *Journal of Science and Medicine in Sport* zeigte beispielsweise, dass Mutationen in einem Kollagen namens COL5A1 losere Verbindungen in den Sehnenstrukturen verursachen können, wodurch diese weniger stabil und potenziell anfälliger für Verletzungen sind.[6]

Die Wissenschaft dahinter ist extrem komplex und entwickelt sich ständig weiter, zu einem gewissen Grad verstanden wir als Team aber das Prinzip. Die anderen scherzten häufig, ich sei wie ein Arbeitstier, das man mit der Peitsche antreiben müsse, wenn wir das unglaubliche Tempo aufrechterhalten wollten, das nötig war, um es vor Wintereinbruch um Großbritannien herum zu schaffen.

Die heutige Etappe war da keine Ausnahme. Und als die Uhr Mitternacht schlug, war es Zeit loszulegen.

»Guten Morgen«, brüllte Matt runter in meine Kajüte. Er war stets gut drauf, egal zu welcher Tages- oder Nachtzeit. »Die Gezeitenströme sind heute prima, aber Wind und Wellen werden dir mit Sicherheit ordentlich zusetzen.«

Diese eine Aussage fasste Matts Charakter im Grunde perfekt zusammen: Bedingungslos unterstützend und aufmunternd, aber genauso bedingungslos ehrlich und brutal realistisch. Er wusste, dass auf See keine Zeit dafür war, um den heißen Brei herumzureden. Hier wurde mit klaren und präzisen Ansagen gearbeitet.

Ich kletterte die Leiter aus meiner Kajüte hoch und gesellte mich an Deck zu ihm, wo ich mit verschlafenen Augen in den Nachthimmel starrte. Das Licht des Mondes war gnädig zu meinen schlaffen Lidern und die kühle Brise half sanft, sie zu öffnen. Nun kam auch Harriet aus ihrer Kajüte und meldete sich zum Dienst.

»Gib Ross so viel zu futtern, dass er 16 Kilometer schwimmen kann, und los geht's«, wies Matt sie an.

Pflichtbewusst bereitete sie daraufhin eine riesige Schüssel Porridge mit Bananenscheiben, Erdnussbutter und geschmolzenen Stücken dunkler Schokolade zu, das es innerhalb weniger Minuten vom

Herd in die Schüssel und in meinen Magen schaffte und mit einem fast genauso großen Pott Kaffee heruntergespült wurde. Dies, so hoffte ich, würde mein Gehirn überzeugen, dass es eine gute Idee wäre, mitten in der Nacht ins kalte Meer zu springen, um 16 Kilometer zu schwimmen, und dass Schlaf, Erholung und die Wärme meines Betts total überbewertet waren.

Davon ließ sich mein Gehirn (und Körper) allerdings nicht überzeugen. Warum? Weil es auch eine große Rolle spielt, wann der Körper am liebsten trainiert. Das mag komisch klingen, aber manche Leute stehen gern frühmorgens auf und gehen als Erstes ins Fitnessstudio. Für andere gibt es nichts Schlimmeres, sie besuchen Kraftraum oder Schwimmhalle lieber später am Tag. Das alles hängt aber von der inneren Uhr deines Körpers, dem sogenannten zirkadianen Rhythmus, ab.[7] Dabei handelt es sich um einen Zyklus physiologischer Prozesse im Körper, der – wie Wissenschaftler herausgefunden haben – aus einem bestimmten Muster aus Gehirnwellenaktivität, Hormonproduktion, Zellregeneration und anderen damit verbundenen biologischen Vorgängen besteht.

Das Department of Kinesiology & Health Sciences der William & Mary University in Williamsburg (USA) wollte mit einer Studie herausfinden, zu welcher Tageszeit Muskeln die größtmögliche Leistung erbringen können.[8] Dafür ließen die Wissenschaftler zehn gesunde, aber untrainierte Männer um 8 Uhr, 12 Uhr, 16 Uhr und 20 Uhr eine Reihe von Krafttests absolvieren. Die Ergebnisse zeigten, dass die muskuläre Leistung in den Abendstunden am größten war, aber nur bei Übungen mit schnellen Bewegungen. Als Grund wird vermutet, dass die Aktivierung schnell zuckender Muskelfasern (die zum Stemmen schwerer Gewichte oder für schnelle Sprints gebraucht werden) mit höherer Körpertemperatur leichter vonstattengeht. Und die ist abends üblicherweise höher als morgens.

Außerdem spielt eine Rolle, wie sich dein Hormonhaushalt im Tagesverlauf verändert, insbesondere die Testosteron- (das Muskelaufbau-/Regenerationshormon, von dem wir möglichst viel wollen) und Cortisolspiegel (das Stresshormon, von dem wir möglichst wenig wollen). Während alle Experten sich einig sind, dass der Testosteronspiegel morgens im Ruhezustand am höchsten ist, zeigte eine Studie im *Journal of Applied Physiology*, dass der Anstieg des Testosteronwerts nach dem Training abends größer ist als morgens.[9]

Andere Untersuchungen ergaben, dass der Cortisolspiegel abends niedriger ist als morgens und auch der durch Training verursachte Cortisolanstieg am frühen Abend (19 Uhr) geringer ist als am frühen Morgen (7 Uhr).[10] Unterm Strich lässt sich also sagen, dass das Verhältnis von Testosteron zu Cortisol abends am besten ist, wenn nämlich der Testosteronspiegel hoch und der Cortisolspiegel niedrig ist.

Trotz all dieser Studien ist die Sportwissenschaft überzeugt, dass der zirkadiane Rhythmus (innere Uhr) bei allen Menschen individuell verschieden ist und deshalb jeder zu unterschiedlichen Zeiten seine Spitzenform erreicht, abhängig von kleinsten Fluktuationen der Hormonspiegel (wie Testosteron und Cortisol), Körpertemperatur und kognitiver Funktion.[11] Das erklärt, warum manche Leute morgens putzmunter sind, während andere sich mit Mühe und Not vom Bett zum nächsten Kaffeeautomaten schleppen.

Deshalb ist es wichtig, auf deinen Körper zu hören und herauszufinden, ob du eher früher Vogel oder Nachteule bist. Du bist ganz und gar einzigartig. Wie auch immer deine innere Uhr tickt, du allein kannst der Experte dafür sein.

Unabhängig von den Genen, mit denen du geboren wurdest, sagt die Wissenschaft: »Training lässt sich definieren als der Prozess, bei dem genetisches Potenzial realisiert wird. Obwohl spezifische Details noch nicht bekannt sind, lässt die aktuelle wissenschaftliche Literatur vermuten, dass sowohl Veranlagung als auch Fleiß über Spitzenleistung im Sport entscheiden. Daraus lässt sich schließen, dass solche Spitzenleistungen immer das Ergebnis eines Zusammenspiels von genetischen und Trainingsfaktoren sind.«[12]

Das bedeutet, dass du immer eine widerstandsfähigere Version deiner selbst werden kannst. Du musst dafür in Bezug auf dein Trainingsprogramm nur deinen eigenen Weg gehen, indem du deinen eigenen Plan verfasst.

Und genau das tat ich, fünf Monate bevor ich am Strand von Margate stand.

Lektion 5

- **Lerne, deinen Körper nicht zum Schmuckstück, sondern zum Werkzeug zu machen.** Dieser Leitspruch ist eng mit dem SAID-Prinzip verwandt (Specific Adaptation to Imposed Demands), was bedeutet, dass dein Körper sich spezifisch an die Anforderungen anpasst, denen du ihn aussetzt, und dass du Dinge, die du immer wieder übst, irgendwann richtig gut beherrschst.
- Die Kombination aus **Arbeitskapazität** und dem **SAID-Prinzip** hat einige der besten Athleten der Welt hervorgebracht, etwa das bulgarische Olympiateam der Gewichtheber oder den Greater Boston Track Club der 1970er- und 1980er-Jahre.
- Jeder Belastungsreiz, dem du ausgesetzt bist, löst eine Stressreaktion aus. Aber die Belastung sinkt, je häufiger du dich dem Reiz aussetzt. Lerne, **Stress auf diese Weise zu habitualisieren**, dann wird deine persönliche Bestleistung irgendwann zur Norm.
- Durch sportunspezifisches Vorbereitungstraining **entwickelst du vielseitige athletische Grundlagen und verbesserst insgesamt dein motorisches Potenzial** (Bewegungstalent).
- Respektiere die **Individualität des Körpers**. Du bist ganz und gar einzigartig. Wie auch immer deine innere Uhr tickt, du allein kannst der Experte dafür sein.

LEKTION 6 | WERDE UNVERWÜSTLICH DURCH ABHÄRTUNG FÜR DEN WINTER

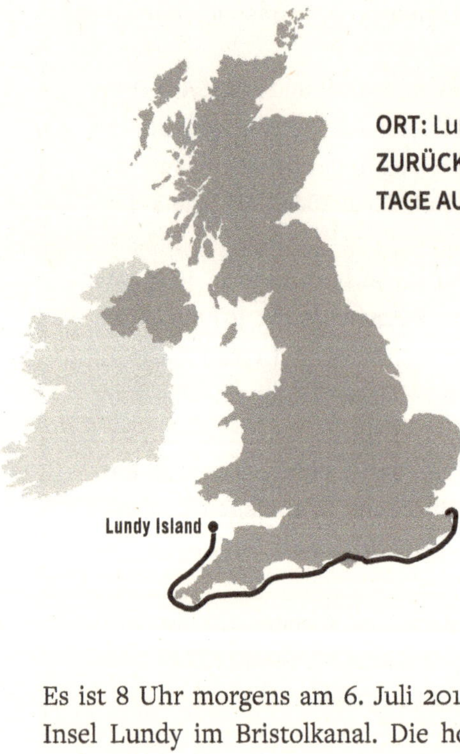

ORT: Lundy Island
ZURÜCKGELEGTE DISTANZ: 764 Kilometer
TAGE AUF SEE: 36

Es ist 8 Uhr morgens am 6. Juli 2018 und wir befinden uns vor der Insel Lundy im Bristolkanal. Die hohen, schroffen Klippen an der Westseite der Insel, die von Wind und Wellen geformt wurden, sind vom klaren Wasser des Atlantiks umgeben, während die geschützten Täler auf der Ostseite reich an Wildblumen sind. Seit über 40 Jahren leistet diese Region Pionierarbeit in Sachen Meeresschutz.

Vom Deck der *Hecate* aus beobachtete ich, wie Seerobben in den hohlen Gezeitentümpeln badeten und sich ganz entspannt mit den reichhaltigen Fischvorkommen die Bäuche vollschlugen, die es an diesem Teil der Küste gibt. Mit einem Buch über Wildtiere in der Hand beobachtete ich Wanderfalken, Zaunkönige und Raben und erfuhr von Matt, dass im Frühjahr noch ganz andere brütende Vögel hinzukommen, die sich hier einen romantischen Urlaub machen wollen. Darunter Lerchen, Wiesenpieper und Bachstelzen.

Mein Lieblingsbesucher auf der Insel war aber ganz klar der Papageitaucher. Die aufgrund ihres bunten Gefieders, der orangefarbenen Füße, des watschelnden Gangs und der nicht gerade anmutigen Landungen auch als »Küstenclowns« bekannten Seevögel kommen zwischen April und Ende Juli, während ihrer Brutzeit, hierher. Die putzigen Kerlchen werden bis zu 30 Zentimeter groß und sind mit 400 Gramm Gewicht und einer bescheidenen Flügelspanne von 55 Zentimetern nicht sonderlich gut zum Fliegen ausgerüstet. Und trotzdem flattern und purzeln sie glücklich um Lundy Island herum. Häufig setzte ich mich zwischen meinen Etappen zu Harriet und Peony an die Seite des Boots und beobachtete sie, wie sie über Land und Wasser hüpften, aß etwas, erholte mich und feuerte jeden kleinen Papageitaucher an, der versuchte, den Himmel zu stürmen.

Leider war mein Besuch hier nur ein kurzer und ich konnte mich nicht mehr allzu lange an Deck entspannen. Denn ich wusste, sobald wir den Schutz von Lundy Island verließen, würde mich eine Strecke von rund 50 Kilometern durch den Bristolkanal erwarten, eine Meerenge zwischen Wales und Somerset, in der es einige der stärksten Strömungen der Welt gibt.

Die Zeit für Clowns und Späße war also vorüber. Ich ließ Harriet und Peony die Papageitaucher allein weiter beim Fliegen anfeuern und besuchte Matt in der Bordküche, wo er in Strömungskarten, Diagramme und Wetterberichte vertieft war.

»Wie schlimm ist es?«, fragte ich.

Zu diesem Zeitpunkt waren wir seit 35 Tagen auf See. Während ich Tag und Nacht 765 Kilometer weit geschwommen war, hatte Matt beobachtet, navigiert und war bei jedem einzelnen Schwimmzug, jedem Beinschlag und jedem Luftholen an meiner Seite gewesen. Dadurch hatten wir eine ganz besondere Verbindung zueinander und sprachen Dinge immer ganz offen aus, ohne sie zu beschönigen. Doch die folgende Antwort hätte selbst ich nicht erwartet: »Du wirst gleich durch einen Friedhof voller Schiffswracks schwimmen. Die starken Strömungen hier werden seit Jahrhunderten von Seeleuten genutzt und haben die Städte Cardiff, Barry und Penarth zu einigen der größten Kohleexporteure der Welt gemacht. Bei so viel Schiffsverkehr passieren aber unweigerlich auch Unfälle. 1948 lagen hier bereits 24 bekannte Schiffswracks auf dem Meeresgrund, darunter ein über 10 000 Tonnen schwerer Tanker, der vor Nash Point gesunken war.«

Durch das kleine Bullauge schaute ich hinaus über den Kanal und spürte, dass ich an diesem Tag durch heilige Gewässer schwimmen und dies unsere bisher traurigste Etappe werden würde.

Wie stand es um die Belastungstoleranz und das Durchhaltevermögen meines Körpers? Um meine Anpassungsenergie? Waren meine Wassergeschwüre und Wunden am Hals verheilt? Hatte mein zu kurz geratener Sumo-Schwimmer-Körper den Wellen, Strömungen und Kräften des Bristolkanals etwas entgegenzusetzen oder würden die Sehnen und Bänder in meinen Schultern sich der See ergeben müssen? Und wenn ja, würden meine gebärfreudige Hüfte und mein Entenhintern mich trotzdem über Wasser halten?

All diese Fragen und Sorgen gingen mir durch den Kopf, während ich dort saß und mich auf die Kilometer vorbereitete, die vor mir lagen. Dabei musste ich an den legendären Captain Webb denken und wie er mithilfe der Strömungen in der Themse und den Piers von Blackwall und Gravesend als Fortschrittsmarkierungen für seine Ärmelkanal-Durchquerung trainierte.

In vielerlei Hinsicht hatte er sich selbst »winterhart« gemacht. Dies ist ein zentrales Konzept der stoischen Sportwissenschaft, das von Epiktet inspiriert wurde, der stets Fürsprecher einer harten und brutalen Vorbereitung in der Kälte war. Einer seiner berühmtesten Sätze lautete: »Wir müssen uns einem harten Training für den Winter unterziehen und uns nicht in Dinge stürzen, auf die wir nicht vorbereitet sind.« Im antiken Griechenland wurden während der Wintermonate meist keine Kriege geführt. Die freie Zeit sollten die Männer daher zum Training nutzen, um sich auf die Schlachten vorzubereiten, die im Frühjahr anstehen würden.

Captain Webbs Kanaldurchquerung – seine persönliche »Schlacht«, um einen direkten Vergleich zu wagen – wurde zwar im Sommer geschlagen (am 25. August 1875), ihr Ausgang jedoch schon lange bevor er vom Admiralty Pier losschwamm entschieden. An dem Tag nämlich, an dem er seinen Job hinschmiss und begann, als Teil seines Trainingsprogramms Kilometer um Kilometer in den Lambeth Baths und den Fluten der Themse zu schrubben.

Das Gleiche galt für den Great British Swim. Nachdem mir die Idee im Januar 2018 bei einem Besuch des Royal Marine Commando Training Centres in Devon in den Kopf gesetzt wurde, hatte ich exakt fünf Monate Zeit, »winterhart« zu werden und den folgenden Plan zu entwickeln. Ich will betonen, dass ich dieses Trainingsprogramm nicht jedem empfehlen würde. Für die meisten Menschen ist es allein aufgrund der vielen Stunden, die dafür aufgebracht werden müssen, absolut unrealistisch. Stattdessen rate ich dir, aus den folgenden Seiten deine Lehren zu ziehen, dich davon inspirieren zu lassen und die Prinzipien daraus auf dein eigenes Training anzuwenden.

MEIN WEG ZUR »WINTERHÄRTE«

Zunächst ein Überblick zur Verteilung meiner Anpassungsenergie:

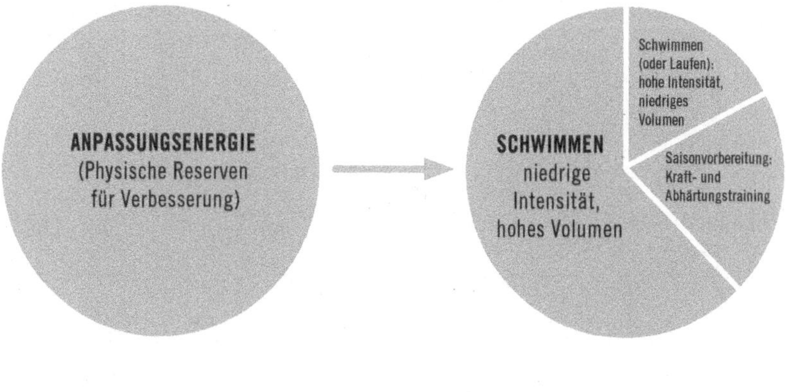

Der Trainingsplan einer Woche sieht wie folgt aus:

	Montag	Dienstag	Mittwoch	Donnerstag	Freitag	Samstag	Sonntag
Morgens	**Schwimmtraining:** 5 km schwimmen niedrige Intensität, aerob, Schwimmtechnik üben	**Schwimmtraining:** 10 km schwimmen niedrige Intensität, aerob, Schwimmtechnik üben	**Schwimmtraining:** 10 km schwimmen niedrige Intensität, aerob, Schwimmtechnik üben	**Schwimmtraining:** 10 km schwimmen niedrige Intensität, aerob, Schwimmtechnik üben	**Schwimmtraining:** 15 km schwimmen niedrige Intensität, aerob, Schwimmtechnik üben	**Schwimmtraining:** 25 km schwimmen niedrige Intensität, aerob, Schwimmtechnik üben	**Schwimmtraining:** 5 km schwimmen niedrige Intensität, aerob, Schwimmtechnik üben
Nachmittags	**Krafttraining:** General Physical Preparedness (GPP-Training)		**Krafttraining:** General Physical Preparedness (GPP-Training)	-	**Krafttraining:** General Physical Preparedness (GPP-Training)		**Krafttraining:** General Physical Preparedness (GPP-Training)
Abends		**Intervalltraining:** hochintensives, anaerobes Training der Lunge		**Intervalltraining:** hochintensives, anaerobes Training der Lunge			

Die theoretische Grundlage für diesen Plan basiert auf den uns bereits bekannten vier Prinzipien:

Die Belastungstoleranz des Körpers

- Jeden Tag wird die Anpassungsenergie zuerst für schwimmspezifisches Training aufgewendet.
- Grundlage dafür ist das SAID-Prinzip (Specific Adaptation to Imposed Demands).
- Studien zeigen, dass Schwimmtechnik, Schlagfrequenz und Effizienz die Schwimmleistung maßgeblich beeinflussen.

Die Spezifität des Körpers

- In jedem Workout gibt es ein deutliches zelluläres Signal, an das sich angepasst werden muss.
- Die Kraft- und Ausdauer-Workouts werden in ausreichendem Abstand zueinander ausgeführt, um das »Interferenzphänomen« zu vermeiden und sicherzustellen, dass sie sich gegenseitig nicht blockieren, sondern ergänzen.

Das Durchhaltevermögen des Körpers

- Krafttraining nach dem GPP-Modell (General Physical Preparedness) dient der schrittweisen Erhöhung der Arbeitskapazität.
- Das gesamte Programm dient dazu, Belastungen ganzheitlich zu habitualisieren, indem Volumen und Intensität des Trainings stetig ansteigen.

Die Individualität des Körpers

- Das Training erfolgt in Abstimmung mit dem individuellen zirkadianen Rhythmus und unter Berücksichtigung der genetischen Widerstandsfähigkeit gegen Verletzungen.
- Das gesamte Programm ist variabel veränderbar, stets basierend auf der Individualität des Körpers.

»ARBEITSKAPAZITÄT WIE EIN WAL«

Es ist 5 Uhr morgens am 7. Juli irgendwo im Bristolkanal. Ich war bereits 21 Stunden lang (Tag und Nacht und wieder Tag) geschwommen, als die Sonne im Osten langsam aufging. Die Besatzung der *Hecate* konnte mich nun leichter im Auge behalten, während Matt stetig Kurs auf die Küste von Pembrokeshire in Wales hielt, und Harriet musste keinen Scheinwerfer mehr vom Bug des Boots aus bedienen, um mir in der Dunkelheit bei der Orientierung zu helfen.

Doch trotz der nun besseren Schwimmbedingungen hatte ich Schwierigkeiten – und was für welche! Jedes Band und jede Sehne in meinem Schultergelenk schmerzte und bettelte mich förmlich an aufzuhören. Auch die Crew merkte das, denn ich schwamm nur noch 3,5 Knoten (2,5 Kilometer pro Stunde), meine Schlagzahl war drastisch gesunken und meine Technik so hölzern und schwerfällig geworden, dass sie beinahe den Gesetzen der Hydrodynamik trotzte. Selbst die Länge meiner Schwimmzüge war merklich geschrumpft, weil das simple Strecken der Arme für mich zusehends zum Problem wurde.

Nicht nur meinem Team war das an diesem Morgen aufgefallen, sondern auch einem besorgten »Rettungsschwimmer«, der im Wasser patrouillierte. Es handelte sich dabei jedoch um keinen herkömmlichen Vertreter der Küstenwache. Dieser war über fünf Meter lang, wog sicher mehr als fünf Tonnen und besaß eine wunderschöne schwarz und grau marmorierte Haut mit einer weißen Unterseite.

Ja, der diensthabende Rettungsschwimmer war ein riesiger weiblicher Minkwal. Obwohl sie mich wahrscheinlich schon die ganze Nacht hindurch verfolgt hatte, zeigte sie sich erst um 6 Uhr morgens, als sie wenige Meter von mir entfernt auftauchte. Langsam stieg sie aus dem Wasser auf, blies Luft voller verbrauchten Kohlendioxids aus ihrem Atemloch und inhalierte anschließend frischen Sauerstoff in ihre riesige Lunge, bevor sie wieder unter die Wasseroberfläche abtauchte.

»Soll ich rauskommen oder weiterschwimmen?«, fragte ich Matt.

Nicht weil ich Angst hatte oder mich bedroht fühlte. Ich wusste, dass ich nicht auf ihrem Speiseplan stand, weil Minkwale statt Zähnen sogenannte Barten (feine, kammartige Filter) besitzen und nur kleine Fische wie Dorsch und Hering fressen. Vielmehr wollte ich vermeiden, das Leben der Tiere in der freien Natur zu stören, schließlich war dies ihr Reich und ich nur Gast – und das respektierte ich.

»Schwimm weiter und halte deinen Kurs«, rief Matt vom Boot herunter.

Erschöpft und gerädert schwamm ich nun voller tiefem Respekt neben meinem neuen, fünf Tonnen schweren Trainingspartner (während Matt nebenher segelte), und so arbeiteten wir uns weiter vor in Richtung Küste von Pembrokeshire. Mit jedem weiteren Kilometer (und jeder Stunde) kam der Wal mir – diesem seltsamen, neuen Meeressäuger – näher und wurde zutraulicher und mutiger. Vermutlich fragte sie sich, was ich hier trieb und wohin ich wollte. Einmal schwamm sie sogar für ein paar Kilometer gute drei Meter unter mir und stieß mir Blasen ins Gesicht.

»Was tut sie da?«, fragte ich Matt, als ich eine kurze Pause machte, um meine Akkus mit Keksen und Energydrinks aufzuladen.

»Hm, ich glaube, sie ist Mama«, erklärte er mir, während ich ihn fragend ansah. »Sie will dich ganz eindeutig beschützen. Vielleicht hält sie dich für eine verletzte Robbe oder so was, denn es scheint, als wolle sie dich in sichere, seichtere Gewässer führen.«

Als Matt mir das erzählte, fand in meinem Kopf eine Art Neustart statt. Trotz Schmerzen und Schlafmangel wollte ich meine neue Wal-Mama nicht enttäuschen und es unbedingt in ihrem Beisein durch den Bristolkanal schaffen, um ihr zu zeigen, dass ihr adoptierter »Robbensohn« für ihre Hilfe dankbar war.

Dabei beobachtete ich sie, wie sie mühelos durchs Wasser glitt, stoisch und unbeschwert, ohne eine Spur von Erschöpfung in ihrem Gesicht. Nördliche Minkwale können Geschwindigkeiten von 38 Kilometern pro Stunde erreichen. Im Frühjahr ziehen sie bis zum Rand des Polarkreises hinauf und im Herbst, auf der Suche nach wärmeren Gewässern, bis hinunter zum Äquator.

Übrigens: Die meisten Wale schlafen nicht, zumindest nicht im eigentlichen Wortsinn. Um Luft holen zu können, muss ihr Gehirn ständig bei Bewusstsein bleiben, damit sich ihr Atemloch stets an der

Wasseroberfläche befindet. Deshalb schläft bei Walen immer nur eine von beiden Gehirnhälften. Dieser Ruhezustand ist wie ein leichtes Nickerchen, während dem sie gleichzeitig schwimmen können.

Wale verkörpern das Konzept der »Winterhärte« und der Arbeitskapazität also geradezu, mehr als jede andere Spezies, weshalb ich an diesem Tag im Bristolkanal so gut wie möglich versuchte, meine neue Minkwal-Mama nachzuahmen. Klar, Delfine sind schnell und im Wasser anmutig anzusehen. Viele meiner Freunde und Trainingspartner – ausgezeichnete, erfolgreiche Olympiaschwimmer – ahmen deshalb deren Schwimmstil nach. Aber ich war kein Delfin (und wollte auch keiner sein). Lieber war ich ein kleiner, stämmiger Minkwal mit einer »walartigen Arbeitskapazität«, die mich um die Küste Großbritanniens bringen würde.

Seit wir Lundy verlassen hatten, war ich insgesamt 38 Stunden lang geschwommen, um die Küste von Pembrokeshire zu erreichen. Belastungstoleranz, Durchhaltevermögen und Sehnen meines Körpers hatten den Bristolkanal bezwungen und ich besaß nun auch eine Art »walartige Arbeitskapazität«. Die Papageitaucher waren Vergangenheit, vor uns lag eine kilometerlange prachtvolle und abwechslungsreiche Küstenlinie.

Als sie spürte, dass ihre Arbeit getan war, brach meine Minkwal-Mama nur wenige Meter neben mir durch die Wasseroberfläche. Experten wissen noch immer nicht genau, warum Wale das tun, vermuten aber, dass es sich dabei um eine Form der Kommunikation handelt. Was genau sie damit kommunizierte, werden wir nie erfahren. Aber wenn du mich fragst, wollte sie mir sagen: »Mach's gut, mein seltsamer, kleiner Sohn. Du verfügst nun – wie ich – über eine winterharte, walartige Arbeitskapazität und bist bereit für die Irische See.«

Nicht nur ich war im Bristolkanal »winterhart« geworden. Diese Etappe war eine große Hürde und echte Bewährungsprobe für uns als Team. Und wir haben sie nicht nur bestanden, sondern regelrecht gemeistert. Matt hatte sich mit seinen mehr als 40 Jahren Erfahrung als Seefahrer gegen eine der stärksten Strömungen der Welt gestellt und gewonnen. Harriet hatte furchtlos das Spant (unser dickwandiges, aufblasbares Boot) durch die Nächte manövriert und dabei mit dem

Scheinwerfer nach anderen Booten und Hummerfallen Ausschau gehalten. Und dann war da noch Suzanne. Nicht alle Helden tragen Umhang, einige tragen Kochschürze. Wir berechneten meinen Kalorienbedarf und sie kochte, mixte und buk die über 30 000 Kalorien, die ich allein für diese Etappe benötigt hatte, und verwendete dafür irgendwann Schüsseln statt Schälchen und Schöpfkellen statt Löffel.

Wir, als Team, waren winterhart geworden.

Ich, als Einzelperson, hatte eine walartige Arbeitskapazität entwickelt.

Lektion 6

- Ein zentraler Grundsatz der stoischen Sportwissenschaft ist es, **winterhart zu werden.**
- Der Philosoph Epiktet sagte einst: »Wir müssen uns einem harten Training für den Winter unterziehen und sollten uns nicht in Dinge stürzen, auf die wir nicht vorbereitet sind«, denn im antiken Griechenland wurden während der Wintermonate meist keine Kriege geführt. Die freie Zeit sollten die Männer daher zum Training nutzen, um sich auf kommende Schlachten vorzubereiten.
- Entwickle deine eigene Form von **walartiger Arbeitskapazität,** je nach Belastungstoleranz, Durchhaltevermögen, Spezifität und Individualität deines Körpers. Delfine mögen schnell und anmutig sein, doch Wale vereinen Kraft, Ausdauer und eine gigantische Arbeitskapazität.

LEKTION 7 | SCHNELL KANN FRAGIL UND LANGSAM KANN STABIL BEDEUTEN

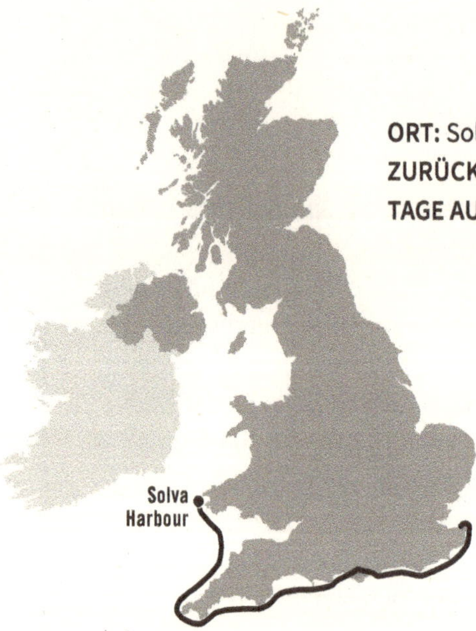

ORT: Solva Harbour
ZURÜCKGELEGTE DISTANZ: 829 Kilometer
TAGE AUF SEE: 44

Es ist 5 Uhr morgens am 14. Juli 2018 in der walisischen St Brides Bay. Als ein Sturm aufzog und über der Irischen See wütete, suchten wir Schutz im kleinen Hafen von Solva, der für seine pittoresken Cafés, Handwerkslädchen und Galerien bekannt ist. Ich hatte von alldem natürlich nichts, weil ich gelobt hatte, kein Land zu betreten, bevor ich wieder am Strand von Margate angekommen war. Doch als die Bewohner von Pembrokeshire von meinem Rekordversuch gehört hatten, beschlossen sie, dass, wenn ich Solva nicht besuchen konnte,

Solva einfach mich besuchen würde. Um 6 Uhr stand bereits eine ganze Schlange von Leuten vor der *Hecate*, ausgerüstet mit jeder Sorte walisischen Kartoffelkuchens, die je erfunden wurde.

Ich liebe alle Arten von Kuchen, aber nachdem ich in Wales mit völlig leeren Kohlenhydratreserven und einer vom Wasser des Bristolkanals extrem gereizten Zunge angekommen war, kann ich ehrlichen Herzens sagen, dass die Potato Cakes aus Solva zu den besten gehörten, die ich je gegessen habe. Bei der typisch walisischen Schlemmermahlzeit werden Kartoffelscheiben übereinandergeschichtet und goldbraun gebacken. Die Küchlein schmeckten wie eine herzhafte Umarmung und rochen nach purem Glück.

Jeder Besucher brachte eine neue Potato-Cake-Variante mit aufs Boot, weil alle dieses Nationalgericht nach ihrem einzigartigen Familienrezept zubereiteten, das von Generation zu Generation weitergegeben wurde. Ich saß derweil zufrieden an Deck, voller grenzenloser Dankbarkeit für die Gesellschaft und die leckeren Kalorien.

Nachdem eine Stunde vergangen war, hatte ich wahrscheinlich (aus Versehen) einen neuen Rekord aufgestellt: für die meisten in einem einzigen Frühstück verzehrten Potato Cakes. Wie viele es am Ende waren, kann ich ehrlicherweise gar nicht mehr sagen, weil ich den Überblick völlig verloren hatte. Es müssen aber wohl an die 30 gewesen sein. Irgendwann zwischen dem Küchlein mit karamellisierten Zwiebeln und der Schoko-Rosinen-Variante ertönte durch das Funkgerät des Boots eine Ansage der Küstenwache, die uns signalisierte, dass unser Frühstück nun vorüber war.

Ich hatte Matt noch nie so flink umherflitzen sehen. Er sprang aus seiner Kajüte und rannte mit Karten, Gezeitendiagrammen und Wetterberichten unter dem Arm in die Bordküche. Ich spürte, dass gleich etwas Wichtiges passieren würde, und verputzte deshalb schnell die übrigen Küchlein, bevor ich mich bei allen Besuchern für ein Frühstück bedankte, das ich niemals vergessen werde.

Als ich anschließend die Tür zur Bordküche öffnete, saß Matt dort mit dem ernstesten Gesichtsausdruck, den ich bei ihm je gesehen hatte. Verschiedene Karten und Diagramme waren auf dem Tisch ausgebreitet und er überprüfte seine Berechnungen doppelt und dreifach, während er mit einem Kuli Markierungen auf dem Bereich der Karte skizzierte, durch den uns die nächste Etappe führen würde: die Irische See.

Die liegt zwischen Wales und Irland und gilt als eines der rauesten Gewässer der Welt. Oft trügerisch ruhig, doch turbulent und gefährlich kostete sie schon vielen Seeleuten das Leben, deren Schiffe nun auf dem Meeresgrund verrotten. Matt und ich wussten, dass wir heikle 322 Kilometer an Irland vorbei bis hinauf nach Schottland vor uns hatten, sobald wir den Hafen von Solva und die Sicherheit der walisischen Küste verlassen haben würden. Deshalb versuchte Matt nun fieberhaft herauszufinden, wann der beste Zeitpunkt für mich war, ins Wasser zu steigen und diese Mammutaufgabe zu beginnen. Er verglich Daten zu Wetter, Wellen, Strömungen und Dünungen miteinander, weil das Zusammenspiel all dieser Faktoren bestimmte, wie rau das Wasser in meinem »Swimmingpool« an diesem Tag sein würde.

Vom Wind erzeugte Wellen – die sogenannte Windsee – entstehen durch ein Ungleichgewicht zwischen Druck und Reibung. Im Grunde wird dabei Energie aus der Luft ins Wasser umgeleitet. Wie schnell diese Wellen sind, hängt (aktuellen Theorien zufolge) vom Zusammenspiel aus Wellenlänge (der Distanz zwischen zwei aufeinanderfolgenden Wellenbergen oder -tälern) und Wassertiefe ab. Aber obwohl sich all diese Dinge recht sicher berechnen lassen, bleiben Wellen doch ziemlich unberechenbar.

Dünungen hingegen ähneln den kleinen Rippeln, die entstehen, wenn man einen Stein ins Wasser wirft. Es handelt sich dabei um Gruppen von Wellen, die von Hunderten Kilometer weit entfernten Stürmen auf hoher See erzeugt werden und nicht von lokalen Winden an der Küste. Sie entstehen durch eine Kombination mehrerer Faktoren und bieten beste Voraussetzungen für Surfer auf der Suche nach einer großen Welle. Seeleute (und Schwimmer) mögen sie dagegen gar nicht, denn große Dünungen können selbst riesige Schiffe zum Kentern bringen.

Die finale Zutat dieses explosiven Ozean-Cocktails war die sogenannte Kreuzsee, bei der Wind und Gezeitenströme in verschiedene Richtungen verlaufen, wodurch sich Wellen überlagern. Die dabei entstehenden Wellen können extreme Höhen erreichen und sind bei Seefahrern gefürchtet, weil sie unregelmäßig verlaufen und das Manövrieren extrem erschweren. Matt, die Crew und ich blickten daher mit Bange auf die vor uns liegenden Etappen in der Irischen See.

An diesem Tag erhielten wir über das Funkgerät jedoch ein unerwartetes Geschenk in Form einer 5-Tages-Wettervorschau, die leichte Winde, ruhige See und unglaublich freundliche Bedingungen erwarten ließ. Matt konnte kaum glauben, was er da hörte.

»Das passiert eigentlich nie. Keine Ahnung, wie oder warum, aber das könnten die besten Wetterbedingungen werden, die wir in britischen Gewässern in den letzten 40 Jahren hatten.«

Er klappte seine Bücher zu, faltete die Karten zusammen und blickte mir starr in die Augen.

»Mach dich fertig, du musst losschwimmen. Jetzt sofort.« Beklommenheit und Nervosität waren nun Adrenalin und schierer Dankbarkeit für die Güte von Mutter Natur und/oder Poseidon höchstselbst gewichen. Wir durften hoffen, uns fix in schottische Gewässer stehlen zu können, bevor der Ozean seine Laune wieder änderte.

Während ich meine Schwimmbrille aufsetzte, war mir bewusst, dass Matt alles in seiner Macht Stehende getan hatte (und weiterhin tat), damit ich unter bestmöglichen Bedingungen schwimmen konnte, während Suzanne, Harriet, Peony und Taz mit mir weiterhin Tag und Nacht durch dick und dünn gingen. Und die einzige Aufgabe, die ich in diesem Team hatte, war klar: Ich musste dafür sorgen, dass mein Geist nicht aufgab und mein Körper nicht zerbrach.

Wir verließen Wales an diesem Morgen und ich schwamm so schnell, wie meine Arme, Beine und Lunge es mir erlaubten, ohne auch nur einmal zurückzublicken. Noch einmal ging mir durch den Kopf, dass ich es bis hierher eigentlich gar nicht hätte schaffen dürfen. Nach gängiger Meinung der Sportwissenschaft hätte ich mit dem Krafttraining aufhören, Muskelmasse abbauen und einen Körper formen sollen, der eher dem eines Schwimmers ähnelt, und erst dann, irgendwann in ein paar Jahren, versuchen, um Großbritannien zu schwimmen.

Und dennoch bewies ich der konventionellen Sportwissenschaft das Gegenteil. Angetrieben von walisischen Potato Cakes, inspiriert von meiner Minkwal-Mama und ausgestattet mit walähnlicher Arbeitskapazität würde mein Körper nicht zerbrechen und mein Geist nicht aufgeben, weil ich wusste: Schnell kann auch fragil und langsam stabil bedeuten.

SCHNELL UND FRAGIL VERSUS LANGSAM UND STABIL

An dieser Stelle möchte ich (noch einmal) erwähnen, dass die Ergebnisse, zu denen die Wissenschaftler im Labor gekommen waren, für einen konventionellen sportlichen Wettkampf absolut zutreffend gewesen wären.

Doch weder bin ich ein guter Ausdauersportler im traditionellen Wortsinn noch würde ich mich, nach olympischen Maßstäben, als Spitzenschwimmer bezeichnen. Auf hoher See gegen drei Meter hohe Wellen anzuschwimmen, ist alles andere als »traditionell« oder »konventionell«, weshalb ich Schnelligkeit und Anmut gegen Kraft und Widerstandsfähigkeit eingetauscht hatte.

Um zu verstehen, wieso, musst du erst einmal verstehen, warum mir damals im Sportlabor (basierend auf fehlerfreien Analysen) gesagt wurde, dass mein Körper nicht für Ausdauersport gemacht sei. Ich möchte daher zunächst ein wenig von den Themen Ausdauer, Gewicht und Laufen erzählen.

Der Sportwissenschaftsstudent in mir weiß, dass ich in meinem jetzigen Zustand niemals ein schneller Spitzenlangstreckenläufer sein könnte. Denn ein Lauf besteht (in Wirklichkeit) nur aus einer Serie kleiner, aufeinanderfolgender Sprünge, bei denen man – wie Untersuchungen gezeigt haben – jeweils das Zwei- bis Dreifache des eigenen Körpergewichts mit einem Bein bewältigt, sobald es Kontakt mit dem Boden hat.

Hierbei spielt der sogenannte maximale Abdruckwert eine Rolle, der sich abhängig von der Laufgeschwindigkeit verändert: Bei einem relativ langsamen Tempo von 150 Metern pro Minute wirkt beispielsweise nur die Kraft von etwas mehr als dem Doppelten des Körpergewichts eines Läufers auf dessen Beine. Bei einem höheren Tempo von 300 Metern pro Minute erhöht sich diese Kraft dagegen auf mehr als das Dreifache des Körpergewichts.

Doch das ist im Moment nicht wichtig. Wissen musst du nur, dass beim Laufen das Verhältnis von Kraft zu Gewicht einen ganz massiven Einfluss auf die Leistung hat. Denn Gewicht und Kraft sind von großer Bedeutung für Flexion und Extension – Beugen und Strecken – des Kniegelenks, das den zum Laufen nötigen Abdruck der Beine erzeugt und verhindert, dass der Läufer nach der Landung von seinem Schwerpunkt wegkippt.

Doch es kommt noch »dicker« für mich (und andere schwerere Läufer): Untersuchungen des *European Journal of Applied Physiology and Occupational Physiology* haben gezeigt, dass Herz, Lunge und das gesamte Herz- und Atemsystem härter arbeiten müssen, je mehr ein Läufer wiegt. Die Wissenschaftler untersuchten, welchen Einfluss ein Zusatzgewicht von 10, 20 und 30 Kilogramm auf den Körper hat, und maßen dazu Sauerstoffaufnahme, Herzfrequenz und Lungenventilation. Dabei fanden sie heraus, dass »jedes zusätzliche Kilogramm Gewicht die Sauerstoffaufnahme um 33,5 Milliliter pro Minute, die Herzfrequenz um 1,1 Schläge pro Minute und die Lungenventilation um 0,6 Liter pro Meter erhöht«.[1]

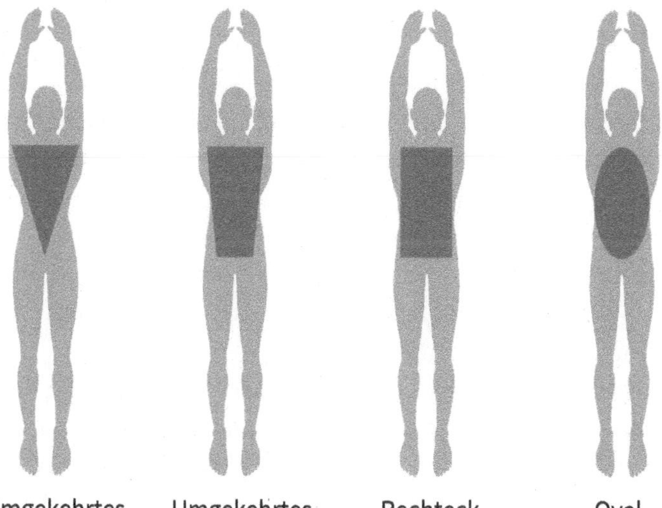

Umgekehrtes Dreieck | Umgekehrtes Trapez | Rechteck | Oval

Parameter	Umgekehrtes Dreieck	Umgekehrtes Trapez	Rechteck	Oval
Größe (cm)	182	182	182	182
Gewicht (kg)	64	68	72	79
Brustkorb (cm)	102	104	106	108
Taille (cm)	70	73	77	85
Hüfte (cm)	85	87	89	96
Projektionsfläche (m^2)	0,109	0,113	0,122	0,131
Oberfläche (m^2)	1,894	1,929	1,999	2,053

Nur ein einziges Kilogramm mehr! Das erklärt auch, warum die Beine und Lunge meines stämmigen, 1,83 Meter großen und 98 Kilogramm schweren Körpers schon viel eher um Gnade winseln als die meiner 1,70 Meter großen, 63 Kilogramm schweren Freunde, wenn wir gemeinsam auf Trailruns in den Bergen unterwegs sind.

Nun spielen die Gesetze der Schwerkraft beim Schwimmen natürlich eine weit weniger große Rolle. Aber mit so kurzen und dicken Armen und Beinen, wie ich sie besitze, sind auch die Gesetze der Hydrodynamik (die bestimmen, wie stromlinienförmig ich durchs Wasser gleite) nicht unbedingt auf meiner Seite.

In Untersuchungen des Department of Applied Mechanics and Engineering der Sun Yat-Sen University in China wurde der Einfluss der Figur auf Hydrodynamik und Leistung analysiert.[2] Die Forscher gingen zu Beginn davon aus, dass »die Schwimmleistung von einer Reihe von Faktoren wie Antriebskraft, Widerstandskräfte und Kraftentwicklung abhängt«.[3] Auch Schwimmtechnik, Schlagzahl und Effizienz spielen natürlich eine wichtige Rolle.[4]

Am Ende resümierten sie jedoch: »Die Analyse ergab, dass die Figur eines Schwimmers einen beträchtlichen Einfluss auf seine hydrodynamische Leistung hat. Dies erklärt, warum männliche Schwimmer mit der Körperform eines umgekehrten Dreiecks über hervorragende hydrodynamische Eigenschaften fürs Schwimmen auf

Leistungssportniveau besitzen.« Jemand, der groß ist und breite Schultern, lange Arme, eine schmale Taille und einen langen Torso besitzt, profitiert von

- einem kraftvollen Antrieb im Wasser,
- einer günstigen Verteilung seiner Muskelmasse,
- weniger Strömungswiderstand und vorteilhaften hydrodynamische Eigenschaften.

Der letzte Punkt ist ganz besonders wichtig, denn Forschungsergebnisse aus dem *Journal of Applied Biomechanics* zeigten, dass »die Kräfte des Strömungswiderstands beim Freiwasserschwimmen die Leistung von Spitzenschwimmern massiv beeinflussen. Ein Verständnis der Faktoren, die diesen Strömungswiderstand bestimmen, können die Leistung dementsprechend messbar verändern.«[5]

Das nachfolgende Diagramm zeigt den Zusammenhang zwischen Strömungswiderstandskoeffizient (Widerstand im Wasser) und Tempo (Geschwindigkeit) für die verschiedenen Körpertypen von Schwimmern. Es lässt sich deutlich erkennen, dass der Strömungswiderstandskoeffizient bei Schwimmern mit einer ovalen Körperform am größten und bei Schwimmern mit einer umgekehrten Dreiecksform am geringsten ist.

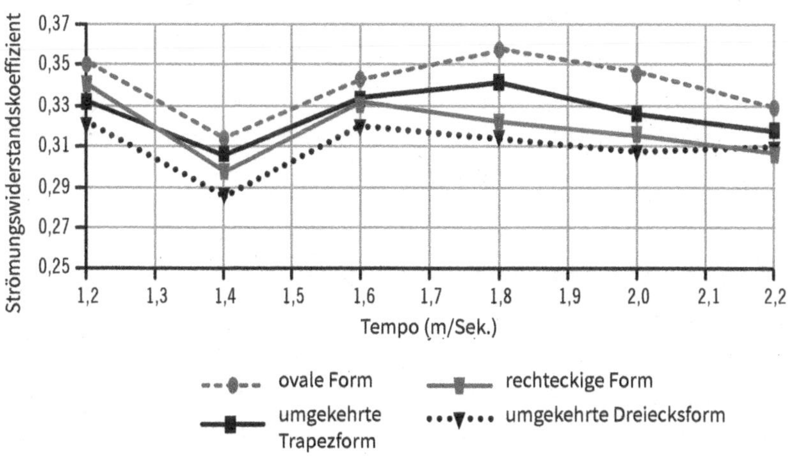

Mein Gegenargument ist nun, dass die vorgenannten Eigenschaften dich zwar schnell, aber auch fragil machen. Nicht umsonst fanden Wissenschaftler heraus: »Wettkampfschwimmer sind prädisponiert für Muskel-Skelett-Verletzungen der oberen Extremität, Knie und Wirbelsäule.«[6] Und trotzdem hatte ich mich mit meinem 1,73 Meter großen, durch walisische Potato Cakes und Cornish Pasties über 100 Kilogramm schweren Körper in 157 Tagen und 2865 Kilometern kein einziges Mal verletzt.

Wie das? Ich war nicht schnell und fragil, sondern stabil und langsam.

Natürlich hatte ich verstanden, dass die Körperform die Hydrodynamik beeinflusst und dass Technik und Effizienz eine wichtige Rolle für die Schwimmleistung spielen. Ich konnte mir aber auch auf keinen Fall leisten, mich zu verletzen, weshalb Widerstandsfähigkeit und Durchhaltevermögen mindestens genauso wichtig für mich waren und ich mein Krafttraining nicht vernachlässigen durfte, das genau dafür gut ist (wie wir in einem früheren Kapitel bereits herausgefunden haben). Hier noch mal die Aussage der NSCA dazu: »Die Rolle eines Kraft- und Konditionstrainers kann über das Verordnen von Übungen und Überwachen der korrekten Ausführung hinausgehen, etwa im Rahmen von Strategien zur Vermeidung von Sportverletzungen, durch das Formen robuster und widerstandsfähiger Athleten.«[7] Mit anderen Worten: Schnelligkeit ist ein Vorteil, physische Widerstandsfähigkeit eine Notwendigkeit.

Ich schwamm zuversichtlich den 322 Kilometer langen Weg die Irische See hinauf, weil ich – gestützt von Tausenden sportwissenschaftlichen Studien – durch all das Krafttraining daheim an Land »winterhart« geworden war.

»WINTERHARTES« KRAFTTRAINING

Eine Studie im *British Journal of Sports Medicine* kam ausdrücklich zum Ergebnis, dass »Krafttraining Sportverletzungen reduziert«.[8] Die Studie sollte klären, mit welcher Art von Trainingsprogramm –

Krafttraining, Dehnung oder Propriozeptionstraining (Balance) – sich die Häufigkeit von Sportverletzungen am effektivsten reduzieren lässt.

Nachdem dafür 26 610 Teilnehmer mit 3464 Verletzungen untersucht wurden, kam die Studie zum Ergebnis, dass sich »durch Krafttraining Sportverletzungen auf weniger als ein Drittel und Ermüdungsverletzungen fast um die Hälfte reduzieren ließen«. Krafttraining schnitt also besser als Dehnen und Propriozeptionstraining ab.

Mit dieser Erkenntnis stehen die Macher der Studie übrigens nicht allein da. Forscher auf der ganzen Welt kamen zu dem Schluss, dass »eine Erhöhung von Volumen und Intensität beim Krafttraining mit einem geringeren Risiko von Sportverletzungen«[9] in unterschiedlichen Disziplinen[10] und bei jungen[11] und alten[12] Sportlern gleichermaßen einherging.

Wann aber ist der beste Zeitpunkt dafür? Die Vergangenheit hat gezeigt, dass schweres Krafttraining und harte Laufeinheiten am besten in der Saisonvorbereitung absolviert werden. Das Konzept, die Trainingsstruktur auf diese Art zu organisieren, existiert seit Hunderten von Jahren und ist heutzutage unter dem Begriff »Periodisierung« bekannt. Die gibt es inzwischen in einer Vielzahl unterschiedlicher, teils recht komplexer Varianten, die Grundidee dahinter ist aber recht simpel: Schon seit den antiken olympischen Spielen folgten Athleten einer einfachen, aber logischen Trainingsmethode.

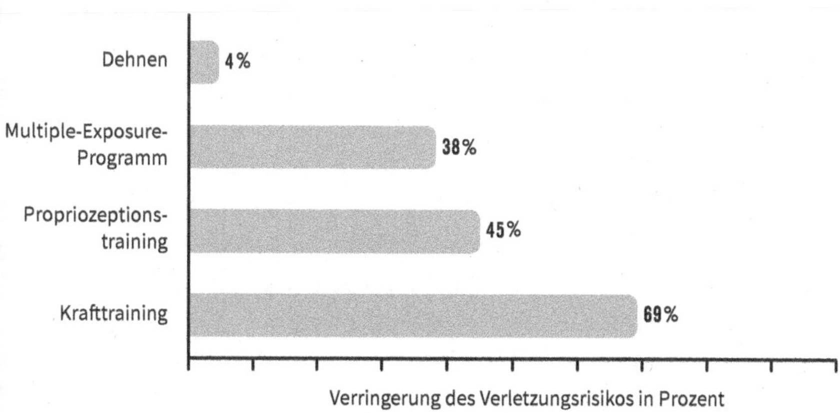

Bis zu zehn Monate vor den Spielen begannen sie, sich vorzubereiten, sich miteinander zu messen, sich zu entspannen und sich zu erholen – und das immer und immer wieder.[13] Dies war Periodisierung in ihrer elementarsten Form, denn die Athleten teilten ihr Training in verschiedene Phasen ein, die heute als Vorbereitungs-, Wettkampf- und Übergangsperioden bezeichnet werden. Beschrieben hat all das der griechische Philosoph Flavius Philostratus (170–245 vor Christus). Seine Bücher *Über die Gymnastik* waren für damalige Zeiten bahnbrechend und ebneten den Weg für Kraft- und Konditionstraining, wie wir es heute kennen. Leider wurden viele seiner Schriften im Laufe der Zeit zerstört.

Viele Jahrhunderte später verwendete der russische Professor Leonid Matwejew erstmals den Begriff »Periodisierung« zur Planung der Trainingsphasen eines Sportlers. Er untersuchte Teilnehmer der Olympischen Spiele von 1952 und 1956, um herauszufinden, warum einige persönliche Bestleistungen erzielten, während andere nicht ihr volles Potenzial entfalten konnten. Anschließend entwickelte er Strategien zum Erreichen der Bestform zu einer ganz bestimmten Zeit. Seitdem fand das Konzept der Periodisierung, das Flavius Philostratus erstmals entwickelt hatte, auch bei den Olympischen Spielen unseres Zeitalters Anwendung.

Und laut Geschichte und Wissenschaft funktioniert das.[14] In einer Studie im *British Journal of Sports Medicine* wird dargelegt, dass »die regelmäßige Teilnahme an einem vielseitigen Widerstandstrainingsprogramm, das während der Saisonvorbereitung beginnt und Anweisungen zur Biomechanik von Bewegungen beinhaltet, das Risiko von Sportverletzungen bei Athleten reduzieren kann«.[15] Auch die Macher dieser Studie sind nicht allein mit ihren Erkenntnissen. Ähnliche Ergebnisse gab es in allen möglichen Sportarten, ob Rugby,[16] Kurzstreckenlauf,[17] Football[18] oder Baseball.[19] Immer mehr Trainer erkennen die Vorteile von Widerstandsfähigkeit und dass ein »Maximieren der Teilnahme an Saisonvorbereitungstraining die Sportler vor Verletzungen während der Saison bewahren kann«.[20]

~

Und wie war das bei mir und dem Great British Swim? Hatte das Konzept des Saisonvorbereitungstrainings meinem Körper geholfen, an 50 Tagen und 1078 Kilometern auf See nicht zu zerbrechen? Es sah ganz danach aus. Um 1:40 Uhr am 17. Juli machte ich eine kurze Pause, um auf dem Boot eine Banane zu futtern, und traf dort auf Matt, Suzanne, Harriet und Taz, die bei Vollmond und sternklarem Himmel jubelten.

»Was gibt's zu feiern?«, wollte ich wissen.

»Du bist in nur vier Tagen 160 Kilometer quer durch die Irische See geschwommen«, rief Matt und warf mir zielgenau eine Banane zu.

»Der riesige Felsen dahinten am Horizont ist außerdem die Isle of Man, das bedeutet: Wir haben es fast geschafft.« In seiner Stimme schwang sowohl Erleichterung als auch Freude mit.

Da schmeckte die Banane gleich doppelt so gut. Wenn ich auf die letzten 160 Kilometer zurückblickte, wurde mir klar, dass ich dies nur schaffen konnte, weil wir uns als Team an folgende Gesetze gehalten hatten:

- **Die Gesetze des Ozeans:** Ich schwamm stets mit starken Gezeitenströmen und gegen wenig Wind und Wellen.
- **Die Gesetze der Biologie:** Ich schwamm stets im Rahmen meiner Belastungstoleranz und organisierte meine Aktivitäten so, dass ich die Belastung und Reize zwölf Stunden täglichen Schwimmens verkraften konnte.
- **Die Gesetze der (Kraft-)Sportwissenschaft:** Beim Schwimmen profitierte ich von Monaten (und Jahren) des Kraft- und Konditionstrainings, die einen »widerstandsfähigen und robusten Athleten« aus mir gemacht hatten.

Zusammenfassend kann man sagen, dass ich mit meinem U-Boot-Schädel, meiner gebärfreudigen Hüfte und meiner Mankini-Weste niemals schnell und fragil hätte sein können. So wurde ich eben langsam und stark und schwamm mit einem Körper, der sich weigerte kaputtzugehen, weiter in Richtung Schottland.

Lektion 7

- Entwickle dich zu einem robusten, widerstandsfähigen Menschen, um Verletzungen zu vermeiden. Schnelligkeit mag ein Vorteil sein, doch **physische Widerstandsfähigkeit ist eine Notwendigkeit.**
- Halte dich im Training an die Prinzipien einer Studie, die ergab, dass »Krafttraining Sportverletzungen auf ein Drittel und Ermüdungsverletzungen um fast die Hälfte reduziert«.
- Merke: **Schnell kann fragil und langsam kann stabil bedeuten.**
- Das Konzept der Periodisierung und monate-, manchmal jahrelanger Vorbereitung auf ein Ereignis – in einem aus Training, Wettkampf, Entspannung und Erholung bestehenden Zyklus – erlaubt Sportlern, Bestleistungen zu erbringen, wenn es drauf ankommt. Egal ob bei den Olympischen Spielen der Antike oder der Neuzeit – Athleten, die Strategien entwickeln, um zur rechten Zeit auf den Punkt Höchstleistungen abrufen zu können, haben die größten Erfolgschancen.

LEKTION 8 | KRAFT VERBESSERT AUSDAUER UND AUSDAUER VERBESSERT KRAFT

ORT: Isle of Man
ZURÜCKGELEGTE DISTANZ: 1150 Kilometer
TAGE AUF SEE: 50

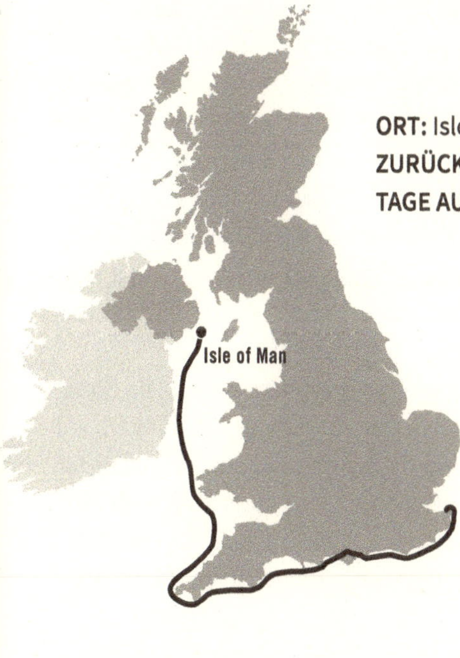

Es ist 2 Uhr am 20. Juli 2018, als wir die Isle of Man in der Irischen See erreichen.

Die Insel besitzt ein reiches Erbe aus der Zeit der Kelten und Wikinger. Sie ist berühmt für ihre raue Küstenlinie, mittelalterlichen Schlösser und ländliche Natur und besitzt eine mystische, fast schon zeitlose Schönheit. Man wäre fast nicht überrascht, wenn plötzlich König Arthur mit seinen Rittern der Tafelrunde am Kiesstrand sitzen und ein Eis lecken würde, so großartig wurde die Geschichte der Insel erhalten.

Während meiner gestrigen Etappe hatte ich mich mit Fischern aus der Region unterhalten, an deren Booten ich gestoppt hatte, um eine kurze Bananenpause zu machen. Stolz erzählten sie mir Geschichten aus ihrer Heimat. Alles auf dieser Insel schien in Seemannsgarn verpackt zu sein und meine Lieblingsgeschichte handelte vom Berg Snaefell. Einer Legende zufolge kann man vom 620 Meter hohen Gipfel aus sieben Königreiche sehen: die Isle of Man, Schottland, England, Irland, Wales, den Himmel und Neptun (das Meer). Im weiteren Verlauf der Etappe fühlte ich mich richtig privilegiert, denn jedes Mal, wenn ich den Kopf eindrehte, um Luft zu holen, sah ich drei dieser Königreiche.

Doch ich genoss nicht nur die wunderschöne Aussicht. Weißt du, was das Beste an der Küstenlinie um Nordirland ist? Das Wasser schmeckt frisch, satt und natürlich. Das mag komisch klingen, aber wenn ich den halben Tag lang auf den Grund des Meeres starrte (die Hälfte der Zeit in völliger Dunkelheit), existierte ich in einer seltsamen Welt ohne Sinne. Meine Sicht war getrübt, ich konnte nur sehr wenig hören, meine Hände waren taub von der Kälte und riechen konnte ich praktisch gar nichts. Ich nahm meine Umgebung daher ganz anders wahr als der Rest meines Teams, vor allem nämlich über meine Geschmacksknospen.

Es war 5 Uhr und ich schwamm bereits seit Mitternacht. Die Sonne war inzwischen aufgegangen und erhellte das zuvor tiefdunkelblaue Meer, das nun in einem lebhaft türkisen Farbton schimmerte. Das sah nicht nur fantastisch aus, sondern vereinfachte auch das Ausschauhalten nach Hindernissen, denen ich ausweichen musste. Die waren an diesem Morgen allerdings meine geringste Sorge, denn Matt überbrachte schlechte Nachrichten:

»Die Strömungen ziehen uns in alle möglichen Richtungen«, sagte er von der Seite des Boots aus.

Mir war sofort klar, warum. Schuld war die Isle of Man, die gewissermaßen eine Blockade mitten in der Irischen See war, die den Gezeitenströmen den Weg versperrte, sodass diese nicht mehr wussten, in welches »Königreich« sie fließen sollten. Infolgedessen wurde ich im Wasser hin und her gezogen, gedrückt und geschoben.

»Mir ist klar, dass du nach 160 Kilometern Schwimmen gerne etwas anderes hören würdest, aber du musst jetzt noch mal einen kräftigen

Sprint hinlegen, damit wir es bis in den Nordkanal schaffen (die Meerenge zwischen Nordirland und Südwestschottland), wo die Gezeitenströme wieder stärker sind. Wenn du das schaffst, ziehen sie uns bis nach Schottland.«

Das widersprach komplett jeder Pacingstrategie, die ich aus der Sportwissenschaft kannte (wie du später selbst merken wirst). Außerdem hieß das, meine Belastungstoleranz, Anpassungsenergie und allgemeinen Energiereserven würden gefährlich nah an ihr unteres Limit stoßen. Ich wusste aber, dass er recht hatte. Mutter Natur (und Poseidon) scherten sich nicht um Sportwissenschaft und die Endlichkeit meiner Anpassungsenergie. Um von der Isle of Man in den Nordkanal (und nach Schottland) zu entkommen, würde ich deshalb nicht schwimmen, sondern kämpfen müssen.

Dank meines Krafttrainings war ich zum Glück bereit für die vor mir liegende Schlacht. Als netter Bonus würde die Aktion außerdem meine Ausdauer verbessern. Untersuchungen ergaben nämlich, dass »Krafttraining zu einer verbesserten Langzeit- (mehr als 30 Minuten) und Kurzzeit- (weniger als 15 Minuten) Ausdauerkapazität sowohl bei austrainierten Personen als auch Spitzenausdauerathleten führen kann, insbesondere, wenn ein Trainingsplan mit hohem Widerstand und Volumen befolgt wird.«[1] Kraft kann also auch die Ausdauer verbessern. Die erfolgreichsten Radsportler der Welt wissen das schon seit Jahren.

KRAFT VERBESSERT AUSDAUER

Britische Radsportler hatten 2008, 2012 und 2016 drei aufeinanderfolgende Olympiaden dominiert. Abseits der Olympischen Spiele glänzte das Team Sky (vom National Cycling Centre in Manchester) bei der UCI World Tour und stellte in den vergangenen vier Jahren drei Tour-de-France-Sieger. Wie haben die Briten das geschafft? Indem sie verstanden hatten, dass Kraft die Ausdauer verbessert, und dank »Performance Director« Dave Brailsford zusätzlich zu ihren regulären Ausdauereinheiten auch »ergänzendes Krafttraining« absolvierten.

Das Konzept basierte auf einer im *European Journal of Applied Physiology* vorgestellten Studie, deren Fazit lautete: »Das Ergänzen herkömmlichen Ausdauertrainings durch zusätzliches Krafttraining verbesserte Determinanten der Radfahrleistung sowie die Leistung gut austrainierter Radsportler insgesamt.«[2] Das Training eines jedes Athleten ist selbstverständlich komplex, individualisiert und enthält spezifische Einheiten für Beweglichkeit, Kraft, Schnelligkeit, Technik und mehr, ein Kuchendiagramm ihrer Anpassungsenergie würde aber in etwa so aussehen:

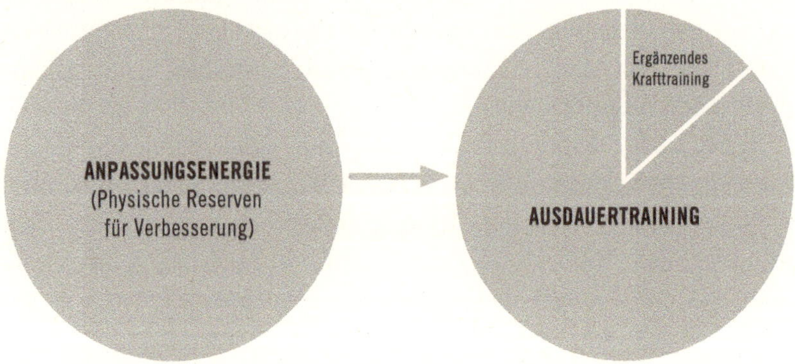

In diesem Diagramm fallen dir sicher die Worte »ergänzendes Krafttraining« auf, das mit Rücksicht auf folgende Faktoren absolviert wird:

- **Belastungstoleranz des Körpers**, denn du bist in der Lage, regelmäßig die Kapazität deines Körpers zu verwalten, Belastungen und Reize aus dem Training auszuhalten.
- **Spezifität des Körpers**, denn du bist in der Lage, die Fähigkeit deines Körpers, Belastungen und Reize auszuhalten, konstant und gezielt auf deine primäre Trainingsform anzuwenden und einen kleinen Teil einem »ergänzenden Training« zu widmen, das deinem primären Trainingsziel zugutekommt.

Nun versuchen Radsportler natürlich nicht, Kniebeugen mit 300 Kilogramm zu schaffen oder Bizeps-Curls mit 30-Kilo-Kurzhanteln. Aber sie verstehen, wie sie Krafttraining einsetzen können, um ihre

Ausdauerleistung zu verbessern. Wie »winterhartes« Krafttraining dich robuster und weniger verletzungsanfällig macht, hast du bereits gelernt. Wie genau verbessert Krafttraining aber die Ausdauer?

Erstens lehrt uns die Sportwissenschaft, dass es zwei Arten von Muskelfasern gibt, Typ I und Typ II (Typ II lässt sich weiter in Typ IIa und Typ IIb unterteilen). Muskelfasern vom Typ I, auch bekannt als langsam zuckende Muskelfasern, sind für Ausdaueraktivitäten zuständig, auf sie kommt es also bei der Tour de France oder dem London Marathon an.

Sie sind weniger schnell erschöpft als Muskelfasern vom Typ II. Diese sogenannten schnell zuckenden Muskelfasern kommen beispielsweise zum Einsatz, wenn du dich einen steilen Anstieg hinaufkämpfst (oder in meinem Fall: durch hohe Wellen), weil sie schneller kontrahieren können.

Aufbauen lassen sich diese Typ-II-Muskelfasern durch Krafttraining. Eine aktuelle Studie ergab, dass »gleichzeitiges Kraft- und Ausdauertraining bei jungen Spitzenradsportlern zu einer verbesserten Ausdauerkapazität im Rahmen eines 45-minütigen Zeitfahrens sowie einem vergrößerten Anteil von Typ-IIa-Muskelfasern führte.«[3]

Zweitens: Je effizienter du dich bewegst, umso weiter kommst du voran. Wie ich bereits erklärt hatte, fand das Department of Applied Mechanics and Engineering der Sun Yat-Sen University in China heraus, dass Technik, Schlagzahl und Effizienz die Schwimmleistung maßgeblich beeinflusse (was natürlich auch auf andere Sportarten zutrifft).[4] Und Krafttraining ist offenbar eine gute Methode, um diese Faktoren zu verbessern. Deshalb schreibt das *Scandinavian Journal of Medicine & Science in Sports:* »Zusätzliches schweres Krafttraining verbessert die Radfahrleistung (mithilfe einer) ökonomischeren, effizienteren Bewegung.«[5]

Deshalb hatte ich mich entschlossen, mir an Bord der *Hecate* ein »Boots-Gym« einzurichten, in dem ich einfache, grundlegende und (von der Dauer her) kurze »ergänzende Krafttrainings« absolvieren konnte. Das Boot war 16 Meter lang und sieben Meter breit, ich hatte an Deck also mehr als genug Platz, um zu trainieren. An der Takelage, von der die beiden Schiffsrümpfe zusammengehalten wurden, konnte ich außerdem bequem Turnringe, Widerstandsbänder und eine Klimmzugstange anbringen.

Und wenn ich doch mal etwas Zusatzgewicht brauchte, diente mir Peony (freiwillig) als menschlicher Sandsack. Allerdings war sie derart schlank und leicht, dass ich ihr beim Mittag- und Abendessen ständige einredete, ihre Dessertportionen zu verdreifachen, damit sie mir bei Liegestützen und Überkopfdrücken einen größeren Widerstand bot.

Weil ich kein konventionelles Fitnessstudio zur Verfügung hatte, erschien es mir als sinnvolle Lösung, meine Crewmitglieder immer mehr zu »mästen«, um sie als Kurz- und Langhanteln einsetzen zu können. Vorbeifahrende Fischer und die Küstenwache vor der Isle of Man staunten nicht schlecht, als sie sahen, wie ich auf Deck bei meinen Liegestützen die Eiscreme und Schoko-Brownies schlemmende Peony auf dem Rücken trug.

»Ist alles in Ordnung, junger Mann?«, fragte eine Gruppe älterer Seeleute in Port St Mary an der Südwestküste der Insel, wo wir kurz haltmachten, um unsere Vorräte wieder aufzufüllen.

Ich hing gerade einhändig an der Takelage, weil ich mir mit der anderen Hand einen Löffel Erdnussbutter in den Mund gesteckt hatte, und erwiderte: »Aber ja doch, vielen Dank! Und selbst?«

Sie nickten, während sie einander ansahen und sich vermutlich fragten, ob ich noch bei Trost, etwas zurückgeblieben oder schlicht bekloppt war. Weil ich ihnen ihre Besorgnis ansah, beschloss ich zu erklären, was ich hier tat und was es mit dem Great British Swim und meinem ergänzenden Krafttraining auf sich hatte.

Sie wirkten nicht überzeugt. Also sagte ich (noch immer an der Takelage hängend): »Diese Übung nennt sich Dead Hang und sie ist ein perfektes Beispiel für ergänzendes Krafttraining. Ziel der Übung ist es nicht, etwas Schweres zu heben oder eine bestimmte Anzahl an Sätzen zu absolvieren, sondern den Schulterdachknochen (einen Knochenvorsprung des Schulterblatts) sowie den Oberarmknochen zu spreizen, was ein potenzielles Impingement-Syndrom der Rotatorenmanschette lindern kann, die Rotatorenmanschette kräftigt und den Bewegungsumfang der Schulter vergrößert.«

Da waren die Seeleute plötzlich still. Ich versuchte ihnen zu erklären, dass all das auf der Methodik des renommierten orthopädischen Chirurgen John M. Kirsch basierte. Der war der Ansicht, dass sich bis zu 99 Prozent aller Schulterschmerzen dadurch beheben lassen, dass man sich dreimal täglich für mindestens 30 Sekunden mit beiden Händen an eine Stange hängt. In seinem Buch *Shoulder Pain? The Solution & Prevention* beschreibt er die Methode detailliert und erklärt, warum sie seiner Meinung nach funktioniert. Ihm zufolge handelt es sich dabei um eine lang vergessene Art der Schultervorsorge und Reha, die unsere evolutionären Vorfahren bereits nutzten. Im Grunde gehören wir Menschen zur Familie der Menschenaffen (Orang-Utans, Gorillas, Schimpansen und Bonobos). Währen alle anderen Menschenaffen noch immer von Ast zu Ast schwingen (der Fachausdruck dafür lautet übrigens »schwinghangeln«), haben wir vor etwa 30 000 Jahren damit aufgehört. Heutzutage sind unsere Schultern noch fast genauso aufgebaut wie früher, werden aber längst nicht mehr so bewegt und gefordert, wie die Natur das eigentlich vorgesehen hat. Dadurch sind die Gelenke schwächer und anfälliger für Verletzungen geworden.

»Sie haben einen Dachschaden. Aber Sie scheinen glücklich und harmlos zu sein«, entgegnete einer der Seeleute.

Ich musste lachen und sie lächelten (noch immer unsicher, was sie davon halten sollten). »Gott schütze Sie«, sagten sie. »Kommen Sie sicher voran bei Ihrer Schwimmtour.« Sie tippten zum Abschied an ihre Hüte, während ich weiter mit dem Löffel im Mund wie ein Affe an der Takelage hing. Ich war gar nicht mehr dazu gekommen zu erklären, dass Kraft nicht nur die Ausdauer erhöht, sondern Ausdauer auch die Kraft.

Ja, auch dies widerspricht (wieder einmal) den Regeln der konventionellen Sportwissenschaft. Du erinnerst dich sicher noch an den Sportwissenschaftler, der mich für zu muskulös hielt, um ein Schwimmer zu sein? Der hat garantiert noch nie Eddie Hall getroffen. Eddie gewann den World's-Strongest-Man-Wettbewerb 2017 und ist der gigantischste Mensch, mit dem ich jemals trainiert habe. Seinen Namen zementierte er in den Annalen der Kraftsporthistorie, als er am 9. Juli 2016 als erster Mensch der Welt mehr als 500 Kilogramm beim Kreuzheben schaffte – eine halbe Tonne! Nur die wenigsten Menschen wissen allerdings, dass er in seiner Jugend auch ein hervorragender Schwimmer gewesen ist, der auf Landesebene Erfolge sammelte. Und obwohl er inzwischen 178 Kilogramm wiegt, schafft er es immer noch, 100-Meter-Intervalle mit Zwischenzeiten von einer Minute und 20 Sekunden zu schwimmen, angetrieben von 7000 Cheesecake-Kalorien. Die Story mag unglaubwürdig klingen, ist aber wahr. Ich habe es mit eigenen Augen gesehen, als ich während einer meiner »winterharten« (Intervall-)Einheiten mit Eddie trainierte und sich das folgende gigantische Schwimmspektakel ereignet hat.

AUSDAUER VERBESSERT KRAFT

Ich stand am Rand des Schwimmbeckens und mein Verdauungstrakt rebellierte. Drei Stunden zuvor war ich so blöd gewesen, mich auf einen spontanen Esswettbewerb mit Eddie einzulassen, bei dem zehn Chicken Wings, vier Portionen Reis und Pommes, zwei Chicken Burger und zwölf Portionen Cheesecake und Eiscreme mit Honig draufgingen – pro Kopf!

Das bereuten wir jetzt natürlich, wir waren aber beide zu sehr Wettkämpfer (und zu stur), um einen Rückzieher zu machen. Unsere Mägen mussten nun die Konsequenzen tragen, während wir versuchten, 50 100-Meter-Sprints im Becken zu absolvieren. Ich wandte mich an Eddie, der gerade seine Schwimmbrille justierte und dem der Honig praktisch aus allen Poren triefte.

»Glaubst du, 7000 Kalorien aus Cheesecake und Eis wirken leistungssteigernd?«, wollte ich wissen.

»Nein ... das war eine völlig bekloppte Idee«, entgegnete er, während er die Brille auf seine Augen setzte. »Aber ich bereue keinen einzigen Bissen.«

Da stimmte ich zu und musste lachen, hörte allerdings sofort wieder auf damit, als ich spürte, wie mein aufgeblähter Bauch vom elastischen Gummi der Badehose eingedrückt wurde. Während wir vorsichtig ins Wasser stiegen, spürten wir beide eine gewisse Erleichterung, weil der Auftrieb des Wassers die Last unserer Cheesecake-Bäuche erleichterte.

»Eddie, wie gut kennst du den Besitzer dieses Schwimmbads?«, wollte ich wissen.

»Warum?«, fragte er besorgt.

»Weil wir heute vorhaben, fünf Kilometer in 100-Meter-Intervallen zu schwimmen, und ich mich frage, welches Tempo wir dabei gehen und wie lange Pausen wir zwischen den Intervallen machen sollten. Denn ich glaube, wenn wir es übertreiben und zu schnell machen, könnte das böse ausgehen und ich übergebe mich hier am Ende in den Pool.«

»Hm«, knurrte Eddie nachdenklich, bevor er antwortete. »Ich will's mal so sagen, Kumpel: Ich kenne ihn gut genug, dass wir uns übergeben könnten, aber nicht so gut, dass ich mir während eines Intervall-Sprints in die Hose scheißen dürfte. Reicht dir das als Antwort?«

Das tat es seltsamerweise tatsächlich. »Okay, dann nehmen wir Intervalle von einer Minute und 20 Sekunden«, sagte ich und stellte meine Uhr.

Stunden, Bahnen und Intervalle gingen vorüber und ich kann stolz berichten, dass keine Unfälle dieser Art geschahen und kein Bademeister sich sorgen musste. Wir schwammen sogar einige gute Zwischenzeiten, nachdem all das Hähnchen und der Cheesecake vollständig verdaut waren.

Eddie schwimmen zu sehen, war einfach unglaublich. Er war so riesig, dass es nicht aussah, als gleite er durchs Wasser, sondern als ob das Wasser ihm aus dem Weg gehen würde. Wenn ich über »walartige Arbeitskapazität« verfügte, dann besaß Eddie außerdem »haiähnliche Kraft«, denn er setzte komplett alles außer Kraft, was die meisten Menschen für möglich hielten. Genauso wie ein Weißer Hai bis zu sechs Meter lang und 2000 Kilogramm schwer werden und trotzdem Geschwindigkeiten von bis zu 40 Kilometer pro Stunde erreichen kann, hält Eddie bei 100-Meter-Intervallen über fünf Kilometer eine Zwischenzeit von einer Minute und 20 Sekunden – und das mit 178 Kilogramm Körpergewicht und dem Bauch voll mit 7000 Kalorien Cheesecake.

Wie konnte er das schaffen und trotzdem World's Strongest Man werden? Laut konventioneller Sportwissenschaft ergibt das keinen

Sinn. Im Strongman-Sport treten die größten und stärksten Athleten der Welt gegeneinander an, deren einziges Trainingsziel es ist, stärker zu werden. Also die Fähigkeit ihrer Muskeln zu verbessern, Kraft in Kombination mit einer koordinierten neuromuskulären Aktivierung zu entwickeln. (Vereinfacht gesagt: Während schwerer Übungen wie Kniebeuge, Bankdrücken oder Kreuzheben Kraft zur richtigen Zeit zu erzeugen.) Auf der Grundlage des Interferenzphänomens, das ich bereits erklärt hatte, sollten sie Ausdauertraining eigentlich komplett vermeiden.

Im Gespräch mit Eddie erfuhr ich allerdings, dass dies nicht der Fall ist. Schwimmen, als Form des Konditionstrainings, war beispielsweise schon immer Teil seiner Trainingsroutine. Selbst als er 2017 den World's-Strongest-Man-Titel gewann oder mit 500 Kilogramm einen neuen Weltrekord im Kreuzheben aufstellte, absolvierte er eine Form des »ergänzenden Ausdauertrainings«. Obwohl sein Training sehr komplex ist und sich ständig verändert, darf angenommen werden, dass ein Kuchendiagramm seiner Anpassungsenergie in etwa so aussehen würde:

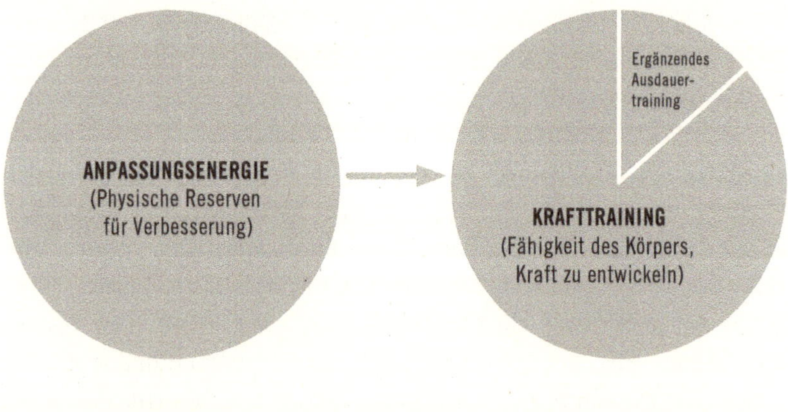

Eddie wollte über die fünf Kilometer keine neue Bestzeit schwimmen, aber er verstand es, diese Art des Ausdauertrainings als sinnvolle Ergänzung zu seinem Krafttraining einzusetzen. Gestützt wird diese Methode von Untersuchungen der Fakultät für Gesundheitswissenschaften der Mittuniversitetet in Östersund, die ergaben, dass eine

Kombination aus Kraft- und Ausdauertraining »eine stärkere Muskelhypertrophie auslöst als Widerstandstraining allein«. Eine Kombination aus Ausdauer- und Krafttraining führt also zu größeren Muskeln.[6]

Um diese Theorie zu belegen, ließen die Forscher zehn gesunde Männer im Alter zwischen 25 und 30 Jahren fünf Wochen lang unilaterales Beinstrecktraining ausführen. Während ein Bein ausschließlich Krafttraining in Form von vier Sätzen à sieben Wiederholungen mit 75 bis 80 Prozent des Maximalgewichts (1RM) der Teilnehmer absolvierte, wurde beim anderen Bein Kraft- und Ausdauertraining kombiniert. Das Krafttraining war dasselbe, hinzu kamen in jeder Einheit aber 45 Minuten auf dem Fahrrad. Nach fünf Wochen führten die Forscher bei den Teilnehmern eine Muskelbiopsie durch und fanden dabei:

- Der *Musculus vastus lateralis* (der seitliche Anteil des vorderen Oberschenkelmuskels) wuchs durch die Kombination aus Kraft- und Konditionstraining um 17 Prozent und durch ausschließliches Krafttraining nur um neun Prozent.
- Der *Musculus quadriceps femoris* (an der Vorderseite des Oberschenkels) wuchs durch die Kombination aus Kraft- und Konditionstraining um 14 Prozent und durch ausschließliches Krafttraining nur um acht Prozent.

Die Wissenschaftler schlossen daraus, dass diese Ergebnisse »völlig neue Erkenntnisse zur menschlichen Muskeladaption liefern und erstmals eine genomische Grundlage für die Theorie bieten, dass aerobes Training das Muskelwachstum durch Widerstandstraining eher verbessert, statt es zu beeinträchtigen.«[7]

Wieso funktionierte das Zusammenspiel aus Kraft- und Ausdauertraining nun also doch? Hexenwerk? Ein Grund könnte sein, dass jede Form von kardiovaskulärem Training die Dichte der Kapillaren dramatisch erhöht. Kapillaren sind kleine Blutgefäße, die sich wie ein Netzwerk durch deine Muskeln ziehen. Wenn sich ihre Dichte erhöht, werden deine Muskeln während des Trainings besser mit Blut, Sauerstoff und Nährstoffen versorgt. Dieser Aspekt des Krafttrainings wird häufig vergessen. Die meisten Kraftsportler wenden den Großteil ihrer Anpassungsenergie für das Stemmen von Gewichten auf, scheren sich aber kaum um ihre Kapillargefäße. Dabei zeigen Untersuchungen, dass sich dadurch ungeahnte Kraftpotenziale freisetzen lassen.

Kraftsportler könnten sich zwischen Sätzen schneller erholen und dadurch das Durchhaltevermögen des Körpers (ihre Arbeitskapazität) erhöhen. Das ist vor allem bei Trainingssystemen wie dem German Volume Training (GVT) wichtig, das auch als »Zehn-Satz-Methode« bezeichnet wird, weil dabei zehn Sätze à zehn Wiederholungen mit etwa 60 Prozent des Maximalgewichts (1RM) ausgeführt werden (oder mit einem Gewicht, mit dem man 20 Wiederholungen schaffen würde), jeweils mit 60 bis 90 Sekunden Pause zwischen den Sätzen.

Ob das funktioniert? Wenige Workouts werden von so vielen Experten gelobt wie das German Volume Training. Es wurde in den 1970er-Jahren entwickelt und vom deutschen Gewichtheber-Trainer Rolf Feser verbreitet, der es Athleten empfahl, die während der Saisonpause eine Gewichtsklasse aufsteigen wollten. Der kanadische Gewichtheber Jacques Demers, der bei den Olympischen Spielen in Los Angeles 1984 Silber holte, war außerdem einer der bekanntesten Vertreter des Systems und berühmt für seine gigantischen Oberschenkel.

Du kannst dir sicher vorstellen, dass in den finalen Sätzen eines solches Systems Ausdauer und eine erhöhte Kapillardichte durchaus hilfreich sein können. Selbst die stärksten Athleten hätten dabei ohne ein gewisses Ausdauervermögen arge Probleme und wären nicht in der Lage, das im GVT für Muskelwachstum nötige Arbeitspensum zu bewältigen. Aus Athleten wie Eddie, deren Belastungstoleranz, Individualität und Durchhaltevermögen Trainingseinheiten mit »hohem Volumen und hohem Widerstand«[8] verkraften, kann eine solche Methode Kraftsportler mit übermenschlicher Ausdauer machen.

Mit all diesen Informationen im Kopf (und Hähnchen und Cheesecake im Magen) schuf ich das folgende »winterharte« Krafttrainingsprogramm, um damit die »walartige Arbeitskapazität« und seetaugliche Kraft und Schnelligkeit zu entwickeln, die ich benötigen würde, um mich durch die raue See der Isle of Man bis in den Nordkanal hinaufzukämpfen. Dies ist mein Great-British-Swim-Trainingsplan.

DER GREAT-BRITISH-SWIM-TRAININGSPLAN

Seetaugliche Kraft und Schnelligkeit: Theorie

Das Wichtigste vorweg: Denk dran, dass es sich hierbei nur um ergänzendes Krafttraining handelt.

Ich hatte nicht vor, mit diesem Plan eine neue persönliche Bestleistung im Bankdrücken aufzustellen, sondern wollte das Durchhaltevermögen meines Körpers (Arbeitskapazität) erhöhen, seine physische Widerstandsfähigkeit stärken und mithilfe von Krafttraining meine Ausdauer verbessern. Deshalb war es wichtig für mich, stets über ausreichend Anpassungsenergie zu verfügen, um meine Workouts auch zu schaffen – und dass diese Workouts mein Schwimmtraining sinnvoll ergänzten.

Deshalb musste ich mein Trainingsprogramm ganzheitlich planen. Keines der darin enthaltenen Workouts steht für sich selbst, alle hängen miteinander zusammen. Die 5-Kilometer-Schwimmeinheit vom Montag beeinflusst also die Krafteinheit am Mittwoch stärker, als wir vermutlich je wissen werden.

Jede Einheit ist Teil eines komplexen Systems aus Wechselbeziehungen, ein Fakt, den die klassische Sportwissenschaft leider viel zu häufig ignoriert. In Studien werden Trainingsmethoden komplett isoliert analysiert und Trainer zergliedern Energiesysteme, die in der Natur niemals so unabhängig voneinander funktionieren. In diesem Workout ist das anders. Belastungstoleranz, Anpassungsenergie und die allgemeinen physischen Reserven bilden das Herzstück des gesamten Programms und werden in jedem einzelnen Workout berücksichtigt.

Bei diesem Programm handelt es sich außerdem um einen Hybriden, in dem verschiedene Trainingsmethoden miteinander kombiniert wurden. Grundsätzlich ist es eine Form des russischen General-Physical-Preparedness-Programms (GPP), es bindet aber auch Einflüsse aus dem Kraftdreikampf, Strongman-Training, Körpergewichtstraining und Speed-Training aus der ehemaligen Sowjetunion mit ein und ist von der Arbeitsmoral der bulgarischen Trainingsmethode inspiriert.

Die Workouts selbst wurden dann in die folgenden grundlegenden menschlichen Bewegungen aus dem Strongman-Sport unterteilt:

1. **Drücken:** Beinhaltet Bankrücken, Log Press oder Military Press
2. **Ziehen/Heben/Hüftbeugen:** Beinhaltet Klimmzüge, Rudern, Kreuzheben und Kettlebell-Swings
3. **Kniebeugen:** Beinhaltet Kniebeuge, Frontkniebeuge und Ausfallschritt.
4. **Schleppen/Werfen/Umstoßen:** Beinhaltet Schlittenziehen, Medizinballwürfe und Tyre Flips

Diese Übungen zu meistern, ergänzt alle anderen Fitnesskomponenten auf eine sinnvolle Art und Weise, da (laut National Strength and Conditioning Association) schwere, funktionelle Bewegungen, die mithilfe universeller motorischer Aktivierungsmuster eine neurologische Effizienz entwickeln, auch die »Toleranz eines Sportlers für intensiveres Training erhöhen«.[9] Es gilt auch hier unser Grundsatz:

Schnelligkeit ist ein Vorteil, aber physische Widerstandsfähigkeit eine Notwendigkeit.

Die Workouts bestehen jeweils aus vier Übungen, die alle einen bestimmten Zweck erfüllen und sich gegenseitig ergänzen, um einen schnellen, starken, kräftigen und ausdauernden Athleten zu formen:

- **Übung 1:** Schnelligkeit der Bewegung
- **Übung 2:** Kraft der Bewegung
- **Übung 3:** Umfang der Bewegung
- **Übung 4:** Kapazität der Bewegung

Übung 1: Schnelligkeit der Bewegung

Jedes Workout beginnt mit einer schnell, doch kontrolliert ausgeführten Körpergewichtsübung. Dies soll ein kinästhetisches Bewusstsein schaffen. Lass dich von dem komplizierten Namen nicht abschrecken, der ist nur die technische Formulierung für »wissen, wo dein Körper sich im Raum befindet«. Je besser du diese Fähigkeit beherrschst, umso treffender kannst du einschätzen, ob sich die Ausführung einer Bewegung (zum Beispiel Schwimmen) richtig oder falsch anfühlt. Wenn du diese Art von biologischem Feedback und physiologischer Intuition beherrschst, kannst du die nötigen Korrekturen vornehmen, um dich beim Schwimmen in unterschiedlichen Wind-, Wellen- und Wetterverhältnissen besser und effizienter zu bewegen.

Die Übungen werden schnell und kontrolliert ausgeführt, weil Untersuchungen gezeigt haben, dass der Einstieg ins Training mit dynamischen Körpergewichtsübungen schwerere Strongman- und Kraftdreikampfübungen sinnvoll ergänzt, weil diese die effektive Zusammenarbeit von Muskeln und Gelenken anregen und das zentrale Nervensystem und die Muskulatur »auf Betriebstemperatur« bringen. Das sogenannte ballistische Training ist eine Form des Krafttrainings, das durch Bewegungen charakterisiert ist, bei denen der Sportler versucht, mit maximaler Kraft gegen einen Widerstand zu arbeiten, um diesen so schnell wie möglich zu heben, zu bewegen oder zu schleudern. Bei der Ausführung konventionellen Kniebeugens oder Bankdrückens wird dein Körper an der Spitze der Bewegung ganz natürlich langsamer. Es wird sogar angenommen, dass bei einer Wiederholung mit Maximalgewicht (1RM) bis zu 24 Prozent der Zeit, die für die Übung benötigt wird, auf die Entschleunigungsphase entfallen.[10] Bei einem Satz mit 80 Prozent des 1RM kann diese maximale Entschleunigungszeit sich sogar bis auf 52 Prozent der Gesamtdauer erhöhen. Selbst bei der »Speed Reps« genannten schnellen Ausführungsvariante verlangsamt sich die Ausführungsgeschwindigkeit am Ende der konzentrischen Bewegung. Es handelt sich dabei um einen Schutzmechanismus unserer Gelenke, der unter anderem verhindert, dass sich bei schnell ausgeführtem Bankdrücken unsere Schultern vom Körper lösen. Beim ballistischen Training passiert diese Entschleunigung praktisch nicht.

Stell dir einen plyometrischen Liegestütz vor, bei dem du dich in die Luft abstößt, und vergleiche ihn mit Bankdrücken. Der beschriebene Schutzmechanismus wird dabei außer Kraft gesetzt. Stattdessen wird dabei maximal beschleunigt, optimal Kraft entwickelt, das Nervensystem läuft auf Hochtouren und so viele schnell zuckende Muskelfasern wie möglich werden aktiviert.

Ob das funktioniert? Eine im *Journal of Strength and Conditioning Research* veröffentlichte Studie stützt diese Methode. Die Wissenschaftler wollten die »Effekte ballistischen (Speed-)Trainings, das zusätzlich zu traditionellem, schwerem Widerstandstraining ausgeführt wird, auf die Kraft im Oberkörper« untersuchen. Dazu wurden 17 Sportler ausgesucht und in zwei Gruppen aufgeteilt. Eine Gruppe befolgte acht Wochen lang einen traditionellen Krafttrainingsplan, die andere Gruppe kombinierte traditionelles Krafttraining mit ballistischem (schnellem) Körpergewichtstraining. Dabei wurde konventionelles Bankdrücken gemeinsam mit plyometrischen Liegestützen ausgeführt, bei denen die Hände der Sportler während der Aufwärtsbewegung den Boden verließen (Händeklatschen war optional).

Zu Beginn und nach Ablauf der acht Wochen wurde das Maximalgewicht bei einer Wiederholung (1RM) Bankdrücken gemessen, das die Teilnehmer bewältigen konnten. Beide Gruppen hatten sich verbessert – die Gruppe, die traditionelles Krafttraining absolviert hatte, aber nur um 7,1 Prozent, die Gruppe, die ballistisches Training mit dem Körpergewicht absolviert hatte, dagegen um 11,6 Prozent. Die Wissenschaftler schlossen daraus, dass der »Einsatz ballistischer (Körpergewichts-)Übungen im Rahmen eines schweren Widerstandstrainingsprogramms Kraft und das 1RM steigert«.[11]

Deshalb beginnt jedes Workout mit einer schnellen, kraftvollen und dynamischen (ballistischen) Körpergewichtsübung wie plyometrische Liegestütze, Kettlebell Swings und Box Jumps. Dabei konzentrierst du dich auf die Schnelligkeit der Bewegung, was deinen Körper auf die folgenden schwereren Sätze vorbereitet.

Übung 2: Kraft der Bewegung

Krafttraining ist in der Theorie einfach, in der Praxis aber schwer. Stärke (in ihrer elementarsten Form) lässt sich als Fähigkeit eines Muskels definieren, Kraft zu erzeugen. Diese Kraft kann während einer Übung und ihres Bewegungsumfangs jedoch stark schwanken. Ich will daher der Einfachheit halber mit Bankdrücken als Beispiel fortfahren.

Die Kraft, die von den Muskeln in der Schlussphase der Übung – dem sogenannten Lockout – aufgebracht wird, um die Arme durchzustrecken, unterscheidet sich stark von der Kraft, die im unteren Teil der Bewegung, wo die Hantel sich noch nah an der Brust befindet, zum Ausstoßen benötigt wird. Muskelkraft und -spannung verändern sich während allen Bewegungen. Um in einer bestimmten Übung stark zu werden, ist Folgendes ausschlaggebend:

Dein Muskel muss die Fähigkeit besitzen, bei gleichzeitiger koordinierter neuromuskulärer Aktivierung Kraft zu erzeugen.

Es kommt also darauf an, wie effektiv du zur richtigen Zeit während der Übung Kraft generierst. Und genau darauf konzentrieren wir uns während der zweiten Übung im Great-British-Swim-Trainingsplan. Nun, wo Muskeln, Gelenke und das zentrale Nervensystem in Übung 1 mit schnellen und explosiven, ballistischen Bewegungen auf »Touren« gebracht wurden, legen wir mehr Gewicht auf und erhöhen den Widerstand.

Um zu verstehen, warum, müssen wir uns die Schriften von Sir Isaac Newton noch einmal vergegenwärtigen. Der englische Mathematiker und Physiker gilt bis heute als einer der bedeutendsten Wissenschaftler aller Zeiten. Außerdem ging er seinerzeit auf meine Schule – die King's School Grantham –, weshalb ich mit seinen newtonschen Gesetzen bestens vertraut bin und sie so einen großen Einfluss auf den Great-British-Swim-Trainingsplan hatten.

Newton fand heraus, dass sich die Größe »Kraft« mit folgender Gleichung berechnen lässt:

Kraft = Masse × Beschleunigung

Um mehr Kraft zu entwickeln, benötigen wir also logischerweise entweder

- **mehr Beschleunigung:** durch eine schnelle, explosive Ausführung (Schnelligkeit der Bewegung) oder
- **mehr Masse:** durch schwere Gewichte und großen Widerstand (Kraft der Bewegung).

Deshalb beginnt jedes Workout mit einer schnellen, kraftvollen und dynamischen (ballistischen) Körpergewichtsübung mit dem Fokus auf der Schnelligkeit der Bewegung, weil diese den Körper auf schwerere Sätze vorbereitet. Anschließend verlagert sich der Fokus auf die Kraft der Bewegung und das Entwickeln von mehr Kraft durch das Erhöhen der Masse während Übungen wie Kniebeuge, Bankdrücken und Klimmzüge mit Gewichten.

Übung 3: Umfang der Bewegung

Wie wir bereits gelernt haben, »reduziert Krafttraining Sportverletzungen«,[12] so das eindeutige Fazit des *British Journals of Sports Medicine.*

Aber wie tut es das? Nun, als ich ganz am Anfang meiner Schwimmtour vor der Küste der Isle of Wight blutete und Schmerzen litt (mich aber nicht geschlagen gab), mutmaßte mein Physiotherapeut Jeff, »dass ein Zuwachs an Kraft mit der Zeit allen Strukturen in unserem Körper erlaubt, sich so anzupassen, dass sie besser mit den Belastungen und Strapazen zurechtkommen, die wir ihnen aufbürden. Egal ob Knochen, Muskeln, Gelenke, Sehnen oder Bänder, all diese Strukturen besitzen die Fähigkeit, sich den Kräften anzupassen, die auf sie wirken.«

Deshalb wird in jedem Workout nach Schnelligkeit und Kraft der Bewegung der Fokus auf den Umfang der Bewegung gelegt, indem wir komplexere, unilaterale Bewegungen ausführen (also jede Gliedmaße einzeln trainieren), die Kraft und Koordination erfordern. Damit soll die Core-Muskulatur aktiviert werden. Gestützt wird dieses Konzept von Untersuchungen zur »Evaluierung der Auswirkungen instabiler und unilateraler Übungen auf die Aktivierung der Rumpfmuskulatur«. Wissenschaftler überprüften dazu mithilfe einer Technik namens Elektromyografie die Aktivität der Core-Muskulatur und fanden heraus, dass »die effektivsten Maßnahmen für eine Kräftigung der Rumpfmuskulatur Bauch- und Rückenübungen auf instabilem Untergrund« sind. Außerdem könne »der Rumpf auch mithilfe von Widerstandsübungen gekräftigt werden, wenn diese Übungen unilateral ausgeführt werden«.[13]

Deshalb enthält jedes Workout in unserem Plan auch komplexere, unilaterale Übungen wie einarmige Kurzhantel-Flys, bulgarische Kurzhantel-Ausfallschrittkniebeugen und einarmiges Rudern. Weil es eben nicht genügt, nur schnell und stark zu sein (Schnelligkeit und Kraft der Bewegung), musst du auch den Umfang der Bewegung trainieren und dadurch Sehnen, Bänder und Gelenke kräftigen.

Übung 4: Kapazität der Bewegung

Jedes Workout endet mit einer Übung, mit der auf die Kapazität der Bewegung abgezielt wird. Die hängt direkt mit der Arbeitskapazität zusammen und dient dazu, das Durchhaltevermögen des Körpers durch das Ergänzen funktioneller Finisher stufenweise zu erhöhen. Diese Übungen wurden (erneut) vom General Physical Preparedness (GPP) genannten russischen Trainingssystem inspiriert.

Jedes Workout wird mit »Widerstandstraining mit geringer Intensität, hohem Volumen und leichtem bis moderatem Widerstand abgeschlossen« (wie die National Strength and Conditioning Association es beschreibt), um deine »Toleranz für intensiveres Training zu erhöhen«. Wir richten den Fokus also auf die Kapazität der Bewegung, um das Durchhaltevermögen des Körpers (Arbeitskapazität) zu erhöhen.

Mit Sicherheit eines der wichtigsten Workouts ist aber die Schleppen/Werfen/Umstoßen-Routine, die nach der längsten Schwimmdistanz (25 Kilometer) absolviert wird, wenn du noch über genug Anpassungsenergie verfügst und die Belastungstoleranz deines Körpers für das enorme Volumen (Belastung und Reize) groß genug ist, um sich noch erholen zu können. Je nach Durchhaltevermögen und Individualität deines Körpers kannst du diese Einheit verkürzen (oder ganz weglassen), wenn du dich ernsthaft übertrainiert fühlst. Allerdings ist diese Einheit wirklich sinnvoll, weil sie all die Vorteile eines Krafttrainings bietet – ohne den unangenehmen Muskelkater am darauffolgenden Tag.

Untersuchungen des NSCA ergaben, dass man durch einen Wechsel der Muskelkontraktionen während des Trainings Kraft aufbauen und das Durchhaltevermögen des Körpers (Arbeitskapazität) ganz ohne späteren Muskelschmerz erhöhen kann.

Um zu verstehen, warum das so ist, musst du wissen, dass ein Muskel auf drei verschiedene Arten kontrahiert:

- **Isometrische Kontraktion:** Der Muskel kontrahiert, verkürzt sich aber nicht. Es entsteht keine Bewegung. Ein gutes Beispiel für isometrische Kontraktion ist der »Plank« genannte Unterarmstütz.
- **Konzentrische Kontraktion:** Der Muskel kontrahiert und verkürzt sich. Die Aufwärtsbewegung einer Kurzhantel beim Bizeps-Curl ist ein gutes Beispiel.
- **Exzentrische Kontraktion:** Der Muskel verlängert sich und steht dabei unter Spannung. Ein gutes Beispiel: Wenn du nach einem Sprung auf beiden Füßen landest und die Knie beugst, wird dir auffallen, dass deine Quadrizepse unter Spannung stehen, um den Aufprall abzufedern, und sich dabei dehnen.

Warum das wichtig ist? Weil Untersuchungen des NSCA ergaben, dass »während des exzentrischen Teils einer Übung eine beträchtliche mechanische Belastung entsteht«, die das

Potenzial besitzt, »erhebliche Muskelschmerzen, Erschöpfung und Entzündungen zu verursachen«.[14]

Mit einfachen Worten: Indem du nur den konzentrischen Teil einer Übung absolvierst und die exzentrische Phase weglässt, könntest du (theoretisch) »Muskelschmerzen, Erschöpfung und Entzündungen« vermeiden, die normalerweise die Folge schweren Krafttrainings sind, um so das Durchhaltevermögen (Arbeitskapazität) deines Körpers zu verbessern.

Die Schleppen/Werfen/Umstoßen-Routine besteht daher aus Schlittenschieben, Medizinball-Slams und Tyre Flips, weil bei jeder dieser Übungen der Fokus auf dem konzentrischen Teil der Bewegung liegt und der exzentrische Teil extrem reduziert ist. Du kannst damit also prima deine Toleranz für intensiveres Training erhöhen.

Keine exzentrische Phase. Kein Muskelkater. Kein Übertraining.

SEETAUGLICHE KRAFT UND SCHNELLIGKEIT: DAS PROGRAMM

	Montag	Dienstag	Mittwoch
Morgens	**Schwimm-training:** 5 km schwimmen niedrige Intensität, aerob, Schwimm-technik üben	**Schwimm-training:** 10 km schwimmen niedrige Intensität, aerob, Schwimm-technik üben	**Schwimm-training:** 10 km schwimmen niedrige Intensität, aerob, Schwimm-technik üben
Nachmittags	**Krafttraining:** Drücken-basierte General Physical Preparedness		**Krafttraining:** Kniebeuge-basierte General Physical Preparedness
Abends		**Intervall-training**	

Seetaugliche Kraft und Schnelligkeit: Trainingshinweise

- Die vier wöchentlichen Workouts sind nach biomechanischen Gesichtspunkten um folgende Bewegungsmuster herum aufgebaut:
  - Drücken
  - Ziehen/Heben/Hüftbeugen
  - Kniebeugen
  - Schleppen/Werfen/Umstoßen

Donnerstag	Freitag	Samstag	Sonntag
Schwimm-training: 10 km schwim-men niedrige Intensität, aerob, Schwimm-technik üben	**Schwimm-training:** 15 km schwim-men niedrige Intensität, aerob, Schwimm-technik üben	**Schwimm-training:** 25 km schwim-men niedrige Intensität, aerob, Schwimm-technik üben	**Schwimm-training:** 5 km schwim-men niedrige Intensität, aerob, Schwimm-technik üben
	Krafttraining: Zug-/Hebe-/Hüftbeuge-basierte General Physical Preparedness		**Krafttraining:** Schlepp-/Wurf-/Umstoß-basierte General Physical Preparedness
Intervall-training			

- Denk daran, dass es sich bei diesem Programm um »ergänzendes Krafttraining« handelt, das dem primären Ziel dient, aus dir einen robusteren, widerstandsfähigeren Schwimmer zu machen.

Aus diesem Grund

- ist jedes Workout kurz, um Anpassungsenergie zu sparen (Belastungstoleranz des Körpers).
- orientiert sich jede Übung an vier Prinzipien, die sich untereinander alle ergänzen:

  - Kraft der Bewegung
  - Schnelligkeit der Bewegung
  - Umfang der Bewegung
  - Kapazität der Bewegung
- dient jedes Workout der Erhöhung der Arbeitskapazität (Durchhaltevermögen des Körpers).
- kann das gesamte Programm modifiziert werden, falls mehr Regenerationszeit benötigt wird (Individualität des Körpers).
- ist das gesamte Workout so aufgebaut, dass es aus dir einen robusteren und widerstandsfähigeren Menschen macht und dein Ausdauertraining sinnvoll ergänzt.

Im Detail würde das Workout-Programm einer Woche folgendermaßen aussehen:

Seetaugliche Kraft und Schnelligkeit: Workout

KRAFTEINHEIT 1 | MONTAG: DRÜCKEN

Plyometrische Liegestütze

Wiederholungen: 5
Sätze: 3
Pause: 120 Sekunden
% des 1RM: 87 %

Fokus: Schnelligkeit der Bewegung | Schnelle und effiziente Bewegungsmuster, um Zusammenarbeit von Gelenken und Muskeln anzuregen

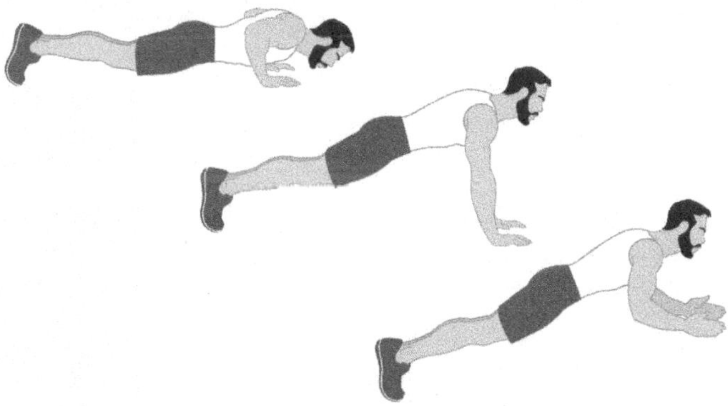

1. Begib dich in den hohen Stütz, die Hände in schulterbreitem Abstand zueinander, der Rücken gerade. (Falls dir noch kein vollständiger Liegestütz gelingt, führe die Übung auf den Knien aus.)
2. Senke die Brust Richtung Boden ab und stoße dich explosiv nach oben, bis deine Arme vollständig gestreckt sind.
3. Versuche, dich so stark abzustoßen, dass du in der Luft in die Hände klatschen kannst.

Bankdrücken

Wiederholungen: 5
Sätze: 3
Pause: 120 Sekunden
% des 1RM: 87 %

Fokus: Schnelligkeit der Bewegung | Fähigkeit deines Körpers, Kraft zu erzeugen

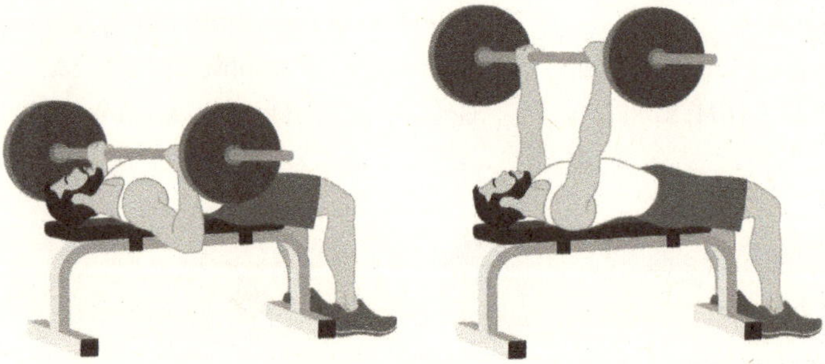

1. Lege dich auf eine Bank, die Stange auf Brusthöhe. Fasse die Stange mit einem mittelbreiten Griff und umschließe sie mit den Daumen.
2. Hebe die Hantel aus dem Ständer, indem du die Arme streckst. Senke sie zur Brustmitte hin ab und drücke sie anschließend wieder nach oben, bis deine Arme gestreckt sind.

Einarmiges Kurzhanteldrücken (mit Pause)

Wiederholungen: 20 (2 Sekunden Pause)
Sätze: 3
Pause: 60 Sekunden
% des 1RM: 60 %

Fokus: Umfang der Bewegung | Sehnen- und Bänderkraft: Belastbarkeit deiner Sehnen und Bänder, gepaart mit optimaler Beweglichkeit

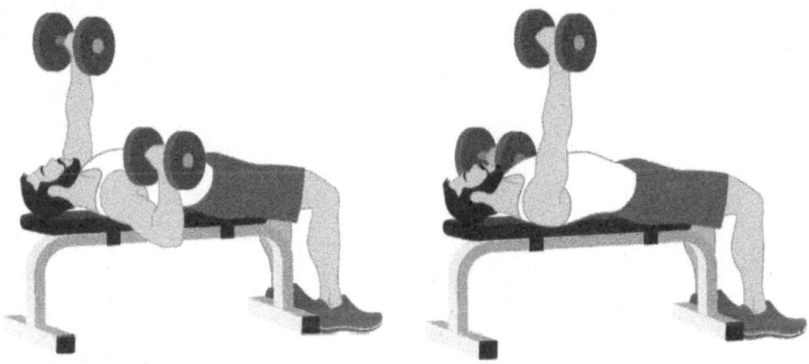

1. Lege dich auf eine Flachbank und halte zwei Kurzhanteln über dem Brustbein, die Arme sind gestreckt und die Handflächen zeigen nach vorn.
2. Senke eine Kurzhantel neben deine Brust ab. Pausiere kurz und drücke sie anschließend in die Ausgangsposition zurück. Wiederhole das Ganze mit der anderen Kurzhantel.

Bärengang

Wiederholungen: 10
Sätze: 4
Pause: 60 Sekunden
% des 1RM: Nutze anspruchsvolles, aber machbares Zusatzgewicht.

Fokus: Kapazität der Bewegung | Ein Finisher aus dem General-Physical-Preparedness-System, der das Durchhaltevermögen des Körpers (Arbeitskapazität) verbessert.

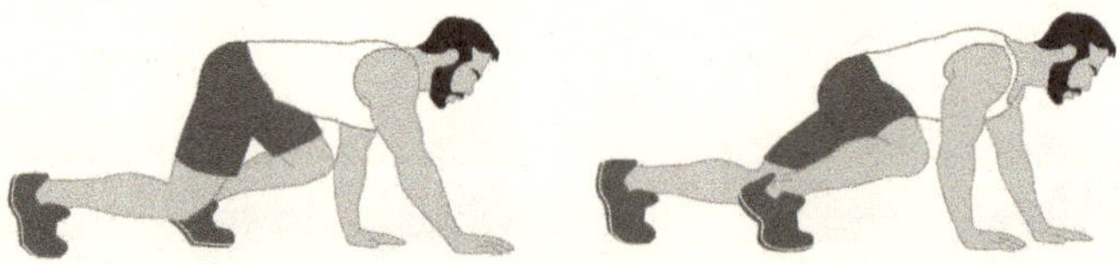

1. Begib dich auf alle viere, die Hände genau unter den Schultern und die Knie unter der Hüfte.
2. Hebe die Knie vom Boden und wandere vorwärts, nur Füße und Hände berühren dabei den Boden. Halte deinen Rücken dabei die gesamte Zeit über gerade. Wandere zehn Meter vorwärts, dann rückwärts.

KRAFTEINHEIT 2 | MITTWOCH: KNIEBEUGEN

Box Jumps

Wiederholungen: 5
Sätze: 3
Pause: 120 Sekunden
% des 1RM: 87 %

Fokus: Schnelligkeit der Bewegung | Schnelle und effiziente Bewegungsmuster, um Zusammenarbeit von Gelenken und Muskeln anzuregen

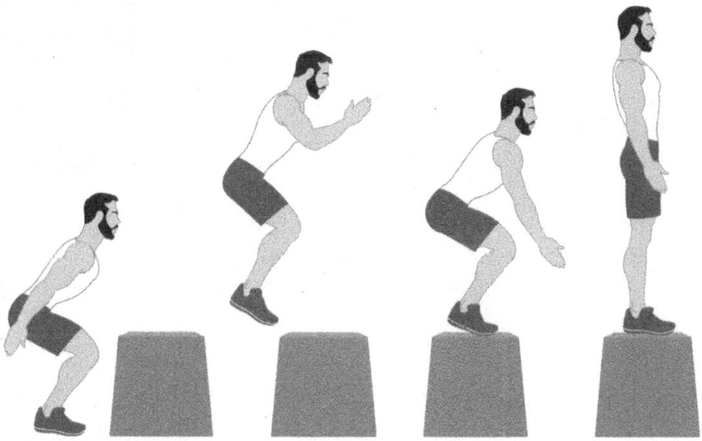

1. Nimm in komfortablem Abstand zur Box einen schulterbreiten Stand ein. Um die Bewegung einzuleiten, beuge die Knie, schiebe die Hüfte zurück und schwinge die Arme nach hinten.
2. Drücke dich mit den Füßen explosionsartig vom Boden ab, um auf die Box zu springen.

Box-Kniebeuge

Wiederholungen: 5
Sätze: 3
Pause: 120 Sekunden
% des 1RM: 87 %

Fokus: Kraft der Bewegung | Die Fähigkeit deines Körpers, Kraft zu erzeugen

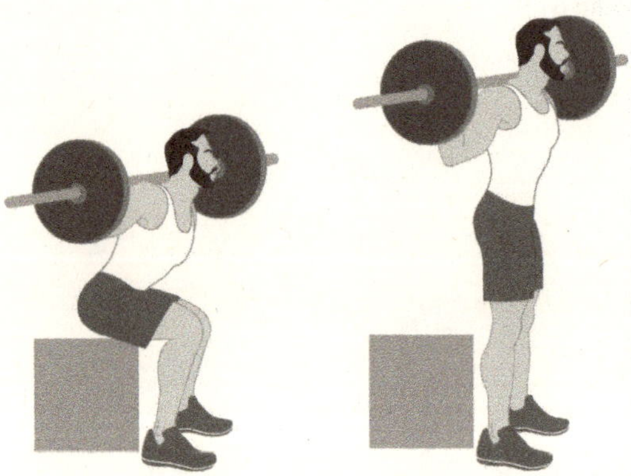

1. Stelle dich, mit der Langhantel auf dem Rücken, vor eine Box oder Bank. Senke deine Hüfte in Richtung Box/Bank ab (als würdest du dich hinsetzen wollen).
2. Sobald dein Hintern die Box/Bank berührt, richte dich wieder auf, indem du dich mit den Beinen abdrückst. Eine kurze Pause in der untersten Position bedeutet, dass du die großen Muskeln im Unterkörper erst aktivieren musst, um dich aufzurichten.

Bulgarische Kurzhantel-Ausfallschrittkniebeuge (mit Pause)

Wiederholungen: 8 (2 Sekunden Pause)
Sätze: 3
Pause: 90 Sekunden
% des 1RM: 80 %

Fokus: Umfang der Bewegung | Sehnen- und Bänderkraft: Belastbarkeit deiner Sehnen und Bänder, gepaart mit optimaler Beweglichkeit

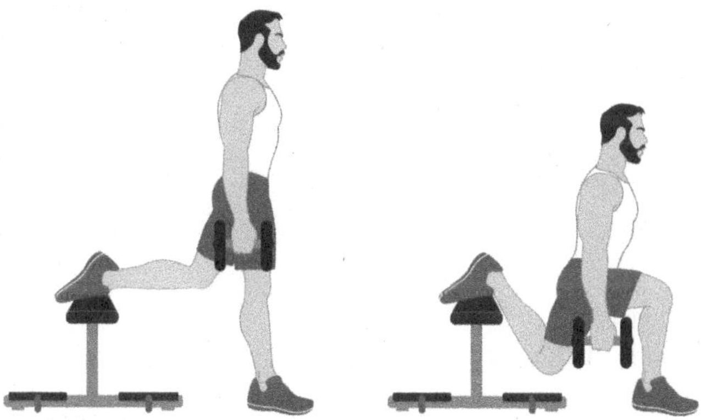

1. Nimm eine Ausfallschrittposition ein und halte zwei Kurzhanteln mit neutralem Griff an deinen Seiten. Platziere den hinteren Fuß auf einer Bank oder Box, um den Bewegungsumfang zu erhöhen.
2. Bewege dich nach unten, indem du das vordere Knie beugst. Stoppe die Bewegung, sobald das hintere Knie genau unterhalb der Hüfte den Boden berührt.
3. Drücke dich mit dem vorderen Fuß ab und strecke das Knie, um in die Startposition zurückzukehren. Wiederhole das Ganze.

Schlittenschieben

Distanz: 20 Meter
Sätze: 3
Pause: 90 Sekunden
% des 1RM: 75 %

Fokus: Kapazität der Bewegung | Ein Finisher aus dem General-Physical-Preparedness-System, der das Durchhaltevermögen des Körpers (Arbeitskapazität) verbessert

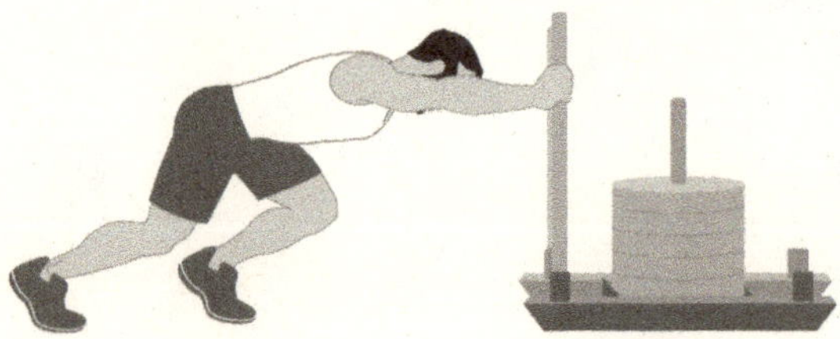

1. Belade den Schlitten mit Gewicht. Falls du zu viel auflädst, wirst du das schnell merken, weil du den Schlitten nicht bewegen kannst.
2. Lehne dich nach vorn und drücke aus dieser tiefen Position heraus mit gestreckten oder gebeugten Armen gegen den Schlitten. Spanne deinen Core an, während du anschiebst, und drücke dich mit dem Vorderfuß ab. Sobald der Schlitten einmal in Bewegung ist, lässt er sich leichter schieben.

KRAFTEINHEIT 3 | FREITAG: ZIEHEN/HEBEN/HÜFTBEUGEN

Kettlebell-Swings

Wiederholungen: 5
Sätze: 3
Pause: 120 Sekunden
% des 1RM: 87 %

Fokus: Schnelligkeit der Bewegung | Schnelle und effiziente Bewegungsmuster, um Zusammenarbeit von Gelenken und Muskeln anzuregen

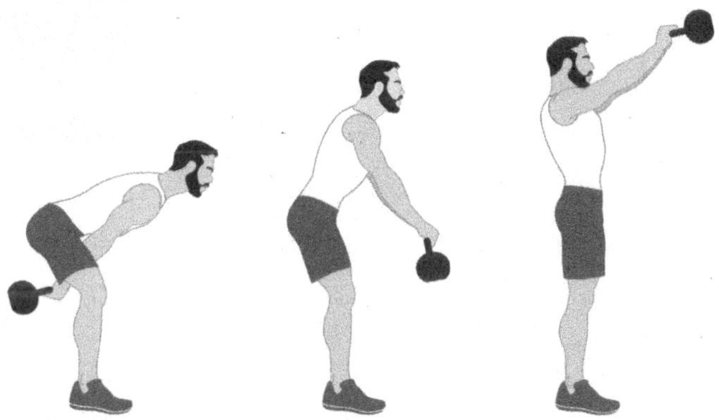

1. Zu Beginn befindet sich die Kettlebell vor dir zwischen deinen Beinen auf dem Boden. Nimm einen hüftbreiten Stand ein. Beuge leicht die Knie und lehne dich aus der Hüfte heraus nach vorn. Greife die Kettlebell und ziehe sie zwischen deine Beine, um Schwung zu holen.
2. Drücke die Hüfte nach vorn und strecke den Rücken, um die Kettlebell bis auf Schulterhöhe hinaufzuschwingen. Lass sie anschließend wieder zwischen deinen Beinen hindurch nach hinten wandern und wiederhole die gesamte Bewegungsfolge.

Klimmzüge mit Zusatzgewicht (mit Pause)

Wiederholungen: 5
Sätze: 3
Pause: 120 Sekunden
% des 1RM: 87 %

Fokus: Kraft der Bewegung | Fähigkeit deines Körpers, Kraft zu erzeugen

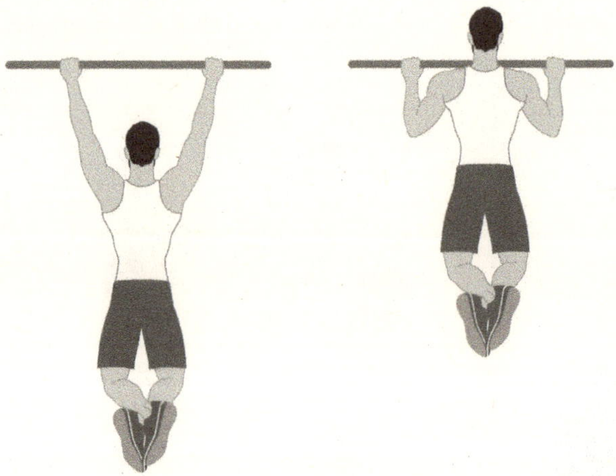

1. Greife die Klimmzugstange etwa schulterbreit. Hebe die Füße vom Boden und lass dich frei herabhängen.
2. Ziehe dich nach oben, bis dein Kinn die Stange passiert hat, und wiederhole das Ganze.

Einarmiges Rudern (mit Pause)

Wiederholungen: 8
(2 Sekunden Pause)
Sätze: 3
Pause: 90 Sekunden
% des 1RM: 80 %

Fokus: Umfang der Bewegung | Sehnen- und Bänderkraft: Belastbarkeit deiner Sehnen und Bänder, gepaart mit optimaler Beweglichkeit

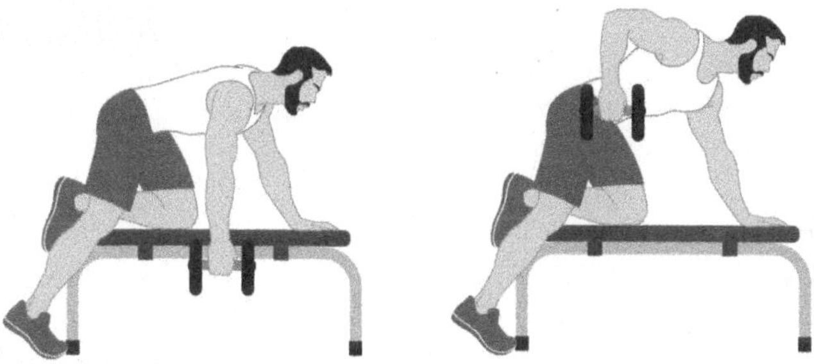

1. Knie dich mit dem linken Bein auf die Bank und stütze dich mit der linken Hand ab. Lehne dich nach vorn, sodass sich dein Oberkörper parallel zum Boden befindet. Greife nach unten und nimm eine Kurzhantel in die rechte Hand. Nutze dabei einen neutralen Griff (die Handfläche zeigt zu dir), halte den Arm gestreckt und den Rücken gerade. Ziehe die Hantel hinauf zur Brust. Spanne in der obersten Position Schulter- und Rückenmuskulatur an.
2. Senke die Hantel ab, bis dein Arm wieder vollständig gestreckt ist. Absolviere alle Wiederholungen mit einem Arm, bevor du die Seiten wechselst.

Farmer's Walk

Distanz: 30 Meter
Sätze: 3
Pause: 90 Sekunden
% des 1RM: 75 %

Fokus: Kapazität der Bewegung | Ein Finisher aus dem General-Physical-Preparedness-System, der das Durchhaltevermögen des Körpers (Arbeitskapazität) verbessert

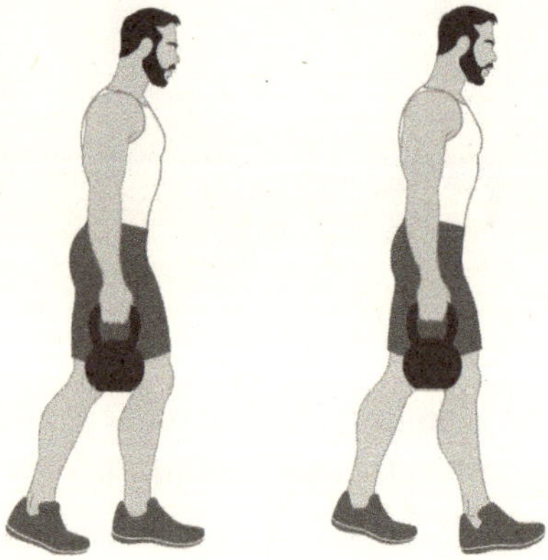

1. Nimm einen aufrechten Stand ein und halte zwei Kettlebells, Kurzhanteln oder Farmer's Bars in deinen Händen. Wichtig ist, dass dein Core angespannt ist, du die Balance hältst und das Gewicht kontrollierst.
2. Gehe mit kontrolliertem Tempo die angegebene Distanz.

KRAFTEINHEIT 4 | SONNTAG: SCHLEPPEN/WERFEN/UMSTOSSEN

Schlittenschieben

Distanz: 20 Meter
Sätze: 3
Pause: 90 Sekunden
% des 1RM: 75 %

Fokus: Kapazität der Bewegung | Ein Finisher aus dem General-Physical-Preparedness-System, der das Durchhaltevermögen des Körpers (Arbeitskapazität) verbessert

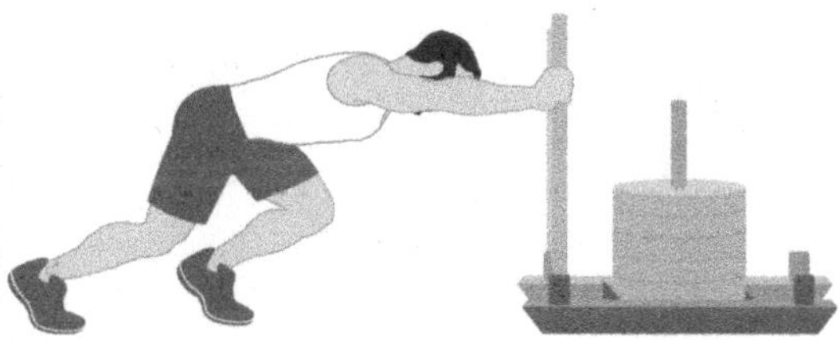

1. Belade den Schlitten mit Gewicht. Falls du zu viel auflädst, wirst du das schnell merken, weil du den Schlitten nicht bewegen kannst.
2. Lehne dich nach vorn und drücke aus dieser tiefen Position heraus mit gestreckten oder gebeugten Armen gegen den Schlitten. Spanne deinen Core an, während du anschiebst, und drück dich mit dem Vorderfuß ab. Sobald der Schlitten einmal in Bewegung ist, lässt er sich leichter schieben.

Medizinball-Slams

Dauer: 60 Sekunden
Sätze: 4
Pause: 90 Sekunden
% des 1RM: 75 %

Fokus: Kapazität der Bewegung | Ein Finisher aus dem General-Physical-Preparedness-System, der das Durchhaltevermögen des Körpers (Arbeitskapazität) verbessert

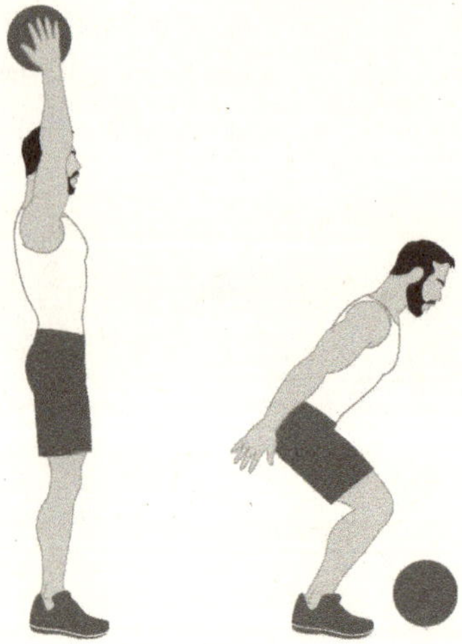

1. Stelle dich mit leicht gebeugten Knien auf und halte mit gestreckten Armen einen Medizinball über deinem Kopf.
2. Lehne dich aus der Taille heraus nach vorn und nutze deine Core-Muskulatur, um den Ball vor dir auf den Boden zu schmettern.
3. Fange den nach oben prallenden Ball auf und wiederhole das Ganze.

Tyre Flips

Distanz: 20 Meter
Sätze: 4
Pause: 90 Sekunden
% des 1RM: 75 %

Fokus: Kapazität der Bewegung | Ein Finisher aus dem General-Physical-Preparedness-System, der das Durchhaltevermögen des Körpers (Arbeitskapazität) verbessert

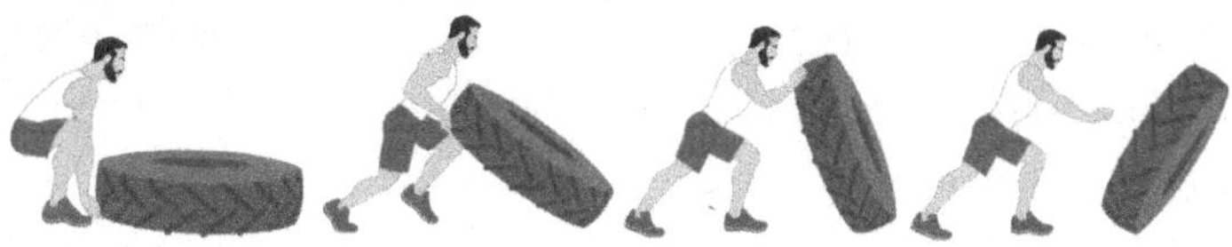

1. Nimm eine tiefe Kniebeuge-Position ein, die Hüfte tief gesenkt und nach hinten geschoben, die Füße in schulterbreitem Abstand zueinander, Knie und Füße auf einer gedachten Linie.
2. Greife mit den Händen unter den Reifen und drücke deine Brust dagegen. Schiebe die Hüfte nach hinten, mit aufrechtem Kopf und breiten Schultern, damit deine Wirbelsäule gerade bleibt und du mit Beinen und Hüfte kraftvoll Druck ausüben kannst.
3. Erzeuge mit dieser Initialbewegung einen ausreichenden Kraftimpuls, um unter den Reifen schlüpfen zu können und vom Unterhandgriff in eine Drück-Position zu wechseln.
4. Mache einen Schritt nach vorn und nutze deinen ganzen Körper, um den Reifen nach oben zu drücken und umzustoßen. Versuche, aus Anheben und Umstoßen eine flüssige Bewegung zu machen und schnell und mit sauberer Technik zu arbeiten.

Mit diesem »winterharten« Krafttrainingsplan hatte ich es Gott sei Dank tatsächlich geschafft, seetaugliche Kraft und Schnelligkeit aufzubauen.

Nachdem ich mich durch die rauen Gezeitenströme der Isle of Man gekämpft hatte, erreichten wir am 23. Juli um 14 Uhr offiziell (und endlich) den Nordkanal. Wir waren nun seit 53 Tagen auf See. Ohne Fernseher und mit begrenzten Informationen, was draußen in der Welt gerade vor sich ging, hatten wir ein hervorragendes Gespür selbst für kleinste Veränderungen des Meeres und unsere Fortschritte bekommen. Jede noch so minimale Steigerung meiner Geschwindigkeit wurde gefeiert und jeder günstige Wetterbericht begrüßt.

Vom Meer aus konnte man zudem richtig sehen, wie die Gezeiten uns beim Vorankommen halfen. Die Küstenlinie zog sichtlich ein wenig schneller vorüber und ich spürte, wie die Belastung auf Sehnen und Bänder in meinen Schultern etwas geringer wurde.

Erleichtert atmete ich auf und blickte zurück auf die Irische See und die Isle of Man. Ich hatte es geschafft, nach feiern war mir dennoch nicht zumute. Ich fühlte mich nicht, als hätte ich die Irische See erobert, sondern als wäre ich ihr gerade so entkommen. Dank meines »winterharten« Krafttrainings und purem Glück (weil Mutter Natur und Poseidon mir freie Durchfahrt gewährten), befand ich mich nun auf dem Weg nach Schottland – mit der Belastungstoleranz meines Körpers (Anpassungsenergie) und chronischen Erschöpfung noch im grünen Bereich.

Lektion 8

- **Krafttraining kann deine Ausdauer verbessern.** Wenn du sowohl schnell als auch langsam zuckende Muskelfasern trainierst, profitiert deine Ausdauerleistung.
- Krafttraining verbessert nachweislich Bewegung und Effizienz. **Und wenn du dich besser bewegst, kommst du weiter und schneller voran.**
- **Ausdauertraining kann deine Kraft steigern,** indem es die Effizienz deines Herz-Lungen-Systems verbessert und so mehr Sauerstoff in die beanspruchte Muskulatur gelangt.
- Ein effektiver Krafttrainingsplan umfasst:
  - **Übungen für die Schnelligkeit der Bewegung** (bei denen Muskeln und Gelenke optimal zusammenarbeiten und das zentrale Nervensystem für die folgenden schwereren Sätze »auf Touren« gebracht wird)
  - **Übungen für die Kraft der Bewegung** (bei denen der Fokus auf der Fähigkeit der Muskulatur liegt, Kraft in Kombination mit einer koordinierten neuromuskulären Aktivierung zu erzeugen)
  - **Übungen für den Umfang der Bewegung** (bei denen der Fokus vor allem auf Koordination, kontrollierter Biomechanik und Rumpfmuskel-[Core-]Aktivierung durch unilaterale [einarmige und -beinige] Bewegungen liegt)
  - **Übungen für die Kapazität der Bewegung** (in denen die Fähigkeit des Körpers, Belastung und Reize aus Training und/oder Wettkampf ohne Muskelkater zu verkraften [Arbeitskapazität], schrittweise verbessert wird)

LEKTION 9 | KREUZEN UND JAGEN

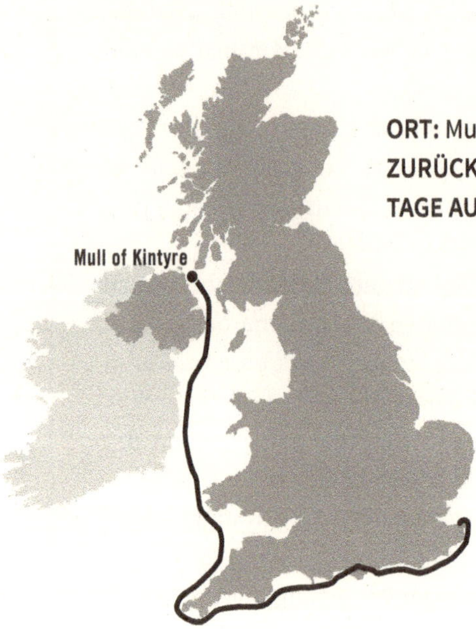

ORT: Mull of Kintyre
ZURÜCKGELEGTE DISTANZ: 1223 Kilometer
TAGE AUF SEE: 59

Es ist 14 Uhr am 29. Juli 2018 und wir haben das Mull of Kintyre erreicht. Wie vor den Toren der Inneren Hebriden fühlte sich auch hier plötzlich alles ganz anders an, weil die schottische Küstenlinie zu den spektakulärsten gehörte, die ich in bisher 59 Tagen auf See gesehen hatte. Die schroffen Gipfel und tiefen Bergschluchten harmonierten an diesem Tag perfekt mit dem Ozean und boten uns willkommenen Schutz vor Wind und Wellen, die uns sonst mit Sicherheit ganz schön zu schaffen gemacht hätten.

Doch wenn dieselben Gebirgsketten mit dem Meer unter ihnen »auf Kriegsfuß« stehen, erzeugen sie dichte Nebelschwaden auf dem

Wasser, die ein Navigieren schier unmöglich machen. Nicht nur für Schiffe übrigens. Der Nebel steigt so hoch, dass es in der Vergangenheit immer wieder auch zu Unfällen bei der Luftfahrt kam.[1] Aus diesem Grund ist das Mull of Kintyre (ähnlich wie die Irische See und der Bristolkanal) gefürchtet und als potenzieller Friedhof für alles und jeden berüchtigt, der es zu durchqueren versucht.

Zum Glück für uns waren die schottischen Gewässer an diesem Tag ruhig und freundlich. Eine Welle der Erleichterung und Freude erfasste die Besatzung, und die Feierlichkeiten anlässlich unserer Ankunft im Nordkanal arteten von Tanzen auf dem Deck (womit wir den ruhigen Seegang gewürdigt hatten) zu einer richtigen Party aus (womit wir unsere Ankunft in Schottland feierten).

Vom Wasser aus sah ich Suzanne, die das Lufthorn des Bootes in Beschlag nahm und dessen Alarm erklingen ließ, und zwar (überraschend) harmonisch mit Taz und seiner Ukulele, die er in der Bordküche gefunden hatte, wo sie für besondere Anlässe wie diesen verstaut gewesen war. Harriet kam gerade aus ihrer Kajüte und stieg, auf dem Dach der Bordküche tanzend, in die Feierlichkeiten ein, während Matt mit lauter und tiefer Baritonstimme jede Zeile des 1977er-Hits »Mull of Kintyre« schmetterte, dass es nur so durch die Hebriden echote.

Dies zwar zweifellos einer der komischsten, surrealsten und besondersten Momente in meinem Leben. Wir hatten bislang stets versucht, uns mit dem Feiern zurückzuhalten. Bei der Ankunft an Land's End hatten wir uns, genauso wie nach der Durchquerung des Bristolkanals, nur einen kurzen Moment des Jubelns erlaubt. Beim Mull of Kintyre was das anders.

Wir waren offiziell in Schottland! Außerdem ließ sich (aufgrund der Form von Großbritanniens Küstenlinie) zwar nicht exakt bestimmen, an welcher Stelle genau wir die Hälfte unseres Weges geschafft haben würden, wir hatten aber stets den südwestlichsten Zipfel der Kintyre-Halbinsel angepeilt.

Die vergangenen 59 Tage und 1223 Kilometer hatten allerdings auch ihren Tribut gefordert. Ich war kaum noch als die Person zu erkennen, die am 1. Juni Margate verlassen hatte. Meine Verwandlung in ein primitives, aufgedunsenes Meeresmonster war inzwischen in vielerlei

Hinsicht abgeschlossen, wie ich auch an meiner Mankini-Weste spürte, die beim Schwimmen immer enger wurde.

Doch das störte mich nicht. Die Extra-Fettschicht bot willkommene Wärmedämmung im Wasser, das hier oben nun deutlich kälter als noch an der Südküste und in der Irischen See war, die ein wenig Wärme vom Golfstrom abbekommt. Die wärmeren Sommertage lagen inzwischen außerdem hinter uns und wir mussten noch immer die gesamte schottische Küste entlangschwimmen.

Matt machte sich außerdem Sorgen und erklärte am Abend während des Essens, warum ich mit äußerster Vorsicht weiterschwimmen sollte.

»Ich will dir keine Angst machen, Ross«, sagte er.

Ich blickte ihn mit Unbehagen an, denn ich war nun seit zwei Monaten Tag und Nacht mit Matt auf dem Wasser und wusste, dass er Bedenken nur dann äußerte, wenn es absolut notwendig war.

»Aber wir haben gerade übers Funkgerät erfahren, dass eine Herde Schwertwale vor der Westküste gesichtet wurde. Im Grunde exakt auf der Route, die du als Nächstes schwimmen wirst.«

»Muss ich mir Sorgen machen?«, fragte ich bange.

»Die Sache ist die: Ich habe mit Meeresbiologen gesprochen und die sagen, dass es gute und schlechte Nachrichten für uns gibt.« Er machte kurz Pause und überlegte, welche davon er mir zuerst verraten sollte.

»Die gute Nachricht ist, dass es keinen einzigen belegten Fall von Schwertwalen gibt, die Menschen in freier Natur attackiert haben. Wale sind extrem intelligent und wissen, dass wir nicht auf ihrem ›Speiseplan‹ stehen. Sie würden uns niemals einer Robbe vorziehen, weil wir weniger dick und fleischig sind.«

»Das ist die gute Nachricht, oder?«, wollte ich wissen.

»Nun, ja. Sie sagten aber auch: Wenn die Wale einen Menschen attackieren würden, dann dich, weil du mehr Zeit im Meer vor der Küste Großbritanniens verbracht hast als jeder andere. Schlimmer noch: Du siehst von Tag zu Tag mehr aus wie eine Robbe.«

Ich sah mich in der Bordküche um und Suzanne, Harriet und Taz nickten zustimmend. Matt hatte recht. Ich wog inzwischen über

100 Kilo, zwölf Kilogramm mehr als die leichtere, schlankere Version von mir, die in Margate aufgebrochen war.

»Was schlägst du also vor?«, fragte ich.

»Lass den Pudding heute lieber weg«, witzelte Harriet.

»Oder sieh beim Schwimmen weniger wie eine Robbe aus«, schlug Matt vor.

Beide Vorschläge waren gut. Ich begann mir Sorgen zu machen, dass meine grau-schwarze Manikini-Weste zu sehr an eine Robbe erinnerte, und fragte mich, ob wir nicht farbliche Alternativen an Bord hatten.

Aber Spaß beiseite: Mein Körper wurde in den vergangenen Wochen von der See geformt und die Kapazität meiner Belastungstoleranz (und Anpassungsenergie) komplett dafür aufgewendet, mich besser, schneller und effizienter durchs Wasser zu bewegen.

Infolgedessen schwamm ich nun wie ein Seehund.

Meine neue Figur ermöglichte mir nur zwei Tempostufen: Kreuzen oder Jagen. Wie die Kegelrobben in Lundy schwamm ich mit langsamem, gleichmäßigem Tempo (Kreuzen) und verbrauchte nur so viel Energie wie nötig, bis der Zeitpunkt gekommen war, an dem ich durch eine Schifffahrtsstraße sprinten musste, um den Zusammenstoß mit einem Frachter zu verhindern (Jagen). Dadurch konnte ich meinem Körper genug Sauerstoff (und Energie) zur Verfügung stellen, um mit verschiedenen Geschwindigkeiten über verschiedene Entfernungen hinweg zu schwimmen.

Das Konzept von Kreuzen und Jagen hängt eng mit dem altbewährten polarisierten Training (auch als 80/20-Methode bekannt) zusammen, das seit Jahrhunderten von Ausdauersportlern angewandt wird.

KREUZEN ODER JAGEN: POLARISIERTES TRAINING

Die 80/20-Methode ist simpel. Du trainierst 80 Prozent deiner Zeit im aeroben Bereich, mit geringer Intensität und geringem Tempo, und anschließend 20 Prozent deiner Zeit im anaeroben Bereich, mit hoher Intensität und hohem Tempo.

Die Definition von »aerob« lautet: »unter Vorhandensein von Sauerstoff«. Dein Körper verwendet also Sauerstoff, um die molekulare Energie zu erzeugen, die deine Muskeln für jede Bewegung benötigen. Diese Energie besteht in Form der chemischen Verbindung Adenosintriphosphat (ATP).

Die aerobe Art der Energieproduktion ist langsam, sorgt aber für einen großen Vorrat. Es ist das Energiesystem, auf das wir beispielsweise während eines Marathons mit moderatem Tempo, einer 5-Kilometer-Schwimmeinheit oder einer 30-Kilometer-Radtour zurückgreifen. Im Rahmen des Great-British-Swim-Trainingsplans war dies das Energiesystem, das ich morgens gleich als Erstes trainiert hatte, und zwar in 5 bis 25 Kilometer langen Schwimmeinheiten mit langsamer, gleichbleibender Geschwindigkeit.

Anaerobe Energie kann dagegen ohne Sauerstoff erzeugt werden. Stattdessen werden dafür Kohlenhydrate aus Blutzucker oder den Glukosespeichern der Muskeln aufgespalten, um die molekulare Energie zu erzeugen, die deine Muskeln für jede Bewegung benötigen (erneut in Form von ATP). Diese Art der Energieproduktion ist deutlich schneller, liefert aber nur einen äußerst begrenzten Energievorrat. Dies ist das Energiesystem, auf das wir während eines 400-Meter-Laufs, Strongman-Trainings oder einer explosiven Einheit Rudern über 1000 Meter verwenden. Im Rahmen des Great-British-Swim-Trainingsplans war dies das Energiesystem, das ich zweimal pro Woche in den Abendstunden trainierte, mit Intervall-Sprints von 20 mal 100 Metern bis hin zu (seltenen) von Zátopek inspirierten 100-mal-400-Meter-Sprints (eine brutale Variante, die ich 99 Prozent der Leser nicht empfehlen würde).

Der Unterschied zwischen aerobem und anaerobem Training ist also der Sauerstoff. Aus diesem Grund trennen wir aerobes Training mit niedriger Intensität und anaerobes Training mit hoher Intensität voneinander. So besitzt jede Einheit ein klares Ziel und sendet ein »deutliches zelluläres Signal« an deinen Körper, an was er sich anpassen soll (im Sinne der Spezifität des Körpers, bei der du konstant deine Fähigkeit, Belastung und Reize auszuhalten, für eine bestimmte Form von Training und/oder Wettkampf nutzt).

80 Prozent Training mit langsamem Tempo und geringer Intensität	20 Prozent Training mit schnellem Tempo und hoher Intensität
Du schwimmst, fährst Rad oder läufst mit einer Intensität und Geschwindigkeit, bei der dein Körper seine Muskulatur über einen langen Zeitraum mit ausreichend Sauerstoff und Energie versorgen kann. So verbesserst du deine aerobe Fitness.	Du schwimmst, fährst Rad oder läufst mit einer Intensität und Geschwindigkeit, bei der dein Körper seine Muskulatur nicht über einen langen Zeitraum mit ausreichend Sauerstoff und Energie versorgen kann. So verbesserst du deine anaerobe Fitness.
Der Fokus liegt im Training auf: • Technik und Bewegungseffizienz • Der Fähigkeit von Herz, Lunge und Körper, Sauerstoff zur Energieproduktion zu verwenden	Der Fokus liegt im Training auf: • Steigern der Schmerztoleranz (damit du Unangenehmes irgendwann angenehm findest) • Der Fähigkeit der Muskulatur, Energie ohne Sauerstoff zu produzieren

Werden diese separaten Workouts dann in einem gut durchdachten Trainingsplan miteinander verknüpft, verbessern sie alle gemeinsam die Fähigkeit deines Körpers, mit größerer Intensität und über unterschiedliche Dauer hinweg aktiv zu sein und dabei genügend Sauerstoff und/oder Energie bereitzustellen, um die Wanderung, Radtour, Schwimmtour oder den Lauf bei egal welchem Tempo und welcher Intensität fortzusetzen.

ENERGIE KURZ ERKLÄRT

Alle Energiesysteme arbeiten konstant und gleichzeitig. Welches Energiesystem vorrangig dazu genutzt wird, die ATP-Speicher wieder aufzufüllen, hängt von der Intensität und Dauer einer Aktivität ab. Eine grafische Darstellung dazu findest du auf der folgenden Seite.

Die einzelnen Energiesysteme arbeiten also nie isoliert voneinander, sondern stets parallel – je nach Zeitpunkt zu bestimmten Anteilen. Beim Joggen nutzt der Körper beispielsweise auch immer einen winzigen Prozentsatz des anaeroben Systems, während er beim Sprinten auch einen geringen Teil des aeroben Systems einsetzt. Welches Energiesystem in welchem Umfang genutzt wird, ändert sich also ständig.

Wie findest du heraus, welches Energiesystem du gerade hauptsächlich nutzt – das aerobe oder das anaerobe? Abgesehen vom Einsatz fortschrittlicher Technologien findest du dies am einfachsten heraus, wenn du laufen und dich dabei noch problemlos unterhalten kannst.

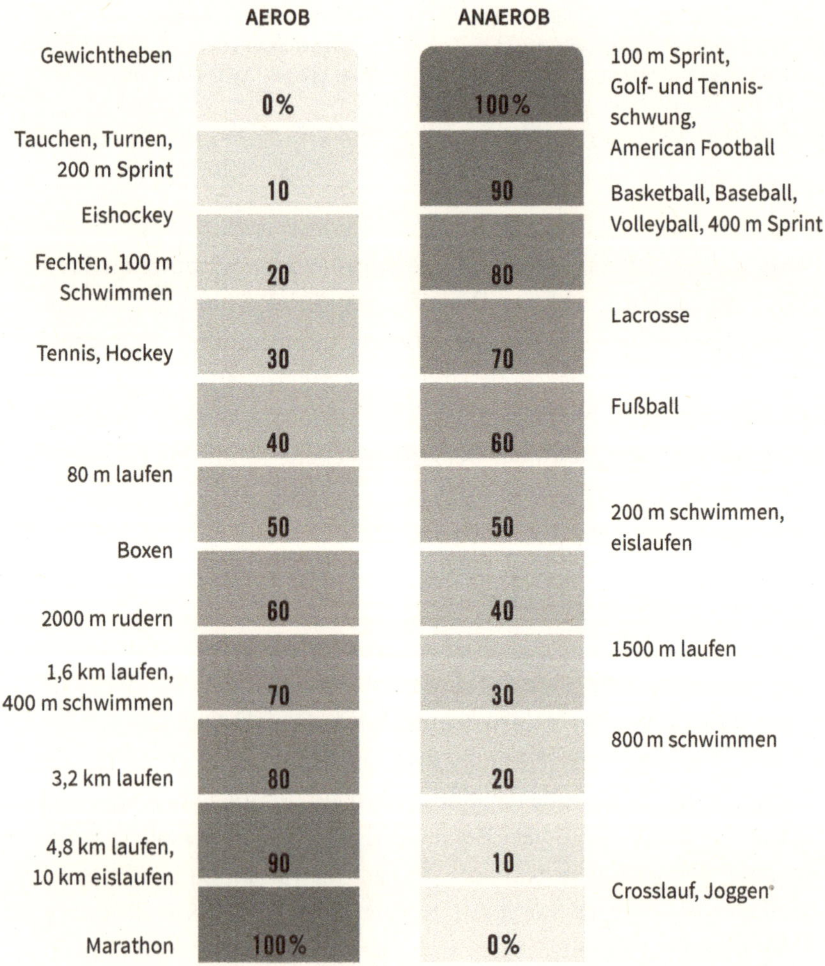

- Wenn du komplette Sätze formulieren kannst, läufst du in aerobem Tempo, das du über lange Zeit hinweg aufrechterhalten kannst. Dies ist die Geschwindigkeit, mit der du im Wasser »kreuzt«.
- Wenn du keine kompletten Sätze mehr formulieren kannst, läufst du wahrscheinlich in anaerobem Tempo, das du nicht lange aufrechterhalten kannst. Dies ist die Geschwindigkeit, mit der du im Wasser »jagst«.

Den Punkt, an dem dein Körper vom aeroben ins anaerobe Energiesystem wechselt, bezeichnen wir als anaerobe Schwelle. Studien zeigen: Je fitter du bist (also: je effizienter dein Herz-Lungen-System ist), umso länger kannst du deinen Körper mit dem aeroben System am Laufen halten, bevor das anaerobe System übernimmt.

KREUZEN LERNEN: 80 PROZENT LANGSAM (AEROB)

Bewegungseffizienz ist in jedem Ausdauersport der Schlüssel zum Erfolg. Egal ob beim Laufen, Radfahren oder Schwimmen, je effizienter du dich bewegst, umso weniger anfällig bist du für Verletzungen und umso schneller und weiter wirst du vorankommen.

Das liegt daran, dass alle Bewegungen über eine sogenannte kinetische Kette verfügen. Dr. Arthur Steindler, einer der frühen Vertreter dieser Theorie, definierte eine solche kinetische Kette als »Kombination verschiedener miteinander verbundener Gelenke, die eine komplexe motorische Einheit bilden«. Vereinfacht gesagt besteht die kinetische Kette also aus allen Gelenken, die an einer Bewegung beteiligt sind.

Für Schwimmer ist diese Bewegungseffizienz ganz besonders wichtig, wie Forscher herausfanden: »Ein durchschnittlicher Wettkampfschwimmer schwimmt zwischen 60 000 und 80 000 Meter pro Woche. Rechnet man mit den üblichen acht bis zehn Schwimmzügen pro 25-Meter-Bahn, dann führt jede Schulter 30 000 Rotationen pro Woche aus, was eine enorme Belastung für das Schultergelenk und die

Muskulatur des Schultergürtels darstellt. Schulterschmerzen sind deshalb auch die häufigste muskuloskelettale Beschwerde unter aktiven Schwimmern.«[2] Darum ist es wichtig, 80 Prozent deines Ausdauertrainings darauf zu verwenden, eine kinetische Kette effizienter Bewegungsmuster einzustudieren, und deshalb begann ich jeden Tag damit, die mir zur Verfügung stehende Kapazität der Belastungstoleranz (und Anpassungsenergie) dafür zu nutzen.

Wie entwickelt man also eine gute Technik? Die Antwort lautet: üben, üben und nochmals üben. Kilometer schrubben, dich »winterhart« machen – das lässt sich durch nichts ersetzen. Es gibt so viele Tipps, Tricks und vermeintliche Abkürzungen, mit denen du angeblich eine bessere Marathonzeit läufst oder die zehn Kilometer schneller schwimmst. Am Ende wirst du um harte Arbeit aber einfach nicht herumkommen.

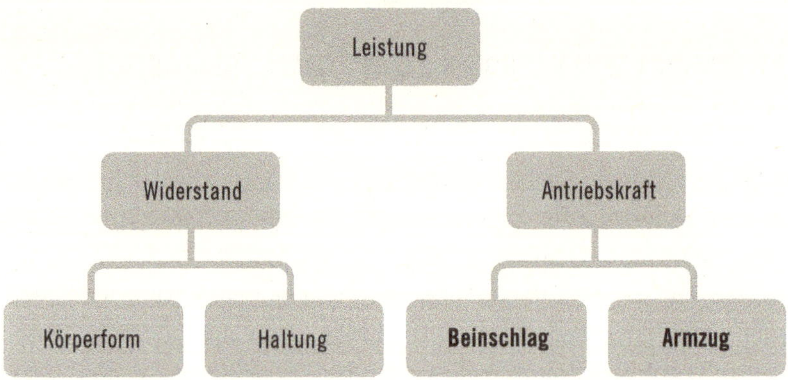

Durch regelmäßiges Üben wirst du ein Experte für Biomechanik, Hydrodynamik und die Gesetze der Bewegung, die für deinen Sport gelten.

Für den Schwimmsport wurde dies vom *Journal of Swimming Research* hervorragend zusammengefasst: »Bei Überlegungen, welche Faktoren die Leistung beeinflussen, kann es nützlich sein, sich an einem Modell (siehe oben) zu orientieren. Widerstand und Antriebskraft sind – gemeinsam mit der physiologischen Kapazität des Schwimmers – die Schlüsseldeterminanten der Leistungsfähigkeit.«

Nun wissen wir bereits, dass meine Körperform – mit dem U-Boot-Schädel, dem bojenartigen Entenhintern und der Statur eines Sumo-Schwimmers – über »keine guten hydrodynamischen Eigenschaften für Schwimmwettkämpfe« verfügte, weil sie einen zu großen Strömungswiderstand verursachte.

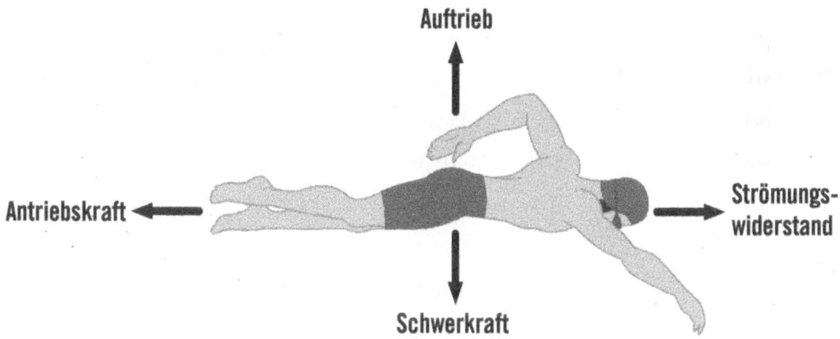

Neben der Körperform spielt aber auch die Haltung eine wichtige Rolle für die Bewegungseffizienz. Die meisten Studien zur Hydrodynamik werden mit gleichmäßig und symmetrisch geformten Objekten durchgeführt, die ihre Form nicht verändern. Der menschliche Körper ist, im Gegensatz dazu, nicht gleichmäßig und verändert seine Form beim Schwimmen konstant. Selbst Sportler mit einem idealen Schwimmerkörper erzeugen während des Schwimmens also unregelmäßige Formen, die Strömungswiderstand verursachen, etwa beim Ausführen des Armzugs oder beim Eindrehen zum Atmen. Das übergeordnete Ziel ist es deshalb, eine Form zu wahren, die für minimalen Strömungswiderstand sorgt und gleichzeitig dem Körper und seinen Gliedmaßen ermöglicht, auf energieeffiziente Weise ausreichend Antriebskraft zu erzeugen. Ein möglichst optimaler Kompromiss aus Strömungswiderstand und Antriebskraft ist nötig, um die Geschwindigkeit bei nachhaltigen Energiekosten maximieren zu können. In diesem Zusammenhang ist ein grundlegendes Verständnis der newtonschen Gesetze von Vorteil, die für alle menschlichen Bewegungen Gültigkeit besitzen und bei Beschreibung und Analyse der Schwimmtechniken von Wettkampfsportlern nicht ignoriert werden können.

ERSTES NEWTONSCHES GESETZ:

»Ein Körper verharrt im Zustand der Ruhe oder der gleichförmig geradlinigen Bewegung, sofern er nicht durch einwirkende Kräfte zur Änderung seines Zustands gezwungen wird.«

Beim Schwimmen wirken Kräfte, die den Schwimmer beschleunigen – etwa die während der Kraftphase des Armzugs erzeugte Antriebskraft –, und Kräfte, die den Schwimmer negativ beschleunigen, wie der Strömungswiderstand und kontraproduktive Bewegungen.

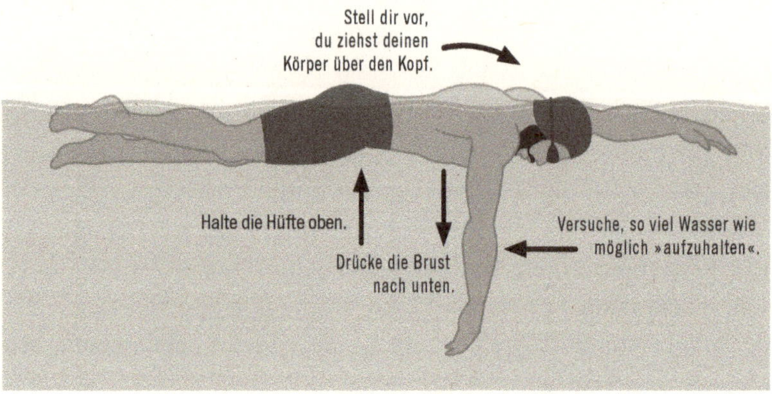

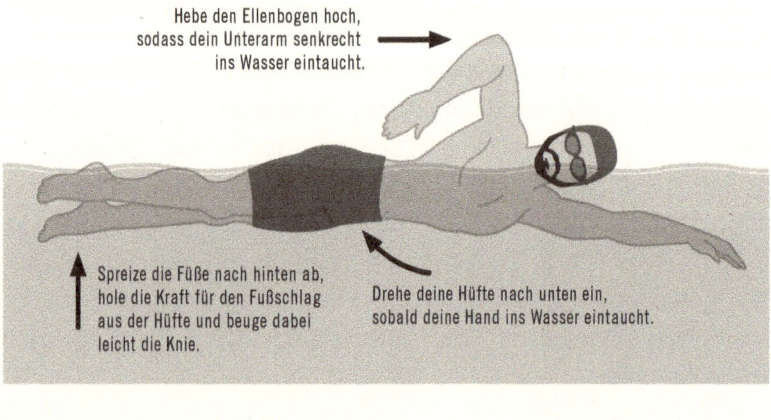

Eine sinnvolle Schlussfolgerung aus dieser Interpretation des ersten newtonschen Gesetzes ist also, dass Antriebskräfte vergrößert und konstant angewendet und Widerstände minimiert werden sollten, da dies zu einem hohen Grad von »Antriebseffizienz« führt (dargestellt in der Abbildung auf der linken Seite). Gelingen kann uns das durch ein Verfeinern unserer Technik, wodurch wir besser in der Lage sind, zu »kreuzen und jagen«.

Körperhaltung	Atmung
• Halte deinen Körper so gerade wie möglich, um stromlinienförmig durchs Wasser zu gleiten. Erst ab der Hüfte fällt der Körper ein wenig ab, damit der Beinschlag unter Wasser geschieht. • Halte den Bauch gerade und auf Spannung, um den unteren Rücken zu stützen. • Dein Blick ist nach vorn und unten gerichtet, dein Kopf auf einer Linie mit dem Körper und die Wasseroberfläche befindet sich zwischen deinen Augenbrauen und dem Haaransatz. • Halte Kopf und Wirbelsäule so unbewegt und entspannt wie möglich. Rotiere stattdessen nur mit Hüfte und Schultern, um die nötige Dynamik im Wasser zu erzeugen. Dein Kopf rotiert nur dann mit, wenn du atmen willst. • Deine Schulter verlässt das Wasser dann, wenn es auch der dazugehörige Arm tut, während der andere Arm die nächste Antriebsphase unter Wasser beginnt. • Deine Hüfte rotiert nicht so stark wie die Schultern.	• Drehe den Kopf so geschmeidig wie möglich zum Atmen ein. Dein Hals bleibt dabei entspannt, Kopf und Wirbelsäule passen sich an die Rotation der Schultern an. • Eine Seite des Gesichts bleibt im Wasser. Mitunter musst du deinen Mund zu einer Seite hin öffnen, damit du kein Wasser schluckst. • Hebe den Kopf nicht zu weit aus dem Wasser – je mehr du den Kopf hebst, umso tiefer sinken Füße und Beine. • Hole tief und kräftig Luft und drehe dein Gesicht mit der Rotation deiner Schultern sofort wieder geschmeidig ins Wasser. • Atme unter Wasser aus, sobald sich dein Kopf wieder in einer neutralen Position befindet. Das Ausatmen kann langsam oder explosiv erfolgen. • Wie regelmäßig du Luft holen musst, ist nicht in Stein gemeißelt. Es ist besser, nur wenn nötig einzuatmen. Eine Standardtechnik ist es, alle drei Schwimmzüge einzuatmen. So wechselt die Seite, zu der du deinen Kopf eindrehst, regelmäßig und deine Schwimmzüge erfolgen gleichmäßig.

Armzug	Beinschlag
• Halte den Ellenbogen leicht gebeugt, wenn du den Arm nach vorn streckst, um die Hand ins Wasser einzutauchen. • Der Eintrittspunkt sollte sich zwischen der Mittellinie deines Kopfs und der Schulterlinie befinden. Deine Handfläche sollte nach unten und außen zeigen, sodass dein Daumen zuerst eintaucht. • Ziehe den Arm nicht gleich zurück, nachdem er ins Wasser eingetaucht ist. Lass dir ein wenig Zeit, um mit gestrecktem Arm durchs Wasser zu gleiten, bevor du die Hand zurück zum Körper führst. • Die Kraftphase beginnt mit dem Armzug direkt oberhalb des Kopfes und endet an der Hüfte.	• Studien zeigen, dass der Beinschlag (während der Kraulbewegung) nur 10 bis 20 Prozent der Antriebskraft erzeugt.[3] Seine Hauptaufgabe ist es, deinen Körper in einer stromlinienförmigen Position zu halten und so den Strömungswiderstand zu minimieren.[4] • Deine Beine befinden sich eng beisammen, die Fußgelenke sind entspannt und konstant in Bewegung. • Bei den Beinschlägen ist keine große Auf- und Abwärtsbewegung nötig, es genügen stetige, kleine Tritte. Der Großteil des Drucks lastet zwar auf deinen Füßen, bewege dennoch deine ganzen Beine. • Halte deine Beine so gerade wie möglich. Beuge die Knie zwischen Ende der Aufwärtsbewegung und Beginn der Abwärtsbewegung ein wenig. Grundsätzlich gilt aber: Je gerader die Beine, umso effizienter der Beinschlag. • Je mehr Beinschläge du pro Zyklus ausführst, umso mehr Energie verbrauchst du. Sprint-Schwimmer führen normalerweise sechs bis acht Beinschläge pro Zyklus aus. Wenn du größere Distanzen zurücklegst, solltest du weniger und dafür stärkere Beinschläge ausführen.

INDIVIDUELLE VARIANTEN

Zum Schluss noch ein wichtiger Hinweis: Es ist wichtig, dass du eine Technik findest, die für dich und deine individuelle Physiologie funktioniert. Sportwissenschaftler warnen davor, einfach die Bewegungen erfolgreicher Athleten zu imitieren.[5] Das Fachblatt *Swimming Science Bulletin* veröffentlichte dazu folgende Forschungsergebnisse: »Berücksichtigt man die verschieden langen Hebel und andere Unterschiede wie Ursprung und Ansatz der Muskeln, Struktur des Fluidstroms im Körper und das Mindset, das die tatsächliche Anwendung von Schwimmtechniken steuert, wird schnell deutlich, dass zwei Schwimmer bei der Ausführung jedweder Form von Schwimmzügen niemals gleich aussehen können.«[6]

Andere Wissenschaftler erkannten, dass »Asymmetrie nicht notwendigerweise zu einer verringerten Leistung führen muss«. Asymmetrie herrscht vor, wenn Körperteile (und Bewegungen) nicht gleich, gleichmäßig oder symmetrisch sind. Eine frühe Studie mit Brustschwimmern ergab beispielsweise, dass Asymmetrien innerhalb der Techniken sehr weitverbreitet sind und nicht zwingend die Leistung schmälern.[7]

JAGEN LERNEN: 20 PROZENT SCHNELL (ANAEROB)

Sprint. Pause. Und wieder von vorn. Dies ist vermutlich die simpelste Trainingsmethode, die es gibt. Das sogenannte High Intensity Interval Training (HIIT) kann in jeder Sportart und jeder Aktivität verwendet werden, ob beim Radfahren, Kurz- oder Langstreckenlauf oder beim Schwimmen. Du absolvierst dabei eine Serie schneller und langsamerer Laufintervalle, damit dein Körper lernt, sich auch dann noch mit hohem Tempo zu bewegen, zu trainieren und zu arbeiten, wenn du deiner Muskulatur nicht mehr ausreichend Sauerstoff zur Verfügung stellen kannst (und du auf anaerobe Energieproduktion angewiesen bist).[8]

Für eine Schwimmeinheit bieten sich Intervalle von 25 Metern Kraul (mit maximalem Tempo) im Wechsel mit 25 Metern langsamem Brustschwimmen an, in denen deine Herzfrequenz wieder absinken kann. Absolviere so viele Durchgänge, wie du kannst (versuche, mindestens zehn Sprints zu schaffen). Spitzenschwimmer trainieren nach dem gleichen Grundprinzip von Sprint, Pause und Wiederholung, absolvieren aber beispielsweise 20 100-Meter-Sprints mit einer Zwischenzeit von 1:25 Minute und 30 Sekunden Pause zwischen den Sätzen.

Was macht diese Trainingsmethode so besonders? Studien zeigen, dass sie sowohl die aerobe als auch die anaerobe Fitness verbessert. Forscher der School of Human Movement and Nutrition Sciences an der australischen University of Queensland wollten herausfinden, welche »Wirkung moderat-intensives Ausdauertraining und hochintensives Intervalltraining auf aerobe und anaerobe Fitness haben«. Dabei entdeckten sie, dass – im Gegensatz zur landläufigen Meinung – »moderat-intensives Ausdauertraining zwar die aerobe Fitness, nicht aber die anaerobe Leistungsfähigkeit verbessert, dass adäquates hochintensives Intervalltraining im Gegensatz dazu aber möglicherweise sowohl die aerobe als auch die anaerobe Energieversorgung signifikant verbessert«.[9]

Doch dort enden die Vorteile von HIIT noch nicht. Wissenschaftler glauben, dass entsprechende Trainingsmethoden nicht nur die Kapazitäten von Muskeln und Herz erweitern, sondern den Horizont des Gehirns und deine Schmerzwahrnehmung neu kalibrieren. Grundlage für diese Annahme sind Forschungsergebnisse, nach denen HIIT das Schmerzempfinden (also den Punkt, ab dem du Schmerzen spürst) zwar nicht verändert, aber die Schmerztoleranz (wie lange du Schmerzen aushalten kannst) erhöht.[10]

Einer, der das schon früh verstanden hatte, war Emil Zátopek, ein Pionier des High Intensity Trainings, der in den 1950er-Jahren berüchtigt dafür war, in einer einzigen Trainingseinheit bis zu 100 Runden à 400 Meter zu sprinten, getrennt von 150 Meter langen lockeren Läufen. Der amerikanische Läufer Fred Wilt schrieb 1959 in seinem Buch *How They Train* über Zátopeks Methoden: »Niemand hätte geglaubt, dass es einem Menschen möglich wäre, so hart zu trainieren.« Dadurch wurde Zátopeks System legendär. Er trainierte in Wäldern und lief dabei in schweren Armeestiefeln hopsend durch Tiefschnee, um nicht in Schneewehen stecken zu bleiben. Manchmal trug er beim Laufen seine Frau auf dem Rücken oder rannte in seinem Badezimmer auf einem Haufen nasser Klamotten auf der Stelle.

Kurzum: Er trainierte wie ein Wahnsinniger, weil er verstanden hatte, dass Training nicht nur die Kapazitäten von Muskeln und Herz erweitert, sondern auch die Schmerzwahrnehmung des Gehirns neu kalibriert.

Inspiriert von Zátopeks Training absolvierte auch ich gelegentlich HIIT-Einheiten, in denen ich 100-mal 400-Meter-Sprints schwamm.

In Summe kam ich so auf 40 Kilometer, für die ich einen ganzen Tag (und jede Menge Essen) benötigte – etwas, das ich niemandem empfehlen würde. Jeder schmerzhafte Sprint dieser Einheit war eine Hommage an den großartigen Mann, der einst den berühmten Satz sagte: »Wenn du nicht mehr kannst ... lauf schneller!«

Außerdem versinnbildlichte jeder dieser schmerzhaften Sprints die stoische Sportwissenschaft und verbesserte meine Fähigkeit, »sportwissenschaftliche und psychologische Prinzipien unter extremer Erschöpfung, Stress und widrigen Bedingungen physisch leistungsfähig und mental klar anzuwenden«.

KREUZEN UM SCHOTTLAND

Es war 8 Uhr am 4. August, ein Tag nach meinem Kampf mit dem Strudel von Corryvreckan. Meine Wunden waren noch frisch, ich hätte mich also leicht hängen lassen können. Trotzdem schwamm ich an diesem Tag mit einem breiten Grinsen auf den Lippen. Es war der Geburtstag meines Vaters und er hatte beschlossen, ihn mit meiner Mutter, meiner Freundin und ihrer Familie auf einem Boot inmitten der Inneren Hebriden zu feiern, während sein ungezähmter Sohn langsam um die Isle of Mull herumpaddelte, die viertgrößte Insel Schottlands.

Zufrieden blickte er vom Boot aus zu mir herunter, während ich weiter im Schneckentempo vorankam und überglücklich die Aussicht auf all die Schlösser und Klippen genoss, in der Hoffnung, einen der seltenen weißschwänzigen Seeadler zu sehen, die in diesem Teil Schottlands heimisch sind.

Ich konnte es gar nicht erwarten, das Tempo zu erhöhen, und schaute alle paar Minuten auf den Tracker meiner Sportuhr, denn ich wusste, dass der Hafen von Tobermory nur noch gut 50 Kilometer entfernt war. Der wurde im 18. Jahrhundert erbaut und ist als schönster Hafen in ganz Schottland bekannt. Ich wollte ihn unbedingt heute noch erreichen, damit alle (außer mir natürlich) an Land gehen und den Geburtstag meines Vaters in den Whisky-Brennereien, Cafés und schrulligen Lädchen feiern konnten.

Unter Berücksichtigung von Zeit, Entfernung, Strömung und meinem Tempo war aber klar, dass ich das nicht schaffen würde. Ich war deshalb etwas niedergeschlagen. Resigniert hielt ich an und wendete mich vom Wasser aus an meinen Vater.

»Entschuldige, Dad!«, tief ich. Mit einer Tasse Tee und einem Stück Geburtstagskuchen in den Händen blickte er vom Deck des Boots hinab.

»Wofür?«, wollte er wissen.

»Ich bin erschöpft und schwimme deshalb ganz schön langsam, die Isle of Mull ist ziemlich groß und Tobermory noch Kilometer entfernt. Ich fürchte also, dass ich dir zu deinem Geburtstag nicht gerade die ›aufregendste‹ Tour durch Schottland bieten kann …«

Lächelnd schüttelte mein Vater den Kopf. Er war jahrelang Tennistrainer und noch länger selbst Sportler gewesen, weshalb er wusste, wie wichtig es sein kann, mit dem richtigen Tempo zu »kreuzen« (insbesondere nach einem Tag wie dem vorigen, an dem ich der Hexengöttin mit mörderischem Tempo davongeschwommen war). Ihm war außerdem klar, dass ich mich um andere Dinge sorgen musste als die Öffnungszeiten der Whisky-Brennerei von Tobermory.

»Ich habe einen ganz tollen Geburtstag«, sagte er, an seinem Tee nippend. »Ich würde also vorschlagen, dass du dich ums Schwimmen kümmerst und ich mich darum, meinen Kuchen zu verputzen.«

Er lächelte immer noch, meinte aber ernst, was er sagte. Mein Vater war schon immer recht diplomatisch und konnte gut mit Worten umgehen. Dies war seine Art, mir zu sagen: »Halt die Klappe und schwimm weiter – und hör auf, dich um andere Leute zu scheren!«

Damit hatte er recht und acht Kilometer weit tat ich das auch. Immer zur rechten Seite, in Richtung Boot ausatmend, sah ich, dass meine Mutter aus der Bordküche heraufgekommen war, um meinem Vater an Deck Gesellschaft zu leisten. Sie trug zwei Pullover und einen roten Mantel, die Kapuze aufgesetzt und festgezogen, weil Wind (und Wellen) stärker geworden waren. Sie konnte sich kaum bewegen, so dick war sie eingepackt, dafür wirkte sie behaglich und zufrieden. Einige Kilometer später spürten Matt und ich, dass ein Sturm aufzog.

»Ihr geht besser nach drinnen!«, rief er meinen Eltern zu.

Ich sah, dass dies bei meinen Eltern nicht so richtig ankam. Meine Mutter antwortete: »Oh, vielen Dank, aber uns geht's gut. Solange unser Sohn hier draußen ist, bleiben wir hier und passen auf ihn auf.«

Anschließend krallte sie sich an der Takelage fest, um nicht von Bord zu stürzen, während mein Vater sein letztes Stück Geburtstagstorte heldenhaft vorm Regen schützte, der nun fast waagerecht vom Himmel zu fallen schien, während der Sturm immer stärker wurde.

Während der Wind wütete und die Wellen gegen das Boot (und meine Schultern) krachten, erkannte ich nur noch eine zierliche, gebräunte, lockenhaarige Dame und einen stämmigen, silberbärtigen Mann am Bug des Boots. Beide weigerten sich, wegen eines schottischen Sturms klein beizugeben, fest entschlossen, über ihren Sohn zu wachen und Vaters Geburtstag zu feiern, unabhängig davon, welche Bedingungen Mutter Natur und Poseidon ihnen bescherten.

An diesem Tag fiel es mir leicht, zu »kreuzen«. Obwohl ich buchstäblich von Wellen verschlungen wurde, schwamm ich von tiefer Dankbarkeit erfüllt und arbeitete mich die schottische Küste hinauf, wohl wissend, dass am Ende dieser Etappe meine Eltern, meine Freundin und ein Geburtstagskuchen auf mich warten würden.

Um 13 Uhr begann der Gezeitenwechsel, sodass ich nun gegen die Strömung schwamm. Da ich bereits knapp 20 Kilometer geschafft hatte, beschlossen Matt und ich, dass dies ein guter Start in den Tag gewesen war und wir in sechs Stunden weitermachen würden, wenn der Gezeitenstrom wieder zu unseren Gunsten verlief.

Ich kletterte aufs Boot, umarmte meinen Vater und entschuldigte mich erneut.

»Wofür diesmal?«, fragte er mich, seine Arme noch immer um mich geschlungen.

»Weil heute dein Geburtstag ist, wir uns in den Armen liegen und mein Neoprenanzug voller Meerwasser und Urin ist.«

Meinen Vater schien das nicht zu stören. »Egal warum, diesen Geburtstag werde ich nie vergessen«, sagte er lachend, während unsere Vater-Sohn-Umarmung in der stürmischen See vor den schottischen Hebriden weiter andauerte. Und obwohl wir es an diesem Tag nicht nach Tobermory schafften, waren wir zufrieden ... und kreuzten weiter dahin.

Lektion 9

- Das eine beste Ausdauertraining, auf das sich alle Experten einigen können, gibt es nicht. Eine Methode, die sich über die Jahre höchst erfolgreich bewährt hat, ist aber das **polarisierte Training (80/20-Methode)**.
- Das System funktioniert folgendermaßen:
  - 80 Prozent deiner Vorbereitung verbringst du mit aerobem Training bei niedriger Intensität und mit geringem Tempo (»**Reisegeschwindigkeit**«). Der Fokus liegt dabei auf der Technik und der Fähigkeit von Herz, Lunge und Körper, Energie mithilfe von Sauerstoff zu gewinnen.
  - Die anderen 20 Prozent deiner Zeit verbringst du mit anaerobem Training bei hoher Intensität und mit hohem Tempo (»**Jagdgeschwindigkeit**«). Der Fokus liegt auf Schmerztoleranz und der Fähigkeit der Muskulatur, Energie ohne Sauerstoff zu produzieren.
- Werden diese separaten Workouts in einem durchdachten Trainingsplan miteinander verknüpft, verbessern sie gemeinsam die Fähigkeit deines Körpers, mit größerer Intensität und über unterschiedliche Dauer hinweg aktiv zu sein und dabei genügend Sauerstoff und/oder Energie bereitzustellen, um Wanderung, Radtour, Schwimmtour oder Lauf bei egal welchem Tempo und welcher Intensität fortzusetzen.
- Während deines langsamen, niedrig-intensiven Trainings ist es wichtig, **eine Technik zu finden, die für deine individuelle Physiologie geeignet ist,** statt einfach die Bewegungen erfolgreicher Sportler nachzuahmen.

LEKTION 10 | LERNE, GRENZEN ZU DURCHBRECHEN

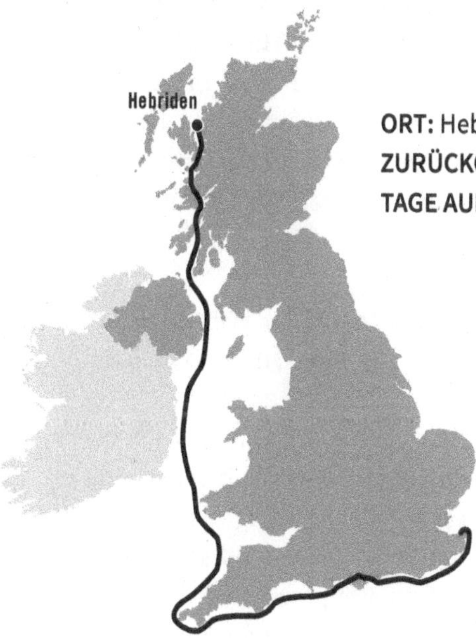

ORT: Hebriden
ZURÜCKGELEGTE DISTANZ: 1497 Kilometer
TAGE AUF SEE: 79

Zwischen 29. Juli und 18. August 2018 lebte ich inmitten der Hebriden, einem Archipel vor der Nordwestküste Schottlands, das aus Hunderten kleinen Inseln besteht, die in die Inneren und Äußeren Hebriden unterteilt sind und von zerklüfteten Bergketten durchzogen werden. Dort gibt es viele wild lebende Tiere und mehr Quallen, als ich zählen konnte. Die vergangenen 20 Tage hatte ich hier verbracht, umgeben von der rauen Schönheit dieser nur dünn besiedelten Natur mit kleinen Fischerdörfern und abgelegenen Gemeinden, in denen nur Gälisch gesprochen wurde.

Während dieser Zeit hatten wir den Rekord für die längste in Etappen geschwommene Strecke aller Zeiten gebrochen, waren in die Fänge der Straße von Corryvreckan geraten (und entkommen), hatten den Geburtstag meines Vaters inmitten eines tosenden Sturms mit Tee und Kuchen gefeiert und waren unter der 2,4 Kilometer langen Skye Bridge durchgekommen, die das Dörfchen Kyle of Lochalsh auf dem Festland mit der Insel Skye verbindet.

Dadurch hatte ich mich nicht nur körperlich verändert, sondern auch mein Geist war neu geformt worden. Mein Hirn rechnete längst nicht mehr in Stunden und Minuten, sondern nur noch in Gezeiten. In meiner freien Zeit studierte ich Schifffahrtskarten und lernte von Matts reichhaltigem Wissen zu Wellen und Wetter. Außerdem war ich notgedrungen, zwangsläufig und gegen meinen Willen zu einem der weltweit führenden Experten für riesige Quallenstiche im menschlichen Gesicht geworden.

Ich schreibe »zwangsläufig«, weil die Inseln der Hebriden wie eine Art Trichter wirkten, der Schottlands gesamte Quallenpopulation in einen Korridor zu treiben schien, durch den ich Tag und Nacht Spießruten schwimmen musste. Tagsüber ging das noch, weil ich da zumindest ein wenig sehen und die Kreaturen deshalb rechtzeitig erkennen und ihnen ausweichen konnte. Nachts stieg ich dagegen ins Wasser und wusste, dass ich vermutlich ein Dutzend Mal gestochen werden und den Rest der Nacht damit verbringen würde, mit einer Pinzette die Tentakel aus meinem Gesicht zu zupfen und großzügig wundheilende Essigtinktur aufzutragen, um die Schmerzen etwas zu lindern.

Falls du dich fragst, wie groß und schlimm die Stiche waren: Vor der Küste Schottlands gibt es viele verschiedene Quallenarten, mein absoluter Erzfeind war aber die Gelbe Haarqualle – und die Gewässer um die Hebriden waren voll damit. Man nennt sie auch »Große Löwenmähne«, weil sie auffällig gelbe Nesseln besitzt und die größte bekannte Quallenart der Welt ist. Das größte je dokumentierte Exemplar fand man 1870 an der Küste der Massachusetts Bay. Ihr Schirm maß im Durchmesser 2,3 Meter und ihre Tentakel waren 37 Meter lang. Die Quallen nutzen ihre Tentakel zum Stechen, Fangen, Einholen und Fressen von Beute wie Fisch, Meerestiere und kleinere Quallen.

Ich gehöre glücklicherweise zu keiner dieser Gattungen. Als ich aber zu meinen nächtlichen Etappen aufbrach, wusste ich, dass unsere Wege sich unweigerlich (und auf schmerzhafte Weise) kreuzen würden. Die Gelbe Haarqualle schwimmt nämlich meist an der Wasseroberfläche und (wie ich) mit den Meeresströmen, um möglichst große Distanzen zurückzulegen.

Wir teilten uns sozusagen eine Bahn im Schwimmbecken. Hinzu kommt, dass sie im Spätsommer und Herbst, wenn sie besonders groß gewachsen sind, am häufigsten vorkommen, wie Meeresbiologen uns verrieten, die wir vor der Küste trafen. Die Bahn würde also ziemlich voll werden.

Und zu allem Überfluss hatte ich in medizinischen Fachmagazinen gelesen, dass es einen großen Unterschied ausmacht, ob man am Strand versehentlich ein paar Tentakel der Qualle mit den Fingerspitzen berührt oder so ein Riesenteil wie eine Maske im Gesicht kleben hat. Experten raten, dass man beim Kontakt mit einer ganzen Qualle – insbesondere den inneren Tentakeln, von denen es über tausend geben kann – besser sofort ein Krankenhaus aufsuchen sollte, weil »akute Stiche im tiefen Wasser eine Panik auslösen können, die zum Ertrinken führen kann«.

Das Schlimmste an Quallen ist allerdings, dass ihr Verhalten jeglicher Logik entbehrt, weil sie weder über ein Hirn noch ein zentrales Nervensystem verfügen. Stattdessen sind sie mit einem sehr einfachen Satz Nerven ausgestattet, die sich am Fuß ihrer Tentakel befinden und Temperatur und Salzgehalt wahrnehmen sowie Dinge (wie etwa mein Gesicht) ertasten können.

Mein persönlicher Rekord waren 22 Stiche mitten ins Gesicht in einer einzigen Nacht. Als ich nach dieser Etappe aus dem Wasser stieg, konnte ich kaum sprechen, weil ich so oft in und um meinen Mund herum gestochen wurde, dass meine Lippen taub waren. Am schlimmsten war jedoch, dass ich einen Tentakel genau in mein linkes Ohr bekommen hatte, das sich nun anfühlte, als würde es von innen heraus verbrennen.

»Geht's dir gut?«, brüllte Matt in mein ungestochenes (gesundes) rechtes Ohr.

»Nein, eine Qualle hat mir einen feuchten Finger ins Ohr gesteckt«, sagte ich.

Matt verkniff sich das Lachen und reichte mir eine Schüssel warmes Wasser mit Essig. Ich tränkte ein Handtuch darin und drückte es mir ins Gesicht, um die Schmerzen ein wenig zu betäuben.

Während ich still so dasaß, wägte ich meine Optionen ab. Es schien, als galten in schottischen Gewässern die einfachsten Grundregeln nicht. Dies war der wilde Westen Großbritanniens, eine gesetzlose Zone, was es mir unmöglich machte, einem Feind beizukommen, der obendrein nicht in der Lage war, in irgendeiner Weise logisch zu denken.

»Okay, das mag jetzt verrückt klingen«, meldete sich Matt kurz darauf wieder zu Wort. »Aber während du geschwommen bist, hatten wir eine Idee.«

Ich blickte ihn an mit einem Gesicht, das nach Essig stank und voller Tentakel steckte, und versicherte ihm, dass ich für jeden noch so verrückten Vorschlag offen war, der mir in meiner Schlacht gegen die Große Löwenmähne helfen würde.

»Wir haben uns gedacht ...«, begann er und schien sich zu schämen, mir seinen Plan zu verraten.

»Ja?«, ermutigte ich ihn deshalb weiterzureden.

»Also wir dachten, dass eine dieser eng anliegenden Latex-Sexmasken vielleicht funktionieren könnte.«

Das meinte er ernst. So schräg der Vorschlag auch klang, ich verstand die Logik dahinter. Eine Latexmaske würde eng genug an meinem Gesicht anliegen, um mich vor den Stichen der Quallententakel zu schützen, und das Loch darin wäre gerade groß genug, dass ich durch den Mund atmen könnte. Die Idee war verrückt und in Kombination mit meiner Mankini-Weste aus Neopren geradezu pervers, aber hier draußen hatte ich keine andere Wahl, wenn ich den täglichen Spießrutenlauf durch die Quallenhölle überstehen wollte.

»Wir haben nur das Problem, dass es hier in den Hebriden nicht viele Läden gibt, die Fetischmasken verkaufen, und die meisten Onlineshops, in denen wir angerufen haben, nicht bis hier hoch liefern«, erklärte Matt weiter und klang dabei ernsthaft enttäuscht über die mangelnde Unterstützung schottischer Sexshops in den Highlands.

»Aber wir haben eine Neoprenhaube an Bord gefunden«, sagte er und reichte mir das Teil.

Es sah aus wie eine herkömmliche Schwimmkappe, nur größer. Es bedeckte mehr vom Hinterkopf und verfügte über einen kleinen Kinngurt für festeren Sitz. Matt schlug vor, dass wir Löcher für meine Augen, Nase und Mund hineinschneiden und ich sie einfach falsch herum aufsetzen sollte.

»Das könnte tatsächlich hinhauen«, sagte ich lachend, eifrig, das Teil auszuprobieren.

Später setzte ich mich mit einer Schere und der Neoprenhaube zu Matt in die Bordküche, wo wir mit unseren Schneiderarbeiten begannen. Nachdem Matt eine Stunde lang vorsichtig um meine Nase, Augen und Mund herumgeschnippelt hatte, war ich bereit, zum nächsten Gezeitenwechsel wie ein maskierter Superheld für Arme wieder ins Meer zu springen.

Da stand ich nun auf Deck und sah mit meinem schwarzen Meeresschal, der gräulich-schwarzen Mankini-Weste und der neuen, schwarzen Latex-Sexmaske aus wie eine Mischung aus Catwoman, Black Panther und Aquaman. Dies war – ob es mir gefiel oder nicht – die neue Uniform des weniger bekannten Superhelden Nashornnacken.

Unglaublicherweise funktionierte die Maske ganz hervorragend. Als ich wenig später durch die Quallenarmee der Hebriden pflügte, prallten die Großen Löwenmähnen nur so von meinem gepanzerten Gesicht ab. So verging Kilometer um Kilometer und ich gewöhnte mich langsam nicht nur an meine neue Maske – ich begann, sie richtig zu mögen.

Matt war wirklich in der Lage, alles aus allem zu basteln.

Von diesem Tag an verbrachten wir als Team genau so unsere gemeinsame Zeit: Indem wir immer wieder versuchten, uns auferlegte Grenzen zu durchbrechen und mögliche Einschränkungen zu recherchieren, mit dem einzigen Ziel, so lange, schnell und mit so wenig Hindernissen und Widerständen wie möglich schwimmen zu können.

EINSCHRÄNKUNGEN ERFORSCHEN

Mentale und körperliche Zähigkeit genügen nicht, um wirklich unverwüstlich zu sein. Du musst dazu auch strategisch stark sein und deine Leiden analysieren. Basierend auf den Lehren des psychobiologischen Modells der Erschöpfung, ist »Erschöpfung eine zentrale Wahrnehmung des Gehirns, die sich aus der Summe der sensorischen Informationen ergibt, die von den unterschiedlichen Organen an das Gehirn gesendet werden und sich physisch in einer Veränderung der Pacingstrategie (Lauf-, Schwimm- oder Radfahrgeschwindigkeit) äußern, hervorgerufen durch eine Reduktion der Muskelmasse, die vom motorischen Kortex des Gehirns aktiviert wird« – so definiert von Tim Noakes, einem weltweit renommierten Experte für Ausdauerleistung im Sport (und der Wissenschaftler hinter der Central-Governor-Theorie, die ich weiter vorn erklärt habe). Vereinfacht gesagt, geben unsere Beine, unsere Lunge und unser Herz mithilfe sensorischer Informationen dem Gehirn den Hinweis, uns langsamer zu machen und so vor kompletter Erschöpfung oder Verletzungen zu bewahren. Laut einem Forschungsbericht im *British Journal of Sports Medicine* verändern sich diese Informationen bei jeder Übung, Sportart oder Aktivität. »Die Mechanismen von Erschöpfung variieren in Abhängigkeit vom spezifischen Belastungsreiz der Übung [...] und Erschöpfung variiert mit der Art der Übung.«[1]

Deshalb genügt es nicht, mentale und physische Zähigkeit und eine schier übermenschliche Schmerz- und Erschöpfungstoleranz zu besitzen. Du musst auch strategisch stark sein, um diese sensorischen Informationen identifizieren und angemessen darauf reagieren zu können, bevor dein Körper und Gehirn komplett zumachen. Wie weitere Forschungsberichte im *British Journal of Sports Medicine* zeigten, ist »Erschöpfung das Ergebnis einer komplexen Interaktion verschiedener physiologischer Systeme und des Gehirns [...] und alle Veränderungen innerhalb des Körpers dienen als verschiedene Signalgeber, welche Kontrollprozesse im Gehirn steuern, die uns anweisen, aufzuhören oder langsamer zu machen«.[2]

Um strategisch stark und widerstandsfähig zu werden, musst du es fertigbringen, dass die Belastungsreize der verschiedenen Übungen keine Signale auslösen, die deinem Gehirn sagen, dass du aufhören oder langsamer machen sollst. Dies ist die einzige Möglichkeit, wie dein Gehirn zufrieden bleibt, während du gleichzeitig in deinem gewählten Sport so viel Vollgas gibst, wie es dir körperlich möglich ist. Um bei unserem Quallenbeispiel zu bleiben: Widerstandsfähigkeit bedeutet nicht, die Schmerzen der Tentakelstiche auszuhalten, sondern weise und erfahren genug zu sein, sie zu vermeiden.

Und das geht nur durch das Durchbrechen von Grenzen, indem du Einschränkungen erforschst. Wir wissen das seit vielen Jahren. Auch wenn die Stoiker der Antike das psychobiologische Modell der Erschöpfung noch nicht kannten, so war sich Mark Aurel doch unserer Schmerzwahrnehmung bewusst und hatte erkannt, dass wir Limitationen aufheben müssen. Er sagte: »Bei jeder Unlust sei dir der Gedanke zur Hand, dass sie nichts Entehrendes sei noch die herrschende Denkkraft verschlimmere. Denn weder an und für sich als etwas Körperliches betrachtet noch in ihrem Verhältnis zur Gesellschaft kann diese von jener zerrüttet werden. Doch möge dir bei den meisten schmerzlichen Empfindungen der Ausspruch Epikurs dienlich sein, dass sie ebenso wenig unerträglich als ewig dauernd sind, wofern du nur ihrer Grenzen eingedenk bist und nichts hinzudichtest. So manches ist dem Schmerze eng verwandt, was nur mehr auf verborgene Weise lästig wird, zum Beispiel Schläfrigkeit, innere Glut, Appetitlosigkeit.«

Mit jedem Kilometer, den ich durch die Hebriden geschwommen war, mehrten sich die Gründe für mich, aufzugeben, da ich mehr und mehr Belastungsreize erfuhr. Ich notierte also jeden davon detailliert in meinem Tagebuch und begann, Lösungen für alle der folgenden Einschränkungen (und mehr) zu entwickeln:

- Schmerz
- Angst
- Stress
- Geschwindigkeit
- Nahrung und Energie
- Schlaf

Lektion 10

- Laut den Lehren des psychobiologischen Modells der Erschöpfung ist **Erschöpfung eine zentrale Wahrnehmung des Gehirns**, die sich aus der Summe der sensorischen Informationen von Beinen, Lunge und Herz ergibt, welche unserem Gehirn mitteilen, dass wir aufhören oder langsamer machen sollen, um totale Erschöpfung oder Verletzungen zu vermeiden.
- Diese Informationen verändern sich bei jeder Übung, Sportart oder Aktivität. Wissenschaftler fanden heraus, dass »die Mechanismen von Erschöpfung in Abhängigkeit vom spezifischen Belastungsreiz der Übung variieren […] und Erschöpfung mit der Art der Übung variier«.
- Deshalb genügt es nicht, eine mentale und physische Zähigkeit und eine schier übermenschliche Schmerz- und Erschöpfungstoleranz zu besitzen. Du musst auch strategisch stark sein, um diese sensorischen Informationen (die von deiner spezifischen Aktivität hervorgerufen werden) identifizieren und angemessen darauf reagieren zu können, bevor dein Körper und Gehirn komplett zumachen.
- Wie das geht? **Durchbrich Grenzen und erforsche bestehende Einschränkungen.**

LEKTION 11 | ZWEI METHODEN ZUR SCHMERZBEWÄLTIGUNG

Schmerzen sind nicht immer schlecht, denn sie warnen uns vor Gefahren.

Der Spießrutenlauf durch die Quallenhölle war ein prima Beispiel. Nachts konnte ich nichts sehen, wenn mein Gesicht sich unter Wasser befand. Darum musste ich darauf vertrauen, dass meine Schmerzwahrnehmung mir eine Route zeigte, auf der die Quallenpopulation möglichst gering war.

Wenn ich eine Stunde lang eine bestimmte Route geschwommen war, auf der ich einen QuallIententakel nach dem anderen um die Ohren gehauen bekam, dann wusste ich, dass diese Route Mist war und mich darauf vermutlich noch viele weitere Stiche erwarten würden. Ich änderte also die Richtung. Schwamm ich allerdings eine Stunde lang, ohne einen Stich abzubekommen, dann blieb ich in der Regel auf dieser Route.

Das Gleiche gilt für das Verfeinern der Technik, etwa beim Laufen. Schmerz warnt dabei vor gefährlichen Kräften und hilft, schlechte Bewegungsmuster zu vermeiden, die zu Verletzungen der Sehnen, Bänder und des Muskelgewebes führen können, weshalb Langstreckenläufer notgedrungen auch absolute Experten im Schmerzmanagement sind.

Wissenschaftlern zufolge »erleben Marathonläufer Schmerzen weniger stark als Nicht-Läufer«[1]. Eine weitere Studie ergab, dass »eine geringe Schmerzwahrnehmung eine Person dafür prädisponieren könnte, ein Langstreckenläufer zu werden«.[2] Kein Wunder, in kaum einer anderen Sportart fügt man sich selbst Schmerzen in derart großzügigen Dosen zu wie im Marathonlauf.

Im Rahmen eines Forschungsartikels im *Journal of the International Association for the Study of Pain* wurde analysiert, wie Ultramarathonläufer es schaffen, mit den extremen Bedingungen ihres Sports umzugehen.[3] Dafür untersuchten sie 204 Teilnehmer während 250 Kilometer langer Etappenläufe durch die Wüste. Die Sportler mussten dabei an fünf aufeinanderfolgenden Tagen Informationen zur Schmerzintensität, zu dem Grad der Beeinträchtigung durch die Schmerzen, dem Grad ihrer Erschöpfung und der Art und Weise der Schmerzbewältigung – dem sogenannten Coping – abgeben. Folgendes kam dabei heraus:

- Die Teilnehmer gaben an, 30 Prozent ihrer Laufzeit über Schmerzen nachzudenken.
- Auf einer Skala von 0 bis 10 lagen die Schmerzen im Durchschnitt bei 4.
- Erfolgreiche Sportler verwendeten mit einer höheren Wahrscheinlichkeit adaptive (angepasste) Copingstrategien, um mit den Schmerzen umzugehen.
- Erfolglose Sportler verwendeten mit einer höheren Wahrscheinlichkeit maladaptive (fehlangepasste) Copingstrategien, um mit den Schmerzen umzugehen.

Besonders der letzte Punkt ist äußerst interessant. Der Begriff »maladaptiv« beschreibt eine mangelhafte oder unangemessene Anpassung an die Umgebung oder Situation. Maladaptive Copingstrategien stehen häufig im Zusammenhang mit einer übertriebenen Darstellung der eigenen Schmerzen. Entsprechende Sportler sagen dann häufig Dinge wie »Ich kann nicht mehr« oder »Der Schmerz ist nicht mehr auszuhalten« und beklagen sich meist gegenüber sich selbst und anderen als Form der Copingstrategie.

Untersuchungen zeigen, dass dies – wenig überraschend – keine besonders gute Strategie ist. Im Gegenteil, dieselbe Studie ergab, dass dieser Copingmechanismus die Schmerzempfindlichkeit erhöhte, die Schmerztoleranz senkte[4] und die Läufer somit mehr Zeit damit verbrachten, sich mit dem Einfluss der Schmerzen auf ihre Leistung aufzuhalten. Deshalb waren maladaptive Copingstrategien und die damit verbundene Sprache bei uns auf dem Boot nicht erlaubt.

Nach 1497 Kilometern im Wasser war ich nicht erschöpft, sondern extrem gut geübt und »aufgewärmt«.

Ich wurde nicht von Quallen gestochen, sondern von Quallen im Gesicht umarmt. Ich trug keine Mankini-Weste und Fetischmaske, sondern hoch entwickelte Funktionsbekleidung für Meeresschwimmer.

Ich verwendete einfach für alles eine adaptive Copingstrategie. Egal, ob ich erschöpft, verletzt oder krank war, ich akzeptierte die Bedingungen der Umgebung oder Situation, in der ich mich befand, und linderte meine Schmerzen, indem ich ein besseres Mindset wählte,[5] das mir beim Umgang mit den verschiedenen »Belastungsreizen« half, sodass diese keine »Signalgeber« triggerten, die meinem Gehirn rieten, »aufzuhören oder langsamer zu machen«.

Wissenschaftler fanden heraus, dass adaptive Copingstrategien auch außerhalb des Sportkosmos helfen. So gelang es chronischen Schmerzpatienten, »ein Gefühl der Selbstkontrolle über den Schmerz wiederzuerlangen (und dadurch eine Kongruenz mit der Situation).«[6]

Eine Strategie, die für mich stets funktionierte, war Humor.[7] Über zehn Jahre lang hatte ich versucht, mich durch Marathons und Langstreckenschwimmwettbewerbe zu lächeln, lachen und ulken – und die folgende Geschichte zeigt auf, warum.

LACHEN GEGEN LEIDEN

Es ist der 17. April 2008 und ich befinde mich nackt im Amazonas-Regenwald. Im Schneidersitz hocke ich auf einem Baumstumpf, während die starke, psychedelische Dschungeldroge Ayahuasca[8] durch meine Adern fließt und ich versuche festzustellen, ob der Ameisenstaat, der gerade in Richtung meiner (extrem nervösen) Genitalien krabbelt, eine echte Bedrohung oder nur eine Halluzination ist. Ich beschließe, dass ich es lieber nicht herausfinden will, bedecke meine Kronjuwelen und bringe sie vom Rand des Baumstumpfs weg in Sicherheit.

In den meisten Kulturen wäre dies eine merkwürdige Situation gewesen. Ich befand mich allerdings nicht in irgendeiner Kultur, sondern mitten im brasilianischen Regenwald, als Gast der indigenen Yaminawá, einem Volk erfahrener Experten in ritueller Kräuterheilkunde. Den Yaminawá wird eine Kenntnis der pflanzlichen Medizin nachgesagt, die weit über das Verständnis moderner Ernährungswissenschaft hinausgeht.

Und für sie war diese Situation überhaupt nicht merkwürdig, sondern einfach ein ganz normaler Dienstag. Es gab kaum etwas, das sie noch nicht gesehen hatten, wenn sie dieses jahrhundertealte Ritual praktizierten, das schon ihre Vorfahren genutzt hatten, um mit himmlischen, übernatürlichen Kräften (oder den Geistern des Waldes) zu kommunizieren. Deshalb zuckte auch keiner der 24 anwesenden Yaminawá-Männer, die sich alle auf ihrer eigenen spirituellen Reise befanden, auch nur mit der Wimper, als ich mein Abendessen plötzlich in zwei Strahlen aus Mund und Nase quer über das Lagerfeuer erbroch.

Das war offenbar ganz normal und als »Säuberung« ein üblicher Teil des Heilungsprozesses. Da saß ich also, nackt, berauscht und durchgeschüttelt von Krämpfen, die an einen Exorzismus erinnerten und tief in meinen Eingeweiden begannen. Von dort zogen sie sich durch meinen gesamten Körper, während in meinem Kopf folgende Worte des amerikanischen Schriftstellers Henry David Thoreau auf Dauerschleife liefen:

»Not until we are lost do we begin
to understand ourselves.«
(Auf Deutsch etwa: »Erst wenn wir verloren sind,
beginnen wir, uns zu verstehen.«)

Eine Stunde war so vergangen und mein Magen inzwischen vollständig geleert. Mein Verdauungstrakt konnte sich somit einen Moment lang ausruhen, bevor noch mehr Ayahuasca ausgeschenkt wurde. Zwar war ich mir nicht sicher, ob ich eine zweite Runde vertragen würde, tat aber dennoch, was jeder höfliche britische Reisende getan hätte: Ich nickte, als man mir die zweite Portion des psychedelischen Zaubertrunks anbot, und dankte meinen Gastgebern freundlich.

Allerdings bereute ich meine englischen Manieren sofort, denn schon als die Tasse meine Lippen berührte, war sofort klar, dass dieser Trunk noch stärker war als der erste. Innerhalb weniger Minuten war meine Zunge taub geworden und ich hatte jegliches Gefühl in meinem Mund verloren, sodass ich nicht mehr in der Lage war zu sprechen.

Ich konnte an unserem vollgespuckten Lagerfeuer also auch niemandem meine Sorgen zum Ausdruck bringen und saß dort völlig hilflos, während die Bäume über mir sich drehten, der Boden unter meinen Füßen sich bewegte und immer mehr Ameisen in Richtung meiner nach wie vor nervösen Genitalien krabbelten.

Kurzum: Ich saß richtig in der Klemme.

Hinzu kam, dass meine Sinne sich miteinander vermischten. Ich hörte Gerüche, sah Geräusche und konnte nicht mehr unterscheiden, was echt war und was ein Hirngespinst meiner vom Ayahuasca berauschten Vorstellungskraft. Benebelt und verwirrt blickte ich zu den Bäumen hinauf, die hoch über mir thronten. Ihre Äste wehten im Wind und gestikulierten bedrohlich in meine Richtung, als wären sie wütend auf mich, und das Rascheln der Blätter entwickelte sich zu einem donnernden Grollen direkt über meinem Kopf.

Ich wollte, dass es aufhört.

All diese »Belastungsreize« gingen mir durch den Kopf, ich begann zu fiebern, war hungrig, dehydriert und mein Puls war unmöglich hoch für jemanden, der praktisch unbewegt an einem Lagerfeuer sitzt. Während dies geschah, beobachtete ich die ganze Zeit Tiago und Gabe, zwei jüngere Stammesmitglieder, die eine hellblaue Ara-Feder gefunden hatten und nun abwechselnd daran leckten, um ihre »Farbe zu schmecken«. Als sie mir bedeuteten, es auch einmal zu versuchen, tat ich das gern, in der Hoffnung, der Dschungel um mich herum würde dann aufhören, sich zu drehen.

Doch das tat er nicht. Alles, was ich schmeckte, war Papageienhintern.

Carlito, der Älteste und am meisten Respektierte des Stammes, erkannte, dass mir die Feder nicht so gut bekam wie meinen Yaminawá-Brüdern, und eilte mir zu Hilfe. Er war klein, mit dunkel gebräunter, lederartiger Haut. Mit seinem Lächeln, der komplexen Körperbemalung und der kleinen, aus Blättern gefertigten Tasche über seiner Schulter, sah er aus wie ein untersetztes, nacktes Dschungelgenie.

Er hockte sich mit seinen runzligen Pobacken auf den Baumstumpf vor mir, nahm mein Gesicht in beide Hände und inspizierte meine erweiterten Pupillen und geschwollene Zunge. Dabei erkannte er, dass es mir schlecht ging und ich mit der drückenden Hitze und Feuchtigkeit nicht zurechtkam. Er überlegte kurz, welches Gegenmittel mir auf meiner spirituellen, psychedelischen Reise am besten helfen würde, und griff sich, ohne ein Wort zu sagen, mit einer Hand unter die Achsel, entnahm eine Handvoll Schweiß seiner voll funktionstüchtigen Amazonas-Schweißdrüsen und verrieb ihn in meinem Gesicht, um mich etwas runterzukühlen. Anschließend griff er in seine Tasche und reichte mir eine Handvoll Minzblätter, auf denen ich kauen sollte.

Das funktionierte zu meiner Überraschung. Meine Sinne rangen plötzlich nicht mehr miteinander, sondern orientierten sich brav am minzigen Geschmack in meinem Mund. Die zuvor bösartigen Winde hatten sich in eine sanfte Brise verwandelt, weshalb auch die Bäume nicht mehr drohend in meine Richtung gestikulierten, sondern nur im leichten Wind tanzten, der nun meine schweißgetränkte Stirn kühlte.

Das Leben war plötzlich wieder schön, denn die Minze hatte mir geholfen, »ein Gefühl der Selbstkontrolle über den Schmerz wiederzuerlangen (und dadurch eine Kongruenz mit der Situation)«.[9]

Stunden waren vergangen und mein Magen hatte sich inzwischen beruhigt, als man mir sagte, dass nun der zweite Teil der Zeremonie beginnen würde. Damals wusste ich noch nicht, dass Ayahuasca nur im reinigenden Part der Zeremonie zum Einsatz kommt. Im nächsten Teil wurden wir mit semipermanenter Farbe tätowiert und mussten einen gigantischen Baum hinaufklettern, der mit riesigen Feuerameisen bedeckt war.

Die Yaminawá glauben, dass man nach dem Ayahuasca zeremoniell Buße für vergangene Missetaten tun müsse. Bis heute weiß ich nicht genau, für welche Missetaten ich damals büßen sollte, doch ich beschloss, den Regenwald mit blitzsauberem Gewissen zu verlassen, und suchte deshalb die Schamanen auf, die fürs Tätowieren verantwortlich waren.

Dort hatte sich schon eine lange Schlange gebildet, an deren Ende ich mit meinem Freund Nick wartete. Gemeinsam hatten wir mehr als acht Länder in acht Monaten bereist und hatten von jedem ein paar »Andenken« an unseren Körpern mitgebracht. In Ecuador gerieten wir in eine Herde Bullen, die uns ganz schön in die Mangel genommen hatten, und auf den Bahamas wurden wir von Haien gebissen. Doch egal, wie schmerzhaft und unangenehm die Situation auch gewesen sein mag, Humor war stets unsere adaptive Copingstrategie – und häufig gingen die Scherze auf Kosten des jeweils anderen.

Ein Beispiel: Als wir Monate zuvor mit Rentiergespannen durch den sibirischen Winter zogen, hielt Nick die Zügel meines kleinen Gespanns, als ich mich hinter einem Baum kurz erleichtern musste. Ich hielt das für eine nette Geste, tatsächlich wusste Nick aber, dass uringetränkter Schnee für Rentiere eine absolute Delikatesse ist … wie leckere Eiscreme für uns Menschen.

Er wartete, bis ich meine Hose unten hatte, und ließ die Zügel los. Dann lachte er hysterisch, während fünf riesige Rentiere auf mich zugerannt kamen. Immer noch pinkelnd versuchte ich, in metertiefem Schnee mit heruntergelassener Hose wegzurennen, und schwor, ihm diesen Streich eines Tages heimzuzahlen.

Was Nick nicht wusste: Dieser Tag war heute, im »Tattoo-Studio« des Schamanen.

Er wurde als Erster hereingerufen, ich durfte zuschauen. Drin saßen insgesamt fünf Schamanen mit beeindruckend komplexen Mustern am ganzen Körper. Bei der Farbe handelte es sich um ein dickes, schwarzes Harz, das aus der Frucht des Jenipapo-Baums gewonnen wurde. Ich fühlte mich natürlich geehrt, dieser rituellen Zeremonie beiwohnen zu dürfen, von der ich zuvor nur gelesen hatte, spürte aber auch, dass ich eine solche Chance nie wieder bekommen würde.

Ich schlich mich deshalb leise hinter Nick, der mit geschlossenen Augen und ausgestreckten Armen dastand und völlig in der Zeremonie versunken war. Mit stillen Gesten fragte ich den Cheftätowierer, ob ich es auch mal versuchen dürfte. Er reichte mir daraufhin einen großen Pinsel, mit dem ich Nick einen riesigen Penis auf den Rücken malte.

Die Yaminawá erkannten sofort, was meine Zeichnung darstellen sollte, und brachen in Gelächter aus. Auch Nick merkte nun, dass etwas faul war, und drehte sich zu mir um.

»Du hast einen Pimmel gemalt, oder?«

Nickend erklärte ich ihm, dass dies meine Rache für den Rentier-Streich war.

»Clever gemacht«, sagte er anerkennend. Damit waren wir quitt.

Die Aktion war natürlich kindisch, aber auch verdammt lustig. (Selbst die Yaminawá mochten mein Kunstwerk.) Vor allem aber lockerte sie die Stimmung auf. Nick und mir stand schließlich noch die zeremonielle Buße für unsere vergangenen Missetaten bevor, für die wir auf hohe Bäume voller Feuerameisen klettern mussten.

Das war anfangs gar nicht so einfach, denn der Stamm der Bäume war unten äußerst dick (fast einen Meter im Durchmesser) und es gab kaum Äste, an denen man sich festhalten konnte. Ich musste den Baum deshalb umarmen und mich langsam daran hocharbeiten, was äußerst schmerzhaft war, weil ich mir an der rauen Rinde eine Hautschicht nach der anderen abschürfte. Immer mehr Feuerameisen krabbelten außerdem auf meinem Körper und traktierten mich mit ihren brennenden Bissen, um mir zu zeigen, dass ich hier nicht erwünscht war.

Nach etwa weiteren drei Metern merkten die Ameisen, dass sie mich damit nicht aufhielten, und attackierten nun auch Hals und Gesicht, wodurch meine Wangen eine feurig rote Farbe annahmen. Das Gift der Ameisen besteht hauptsächlich aus öligen Alkaloiden, gemischt mit kleinen Mengen giftiger Proteine, die ein schmerzhaftes Brennen auslösen, auf das ein unangenehmer Ausschlag folgt.

Aber weißt du, was mir diese schmerzhafte Selbstkasteiung erleichterte? Humor und der gigantische Phallus, den Nick auf dem Rücken trug.

Ich nehme nicht oft an schamanischen Ritualen teil und würde auch nicht behaupten, dass ich sie komplett verstehe, aber ich weiß, dass diese seltsame Art, eine unangenehme Situation auf »komödiantisch-psycho-spirituelle« Weise zu meistern, an diesem Tag funktionierte.[10] Ich schaut zu Carlito hinüber, der ebenfalls kicherte und mir zuzustimmen schien.

Das erklärt vielleicht, warum Humor seit dieser Zeit im Amazonasgebiet mein wichtigster adaptiver Copingmechanismus für Schmerz ist.

Nun kann ich beim Schwimmen allerdings nicht die ganze Zeit lachen, weshalb ich dann und wann eine zweite Copingstrategie einsetze – allerdings vorsichtig und nur unter ganz extremen Umständen. Es handelt sich dabei um einen mächtigen animalischen Mechanismus, den verwundete Tiere nutzen. Wissenschaftler bezeichnen die Methode als »stressinduzierte Analgesie«, und beigebracht hat sie mir der großartige britische Entdecker, Abenteurer und Soldat Ant Middleton.

STRESSINDUZIERTE ANALGESIE

Es war der 23. Mai 2018, eine Woche bevor wir zum Great British Swim aufbrachen. Alle nötigen Dinge waren auf dem Boot verstaut, mein Körper austrainiert und gut vorbereitet, die Zeiten und Gezeiten mit militärischer Präzision kalkuliert. Was die Rahmenbedingungen der stoischen Sportwissenschaft anging, verfügte ich also bereits über

- einen starken Körper und
- eine strategische Planung.

Nur an meinem stoischen Geist musste ich noch arbeiten. Ich wollte wissen, wie ich meine eigenen Grenzen durchbrechen konnte, bevor ich mit Erschöpfung, Schmerzen sowie dem angeborenen, eingebauten Selbstschutzmechanismus meines Körpers (dem psychobiologischen Modell der Erschöpfung) und dem Verlangen danach, langsamer zu werden oder aufzuhören (um den sicheren Zustand der Homöostase aufrechtzuerhalten), konfrontiert wurde.

Zum Glück hatte ich Ant Middleton, den ich anrufen und um Hilfe bitten konnte. Er gehörte zu Großbritanniens neuer Entdeckergeneration und war ein toller Trainingspartner, ein brillanter Mentor, was militärisches Denken anging, vor allem aber ein sehr guter Freund. Sein Rat war außerdem ganz besonders hilfreich, weil er gerade von einer Expedition zum Mount Everest zurückgekehrt war.

Dabei hatte er den Everest nicht nur bestiegen, sondern überlebt. Weil er von einem der schlimmsten Stürme des Jahres überrascht wurde, der die Leben selbst erfahrenster Sherpas kostete, hatte er unglaubliche 21 Stunden ohne Schlaf, Nahrung, Wasser und zusätzlichen Sauerstoff in der »Todeszone« verbracht. Der Übergang am Hillary Step war zuvor unpassierbar geworden und die Bergsteiger saßen (buchstäblich und im übertragenen Sinne) im Eis am Rand der Klippenwand fest.

Später erzählte er mir: »Da kam eine Reihe von Katastrophen zusammen, auf die du dich nicht vorbereiten kannst. Vor mir befand sich eine Schlange von rund zehn Kletterern, die alle auf den Abstieg warteten, als uns ein unvorhergesehener Sturm mit Windgeschwindigkeiten von über 100 Kilometern pro Stunde und einem totalen Whiteout traf, der die Menschen vom Berg fegte. Du konntest hören, wie andere voller Angst schrien, dass wir sofort vom Berg runtermussten, weil wir sonst sterben würden.«

Der Begriff »Todeszone« beschreibt Regionen im Höhenbergsteigen, in denen für Menschen nicht genügend Sauerstoff in der Luft vorhanden ist, um zu atmen. In der Regel ist dies ab 8000 Metern über dem Meeresspiegel der Fall. Der Hillary Step liegt auf 8790 Meter Höhe und die dünne Luft dort oben hat bereits die Leben von mehr als 200 Bergsteigern gekostet, ob direkt (durch den Verlust der Vitalfunktionen) oder indirekt (durch ein Abnehmen der kognitiven Funktionen, was zu Unfällen führte). Der menschliche Körper ist schlicht nicht in der Lage, längere Zeit in einem solchen Umfeld zu überleben, weshalb sich ohne Zugabe von zusätzlichem Sauerstoff die Körperfunktionen rasant verschlechtern, man das Bewusstsein verliert und irgendwann schließlich stirbt.

Ant befand sich damals auf ebenjenen 8790 Metern über dem Meeresspiegel und war sich all dessen schmerzlich bewusst, während er, auf einem Auge schneeblind, versuchte, einen Weg vom Berg hinab zu finden. Dazu muss ich sagen, dass Ant zu einer ganz besonderen Sorte britischer Soldaten gehört. Er diente in der Marine-Spezialeinheit Special Boat Service (SBS), bei den Royal Marines und in der neunten Fallschirmjägerstaffel der Royal Engineers (RE). Zuvor hatte er die heilige Dreifaltigkeit der britischen Elitesoldatenausbildung durchlaufen (P Company, Commando Course und UK Special Forces). Zu seinem Glück hatte er im Rahmen dieser Ausbildung viele Fähigkeiten, die er an diesem Tag benötigte, immer wieder trainiert und geübt, sodass sie sich so eingeschliffen hatten, dass er sie praktisch automatisch abrufen konnte.

Eine Sache, der er das Überleben verdankte, war seine animalische Art, mit Schmerzen fertigzuwerden. »Mir ging irgendwann der Sauerstoff aus«, berichtete er. »Einen kurzen Moment lang hatte ich überlegt, mich einfach vom Berg zu stürzen, um dort oben nicht langsam ohne Luft zu verenden. Stattdessen riss ich mich zusammen und sagte zu mir selbst: ›Ant, du bist der Einzige, der dich jetzt noch retten kann. Es ist Zeit, deine eigenen Ratschläge zu befolgen.‹ In einer solchen Situation gerätst du in einen Kampf-oder-Flucht-Modus und Gott sei Dank entschied ich mich für Ersteres.«

Ant erlebte in diesem Moment im Grunde eine extreme Variante des psychobiologischen Modells der Erschöpfung. Das sensorische Feedback seiner Beine, seiner Lunge, seines Herzens und seiner anderen Körperteile signalisierte seinem Gehirn, alle Systeme sofort herunterzufahren, weil er kurz davorstand, unter den massiven »Belastungsreizen« komplett zusammenzubrechen.[11] Statt dies zu tun, besann er sich jedoch auf eine Art »stressinduzierte Analgesie«.[12] Die kennt man eigentlich von verletzten Tieren, die in Stresssituationen ohne Schmerzen handeln können, weshalb Löwen beispielsweise selbst dann noch bis zum Tod weiterkämpfen, wenn sie bereits gebissen worden, verletzt und von einem Rudel Hyänen umgeben sind. Möglich wird das, weil ihre Nebennieren hohe Dosen Hormone in den Blutkreislauf pumpen, die Geist und Sinne schärfen und den Körper taub für jegliches Gefühl von Schmerzen machen.

»Wir kommen zu dem Schluss, dass der funktionelle Vorteil einer Schmerzreduktion in Stresssituationen beträchtlich ist, weil sie dem Tier in bedrohlichen und mitunter kritischen Momenten erlaubt, so zu reagieren, als hätte es keine Schmerzen. Sobald das Schmerzsystem unterdrückt ist, werden von anderen Systemen adaptive Reaktionen hevorgerufen, die das Überleben des Tieres sichern.«[13] Laut diesem wissenschaftlichen Artikel aus dem Fachblatt der American Physiological Society hat Ant also im Grunde das psychobiologische Modell der Erschöpfung bekämpft und war dabei als Sieger vom Platz gegangen.

Leider hatten das an diesem Tag nicht alle dort oben geschafft.

Als er mir das in der Woche darauf (eine Woche vor dem Start meiner Schwimmtour) erzählte, hatte dies eine starke Wirkung auf mich. »Einigen Leuten ging der Sauerstoff aus«, erinnerte er sich. »Einer, an dem ich vorbeikam, war ein Sherpa. Ich sah, dass er keinen Sauerstoff mehr hatte, und erkannte an seiner Reaktion, dass er nur schlafen und sich nicht mehr bewegen wollte. Da wusste ich, dass er weit über den Punkt hinaus war, sich selbst zu retten. Seine Systeme waren bereits komplett heruntergefahren. Wir waren nicht in der Lage, ihn da runterzutragen, denn es ging uns ja allen selbst schlecht. Als ich versuchte, ihm hochzuhelfen, zog er seinen Arm weg und sagte, er wolle ›schlafen‹. Anschließend rollte er sich einfach zusammen und blieb liegen. Da wusste ich, dass es um ihn geschehen war.«

Daraufhin schaute Ant mir starr in die Augen. Er kannte mich gut und wusste, dass es mein primärer Copingmechanismus war, Schmerzen einfach wegzulächeln. Deshalb mahnte und lehrte er mich, meinem Arsenal eine weitere Methode hinzuzufügen, bevor ich mich auf den 2865 Kilometer langen Weg um Großbritannien begab.

»Diese Methode brauchst du nicht zum Schwimmen, sondern zum Überleben«, warnte er mich.

Zu guter Letzt riet er mir noch, den mächtigen animalischen Mechanismus der stressinduzierten Analgesie nur sparsam einzusetzen. Denn den Kampf-oder-Flucht-Modus bewusst auszulösen, hat seinen Preis: Es verändert die eigene Biochemie. Nachdem ich meinen Höllenritt durch die schottischen Hebriden hinter mir hatte, kannte ich diesen Preis nur zu gut.

Lektion 11

- Studien weisen darauf hin, dass eine geringe Schmerzwahrnehmung Menschen für Erfolg in Langstreckenwettkämpfen prädisponieren könnte.
- **Adaptive Copingstrategien** (ein Anpassen an die Umgebung oder Situation) können helfen, ein Gefühl der Selbstkontrolle über den Schmerz wiederherzustellen.
- **Humor** kann bei Schmerzen ein wirksamer adaptiver Copingmechanismus sein.
- Eine andere mächtige und ursprüngliche Form der Schmerzunterdrückung ist die **stressinduzierte Analgesie**. So wie ein Löwe bis zum Tod kämpft, wenn er von einem Rudel Hyänen umgeben ist, besitzen auch wir Menschen diesen eingebauten Selbstschutzmechanismus, bei dem unsere Nebennieren Hormone in die Blutbahn pumpen, die Sinne und Verstand schärfen und den Körper taub für jede Form von Schmerzen machen.

LEKTION 12 | BEKÄMPFE ANGST MIT DEM »KONZEPT DER TIERISCHEN FURCHT«

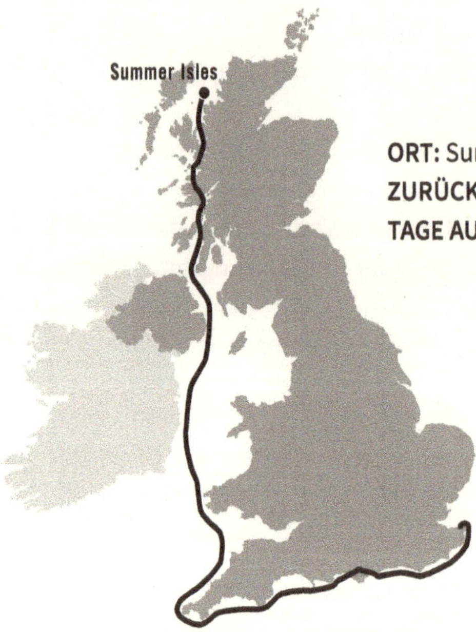

ORT: Summer Isles
ZURÜCKGELEGTE DISTANZ: 1545 Kilometer
TAGE AUF SEE: 81

Es ist der 21. August 2018 und wir haben die Summer Isles erreicht. Der aus 20 Inseln und Felsen bestehende Archipel ist eine raue, zerklüftete und wilde Oase, die in einer unberührten Ecke im Westen Schottlands versteckt liegt. Menschen sieht man hier selten und viele der Inseln sind seit dem 18. Jahrhundert unbewohnt geblieben, als Tanera Mòr, die größte der Inseln, noch das stolze Zentrum der florierenden Heringsfischereiindustrie gewesen war.

Heutzutage ist von dieser Vormachtstellung nichts mehr übrig. Stattdessen ist die Inselgruppe seit unserer Ankunft Schauplatz eines epischen »Versteckspiels« zwischen Wind, Sturm und Meer. Aus Richtung Island war ein eisiger Sturm aufgezogen, dessen 65 Kilometer pro Stunde schnelle arktischen Winde mit einer solchen Kraft über die Inseln hinwegfegten, dass die Gischt des Meeres wie ein Sandstrahlgebläse gegen die Felswände der Küsten prallte. Wir konnten dadurch zwischen meinen Etappen unmöglich draußen auf See bleiben und dort schlafen.

Ich musste also schwimmen, den Punkt markieren, an dem ich eine Etappe beendete, und mich anschließend aufs Boot in Sicherheit bringen und Schutz inmitten der Inseln suchen, bis der Sturm wieder ein wenig nachgelassen hatte. Anschließend kehrte ich zum markierten Punkt zurück und begann meine nächste Etappe exakt dort.

Dieses »Spiel« dauerte schon seit 48 Stunden an und der Sturm wollte einfach nicht aufhören. So langsam gingen uns die Verstecke aus, weil die riesigen Dünungen aus dem Atlantik uns das Ankern erst erschwerten und irgendwann praktisch unmöglich machten. Ohne richtigen Hafen inmitten der verlassenen Inseln, Felsen und Höhlen war jeder zurückgelegte Kilometer ein wertvoller Fortschritt, denn wir wussten, dass wir keine Möglichkeit mehr haben würden, uns auszuruhen oder zu erholen, bevor wir es nicht um Cape Wrath, den nordwestlichsten Punkt des britischen Festlands, geschafft hatten, das noch etwa 65 (stürmische) Kilometer entfernt lag.

Ich schwamm während jedem Sonnenauf- und untergang. Übermüdet, gepeinigt vom Sturm und isoliert vom Rest der Zivilisation kam mein Gehirn plötzlich auf ziemlich seltsame Gedanken. Ich weiß nicht, ob es am Salzwasser lag oder an den 81 Tagen Sinnesentzug, die hinter mir lagen, aber mit jedem Kräuseln des Wassers und bei jedem Schatten unter der Meeresoberfläche bekam ich das Gefühl, nicht allein inmitten der Summer Isles zu sein.

Jemand (oder etwas) teilte sich seine »Schwimmbahn« mit mir.

Um 20 Uhr wurde aus diesem anfänglichen Verdacht Besorgnis. Als der Dunst sich setzte und die Sonne untergegangen war, sahen (und rochen) wir einen verwesenden Kadaver auf der nahen Insel Glas-leac Beag. Er sah aus wie ein Schaf, war aber vermutlich eine Robbe. Das konnte man nicht mehr so genau sagen, weil er schon bis zur Unkenntlichkeit verrottet war.

Als ich weiterschwamm und die Nacht über mir hereinbrach, musste ich an die Yaminawá denken und wie die ältesten Schamamen dort seit Tausenden von Jahren auf den Rat, die Weisheit und Symbolik von Totems – seelenverwandten Tieren – vertrauten. Schottland befand sich Tausende Kilometer vom Amazonas-Regenwald entfernt, doch hier in den wilden Gewässern westlich Großbritanniens war Tiersymbolik vielleicht alles, was ich hatte, weshalb ich zum Schluss kam, dass ein verwesender Schafs-/Robbenkadaver vermutlich kein gutes Zeichen war.

Anhalten war jedoch keine Option und das weitere Vorankommen von oberster Wichtigkeit. Mit jedem Schwimm- und Atemzug versuchte ich deshalb etwas zu finden, das mich ein wenig beruhigen konnte. Eine Schule Delfine wäre toll gewesen oder ein majestätischer Seeadler, in meiner Verzweiflung hätte ich mich in diesem Moment sogar über einen einsamen Seeotter gefreut. Einige Momente darauf überraschte mich Schottland dann mit etwas, das ich nicht erwartet hätte: Ein fünf Meter langer Riesenhai, der zweitgrößte Fisch der Erde (nach dem Walhai), hatte beschlossen, mir einen Besuch abzustatten. Vermutlich war er neugierig, welches menschliche Wesen dort während eines Sturms herumschwamm. Er besaß eine gräulich-braune Farbe, fleckige Haut und glitt nah an der Wasseroberfläche, wo er mit seinem gigantischen Maul, der kegelförmigen Schnauze und Hunderten Zähnen massenweise Plankton verputzte. Zu meinem Glück stehen schwimmende Engländer nicht auf dem Speiseplan dieser Haiart.

So vergingen einige Stunden, in denen er mich beobachtete und ich ihn. Wir schwammen nach Norden und verbrachten gemeinsam den Abend als eines der eigenartigsten Paare, das Schottland je gesehen hat. Die gesamte Zeit über teilten wir ein seltsames, stummes Verständnis füreinander und waren vielleicht beide schlicht froh über die Gesellschaft des jeweils anderen. Ich könnte mir vorstellen, dass es in dieser abgelegenen Ecke der Highlands selbst für einen fünf Meter großen Riesenhai mal einsam werden kann.

Vielleicht mochte er den Gedanken ja auch nicht, hier draußen ganz allein mitten in einem Sturm festzustecken – genauso wie ich. Und so bahnten wir uns gemeinsam (unter der Anleitung von Captain Matt und seiner Crew) unseren Weg um Landzungen, Felsen und kleinere Inseln.

Nach drei Monaten überwiegend allein auf hoher See kann einem der eigene Verstand schon mal einen Streich spielen, aber ich begann mir vorzustellen, dass mein neuer Freund und ich gar nicht so verschieden waren. Eigentlich unterschied ich mich von der gesamten wilden Tierwelt Schottlands kaum noch, egal ob vom Fischadler, der über mir in der Luft kreiste, oder von den Highland-Kühen, die im Moor grasten. Unsere Gehirne verarbeiteten Angst, Gefahr und Stress auf ganz ähnliche Art und Weise. Aus diesem Grund entwickelte ich inmitten der Summer Isles etwas, das ich als »Konzept der tierischen Furcht« bezeichne – eine primitive Art, wie wir Angst verarbeiten.

DAS »KONZEPT DER TIERISCHEN FURCHT«

Wir Menschen verarbeiten Angst nämlich immer noch auf eine sehr animalische, ursprüngliche Art und Weise. Natürlich beherrschen wir das heute viel besser als unsere in Höhlen lebenden Vorfahren. Trotzdem sind unsere Gehirne noch immer so programmiert, dass sie mit Furcht auf die exakt selbe Weise umgehen, wie es schon unsere Ahnen taten, die auf ihren angeborenen Kampf-oder-Flucht-Reflex vertrauten, um hungrigen Säbelzahntigern zu entkommen.

Nun gibt es heutzutage nicht mehr sonderlich viele Säbelzahntiger. Die Herausforderung für uns moderne Menschen ist es deshalb, diesen Mechanismus stets abhängig von der Situation auszulösen, in der wir uns gerade befinden. Im Grunde bedeutet das, unsere animalischen Gehirne besser zu kontrollieren. Um zu verstehen, wie das geht, solltest du das »Konzept der tierischen Furcht« kennenlernen, eine Handlungsempfehlung, die aus folgenden Bestandteilen aufgebaut ist:

- Kampf-oder-Flucht-Reflex
- Habitualisierung von Stress
- Stressimpfungstraining
- Stressinduzierte Analgesie

Dies war im Grunde mein Betriebssystem für den Umgang mit Angst.

KAMPF ODER FLUCHT/SINKEN ODER SCHWIMMEN

Die Bezeichnung »Fight or Flight« – also Kampf oder Flucht – prägte der amerikanische Physiologe Walter Cannon (derselbe kluge Kopf, der auch die Grundlagen für unser heutiges Verständnis der Homöostase geschaffen hat). Der Mechanismus wird auch als Übererregtheit oder akute Stressreaktion bezeichnet und es handelt sich dabei um eine physiologische Reaktion, die immer dann auftritt, wenn unser Überleben bedroht ist.

Laut Cannons Theorie aus dem Jahr 1915 wird während jeder Stresssituation ein Cocktail verschiedener Stresshormone im Körper freigesetzt, die perfekt aufeinander abgestimmte physiologische Veränderungen auslösen, durch die seit vielen Jahrtausenden unser Überleben gesichert wurde.

Unsere Herzen schlagen schneller und unsere Muskeln werden mit Hormonen geflutet, die sie auf Kampf oder Flucht trimmen (oder in meinem Fall: auf Sinken oder Schwimmen). Kurzum: Wir werden physiologisch auf die vor uns liegende Gefahr vorbereitet.

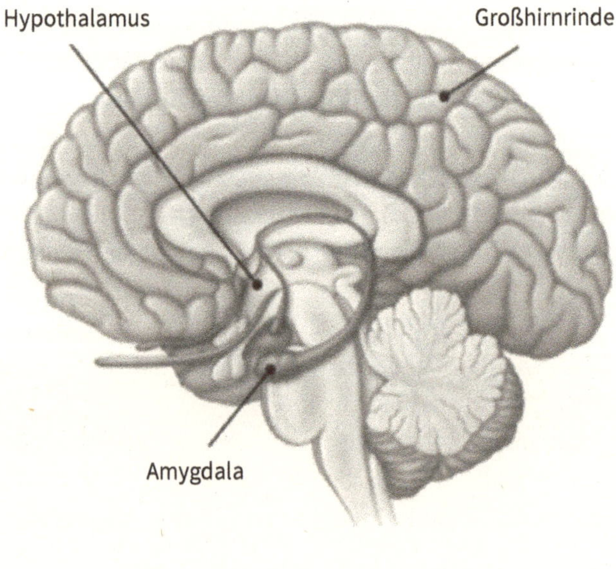

All das beginnt im Gehirn (siehe Abbildung links), das eine sorgfältig abgestimmte (und fast unmittelbare) Abfolge hormoneller Veränderungen auslöst, die folgendermaßen abläuft:

- Unsere Augen und Ohren senden Informationen an die Amygdala. Das ist der Bereich des Gehirns, der für die Verarbeitung von Emotionen verantwortlich ist – unter anderem auch, wenn wir in Schwierigkeiten sind.
- Die Amygdala entscheidet dann, ob tatsächlich Gefahr besteht.
- Wenn das der Fall ist, sendet sie ein Notrufsignal an den Hypothalamus, das Kommandozentrum des Gehirns, das den Körper mithilfe des zentralen Nervensystems auf Kampf oder Flucht vorbereitet.
- Dies tut er, indem er ein Signal an die Nebennieren sendet.
- Diese reagieren auf das Signal, indem sie das Hormon Epinephrin (besser bekannt als Adrenalin) freisetzen. Sobald das Epinephrin durch den Körper zirkuliert, löst es dort eine Reihe physiologischer Veränderungen aus:
    - Das Herz schlägt schneller als üblich.
    - Mehr Blut wird in Muskeln, Herz und lebenswichtige Organe gepumpt.
    - Puls und Blutdruck steigen.
    - Aufgrund dieser Veränderungen erhöht sich auch die Atemfrequenz.
    - Kleine Atemwege in der Lunge öffnen sich weit, um mehr Sauerstoff aufzunehmen.
    - Das Gehirn wird mit mehr Sauerstoff versorgt, was die Wachsamkeit erhöht.
    - Seh- und Hörvermögen sowie andere Sinne werden geschärft.
    - Die Blutbahn wird mit Blutzucker (Glukose) geflutet, um den Körper mit Energie zu versorgen.

All diese Veränderungen geschehen so schnell, dass man sie gar nicht bemerkt. Im Gegenteil: Der Prozess ist so effizient, dass Amygdala und Hypothalamus mit dieser mehrstufigen Abfolge von Aktionen bereits beginnen, bevor der visuelle Kortex des Gehirns überhaupt die Möglichkeit hat, vollständig zu verarbeiten, was überhaupt geschieht. Deshalb sind Menschen in der Lage, etwa aus dem Weg zu springen, wenn ein Fahrzeug auf sie zurast, ohne vorher darüber nachzudenken.

Sobald der erste Epinephrinschub nachlässt, aktiviert der Hypothalamus die zweite Komponente des Stressreaktionssystems, das wir als Hypothalamus-Hypophysen-Nebennierenrinden-Achse – kurz: HPA-Achse – bezeichnen. Dieses Netzwerk besteht, wie der Name sagt, aus dem Hypothalamus, der auch Hypophyse genannten Hirnanhangsdrüse und den Nebennieren. Die HPA-Achse sorgt mithilfe einer Reihe hormoneller Signale dafür, dass das sympathische Nervensystem aktiv, also der sprichwörtliche Fuß auf dem Gaspedal bleibt. Nimmt das Gehirn weiterhin eine Gefahr wahr, stoßen die Nebennieren das Stresshormon Cortisol aus. Die Folge: Der Körper bleibt »auf 180« und extrem wachsam. Erst wenn die Bedrohung vorüber ist, sinkt der Cortisolspiegel wieder.

All diese physiologischen und hormonellen Reaktionen sind deshalb notwendig und mit dafür verantwortlich, dass wir als Spezies bis heute überlebt haben. Untersuchungen haben allerdings gezeigt, dass wir auf bestimmte, nicht lebensbedrohliche Reize, die eine solche sorgfältig abgestimmte (und fast unmittelbare) Abfolge hormoneller Veränderungen nicht erfordern, manchmal überreagieren.

Wenn du beispielsweise auf Arbeit am Schreibtisch sitzt und gestresst bist, benötigst du nicht dieselben eben beschriebenen hormonellen Veränderungen, auf die deine Vorfahren bei der Flucht vor einem Berglöwen angewiesen waren.

Solche Überreaktionen können zu einem supprimierten Immunsystem,[1] Depressionen,[2] Schlaf- und Regenerationsstörungen[3] sowie einer ganzen Reihe von Krankheiten führen.[4] Aus genau diesem Grund müssen wir modernen Menschen lernen, unsere Kampf-oder-Flucht-Reaktion im Griff zu haben.

Vor allem während meiner Schwimmetappen war das enorm wichtig. Ich konnte mir nicht erlauben, dass mein Kampf-oder-Flucht-Reflex jedes Mal mit mir durchging, wenn ich in eine stressige Situation geriet, denn wenn ich ehrlich bin, war die gesamte Schwimmtour eine unheimlich stressige Angelegenheit. Ich musste also lernen, den Stress zu habitualisieren.

HABITUALISIERUNG VON STRESS

Dieser Begriff kam in Lektion 5 schon einmal vor. Habitualisierung bezeichnet einen psychologischen Lernprozess, bei dem die Reaktion auf einen bestimmten Reiz abnimmt, wenn man ihm immer wieder ausgesetzt wird. Das mag kompliziert klingen, ist es aber nicht. Es bedeutet schlicht, dass jeder Belastungsreiz (ob psychologischer oder physiologischer Natur) zwar eine Stressreaktion hervorruft, dass du aber weniger Stress empfindest, je öfter du diesem Reiz ausgesetzt bist.

Zuerst erwähnt wurde der Begriff im Jahr 1966 in einer bahnbrechenden wissenschaftlichen Arbeit von R. F. Thompson und W. A. Spencer, die den Titel »Habituation: A model phenomenon for the study of neuronal substrates of behaviour«[5] trug. (Deutsch etwa: »Habitualisierung: Ein Modell zur Untersuchung neuronaler Verhaltensgrundlagen«.) Seitdem wurde das Thema immer weiter vertieft und dabei herausgefunden, dass Habitualisierung eine Vielzahl von Reaktionen in Körper und Geist verursacht, die allesamt das Verhalten beeinflussen können.

Eine dieser Reaktionen steht im Zusammenhang mit unserem Kampf-oder-Flucht-Reflex und dem damit verbundenen Hormonausstoß. Wissenschaftler fanden nämlich heraus, dass »das Ausmaß der Aktivierung von Hypothalamus, Hypophyse und Nebennierenrinde (HPA) als Reaktion auf einen Belastungsreiz mit wiederholter Exposition zu diesem Reiz abnimmt«.[6] In Untersuchungen wurde beispielsweise festgestellt, dass Karatekämpfer mit dreijähriger Erfahrung in ihrem Sport den Ausstoß von Stresshormonen besser kontrollieren konnten als untrainierte Studienteilnehmer. Die Forscher folgerten: »Langfristiges Karatetraining führt zu einer messbaren Anpassung der Stresshormone.«[7]

In diesem Zusammenhang soll erwähnt werden, dass es sich dabei nur um vorläufige Ergebnisse handelt und einige andere Studien zeigen, dass die Stressreaktion der meisten Menschen zwar abnimmt, je häufiger sie psychischem oder physischem Stress ausgesetzt sind, bei manchen aber auch gleich bleibt oder gar zunimmt. Dies hängt zum größten Teil von der subjektiven Einschätzung der Situation, des Sports oder Abenteuers und dem Stressniveau ab.[8]

»Aktuelle Studien deuten darauf hin, dass die neuroendokrine Reaktion auf Wettbewerb eher von subjektiven Faktoren im Zusammenhang mit der kognitiven Evaluierung der Situation abhängt.«[9]

Nehmen wir Fallschirmspringen als Beispiel: Forschungsergebnisse im Fachblatt *Frontiers in Human Neuroscience* zeigten, dass es »ungewiss ist, ob die Stressreaktivität sich durch den Belastungsreiz habitualisiert, da Fallschirmspringen trotz aller Erfahrung bei jedem Sprung immer noch eine riskante und lebensbedrohliche Herausforderung bleibt«.[10] In dem Artikel stand aber auch, »die Ergebnisse legen nahe, dass Erfahrungen die Koordination einer emotionalen Reaktion mithilfe von Cortisolreaktivität möglicherweise an das Fallschirmspringen anpassen« und »die individuelle Aktivierung der Hypothalamus-Hypophysen-Nebennierenrinden-Achse einer Person verändern« kann.

Wie schon im Fall der zuvor erwähnten erfahrenen Karateka erklärt auch dieses Beispiel zumindest zum Teil, warum ich mich pudelwohl fühlte, während ich inmitten eines tobenden Sturms gemeinsam mit einem Riesenhai durch die Gruppe der Summer Isles schwamm. Ich war nicht tollkühn oder mutig, sondern hatte schlicht diese besondere Form des Stresses habitualisiert. Einerseits weil ich seit mehr als 87 Tagen auf See lebte und zuletzt immer wieder gegen die arktischen Winde in Schottland und sich ständig verändernde Strömungen anschwimmen musste. Aber auch, weil die Kontrolle des eigenen Kampf-oder-Flucht-Reflexes eine Notwendigkeit ist, wenn man mit Haien schwimmt, die spüren, wenn unter Stress das Herz schneller schlägt und die Atmung sich beschleunigt.

STRESSIMPFUNGSTRAINING

Es ist der 20. Mai 2008 und ich befinde mich vor der Küste der Bahamas, wo ich mich zum Hai-Hirten ausbilden lasse. Aktuell werde ich von Hunderten der Tiere umkreist, während ich an der Wasseroberfläche treibe und beobachte, wie mein Ausbilder jedes einzelne Tier füttert, untersucht und studiert. Er heißt Jeremiah Sullivan und ist zu meinem Glück einer der weltweit führenden Hai-Experten.

Mit einer Köderbox voller Fisch in der Hand fütterte Jeremiah einen nach dem anderen und zog dadurch den Großteil der Aufmerksamkeit der Räuber auf sich, die um die beste Position kämpften und versuchten, sich an der Schlange zum Buffet vorzudrängeln. Ich stand einige Meter entfernt und hatte einen deutlich einfacheren Job: Ich musste nur zuschauen, beobachten und mich an das Training zur Kontrolle meines Kampf-oder-Flucht-Reflexes erinnern. Denn andernfalls hätten die Haie mithilfe ihrer hochempfindlichen Elektrorezeptoren bemerkt, dass mein Herz schneller schlug, ich unter Stress stand und eigentlich nichts an ihrem »Esstisch« verloren hatte.

Eine Viertelstunde später war die Fütterung vorüber. Jeremiah hatte kein Futter mehr, die Haie waren glücklich und mein Training hatte funktioniert. Dass die Haie meinen Herzschlag nicht registrierten, lag auch hier nicht daran, dass ich überaus mutig war. Ich war schlicht in der Lage, meine Stressreaktion zu kontrollieren, indem ich mich zuvor einem sogenannten Stressimpfungstraining unterzogen hatte.

Diese Trainingsmethode dient der Leistungssteigerung unter Stress und wird üblicherweise in physisch und psychisch fordernden Berufen eingesetzt – etwa bei Feuerwehrleuten oder Polizeibeamten –, in denen selbst kleinste Fehler ernste Konsequenzen nach sich ziehen können. In den vergangenen Jahren ist sie immer populärer geworden, insbesondere beim Militär, da die Ausbildung besserer Soldaten deutlich günstiger ist als die Anschaffung besserer Ausrüstung.[11] Selbst das beste High-Tech-Equipment der Welt ist außerdem immer nur so gut wie der Mensch, der es bedient.[12] Modernes Stressimpfungstraining wird deshalb sauber in drei verschiedene Stufen unterteilt:

Phase 1: Informationsphase

In der ersten Phase wird Sportlern beigebracht, welche Fähigkeiten sie benötigen, um ihre Leistung unter Stress zu optimieren. Das kann beinhalten, den eigenen Kampf-oder-Flucht-Reflex zu kontrollieren, Energie-/Erregungskontrolle[13] zu erlernen und Selbstvertrauen bei der Ausführung der spezifischen Aktivität aufzubauen. Lange bevor ich den Haien bei ihrer Fütterung beiwohnte, nahm Jeremiah mich deshalb zunächst mit ins seichte Gewässer und brachte mir bei, in einem schützenden Kettenpanzer zu tauchen, durch eine gepanzerte Gesichtsmaske zu atmen, und er lehrte mich eine Art Unterwasser-Jiu-Jitsu, um notfalls mit Haien ringen zu können.

Phase 2: Übungsphase

In der zweiten Phase werden diese Fähigkeiten gründlich einstudiert und immer wieder geübt, mit dem Ziel, die entsprechenden Bewegungen zu automatisieren, um sie schnell und präzise ausführen zu können, selbst wenn man dabei seine Aufmerksamkeit vielleicht gerade auf etwas anderes richten muss. Denn wenn man nicht mehr bewusst darüber nachdenkt, kann man sie ganz intuitiv ausführen.[14] Jeremiah war das perfekte Beispiel dafür. Als ich ihn beim Tauchen beobachtete, erkannte ich, dass jede seiner Bewegungen aus einer ganzheitlichen, unterbewussten Abfolge bestand, die schneller vonstattenging als jeder bewusste Gedankengang.[15] Ich musste dagegen noch daran erinnert und aufgefordert werden, meine Atmung und den Auftrieb zu kontrollieren, sodass die Meeresbewohner deutlich erkannten, dass ich als Auszubildender noch weit entfernt von einem erfolgreichen Abschluss war.

Phase 3: Anwendungsphase

In der finalen Phase wurden all diese Dinge mit mehr Stress, Komplexität, Intensität und Volumen ausgeführt. Dabei ist es wichtig, all die erlernten Fähigkeiten zu behalten (insbesondere die Kontrolle der eigenen Stressreaktion). Jeremiah wollte mich zu Beginn natürlich nicht gleich ins sprichwörtliche kalte Wasser werfen. Weil nun Haie dabei sein würden, war der Übergang von Phase 2 zu Phase 3 ein gewaltiger Sprung. Deshalb hatte er vor meiner »Jungfernfahrt« mit Haien einen ganz besonderen Tauchgang für mich arrangiert.

Vorher erzählte er mir, dass wir ein altes Schiffswrack erkunden würden, und beauftragte mich damit, mir einen bestimmten Code zu merken, mit dem ich einen Safe öffnen könnte, der sich dort irgendwo an Bord befand. Meine Aufgabe lautete also, mithilfe des Codes an den Inhalt des Safes zu kommen und an die Oberfläche zurückzukehren. Das glaubte ich zumindest.

Was ich nicht wusste: dass es sich dabei nicht um meinen eigentlichen Test handelte.

Als ich den Safe gefunden hatte, kniete ich mich davor und machte mich daran, das Schloss zu öffnen. Vorsichtig drehte ich an den Rädchen, um die korrekte Zahlenkombination einzustellen, die ich mir zuvor eingeprägt hatte. Ich war so darauf konzentriert, mich an den Code zu erinnern, dass ich gar nicht bemerkt hatte, wie sich Jeremiah und zwei seiner Freunde im Wrack versteckten, um kurz darauf hervorzuspringen und einen Haiangriff zu simulieren.

Als ich die letzte Zahl eingestellt hatte, schnellten sie aus ihrem Versteck. Meine Maske wurde dabei heruntergerissen, wodurch ich nun halb blind war – 40 Meter unter der Wasseroberfläche. Anschließend wurde mir auch der Atemregler aus dem Mund gezerrt, sodass ich nun auch keine Luft mehr bekam. Danach drehten sie meine Sauerstoffflasche um und traktierten mich mit Schlägen und Tritten, um mich zu verletzen und mir die Orientierung zu rauben. Ich glaube sogar, dass einer mir ins Bein biss.

Doch trotz der Schläge und Tritte erinnerte ich mich an mein Training. Ruhig griff ich nach meiner Ersatzmaske und dem zweiten Atemregler und brachte meine Sauerstoffflasche wieder in Position. Da ich nun wieder sehen konnte, fiel es mir auch etwas leichter, mich gegen die Serie von Schlägen zu verteidigen, mit denen ich nach wie vor attackiert wurde. 40 Sekunden später war der Angriff vorüber und mein Training abgeschlossen.

Jahre später war nun der gesamte Great British Swim eine Form des Stressimpfungstrainings für mich, das es mir erlaubte, meinen Kampf-oder-Flucht-Reflex zu kontrollieren, indem ich Stress habitualisierte. So hielt ich mein Immunsystem intakt und war in der Lage, zu schlafen und mich ausreichend zu erholen.

Kein Stressisolationstraining konnte mich allerdings auf das vorbereiten, was mich als Nächstes erwartete.

Lektion 12

- Wir Menschen neigen dazu, Furcht noch immer auf eine äußerst animalische, ursprüngliche Art und Weise zu verarbeiten. Deshalb müssen wir lernen, unser körpereigenes Betriebssystem richtig zu steuern – und zwar mithilfe des Konzepts der »**tierischen Furcht**«.
- In stressigen Situationen **wird ein Cocktail aus Stresshormonen im Körper freigesetzt**, der perfekt abgestimmte physiologische Veränderungen hervorruft (Herzschlag wird schneller, Muskeln werden mit Hormonen geflutet), die uns entweder auf **Kampf oder Flucht** vorbereiten und so unser Überleben sichern.
- Du kannst diese Stressreaktion mithilfe von **Stressimpfungstraining** kontrollieren. Das mehrstufige Programm wird häufig von Feuerwehrleuten und Polizisten durchgeführt und beinhaltet das Aneignen und Festigen spezifischer Fähigkeiten, von Energiekontrolle und den Aufbau von Selbstvertrauen sowie einen Stresstest dieser Fähigkeiten unter möglichst realen Bedingungen.

LEKTION 13 | ERKENNE DIE MACHT EINES HÖHEREN ZWECKS

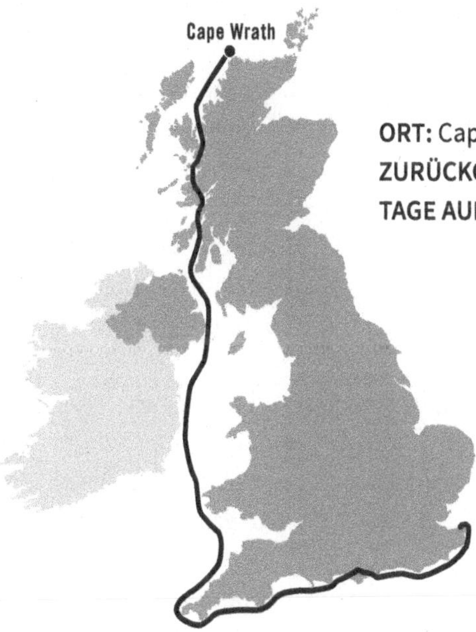

ORT: Cape Wrath
ZURÜCKGELEGTE DISTANZ: 1625 Kilometer
TAGE AUF SEE: 83

Es ist der 23. August 2018 und Cape Wrath ist in Sicht. Nach 83 Tagen und 1609 Kilometern erreichten wir endlich den nordwestlichsten Punkt des britischen Festlands. Doch der Weg hierher hatte seine Spuren hinterlassen. Ich war durch eine majestätische Einöde geschwommen, seit Tagen hatten wir keinen anderen Menschen gesehen. Alles, was ich sah, wenn ich mich zum Luftholen eindrehte, waren lange Bergketten, die sich über dem Wasser erstreckten, und menschenleere Inseln, auf denen einsam ein paar Schafe grasten.

Doch bei jedem Schwimmzug war mein Ziel klar: mich möglichst zügig um Cape Wrath herumzustehlen. Ich schreibe »zügig herumstehlen«, weil Cape Wrath nicht nur den nordwestlichsten Punkt unserer Reise markierte, sondern auch der Ort ist, an dem

- der Atlantische Ozean und die Nordsee mit voller Wucht aufeinanderprallen, weshalb dort einige der gefährlichsten Segel- (und Schwimm-)Bedingungen der Welt herrschen,
- das britische Verteidigungsministerium seit 1933 Geschützübungen der Marine, inklusive Artillerie- und Granatfeuer durchführt.

Schlimmer noch, ein Beamter der Küstenwache verriet mir später, dass dies der einzige Ort in der nördlichen Hemisphäre ist, an dem die NATO Land-, Luft- und Seestreitkräfte im Gefechtsmodus gemeinsam Manöver abhalten lässt, wobei bis zu 450 Kilogramm schwere Bomben abgeworfen werfen. Hinzu kommt, dass im Leuchtturm von Cape Wrath Windgeschwindigkeiten von bis zu 230 Kilometern pro Stunde gemessen wurden.

Du kannst nun sicher verstehen, warum Matt, der Rest des Teams und ich – trotz völliger Erschöpfung – das Kap und die Spitze Schottlands unbedingt hinter uns lassen wollten. Die Navigation in diesen Breiten war allerdings nicht nur schwierig, sie war geradezu brandgefährlich.

Wenn man zwischen den Äußeren Hebriden und dem schottischen Festland entlangschwimmt, gibt es dort keinerlei Schutz vor Wind und Wellen. Alles, was ich sehen konnte, waren die endlose See und der Himmel. Matt verbrachte Stunden in der Bordküche des Boots und studierte Gezeitendiagramme und Karten der Küstenlinie, während ich ebenso viele Stunden im Wasser schwamm, in der Hoffnung, dass er mit seinen Berechnungen richtiglag.

Unser einziges Problem war, dass alle Sicherheitshinweise der Segelbehörde Nordschottlands nur für Segelboote galten. Weil bis dato noch niemand um Großbritannien herumgeschwommen war, gab es eben auch noch keine Best Practices dafür, wie man nur mit

Neoprenanzug und Schwimmbrille bekleidet sicher am Cape Wrath vorbeikommt. In einem Leitfaden stand: »Die gefährliche See, die gewaltigen Wellen und die starken Strömungen am Cape Wrath sollten von kleinen Booten um jeden Preis gemieden werden.«

Als wir diese Warnung lasen, waren Matt und ich uns nicht sicher, ob ich noch als »kleines Boot« durchging.

In einem weiteren Segelhandbuch stand: »Sie benötigen einen starken Motor, da die von Atlantik oder Nordsee her kommende Dünung zu gefährlichen Bedingungen auf See führen und sogar bis zu einigen der Ankerplätze vordringen kann.«

Noch mal: Ich schwamm bereits seit 83 Tagen. Matt und ich hatten keine Ahnung, ob ich noch über einen »starken Motor« verfügte. Eine Sache aber wussten wir mit Bestimmtheit – wir waren schon zu weit gekommen, um jetzt noch aufzugeben. Irgendwie würden wir es um Cape Wrath herum schaffen.

Mit den Worten von Ant Middleton (und seinen Lektionen vom Mount Everest) im Ohr schwamm ich weiter, angetrieben von einer animalischen inneren Stärke. Ich gab mein Bestes, Belastungsreize zu neutralisieren, die mir signalisierten, langsamer zu machen oder aufzuhören, indem ich meine primitivsten Grundbedürfnisse nach Nahrung, Wasser, Wärme, Erholung und Sicherheit befriedigte.

Ein Psychologe würde sagen, dass ich mich am untersten Ende der menschlichen Bedürfnisse befand. Diese Idee basiert auf der Arbeit von Abraham Maslow, einem amerikanischen Psychologen, dessen Theorie zufolge sich eine gesunde Psyche auf der Erfüllung einer bestimmten Reihenfolge angeborener Bedürfnisse gründet, an deren oberen Ende die Selbstverwirklichung – also das Ausschöpfen des eigenen Potenzials – steht. Dargestellt wird die maslowsche Bedürfnishierarchie oft in Form einer Pyramide, der Bedürfnispyramide:

Nach der maslowschen Bedürfnishierarchie werden die menschlichen Bedürfnisse in fünf Stufen pyramidenförmig angeordnet, vom Fundament bis zur Spitze:

- **Physiologische Bedürfnisse:** Dies sind grundlegende biologische Anforderungen, die der Mensch zum Überleben benötigt.

Dazu gehören Sauerstoff, Nahrung, Wasser, Obdach, Kleidung, Wärme und Schlaf. Werden diese Bedürfnisse nicht befriedigt, kann der menschliche Körper nicht optimal funktionieren. Maslow bezeichnete die physiologischen Bedürfnisse als die allerwichtigsten, da alle weiteren nur sekundär sind, solange diese Grundbedürfnisse nicht befriedigt sind.

- **Sicherheitsbedürfnisse**: Für mich bedeutet dies Schutz vor Wind, Wellen, Strömungen und Kälte, im weiteren Sinne kann damit aber auch Sicherheit in Form von Recht und Ordnung sowie die Freiheit von Furcht gemeint sein.
- **Soziale Bedürfnisse**: Erst wenn physiologische und Sicherheitsbedürfnisse befriedigt sind, spielt die dritte Stufe der Bedürfnispyramide für uns Menschen eine Rolle – das Bedürfnis nach sozialen Kontakten. Das Verlangen nach interpersonellen Beziehungen ist ein starker Verhaltensmotivator. Beispiele sind Freundschaften, Intimität, Vertrauen und Akzeptanz, das Nehmen und Geben von Liebe und Zuneigung. Wir wünschen uns, Teil einer Gruppe zu sein, egal ob Familie, Freunde, Kollegen oder Sportkameraden.
- **Individualbedürfnisse:** Maslow unterteilt dieses Bedürfnis in zwei Kategorien:
  - Wertschätzung für sich selbst (Selbstachtung, Erfolg, Selbstvertrauen, Unabhängigkeit)
  - Das Verlangen nach Anerkennung durch andere (zum Beispiel Status und Prestige)

Maslow wies darauf hin, dass das Bedürfnis nach Respekt und Anerkennung für Kinder und Jugendliche ganz besonders wichtig und die Grundlage für Selbstvertrauen und Selbstachtung ist.

- **Selbstverwirklichung:** Entfaltung persönlichen Potenzials, Selbstverwirklichung und das Streben nach persönlichem Wachstum – also das Verlangen danach, in allem so gut zu werden wie möglich.

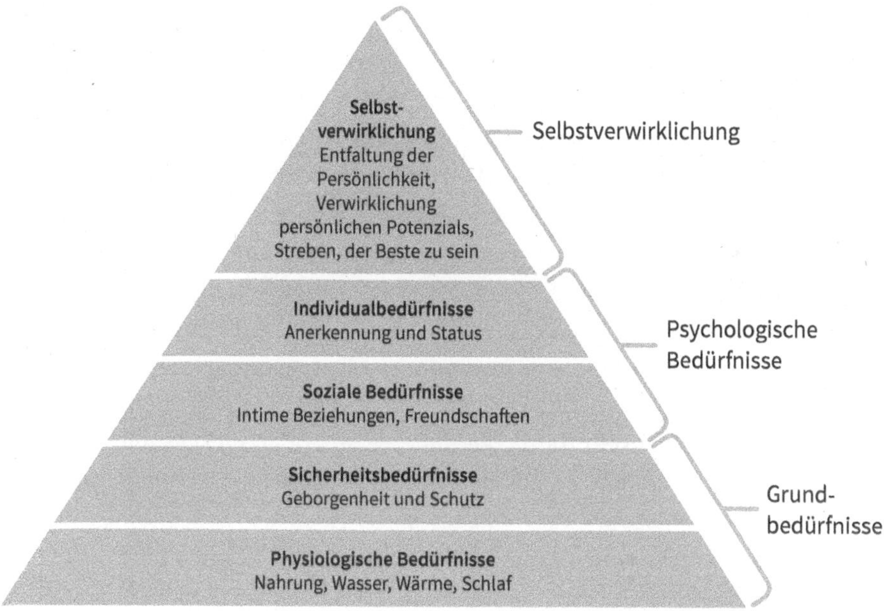

Im Moment spielten für mich nur meine physiologischen Bedürfnisse eine Rolle, denn in den vergangenen 83 Tagen und 1600 Kilometern hatte ich mich ausschließlich am untersten Ende der maslowschen Bedürfnishierarchie bewegt. Ich kämpfte gegen Hyperthermie und extreme Erschöpfung, sodass etwas anderes als physiologische Grundbedürfnisse keine Rolle für mich spielten. Ein einziger Telefonanruf änderte all das aber schlagartig.

SCHLECHTES WETTER UND SCHLECHTE NEUIGKEITEN

Ich werde oft gefragt, was während meiner Schwimmtour um Großbritannien am härtesten war. Die Quallenhölle in der Straße von Corryvreckan war natürlich kein Spaziergang und ich würde auch ungern noch einmal französischen Frachtschiffen in Dover ausweichen müssen, während sich mir aufgrund der Seekrankheit der Magen umdreht. Der schlimmste Teil der Reise (bisher) fand allerdings am 23. August um 15 Uhr in den vier Wänden meiner Kajüte statt.

Nach einer langen Etappe über 24 Kilometer war Cape Wrath bereits in greifbare Nähe gerückt und nur noch acht Kilometer entfernt. Es wartete am Horizont auf uns, so als würde es uns herausfordern, den Weg herum zu wagen. Der Gezeitenstrom hatte allerdings die Richtung gewechselt, sodass Matt und ich beschlossen zu ankern, uns auszuruhen und etwas zu essen. Denn der Plan sah vor, in sechs Stunden, wenn die Strömung wieder in unsere Richtung verlief, erneut richtig anzugreifen.

Wir hatten nämlich die Theorie, dass wir mit dem richtigen Timing durch die starken Strömungen, wo Atlantik und Nordsee aufeinanderprallen, hindurchbrechen und im dort entstehenden konzentrierten Strom, der kanalisiert durch die Äußeren Hebriden rauscht und in die Pentland Firth mündet, an der Spitze Schottlands »entlangreiten« könnten. Dort oben, zwischen Duncansby Head und South Ronaldsay, erreichen die Gezeitenströme Geschwindigkeiten von bis zu 22 Kilometern pro Stunde. Ginge der Plan auf, würde ich die schottische Spitze vom Wasser geradezu entlangkatapultiert werden. Ginge er jedoch nach hinten los, würde mich die Strömung in die andere Richtung treiben und irgendwo auf dem Atlantik in Richtung Amerika ausspucken.

Die schottische Küstenlinie würde es uns dabei ebenfalls nicht leicht machen. Zwar verliefen die starken Strömungen zu unseren Gunsten, die Winde aber nicht, was eine »Kreuzsee«-Situation hervorrief (bei der Wind und Gezeitenstrom in verschiedene Richtungen verlaufen), die wir bereits aus der Irischen See kannten und extrem gefährlich für ein »kleines Boot« wie mich sein konnte.

Aufgetürmte Wellen waren an diesem Tag allerdings meine geringste Sorge. Während ich nachdenklich Cape Wrath durch das Bullauge meiner Kajüte betrachtete, erhielt ich einen Anruf von meinem älteren Bruder Scott, der sich mit meiner Mutter im Krankenhaus befand, nachdem mein Vater dort zur Behandlung eingeliefert worden war.

»Es tut mir leid, dass ich dir das sagen muss«, begann er. Ich befürchtete sofort das Schlimmste.

»Es geht um Papa. Er ist krank, seit du deine Tour begonnen hast, aber er wollte dir nichts davon erzählen, damit du dich nicht sorgst.«

»Was soll das heißen, ›krank‹?«, wollte ich wissen.

Scott hielt kurz inne, vielleicht den Bruchteil einer Sekunde lang, aber es fühlte sich wie eine Ewigkeit an.

»Er hat eine aggressive Form von Krebs«, antwortete er.

Scotts Worte sorgten tief in meinem Magen für einen stechenden Schmerz. Es ging mir schlagartig körperlich schlecht, aus anfänglicher Verzweiflung wurde Wut und das augenblickliche Verlangen nach Antworten und Lösungen. Während ich meinen Bruder am Telefon mit Fragen bombardierte, tat er sein Bestes, um mich zu beruhigen.

In diesem Moment spielten Stürme und gefährliche Strömungen plötzlich keine Rolle mehr. Physisch ging es mir gut und die verbliebene Strecke meiner Tour erschien mir sogar machbar. Aber die Nachricht vom Gesundheitszustand meines Vaters fühlte sich an, als hätte ich erst einen Schlag in die Magengrube bekommen und wäre anschließend von diesem französischen Frachter überfahren worden. Mein erster Gedanke war deshalb, die Schwimmtour abzubrechen und nach Hause zurückzukehren, damit ich bei meiner Familie sein konnte.

Ich konnte keinen klaren Gedanken mehr fassen und hatte alles vergessen, was ich über Stoizismus und mentale Stärke gelernt hatte. Statt logisch zu denken, war ich im Begriff, einer emotional aufgeladenen Reaktion nachzugeben.

Mein Vater tat dies zum Glück nicht. Er war der stoisch stärkste Mensch, den ich kannte, und seit mehr als 32 Jahren mein Kompass der Vernunft. Nun, obwohl ich Hunderte Kilometer von zu Hause entfernt war, hatte sich daran nichts geändert. Mein Vater wusste genau, wie ich reagieren würde, und hatte Scott deshalb vom Krankenhaus aus gebeten, mich daran zu erinnern, dass ich geschworen hatte, erst wieder Land zu betreten, wenn ich es um Großbritannien herumgeschafft hatte. Logisch und rational denkend, hatte er Scott außerdem darauf hingewiesen, dass seine Immuntherapiebehandlung erst in einigen Wochen beginnen würde und ich ihm deshalb, selbst wenn ich daheim wäre, nicht wirklich helfen könnte.

»Du weißt, dass er recht hat«, sagte Scott, nachdem er mir die Instruktionen meines Vaters übermittelt hatte.

Ich saß nur still da, unfähig, zu sprechen, und fühlte mich ganz und gar hilflos. Während ich das Telefon gegen mein Ohr gepresst hielt, brandeten die Wellen gegen die Seite des Boots, so als wollten sie mich daran erinnern, dass ich weit weg von zu Hause war. Scott gab das Telefon derweil an meine Mutter weiter, in der Hoffnung, dass sie mich zur Vernunft bringen konnte.

»Papa hat gefragt, ob du ihm etwas versprechen könntest«, sagte sie.

»Natürlich«, antwortete ich wie aus der Pistole geschossen.

»Du musst versprechen, dass du heimkommst ... aber am Strand in Margate, nachdem du deine Reise beendet hast. Versprochen?«

Als pflichtbewusster Sohn gab ich mein Versprechen.

In diesem Moment wurde mir klar, was mein Vater da tat (und sagte): Selbstlos wollte er, dass ich Maslows Bedürfnishierarchie erklimme, da er wusste, dass ich bei erfolgreichem Abschluss meiner Tour in den Bereich der Selbstverwirklichung vorstoßen würde, weil ich mein volles Potenzial entfalten konnte.

Dadurch war diese schlechte Nachrichte für mich natürlich trotzdem nicht leichter zu verdauen. Aber selbst vom Krankenhaus aus, trotz seiner Krankheit, wollte er, dass ich erkannte, welche Kraft der Suche nach einem höheren Zweck innewohnt.

Ich dankte Scott, dass er für meinen Vater da war, als ich es nicht konnte, und sagte meiner Mutter, dass ich sie sehr lieb hatte und so schnell heimkehren würde, wie es mir Wellen, Gezeiten und meine eigenen Gliedmaßen ermöglichten. Nachdem ich aufgelegt hatte, saß ich in meiner Kabine und starrte auf das am Horizont wartende Cape Wrath.

Plötzlich klopfte es an der Tür meiner Kajüte. Es war Matt, der nachsehen wollte, ob ich in ein paar Stunden bereit für meine nächste Etappe wäre. Weil ich vor ihm und dem Team nichts geheim halten konnte, berichtete ich ihm von den schlechten Neuigkeiten und dem Versprechen, das ich gegeben hatte, bevor ich weiter durch das Bullauge starrte.

Matt nahm auf der untersten Stufe der Leiter Platz und hielt kurz inne, um sich seine Antwort sorgfältig zu überlegen. Nach 83 Tagen und über 1600 Kilometern hatte er gesehen, wie ich praktisch jede menschenmögliche Emotion durchlebt hatte, wusste aber auch, dass diese Situation hier ganz anders war. Einige Momente später durchbrach er die Stille auf seine ganz spezielle Weise.

»Cape Wrath war im Laufe der Geschichte für Seeleute stets ein wichtiger Navigationspunkt. Die Bezeichnung ›Cape Wrath‹ stammt vom altnordischen Wort *hvarf*, was so viel wie ›Wendepunkt‹ bedeutet, denn dort drehten die Kriegsschiffe der Wikinger nach Osten ab, um wieder heimzukehren.«

Ich musste lächeln, weil ich genau wusste, was er damit sagen wollte.

»Die Gezeiten wechseln in fünf Stunden«, so Matt weiter, der nun von der Leiterstufe aufstand. »Ich weiß, die Segelbehörde Nordschottlands warnt, dass kleine Boote die gefährliche See, die gewaltigen Wellen und starken Gezeitenströme meiden sollten, aber du bist kein ›kleines Boot‹. Du bist ein Wikinger-Kriegsschiff auf dem Weg nach Hause, um ein Versprechen einzulösen, das du deinem Vater gegeben hast.«

Ich nickte. Cape Wrath hatte nun eine ganz persönliche Bedeutung für mich.

Angetrieben von einer tiefen Entschlossenheit heimzukommen, sah ich die drei Meter hohen Wellen nicht länger als Grenzen oder Einschränkungen, als sie gegen den berühmten Leuchtturm brandeten, der dort seit 1828 stand. Stattdessen sah ich einen leuchtenden Wegweiser, einen Wendepunkt der Wikinger, der mir den Weg nach Hause zeigte.

Von diesem Tag an verstand ich, welche Kraft einem höheren Zweck innewohnte, und schwamm nun an die Spitze von Maslows Bedürfnishierarchie.

Lektion 13

- Medizinische Untersuchungen zeigen, dass sich eine **gesunde Psyche** auf der Befriedigung einer bestimmten Reihenfolge angeborener menschlicher Bedürfnisse gründet, die nach der **maslowschen Bedürfnishierarchie** anschaulich im Modell der Bedürfnispyramide dargestellt werden.
- Nach Bedeutung geordnet, sind diese Bedürfnisse
  - **physiologischer Natur** (zum Beispiel Nahrung, Wasser, Sauerstoff, Schlaf),
  - **Sicherheit** (in Form von Recht und Ordnung und Freiheit von Furcht),
  - **sozialer Natur** (Freundschaft, Intimität, Vertrauen und Akzeptanz, Nehmen und Geben von Liebe und Zuneigung),
  - **Wertschätzung** (Selbstvertrauen, Anerkennung, Status) sowie
  - **Selbstverwirklichung** (Verwirklichung des eigenen Potenzials, Selbstverwirklichung).
- **Die Kraft eines höheren Zwecks** zu erkennen, kann helfen, Grenzen und Einschränkungen zu überwinden und einer Herausforderung eine neue Bedeutung zu verleihen.

LEKTION 14 | AKZEPTIERE DAS UNKONTROLLIERBARE

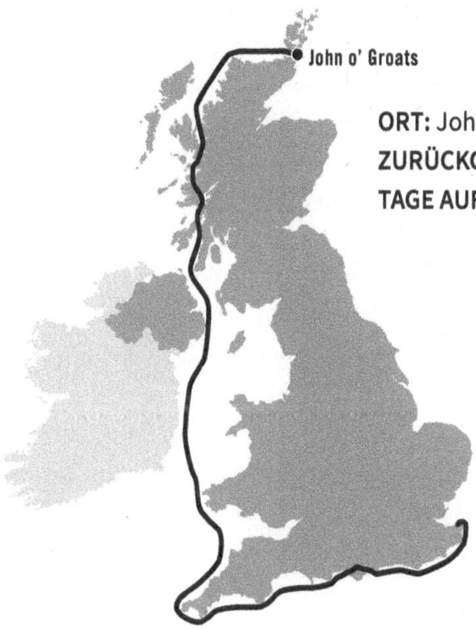

ORT: John o' Groats
ZURÜCKGELEGTE DISTANZ: 1770 Kilometer
TAGE AUF SEE: 90

Es ist 13:30 Uhr am 29. August 2018 und wir sind in John o' Groats angekommen, dem nordöstlichsten Punkt Großbritanniens. Dies war ein ganz monumentaler Punkt meiner Reise und auch die Medien wussten das. Wenige Minuten nachdem ich das winzige Dorf in den Highlands passiert hatte, explodierten mein Telefon (und das Funkgerät des Boots) geradezu durch Anfragen von Journalisten, die unsere Fortschritte verfolgten, seit wir vor über 60 Tagen den südöstlichsten Punkt Englands passiert hatten.

Der Weg von Land's End nach John o' Groats (auch bekannt als LEJOG) ist hier in Großbritannien äußerst berühmt und geradezu heilig unter Radfahrern, Läufern und Wanderern, für die der 1406 Kilometer lange Landweg eine Art moderne Version des Okugake ist. Der Streckenrekord mit dem Fahrrad liegt bei 41 Stunden, 4 Minuten und 22 Sekunden, zu Fuß bei 9 Tagen, 2 Stunden und 27 Minuten.

Im Meer schwimmend dauert das Ganze ein wenig länger, so viel kann ich bestätigen ... 61 Tage, um genau sein. Das wirkt im Vergleich geradezu quälend langsam, allerdings wurde uns später erzählt, dass wir den bisherigen LEJOG-Schwimmrekord (135 Tage) »versehentlich« halbiert hatten. Versehentlich, weil ich diesen Rekord – auch wenn er ganz nett ist – eigentlich nie brechen wollte. Das gnadenlose Tempo, das unser Team an den Tag legte, war schlicht nötig, um es vor Wintereinbruch um die Spitze Schottlands herum zu schaffen, wo die aus Island kommenden arktischen Stürme gedroht hätten, unserem Projekt ein Ende zu setzen.

Heute konnte ich daher zumindest ein halbes Lächeln zeigen. Kein ganzes, denn die Nachricht von der Krankheit meines Vaters verfolgte mich weiterhin bei jedem Kilometer, den ich schwamm. Aber ein störrisches Grinsen (durch zusammengebissene Zähne) war drin, schließlich war John o' Groats ein weiterer »Wikinger-Wendepunkt« auf meinem Weg zurück nach Hause. Und ein wichtiger, denn von nun an würde mich jeder Schwimmzug weiter südwärts bringen, jeder weitere abnehmende Breitengrad näher an Margate Beach.

Als ich nachts in der Bordküche saß, berechnete ich, dass Margate (und demzufolge meine Familie) nun noch rund 1240 Kilometer weit entfernt war. Auf der Grundlage dieser Berechnungen stellte ich mich darauf ein, Tag und Nacht so schnell zu schwimmen, wie mich meine Lunge, Gliedmaßen und Bänder antreiben würden, um in etwa einem Monat wieder daheim zu sein.

Ich wusste aber, dass es so einfach leider nicht werden würde. In 1770 Kilometern und 90 Tagen auf See hatte ich gelernt, dass man den Ozean nicht kontrollieren kann. Gezeiten, Wellen und Winde ließen sich nicht beeinflussen und damit auch nicht, wann ich es über die Ziellinie in Margate schaffen würde. Obwohl ich in größter Eile war, lernte ich im Norden Schottlands deshalb eine wichtige Lektion: Akzeptiere das Unkontrollierbare und kontrolliere das Kontrollierbare.

Soll heißen: Nicht alle Geschehnisse obliegen unserer Kontrolle, welche Schlüsse wir daraus ziehen und wie wir darauf reagieren, allerdings schon. Um wieder einmal Epiktet zu zitieren: »Die wesentliche Aufgabe im Leben besteht darin, die Dinge zu erkennen und voneinander zu unterscheiden, um mir klarmachen zu können, über welche äußeren Umstände ich keine Macht habe, und welche von Entscheidungen abhängen, die in meiner Macht stehen. Wo finde ich dann das Gute oder Böse? Nicht in den Dingen, die nicht in meiner Macht stehen, sondern in mir selbst, in den Entscheidungen, die ich treffe.«

Nirgends stimmte das mehr als in der Pentland Firth. In der Meerenge zwischen Orkney und dem schottischen Festland gibt es einige der stärksten Strömungen der Welt. Berichte über ihre brachiale Kraft finden sich bereits in alten nordischen Sagen, antiken Texten der Römer und verwoben im Stoff schottischer Folklore. Noch beängstigender als diese alten Geschichten sind aber die tatsächlichen Zahlen und Fakten. Weil die Gezeitenströme zwischen Atlantik und Nordsee fließen, wird das Wasser zwischen den Inseln zusammengedrückt, wodurch rasende Strömungen entstehen, die Geschwindigkeiten von bis zu 16 Knoten (19 Kilometer pro Stunde) erreichen können. Zum Vergleich:

- Menschen können etwa 3 Knoten schnell schwimmen (5,6 Kilometer pro Stunde).
- Ein Delfin kreuzt normalerweise mit etwa 6 bis 7 Knoten (11 bis 13 Kilometer pro Stunde).
- Es wurden aber schon Delfine mit Geschwindigkeiten von 15 Knoten (27 Kilometer pro Stunde) gesichtet.

Zu versuchen, gegen diese Strömungen anzuschwimmen, wäre also töricht und potenziell lebensgefährlich gewesen. Ich wollte deshalb mithilfe des richtigen Timings mit den Gezeitenströmen schwimmen – so schnell wie ein Delfin.

Zum Glück war Matt ein nautisches Genie und ein wahrer Ozeanvirtuose, sodass wir die Gezeiten perfekt abpassten. Mit dem Strom schwimmend war ich sogar schneller als ein Delfin und erreichte bis zu

14 Knoten (25 Kilometer pro Stunde), womit ich einen neuen Great-British-Swim-Rekord aufstellte. Dabei muss ich für die Küstenwache ein ulkiges Bild abgegeben haben, denn die entspannte Schlagzahl meiner Schwimmzüge passte ganz und gar nicht zu meinem höllischen Tempo.

90 Tage auf See hatten mich gelehrt, dass dies der perfekte Zeitpunkt war, zu »kreuzen«. So verschmolz ich die Naturgesetze des Meeres mit bewährten Theorien der Sportwissenschaft und war an diesem Tag der langsamste und gleichzeitig schnellste Schwimmer Großbritanniens.

Aber Spaß beiseite, meine gelassene Schlagzahl hatte natürlich einen Zweck: Bei der Wahl meines Tempos versuchte ich, so viel wie möglich zu »kreuzen« und nur dann zu »jagen«, wenn ich unbedingt musste. Ich hätte mich leicht hinreißen lassen können, Vollgas zu geben, aber nach Monaten im Meer war ich als Langstreckenschwimmer gereift und wusste, dass ich ein moderates Tempo beibehalten musste, wenn ich

- meine Reise um Großbritannien weiter fortsetzen wollte, um einen noch größeren Rekord zu brechen und einen höheren Zweck zu erfüllen (das Bedürfnis der »Selbstverwirklichung« nach Maslows Bedürfnishierarchie zu befriedigen),
- alle Belastungsreize im Griff behalten und mich im Rahmen der Gesetze des psychobiologischen Modells der Erschöpfung bewegen wollte (»Central Governor«).

Das Team und ich hatten außerdem Glück, dass die schottischen Gewässer heute gnädig zu uns waren – und dessen waren wir uns bewusst. So dauerte es nicht lang, bis wir es um John o' Groats herum geschafft hatten. Wellen und Wetter im Blick, die Ohren ans Funkgerät und die Augen auf Gezeitendiagramme geheftet, bereiteten wir uns nun darauf vor, die Moray Firth zu durchqueren.

Dies war unsere bis dato größte Herausforderung. Die Moray Firth ist eine riesige, dreieckige Bucht an der Nordostküste Schottlands und die größte Meerenge Großbritanniens mit einer mehr als 800 Kilometer langen Küstenlinie. Nun, da der Herbst gekommen war und der Winter nahte, hatten wir keine Zeit, nah an der Küste entlangzuschwimmen und an den Klippen Schutz zu suchen. Stattdessen musste ich über 100 Kilometer quer durch die Bucht schwimmen.

Matt lauschte weiter aufmerksam dem Wetterbericht, seine Augen auf die Gezeitentabellen fixiert. Dabei verarbeitete er konzentriert alle zur Verfügung stehenden Informationen und prüfte alles doppelt und dreifach. So nachdenklich hatte ich ihn seit dem Bristolkanal oder der Irischen See nicht mehr erlebt. Während wir auf ein kleines Zeitfenster warteten, in dem die Wetterbedingungen gut genug waren, um loszulegen, war ich neugierig, was mich dabei erwarten würde.

»Wie sieht's aus?«, fragte ich nägelkauend (eine Angewohnheit, die ich als Kind eigentlich abgelegt, mir in letzten Tagen in Schottland aber wieder angeeignet hatte).

»Ich will ehrlich sein. Es wird sich anfühlen, als ob du in einer Waschmaschine schwimmst ... im Dunkeln«, sagte Matt. Ich schätzte seine Direktheit, auch wenn mir ganz und gar nicht gefiel, was ich da hörte.

Nach fast drei Monaten auf See war mir bewusst, dass der größte unkontrollierbare Faktor die See selbst war. Wenn Mutter Natur und Poseidon beschlossen, heute die Wellenmaschine anzuwerfen und meinen »Swimmingpool« ein wenig durchzuschütteln, dann konnte ich arme sterbliche Seele nicht viel dagegen unternehmen.

»Ruh dich etwas aus«, sagte Matt. »Sobald wir das richtige Wetterfenster haben, geben wir Gas.«

Also befolgte ich in den kommenden 24 Stunden seinen Rat, erholte mich und las, um herauszufinden, wie ich Unkontrollierbares am besten akzeptieren konnte. Ich konsultierte die antiken Stoiker und Thomas Edison, einen der größten Erfinder aller Zeiten – und Folgendes habe ich dabei gelernt.

UNKONTROLLIERBARE FAKTOREN: DIE SEE

Während meiner Schwimmtour wurde ich mit einer Vielzahl unkontrollierbarer Faktoren konfrontiert, mit starken Strömungen, unberechenbaren Wellen und unberechenbarem Wetter, schlechten Neuigkeiten aus der Familie sowie Robben, Walen und Haien. Doch Aurel sagte: »In der Seele eines andern sitzt es nicht, was dich unglücklich macht, auch nicht in der Wendung deiner äußeren Verhältnisse. Wo denn, fragst du? In deinem Urteil! Halte es nicht für ein Unglück, und alles steht gut. «

Soll heißen: Nicht äußere Einflüsse belasten dich, sondern die Art und Weise, wie du damit umgehst. Und damit hatte er absolut recht.

Als ich von der Krankheit meines Vaters hörte, dachte ich zunächst nicht logisch, sondern emotional-reflexiv. Dadurch machte ich die Situation allerdings nur noch schlimmer, und nur weil mein Vater noch so rational dachte und handelte, war ich überhaupt in der Lage, meine Schwimmtour fortzusetzen.

Ein weiteres Konzept für den Umgang mit unkontrollierbaren Ereignissen ist die vom deutschen Philosophen Friedrich Nietzsche im 19. Jahrhundert geprägte Maxime »Amor fati« (lateinisch für »Liebe zum Schicksal«). »Meine Formel für die Größe am Menschen ist amor fati«, schrieb Nietzsche. »Dass man Nichts anders haben will, vorwärts nicht, rückwärts nicht, in alle Ewigkeit nicht. Das Nothwendige nicht bloss ertragen, noch weniger verhehlen, sondern es lieben.«[1]

Damit wollte er im Grunde sagen, dass man sich die Wirklichkeit nicht anders herbeiwünschen, sondern stattdessen das, was immer passiert, akzeptieren und sogar lieben sollte. Über 2000 Jahre zuvor war Epiktet bereits derselben Meinung, der sagte: »Verlange nicht, dass die Dinge gehen, wie du es wünschest, sondern wünsche sie so, wie sie gehen, und dein Leben wird ruhig dahinfließen.«

Stoiker bezeichneten diese Eigenschaft später als die »Kunst der Gelassenheit«, also die Fähigkeit, äußere Ereignisse zu dulden und zu akzeptieren, statt gegen jede Kleinigkeit anzukämpfen. Was auch immer den Stoikern widerfuhr, sie versuchten, eine Akzeptanz dafür zu kultivieren, getreu dem Motto »Wenn dies der Wille der Natur ist, dann soll es so sein«. Schließlich geschehen die meisten Ereignisse ohne deinen Einfluss oder deine Zustimmung. Du kannst das, was auch immer passiert, also entweder gut finden und genießen oder eben nicht, musst es dann aber trotzdem ertragen.

Oder, wie Seneca sagte: »Den Willigen führt das Schicksal, den Unwilligen zerrt es.«

Stell dir als bildlichen Vergleich einen Hund vor, der an einem fahrenden Wagen angeleint ist. Ein weiser Mensch ist wie ein Hund, der fröhlich neben dem Wagen herläuft und konstant Schritt hält, ein törichter Mensch dagegen wie einer, der bockig sitzend an der Leine zerrt und dennoch mitgeschleift wird. Der Wagen steht für dein Leben und alles, was darin geschieht. Der Hund steht für dich. Entweder genießt du die Reise deines Lebens und machst das Beste daraus, oder du kämpfst gegen alles an, was passiert, und wirst einfach mitgeschleift.

Welcher Hund hat deiner Meinung nach das bessere Leben?

Beide Hunde befinden sich in der gleichen Situation, nur einer kann sie mehr genießen, weil er nicht gegen etwas ankämpft, das er ohnehin nicht besiegen kann – das Schicksal. Niemand will mitgeschleift werden, weshalb du im Leben eigentlich nur eine Möglichkeit hast: Mach das Beste aus der Reise, die der Fahrer des Wagens für dich ausgesucht hat.

Meine Lieblingsgeschichte zu Amor fati hat mit dem großen Thomas Edison zu tun. Der war Experte darin, unkontrollierbare Faktoren zu akzeptieren, und zeigte am 9. Dezember 1914, warum er bis heute als einer der großartigsten Erfinder angesehen wird, die die Welt je gesehen hat.

An diesem Tag um 17:15 Uhr verursachte ein leicht entflammbarer Nitratfilm ein riesiges Feuer, das mehr als die Hälfte der Laborgebäude von Edisons Wohnsitz in West Orange, New Jersey, zerstörte. Um 21:30 Uhr gingen schließlich hochexplosive Chemikalien in die Luft, die in den Gebäuden lagerten, und 30 Meter hohe Flammen schossen in den Himmel. Das Feuer breitete sich fünf Blocks weit aus. Laut eines *New York Times*-Artikels beliefen sich die Schäden auf sieben Millionen Dollar und Edisons Versicherung kam nur für zwei Millionen auf. Man mag sich die immensen Schäden kaum vorstellen. Viele Angestellte versuchten hastig, wertvolle Artefakte aus Edisons berühmten Büro zu retten, um dessen Vermächtnis für die Nachwelt zu erhalten.

Was dann aber geschah, macht Edison für mich zu einem stoischen Genie. Laut einem 1961 von seinem Sohn Charles verfassten Artikel im

Reader's Digest ging Edison gelassen zu ihm herüber, während sein Lebenswerk in Flammen aufging, und sagte dem damals 24-Jährigen mit heiterer Stimme: »Hol deine Mutter und all ihre Freundinnen, so ein Feuer wie dieses werden sie nie wieder zu Gesicht bekommen.« Als Charles widersprechen wollte, entgegnete Edison: »Das ist alles nicht so schlimm, so sind wir eine Menge Plunder losgeworden.«

Später, noch immer am Ort des Infernos, äußerte er sich gegenüber der *New York Times* wie folgt: »Obwohl ich über 67 Jahre alt bin, werde ich morgen noch einmal ganz von vorne anfangen.« Wie er dem Reporter erklärte, war er völlig erschöpft, weil er so lange am Ort des Brandes verharrt hatte, bis das Feuer unter Kontrolle war. Doch er hielt Wort und begann am nächsten Morgen unverzüglich, alles wiederaufzubauen, ohne einen einzigen Angestellten zu entlassen.

Aber weißt du, was noch beeindruckender ist? Inmitten dieses Desasters fiel Edison auf, wie die Feuerwehrleute im Dunkel der Nacht, ohne Strom und Licht, kaum vorankamen. Er grübelte nach einer Lösung für dieses Problem, heraus kam die Idee und ein erster Entwurf einer batteriebetriebenen Lichtquelle. Im Alter von 67 Jahren erfand Edison zwar nicht mehr so viele Dinge wie in jungen Jahren, dennoch war er vom Ruhestand noch weit entfernt. Nur sechs Monate darauf präsentierte Edison seine neuste Erfindung in einem Park in der Nähe und zog damit neugierige Schaulustige an, die sich fragten, woher wohl das grelle Licht kam, das die Nacht erhellte. So gelang ihm der sukzessive Wiederaufbau seines Imperiums und bereits 1915 machte Edison Industries wieder zehn Millionen US-Dollar Umsatz.

Ich fasse noch einmal zusammen (und zitiere dazu Seneca): »Fluten rauben uns das eine und Feuer das andere. Dies sind Umstände unserer Existenz, die wir nicht zu ändern vermögen. Wir können lediglich einen edlen Geist annehmen, wie er sich für einen guten Menschen schickt, sodass wir all das mutig ertragen, was das Schicksal für uns bereithält, und unseren Willen in Einklang mit der Natur bringen.«

Und genau das taten wir. Wohl wissend, dass ich die See nicht kontrollieren konnte, nahm ich mir vor, so gut es ging mit ihr zu »kämpfen« oder zu »tanzen«. Bevor ich meine Durchquerung der Moray Firth begann, schrieb ich deshalb in mein Tagebuch:

Beim Schwimmen im Meer muss man lernen, mit Mutter Natur zu kämpfen oder zu tanzen, und sich dabei bewusst machen, dass sie völlig unberechenbar ist: An einigen Tagen benötigt man Tanzschuhe und an anderen Boxhandschuhe.

Am 1. September öffnete sich unser Wetterfenster und ich begann mit der Durchquerung. Als wir den Hafen verließen, packte ich meine »Boxhandschuhe« und »Tanzschuhe« ein, um für alle unkontrollierbaren Faktoren gerüstet zu sein, die vor mir liegen könnten.

DAS ZÄHMEN/TIMING DER GEZEITEN

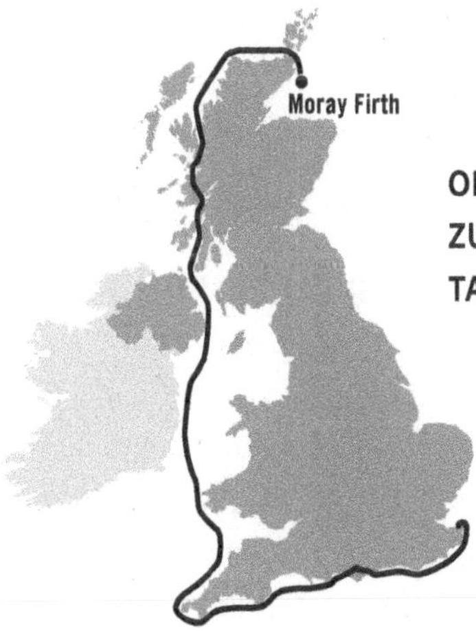

ORT: Moray Firth
ZURÜCKGELEGTE DISTANZ: 1971 Kilometer
TAGE AUF SEE: 100

Es ist irgendwann mitten im September und irgendwo inmitten der Moray Firth. Seit wir Land, Licht und Schutz des Fischereihafens von Wick vor einigen Tagen verlassen hatten, waren wir von Dunkelheit umgeben und mit jedem Zug wagten wir uns tiefer in den düsteren Abgrund der Moray Firth. Hier gab es keine Landzungen, keine Leuchttürme oder sichtbaren Ziele, an denen man sich orientieren konnte. Dies war die seltsamste Schwimmetappe, die ich je absolviert hatte, denn noch nie hatte ich eine so öde, trostlose und doch wunderschöne Form der Düsternis gesehen. Die Dunkelheit spielte sogar (auf gute

Weise) mit meinen Sinnen, denn nach einigen Stunden konnte ich nicht mehr unterscheiden, ob mein Kopf nun unter Wasser war oder nicht, weil die Sterne am Himmel genauso aussahen wie die phosphoreszierenden Algen im Wasser. So musste es sich in einem schwarzen Loch im Weltall anfühlen, ich schwebte durch Meer und Raum.

Tage vergingen, und dies war mein Alltag in der Moray Firth. Ohne Häfen, die wir anlaufen konnten, oder Fischerboote, die uns Gesellschaft leisteten, verlor ich komplett das Zeitgefühl. Stunden, Tage und Wochen hatten hier keine Bedeutung. Wenn die (wilde) Westküste der gesetzlose Teil Schottlands war, dann war die Ostküste ihr zeitloser Konterpart.

Einen Unterschied zwischen Tag und Nacht erkannte ich nur, wenn ab und an ein flüchtiger Sonnenstrahl die unendliche Finsternis zu durchbrechen versuchte. Aber nach so langer Zeit auf See ignorierte ich oft meine Uhr und den Himmel und richtete mich stattdessen nach den Gezeiten.

100 TAGE AUF DEM MEER – EIN GRUND ZU FEIERN?

Die Moray Firth war so groß und weit, dass man im Wasser normalerweise das Gefühl hatte, weit weg von der Küste zu sein und nichts mehr von dort sehen oder hören zu können. Doch heute war das anders. Ich hatte meinen regelmäßigen Rhythmus gefunden und atmete wechselseitig, als mir im Augenwinkel auffiel, dass Harriet auf Deck des Boots in etwas vertieft zu sein schien. Ich merkte sofort, dass etwas los war. Seit Monaten behielt ich die *Hecate* nun beim Schwimmen im Blick, um meinen Kurs zu halten. Ich kannte jedes Detail dieses Boots, weshalb mir auch jede Veränderung auffiel. Wenn etwa die Tür einer Kajüte noch offen stand, ein Handtuch zum Trocknen aufgehängt wurde, aber eine Klammer fehlte, oder wenn sich am Rumpf ein paar neue Seepocken angesammelt hatten, dann merkte ich das.

Und so bemerkte ich auch, dass Harriets Blick gen Himmel (und nicht aufs Meer) gerichtet war. Kurz darauf hörte ich auf zu schwimmen, blickte ebenfalls nach oben und war ganz erstaunt, als ich dort zwei

Flugzeuge sah, die gemeinsam einen akrobatischen »Tanz« in der Luft ausführten, sich drehten, auf und ab flogen und dabei eine Art Rauch absonderten, der eine ganz besondere Form ergab ... die eines Herzens.

Zuerst geriet ich in Panik. Hatte ich etwa den Valentinstag vergessen? Oder hatte Matt dies für Suzanne organisiert, um ihren Hochzeitstag zu feiern (den ich dann ebenfalls vergessen hätte)? Matt sah an Deck allerdings genauso ratlos aus wie ich, weshalb ich erst einmal erleichtert durchatmete. Mit größter Genauigkeit fuhren die beiden Flugzeuge fort, noch etwas anderes in den Himmel zu schreiben. Ich wandte mich an Harriet und fragte, was das sollte.

»Das ist für dich«, antwortete sie.

»Aber mein Geburtstag ist doch erst nächsten Monat?«, entgegnete ich stutzend, mit leichter Panik in meiner Stimme. Ich wusste, dass ich inzwischen schon lange in der Moray Firth verbracht hatte, war mir aber ziemlich sicher, dass wir noch Anfang September hatten – und mein Geburtstag war erst am 13. Oktober. War ich etwa wirklich so lange hier drin verschollen gewesen?

»Nein, nein. Die Flugzeuge feiern unseren 100. Tag auf See«, sagte sie mit einem Lächeln.

Eine Welle der Erleichterung durchfuhr meinen erschöpften Körper. Ich war ehrlich dankbar für diese Geste. Die private Flugshow und die Schrift am Himmel waren eine einmalige Erfahrung, die ich sicher niemals vergessen werde. Trotzdem frage ich mich bis heute, warum man mich unbedingt daran erinnern musste, wie lange ich inzwischen schon geschwommen war. 100 Tage kamen mir wie eine Ewigkeit vor, über die ich zu diesem Zeitpunkt nicht einmal nachdenken, geschweige denn sie in riesigen Lettern am Himmel lesen wollte. Ich wollte nicht undankbar erscheinen, denn das Schauspiel war atemberaubend, doch mir ging nur eine Sache durch den Kopf, als ich mich an Matt wandte:

»Das ist klasse, aber weiß du, was besser gewesen wäre?«, fragte ich.

»Was denn?«, antwortete er.

»Brot.«

Matt lächelte, denn er verstand genau, was ich meinte.

»Im Ernst ... Graubrot, Weißbrot, Vollkornbrot oder Weizenbrot«, sagte ich. »Wir haben nur noch einen Laib in der Bordküche. Rauchzeichen und Schrift im Himmel sind super, aber noch besser wäre es gewesen, wenn sie vorher beim Bäcker Halt gemacht hätten.«

Matt nickte (immer noch lächelnd). Die Idee mit den Flugzeugen war lieb gemeint, aber im Moment zu weit oben auf Maslows Bedürfnishierarchie, als dass wir uns wirklich darüber hätten freuen können. Eine persönliche Flugshow mit einem riesigen Herz am Himmel zur Feier von 100 Tagen auf See hätte Maslow ganz sicher als Wertschätzungsbedürfnis (das Verlangen nach Ansehen, Status, Prestige und einem Gefühl des Erfolgs) eingeordnet. Alles, was ich zu diesem Zeitpunkt wollte, waren aber Brot (laut Maslow ein physiologisches Bedürfnis) und meine Familie (ein soziales Bedürfnis), die beide weiter unten auf der Pyramide zu finden sind (siehe Seite 259).

Nachdem der Rauch sich aufgelöst hatte und die Flugzeuge verschwunden waren, brach wieder die Stille über der Moray Firth herein. Noch immer voller Dankbarkeit für das soeben Erlebte (wenn auch mit leerem Magen), schwamm ich weiter, angetrieben vom brennenden Verlangen, nach Hause zu kommen und dort meinem Vater beizustehen.

Lektion 14

- Wenn eine äußere Kraft dich belastet, dann schadet dir nicht diese Kraft selbst, sondern dein Umgang damit. Sobald du dies verstanden hast, kannst du lernen, **das Unkontrollierbare zu akzeptieren** und die **Kunst der Gelassenheit** zu praktizieren, um deine Ziele zu erreichen.
- Im Umgang mit äußeren Kräften musst du mitunter lernen, zu tanzen oder zu kämpfen, denn solche Kräfte können völlig unberechenbar sein. An manchen Tagen brauchst du vielleicht deine Tanzschuhe, während du an anderen deine Boxhandschuhe benötigst. In Situationen, die du nicht ändern kannst, solltest du **einen edlen Geist annehmen, alles tapfer ertragen und dich dem Willen der Natur fügen.**

LEKTION 15 | KONTROLLIERE DAS KONTROLLIERBARE

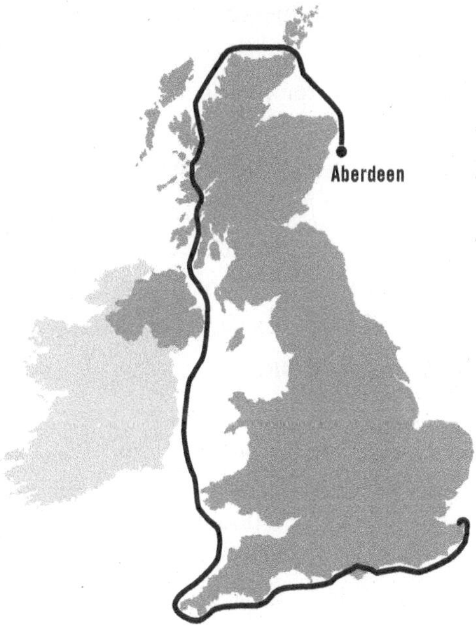

ORT: Aberdeen
ZURÜCKGELEGTE DISTANZ: 1955 Kilometer
TAGE AUF SEE: 103

Um 7 Uhr morgens am 11. September 2018 ruft mich mein Bruder Scott an, als ich mich gerade auf meine nächste Etappe vorbereitete, in der ich den Hafen von Aberdeen passieren wollte. Ich war gerade von einem kleinen Nickerchen aufgewacht und spürte sofort, dass etwas nicht stimmte. Also schüttelte ich meine Verschlafenheit ab und ging ans Telefon.

»Es tut mir leid, dass ich dir das sagen muss, aber es geht wieder um Papa.«

Es ging mir sofort wieder schlecht. Während meiner gesamten Reise hatte ich keinen so starken Schmerz gespürt wie jetzt. Lieber hätte ich jede der zahlreichen Strapazen meiner Tour noch einmal durchlebt, als die Neuigkeiten zu hören, die mich in diesem Anruf erwarten würden.

»Der Scan hat ergeben, dass es sich um ein Melanom im Stadium IV handelt. Papa hat Hautkrebs im Endstadium«, sagte Scott. »Die Ärzte tun, was sie können, sagen aber, mehr als eine Palliativbehandlung ist nicht mehr möglich. Sie können ihn nicht heilen, Ross, sondern geben ihm Medikamente, um die Symptome und Schmerzen ein wenig zu lindern.«

Stoisch und stark, wie er war, hatte mein Vater Scott gebeten, mich an mein Versprechen zu erinnern.

»Denk dran, was er gesagt hat: Komm heim, aber erst, wenn du deine Tour beendet hast.«

Ich legte sofort auf, warf einen Blick auf das Timing der Gezeiten, setzte meine Schwimmbrille auf und sprang vom Boot ins Wasser. Matt spürte, dass etwas nicht stimmte. Ohne etwas zu sagen, warf er den Motor an und begann, neben mir herzufahren.

Ich konnte natürlich keinen klaren Gedanken fassen.

Meine Copingstrategie war es, so schnell wie möglich zu schwimmen, also schwamm ich wie ein Besessener die britische Ostküste hinunter. Immer wenn Wut oder Trauer hochkamen und mich zu übermannen drohten, weil ich das Schlechteste befürchtete, schwamm ich noch schneller. Denn Vorankommen war die beste Heilung, hart erkämpfte Kilometer die beste Medizin.

Matt und ich wussten allerdings, dass ich das weder körperlich noch mental durchhalten würde. Ich schwamm seit über 100 Tagen und hatte fast 2000 Kilometer zurückgelegt. Die Erschöpfung, die ich täglich spürte, war der Notruf meines Körpers, der kurz vor dem Zusammenbruch stand.

Durch den ständigen Kontakt mit Salzwasser verlor ich immer schneller Teile meiner Haut und meinen Sehnen, Bändern und Muskeln fiel es spürbar schwerer, mich über Wasser zu halten, wenn zwei Meter hohe Wellen über mich hinwegrollten. Doch mit jedem Zug, mit jedem Kilometer zwang mein Kopf die Arme dazu weiterzumachen.

Wenig später erreichten wir den Hafen von Aberdeen. Unter anderen Umständen hätte ich hier Vorsicht walten lassen, denn dies ist eine der vielbefahrensten Handelsschifffahrtsstraßen der Welt. 8000 Schiffe mit fünf Millionen Tonnen Fracht kommen hier Jahr für Jahr an und 60 Meter lange Tanker verlassen täglich den Hafen.

An diesem Morgen schwamm ich jedoch wie ein verwundetes Tier im Zustand purer stressinduzierter Analgesie in den Hafen und wäre vermutlich mit dem Kopf voran durch Boote, Fähren und alles andere hindurchgeschwommen, das meinen Weg gekreuzt hätte. Ich schreibe all das nicht, um heroisch oder furchtlos zu klingen, denn mein Verhalten war in Wahrheit töricht und alles andere als stoisch. Damals war ich jedoch überzeugt davon, dass dieses sinnlose Draufgängertum mir tatsächlich helfen würde, Fortschritte zu machen.

Kurzum: Rückblickend muss man sagen, dass ich schlicht ein Idiot war, das ist mir heute klar. Glücklicherweise hatte ich damals Matt, der stets einen kühlen Kopf behielt und immer auf mich aufpasste. Ich hatte meinen gesunden Menschenverstand sozusagen an ihn abgegeben, während ich ohne Rücksicht auf Verluste weiterschwamm.

Als wir die Hafenbehörde anfunkten, gewährte die uns ein kurzes Zeitfenster von 30 Minuten, in denen wir die Schifffahrtsroute durchqueren konnten. Danach hätte uns ein großes Frachtschiff aus Norwegen gekreuzt.

Doch an diesem Tag brauchte ich gar keine 30 Minuten. Angetrieben von purem Adrenalin schwamm ich mit fast acht Kilometern pro Stunde. Meine Amygdala und mein Hypothalamus hatten einen Hormoncocktail in meine Venen gepumpt, der (wie wir vom Konzept der tierischen Furcht wissen) meine Schmerzwahrnehmung unterdrückte und meinen Körper und Geist in einen Zustand der Übererregtheit versetzte.

Das war natürlich völlig kontraproduktiv, weil es der weiter vorn im Buch beschriebenen und durch unzählige Studien bestätigten Strategie des Kreuzens und Jagens (und so ziemlich jedem Ratgeber zum Langstreckenschwimmen, der je geschrieben wurde) widersprach. Dennoch ignorierte ich, um Luft ringend, alle Belastungsreize und

Signalgeber sowie den logisch und rational denkenden, sportwissenschaftlichen Teil meines Gehirns und schaffte es in den Hafen.

Gefeiert wurde das allerdings nicht. Aberdeen ist eine ganz atemberaubende Stadt, aber eben nicht Margate und dementsprechend auch nicht das Ziel, das ich eigentlich im Blick hatte. Ohne Pause kämpfte ich deshalb weiter gegen die starken Gezeitenströme an und arbeitete mich weiter die Ostküste hinab, jeweils mehr als 16 Kilometer pro Etappe.

Am Morgen des 14. September erreichten wir um 7 Uhr den Hafen von Arbroath. Meine Etappe endete mit dem Sonnenaufgang, also kletterte ich aufs Boot, hing meinen Neoprenanzug auf Deck zum Trocknen auf und frühstückte mit Matt in der Bordküche.

»Du bist nicht mehr derselbe Kerl, der damals die Schifffahrtsstraße in Dover durchquert hat«, sagte Matt während er an seinem Tee nippte und einen Bissen von seinem Gebäck nahm.

»Danke dir«, antwortete ich und nahm auch einen Happen von meinem Teegebäck.

»Oh ... ich weiß nicht, ob das gut ist«, entgegnete er. »Du kannst nicht so weiterschwimmen und deine Wut am Meer auslassen. Das weißt du. Wenn du in diesem Tempo weitermachst, ist eine Schulterverletzung nur eine Frage der Zeit.«

Damit hatte er selbstverständlich recht, aber das wollte ich damals nicht hören. Stattdessen schwamm ich weiter wie ein Verrückter die Ostküste entlang und statt durch die Wellen zu gleiten, boxte ich mich geradezu hindurch. So ging das eine Woche lang weiter, bis Mutter Natur und Poseidon (mit der Unterstützung eines Sturms) eingriffen und mir meine bislang schmerzhafteste Lektion erteilten.

EIN STURM NAMENS ALI

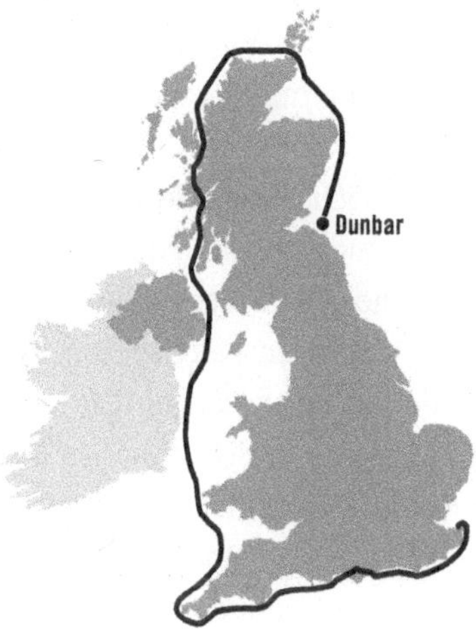

ORT: Dunbar
ZURÜCKGELEGTE DISTANZ:
2173 Kilometer

TAGE AUF SEE: 110

Es ist Mitternacht am 18. September 2018 im Hafen von Dunbar. Nachdem ich so weit vorangekommen war (und dadurch eine Art »inneren Frieden« gefunden hatte), funktionierte mein Copingmechanismus, einfach so schnell zu schwimmen, dass die Erschöpfung jegliche negative Emotion betäubte, immer noch. Bei der Durchquerung des Firth of Forth änderte sich das jedoch schlagartig, als das Wetter abrupt umschlug.

Über Funk kam eine Warnung an alle Schiffe herein, dass ein heftiger Sturm aus Richtung Atlantik im Anmarsch war. Er trug den Namen Ali und war der erste große Sturm der Wintersaison 2018/2019. In einigen Regionen, etwa auf dem Gipfel des Cairn Gorm in den schottischen Highlands (der nur 160 Kilometer von uns entfernt war), wurden Windgeschwindigkeiten von bis zu 169 Kilometer pro Stunde und an der Tay Road Bridge (die noch näher, nämlich nur 40 Kilometer entfernt lag) immerhin noch 164 Kilometer pro Stunde gemessen.

Matt war deshalb sofort in den Notfallmodus gewechselt und rief vom Steuer der *Hecate*:

»Ross, wir können hier nicht bleiben! Komm an Bord, wir müssen uns so schnell wie möglich in Sicherheit bringen!«

Seinen Gesichtsausdruck dabei werde ich niemals vergessen. Darin war keine Furcht zu erkennen, er sah aus wie ein Vater, Ehemann und

Kapitän, der um jeden Preis seine Familie (und mich) beschützen wollte. Matt war seit mehr als 40 Jahren Segler und hat Boote durch praktisch jedes der sieben Weltmeere gelenkt, deshalb wusste er genau, dass ein Sturm wie Ali, mit Ausmaßen, wie sie über Funk durchgesagt wurden, Zerstörung und Tod bedeuten würde.

Und genauso war es auch. Innerhalb der nächsten 48 Stunden verursachte Ali flächendeckend Stromausfälle und Verkehrsstillstand in ganz Nordirland und Schottland, Brücken, die dem Wetter besonders ausgesetzt waren, wurden geschlossen. Im gesamten Nordwesten des Vereinigten Königreichs wurden Gebäude und Fahrzeuge von umgestürzten Bäumen beschädigt und zwei Menschen verloren infolge des Sturms auf tragische Weise ihr Leben. Um ein Uhr nachts kamen wir im Hafen von Dunbar an, zusammen mit vielen anderen Booten, die dort Schutz suchten. Der Hafenmeister suchte uns freundlich einen freien Platz zum Anlegen und arbeitete die Nacht durch, um wirklich jeden in Sicherheit zu bringen. Doch trotz der unglaublichen Gastfreundlichkeit herrschte Grabesstimmung unter den Seglern und Seefahrern, die wussten, was ein solcher Sturm in dieser Gegend anrichten konnte.

Während ich an Bord der *Hecate* in meiner Kajüte saß, wurde mir klar, dass ich hier in dieser Nacht wohl kein Auge zumachen würde, weil Dunbar die volle Wucht des Sturms zu spüren bekam, der draußen wütete. Die im Schiffsrumpf untergebrachte Kabine war nur 1,20 Meter breit und zwei Meter lang, wie eine Gefängniszelle, in der ich in den folgenden Stunden mit meinen Gedanken, Ängsten und meinem Frust allein war.

Also suchte ich wieder einmal Antworten in der Philosophie des Stoizismus und den Worten von Mark Aurel, Epiktet und Admiral James Stockdale. Folgendes habe ich in den nächsten Tagen und schlaflosen Nächten gelernt.

KONTROLLIERBARE FAKTOREN: DER GEIST

Unsere Emotionen sind kontrollierbare Faktoren. Deshalb sagte Mark Aurel einst: »Du hast die Macht über deinen Geist – nicht über Geschehnisse im Außen. Erkenne das, und du wirst Stärke finden.« Dieser

Satz steht in engem Zusammenhang mit dem antiken Konzept der »inneren Burg«. Eine Burg war der befestigte Teil einer Stadt oder Ortschaft und befand sich üblicherweise auf einem Berg (wie etwa im antiken Sparta). Die Griechen nutzten sie als Bollwerk gegen Feinde und sicheren Unterschlupf in Zeiten des Krieges. Der Grundgedanke des Konzepts lautet daher, dass die »innere Burg« deine Seele beschützt.

»Außendinge dürfen die Seele nicht berühren, [...] sie haben keinen Zugang zu ihr. [...] Eine absolute Notwendigkeit zum Urteil liegt niemals in den Dingen. [...] Die sinnlich wahrnehmbaren Gegenstände sind außer uns. [...] Sie wissen nichts von sich selbst, urteilen auch nicht über sich. Wer urteilt also über sie? Der herrschende Teil unserer Seele.«

MARK AUREL

Die Stoiker glaubten, dass wir physisch verwundbar und häufig äußeren Ereignissen ausgeliefert sind, die wir nicht kontrollieren können (unkontrollierbare Faktoren), dass unser innerer Herrschaftsbereich (kontrollierbare Faktoren) aber nicht ohne unsere Zustimmung erobert werden kann.

Die Geschichte hat allerdings gezeigt, dass selbst uneinnehmbare Festungen fallen können, wenn sie von innen heraus verraten werden. Verfallen die Bewohner hinter den Mauern in Furcht oder Gier, so öffnen sie dem Feind mitunter Tür und Tor. Genau das tun viele von uns, wenn sie die Nerven verlieren und aus Angst heraus emotional-reflexive Entscheidungen treffen.

Epiktet sagte einst: »Vielmehr sind es die Umstände, die jedem Angst machen. Wenn einer diese Umstände einem anderen verschaffen oder nehmen kann, dann wird auch er selbst furchterregend. Wie wird nun eine Burg zerstört? Nicht durch Schwert und Feuer, sondern durch Überzeugungen. [...] Aber da muss man beginnen und die Burg überwältigen, die Tyrannen vertreiben.« Dieses Zitat diente später dem legendären Admiral James Stockdale als Grundlage für seine beispielhafte, schier übermenschliche Widerstandskraft.

Stockdale, selbst ein eifriger Student des Stoizismus, überlebte mehr als sieben Jahre lang als amerikanischer Kriegsgefangener in Vietnam, nachdem sein Flugzeug 1965 vom Vietcong abgeschossen wurde. Während dieser Zeit sagte er zu sich selbst, er betrete die »Welt Epiktets«. Auch nach jahrelanger Folter weigerte Stockdale sich, seinen Peinigern vertrauliche Informationen preiszugeben. Später wurde ihm dafür vom US-Kongress die Medal of Honor verliehen, die höchste militärische Auszeichnung der USA. Doch wie war er in der Lage, seinen Widerstand angesichts so immenser und scheinbar nie enden wollender Gräuel aufrechtzuerhalten?

Business-Guru und Buchautor James C. Collins bezeichnete den Grund dafür in einem Interview mit Stockdale als das »Stockdale-Paradoxon«. Über seine Copingstrategie während der Kriegsgefangenschaft sagte Stockdale später: »Ich verlor niemals den Glauben daran, dass die Geschichte ein gutes Ende haben würde. Dass ich nicht nur freikommen, sondern obsiegen und diese Erfahrung mein Leben prägen und ich sie deshalb rückblickend nicht mehr eintauschen wollen würde.«

Als Collins fragte, wer es in Vietnam nicht geschafft hatte, antwortete Stockdale: »Oh, das ist leicht: die Optimisten. Diejenigen, die sagten: ›Bis Weihnachten sind wir draußen.‹ Als Weihnachten dann gekommen und vorüber war, sagten sie: ›Bis Ostern sind wir draußen.‹ Doch auch Ostern kam und ging vorüber und danach Thanksgiving und schließlich wieder Weihnachten. Diese Leute starben an einem gebrochenen Herzen.«

»Dies ist eine wichtige Lektion«, ergänzte Stockdale. »Über dem Glauben an ein gutes Ende – an dem du immer festhalten musst – darfst du nie die Disziplin vergessen, dich mit den brutalsten Tatsachen der momentanen Situation auseinanderzusetzen, so schlimm diese auch sein mögen.«

Diese Philosophie der Dualität nennt man Stockdale-Paradoxon.

Stockdale verlor nie den Glauben an seine Heimkehr, knüpfte diese Hoffnung aber nicht an äußere Umstände, auf die er keinerlei Einfluss hatte. Stattdessen wandte er sich nach innen, an seinen freien und widerstandsfähigen Geist, während sein Körper in einer Zelle gefangen war. So behielt er fast zehn Jahre lang seinen Lebensmut.

Was Stockdale besaß, war kein Optimismus, sondern ein fester Glaube daran, dass seine Hoffnung am Ende erfüllt werden würde, egal, wie lange es dauerte. Andere Kriegsgefangene in Vietnam mögen Optimisten gewesen sein, Stockdale dagegen besaß eine starke hoffnungsvolle Gleichmütigkeit. Er blendete seinen Wunsch heimzukehren völlig aus und konzentrierte sich statt auf so unkontrollierbare Faktoren (seine Situation) ausschließlich auf die kontrollierbaren (seine Emotionen).

Und genau das lernte ich auch. Um 23:47 Uhr am 22. September war das Sturmtief Ali mit seinen Winden und Wellen endlich vorübergezogen und wir konnten unsere Tour fortsetzen. Und so schwamm ich durch die Nacht, ausgestattet mit einem ganz neuen, verbesserten Verständnis der stoischen Sportwissenschaft (»Kontrolliere das Kontrollierbare«), das während der (und durch die) Stürme in der See vor Schottland geschmiedet wurde.

SCHWIMMEN IM STOCKDALE-PARADOXON

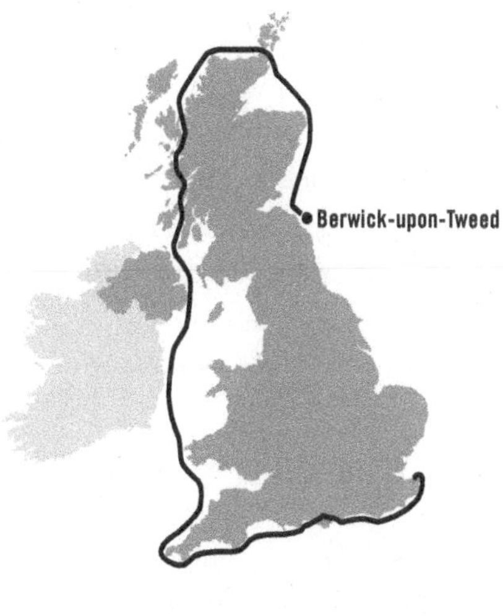

ORT: Berwick-upon-Tweed
ZURÜCKGELEGTE DISTANZ: 2382 Kilometer
TAGE AUF SEE: 116

Es ist der 24. September 2018 und wir nähern uns der englischen Grenze. Die vergangenen beiden Tage war ich ruhig und besonnen geschwommen, ganz im Geiste des Stockdale-Paradoxons: Der Fokus lag ausschließlich auf meiner Heimkehr, gleichzeitig hatte ich mein Tempo und meine aktuelle Situation akzeptiert.

Am Horizont erkannte ich bereits Berwick-upon-Tweed, ein Ort von großer geografischer Bedeutung für Großbritannien, da er seit über 400 Jahren Zentrum eines »Grenzkriegs« zwischen Schottland und England war und heute als schottischste Stand in England gilt. Für mich hatte das Städtchen jedoch eine gänzlich andere Bedeutung, denn seit ich es passiert hatte, war ich offiziell

- der Erste, der um ganz Schottland herumgeschwommen ist,
- zurück in englischen Gewässern,
- nur noch 595 Kilometer von Margate – und damit der Ziellinie – entfernt.

Ich kann kaum in Worte fassen, wie gut sich das anfühlte. Beim Schwimmen atmete ich bewusst nur zu meiner Rechten in Richtung Boot aus, wo ich mit Gänsehaut beobachtete, wie Matt und die anderen sich auf Deck versammelten, wo sie feierlich (und emotional) die blau-weiße Flagge Schottlands vom Mast einholten und durch die rot-weiße Flagge Englands zu ersetzen begannen.

Um 14:30 Uhr schwamm ich meine letzten Züge in schottischem Gewässer.

»Fünf, vier, drei, zwei, eins ... wir sind zurück in England!«

An Bord der *Hecate* brach Feierstimmung aus. Jedes Mitglied der Familie (beziehungsweise Crew) war an diesem Tag dabei. Taz, Harriet, Jemima und Peony tanzten um Suzanne herum, die ein Lufthorn gefunden hatte und versuchte, mit dem Ding eine Melodie zustande zu bringen.

Erfüllt von einer Mischung aus englischem Patriotismus, neu gefundener Liebe für Schottland und dem Gefühl, dass jeder weitere Schwimmzug mich schneller nach Hause brachte, fühlte ich mich wie eine heimkehrende Taube voller Adrenalin. Ich spürte sofort den Drang, wie ein Torpedo in Richtung Margate loszudüsen, aber 595 Kilometer waren eine verdammt lange Zielgerade. Ich entschied mich deshalb, stattdessen das Kontrollierbare in meinem Kopf (meine »innere

Burg«) zu kontrollieren. Matt und ich tauschten einen stillen Blick aus, der unsere ganz persönliche stoische Art zu feiern geworden war und im Grunde auch das Stockdale-Paradox widerspiegelte, denn uns beiden war genau bewusst, dass wir noch die gesamte Länge eines Landes vor uns hatten.

Deshalb ignorierte ich (höflich) die Feierlichkeiten an Bord und schwamm mit dem Gedicht »Jerusalem« des englischen Poeten William Blake auf Dauerschleife in meinem Kopf weiter. Als ich vor 20 Jahren noch ein kleiner Schuljunge war, sang man diesen Text als Kirchenlied zu Gottesdiensten am Georgstag. Dies ist mein Lieblingsvers:

I will not cease from Mental Fight,
Nor shall my Sword sleep in my hand,
Till we have built Jerusalem,
In England's green and pleasant Land.
(Ich lass nicht ab vom geist'gen Streit,
nicht ruh' das Schwert mir in der Hand,
eh' wir Jerusalem erbaut
in Englands grünem, schönem Land.)[1]

Dieses Lied passte just in diesem Moment perfekt zu meiner Situation. Einerseits erinnerte es mich an zu Hause, andererseits bot seine langsame Melodie den idealen Rhythmus für meine Schwimmzüge. Für mich war William Blakes »Jerusalem« quasi das Stockdale-Paradoxon in Musikform.

Ich begann sogar, das Schwimmen wieder (zumindest halbwegs) zu genießen. Bei jedem Zug wanderte mein Blick über das Wasser und die ruhige, ländliche und stellenweise vollkommen unberührte Küstenlinie, die hier und da mit uralten, teils noch aus der Zeit der Wikinger stammenden verlassenen Festungen verziert war. Ich zog an den Burgen Dunstanburgh, Berwick und Bamburgh vorbei und durfte so eine nach der anderen vom Wasser aus besichtigen. So ging das eine Woche (und über 160 Kilometer) lang weiter, bis wir erneut gezwungen waren anzuhalten. Offenbar war Sturmtief Ali (das uns schon in Dunbar aufgehalten hatte) noch immer nicht ganz fertig und bäumte sich ein letztes Mal auf, bevor es endgültig von der britischen Küste verschwand.

Dieses Mal verlief unsere Pause aber anders. Zwar war mir die Krankheit meines Vaters noch immer schmerzlich bewusst, doch inzwischen war ich in der Lage, einen kühlen Kopf zu bewahren und alles Kontrollierbare zu kontrollieren, sodass wir frohen Mutes den Hafen von Hartlepool ansteuerten, um zu tanken, unsere Vorräte aufzufüllen und uns zu erholen, bevor die See sich wieder beruhigte und wir weiterziehen konnten.

Lektion 15

- Die antiken Stoiker glaubten, dass wir physisch verwundbar und häufig äußeren Ereignissen ausgeliefert sind, die wir nicht kontrollieren können (**unkontrollierbare Faktoren**), dass unser innerer Herrschaftsbereich (**kontrollierbare Faktoren**) aber nicht ohne unsere Zustimmung erobert werden kann.
- Unseren Emotionen sind kontrollierbare Faktoren. Indem du lernst, **Kontrollierbares zu kontrollieren** – denn du hast Macht über deinen Geist –, findest du die Kraft, um selbst schwierigste Aufgaben zu bewältigen.
- Das »**Stockdale-Paradoxon**« ist eine Copingstrategie, die uns lehrt, über dem Glauben an ein gutes Ende – an dem wir immer festhalten müssen – nie die Disziplin zu vergessen, uns mit den brutalsten Tatsachen der momentanen Situation auseinanderzusetzen, so schlimm diese auch sein mögen.

LEKTION 16 | UNVERWÜSTLICHKEIT BRAUCHT ZEIT, AUFGEBEN GEHT SCHNELL

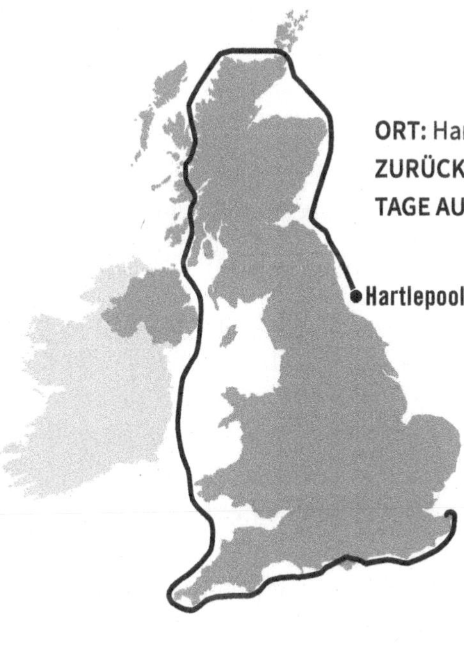

ORT: Hartlepool
ZURÜCKGELEGTE DISTANZ: 2422 Kilometer
TAGE AUF SEE: 122

Es ist 20:30 Uhr am 1. Oktober 2018 und ich habe mich auf Anhieb in die Hafenstadt Hartlepool verliebt.

Auf unserer gesamten Reise um die britische Küste hatten wir keine so herzliche Gastfreundschaft erfahren wie hier seit unserer Ankunft im Hafen. Vielleicht hat das damit zu tun, dass in Hartlepool das National Museum of the Royal Navy und die HMS Trincomalee stehen, Europas ältestes (sich noch im Wasser befindende) Kriegsschiff, das kurz nach Ende der napoleonischen Kriege (1803–1815) erbaut wurde. Stolz verkleiden sich hier Museumsmitarbeiter als Seeleute aus dem 18. Jahrhundert und feuern Kanonen auf dem Schiff ab, um dessen reiche Geschichte zu erhalten und Schulklassen aus der Region eine etwas andere Lehrveranstaltung zu bieten.

Das Beste an Hartlepool (abgesehen von den Kanonen) war aber der Kuchen. Nicht einmal eine halbe Stunde nachdem wir angelegt hatten, kam der Hafenmeister persönlich zu uns und brachte Gebäck und Schokolade mit. Ihm war das vielleicht nicht bewusst, aber damit tat er uns einen riesigen Gefallen, denn so konnten wir eines der (laut der Bedürfnispyramide) grundlegendsten physiologischen Bedürfnisse befriedigen: das nach Nahrung.

Um 21:15 Uhr hatte ich mich bereits mit Decken und Kissen in einer Ecke der Bordküche direkt neben dem Wasserkessel (für zusätzliche Wärme) eingerichtet. Wie ein Bär hatte ich so viele Kalorien in Form von Kuchen gesammelt, wie ich finden konnte, und stapelte sie nun um mich herum, bevor ich einen nach dem anderen aß, um mich auf den Winterschlaf vorzubereiten.

Irgendwann wurde ich von all dem Kuchen müde und begann wegzunicken. Als sie sah, wie meine Augen immer schwerer und schwerer wurden, schlich Suzanne leise in die Küche und deckte mich mit einer weiteren Decke zu, denn sie wusste, dass ich noch ein weiteres physiologisches Grundbedürfnis befriedigen musste: Schlaf.

In dieser Nacht schlief ich mehr als fünf Stunden, es war die reinste Wonne. Das mag nicht viel klingen, aber so lange hatte ich nicht mehr am Stück geschlafen, seit wir vor 120 Tagen in Margate gestartet waren.

Am nächsten Morgen wurde ich um 7:30 Uhr von Stimmen geweckt, die von außerhalb des Boots kamen. Ich schälte mir die Decken, in die ich eingewickelt war, wie Zwiebelschalen vom Körper, nahm die Kissen vom Gesicht und ging nach draußen, um nachzuschauen, wer da war. Dort wurde ich mit Jubel, Umarmungen und noch mehr Kuchen begrüßt. Ich kann es nicht oft genug sagen: Ich liebe Hartlepool. Das war definitiv besser, als in blutgetränkten Bettlaken aufzuwachen, dir mir am Hals festkleben, so wie es mir die gesamte Südküste entlang ergangen war.

»Herzlichen Glückwunsch, nur noch 459 Kilometer!«, rief jemand aus der Gruppe.

»Wie fühlt sich eine glibberige Quallenumarmung im Gesicht an?«, fragte ein anderer, und alle brachen in Gelächter aus.

Dort standen zwar nur zehn Leute, aber für mich fühlte es sich an wie 10000. Vier Monate lang hatte ich zwölf Stunden täglich nur meine eigenen Gedanken als Gesellschaft und die übrige Zeit immer dieselbe Sechs-Mann-Besatzung auf dem Boot gesehen. Klar, ab und an verirrte sich mal ein seltener Besucher zu uns, aber mit so vielen Leuten hatte ich seit Margate nicht mehr gesprochen – und jeder war Feuer und Flamme für mich und meine Schwimmtour.

Ich war ein wenig überwältigt von der Situation und versuchte, so gut es ging auf alle Fragen zu antworten. Allerdings war ich nicht mehr sonderlich geübt in Small Talk und hatte zudem haufenweise Kuchenkrümel im Bart. Ich fühlte mich im Grunde wie ein ungewaschener D-Promi aus der Sportwelt, der gerade aus einer Keksdose gekrochen kam.

Stundenlang unterhielt ich mich mit der Gruppe, die – wie sich herausstellte – alle aus örtlichen Triathlon- und Schwimmvereinen kamen und dementsprechend genau wussten, welch körperliche Herausforderung meine Schwimmtour war. Sie fragten mich über mein Durchschnittstempo und meine Schlagzahl aus und wollten wissen, wie lange ich für einen Kilometer benötigte. Nach jeder Frage pausierte ich kurz und überlegte meine Antwort gründlich.

»Es gibt eigentlich kein Durchschnittstempo«, sagte ich. »Jede Etappe ist aufgrund wechselnder Wellen- und Wetterbedingungen anders.«

»Okay ... und was war deine Höchstgeschwindigkeit?«, fragte einer vom Triathlonverein neugierig.

»26 Kilometer pro Stunde bei John o' Groats«, antwortete ich lachend.

Die Antwort machte ihn stutzig, bis ich ihm von den starken Strömungen in der Pentland Firth erzählte. Anschließend erklärte ich, dass man sich außerhalb der Grenzen klassischer Schwimmprinzipien bewegen muss, wenn man um Großbritannien herumschwimmen will, und dabei eigentlich näher an Disziplinen wie Segeln, Surfen oder Rudern dran ist als am klassischen Schwimmsport. Man handelt zwar nach den Prinzipien der Sportwissenschaft (wie etwa Pacingstrategien), ergänzte ich, doch man muss denken wie ein Abenteurer. Man sollte sich nicht von Rekorden, Pokalen oder Auszeichnungen leiten lassen und darf nicht auf der Grundlage von Regeln, Vorschriften und konventioneller Metrik agieren. Stattdessen muss man Mutter Natur Respekt entgegenbringen und sich ihr anpassen, wenn man sich auf See, in den Bergen oder im Dschungel befindet. Eines meiner Credos lautet:

Unverwüstlichkeit braucht Zeit, Aufgeben geht schnell.

Sie sahen mich an, als hätten sie (zumindest halbwegs) verstanden, was ich meinte. Anschließend lud ich alle aufs Boot ein, zu einem spontanen Seminar in stoischer Sportwissenschaft bei einer Portion Kuchen.

Ein ungewöhnlicher Seminarraum, ich weiß. Aber ich hatte seit über vier Monaten keine anderen Menschen gesehen, mich mit zehn Leuten zu unterhalten war für mich, als würde ich beim Glastonbury Festival auf der Bühne stehen.

PERFEKTES PACING: GRUNDLAGEN

Das Gehirn (und der Körper) brauchen Konsistenz und Nachhaltigkeit. Deshalb war es wichtig für mich, jeden Tag, während jeder Etappe und bei all den unterschiedlichen Strömungen auf mein korrektes Pacing zu achten, um eine Homöostase herzustellen und dem psychobiologischen Modell der Erschöpfung vorzubeugen. Wissenschaftler nehmen an, dass unser Gehirn anhand einer Vielzahl von Faktoren beurteilt, in welchem Zustand sich unser Herz befindet. Einer dieser Faktoren ist die Herzfrequenz, weshalb es den Forschern zufolge wichtig ist, diese während eines Rennens konstant zu halten, um so das psychobiologische Modell der Erschöpfung im Gleichgewicht zu halten. Ist die Herzfrequenz zu früh und zu lange zu hoch, bekommt das Gehirn das Signal, dass der Körper das Tempo nicht dauerhaft aufrechterhalten kann und wir einen oder mehrere Gänge herunterschalten sollten. Deshalb begann ich jede Etappe damit, eine ganze Zeit lang meinen Schwimmrhythmus zu finden, mit einer Schlagzahl, nach der man die Uhr stellen konnte. Das tat ich aus zwei Gründen:

1. Da ich täglich bis zu zwölf Stunden lang schwamm, hatte ich kaum Zeit für Erholung, Reha oder Prophylaxe. Meist schwamm ich mit schmerzhaften Zerrungen in den Bändern und offenen Wunden, sodass ich langsam einsteigen musste, bis die gewohnten Endorphine und das kalte Wasser den Schmerz betäubten und mir das Schwimmen erleichterten.
2. Studien zeigen, dass Pacingstrategien für Erfolg in extremen Ausdauerwettbewerben wie Ultramarathons, Ironman-Triathlons und Langstreckenschwimmen von großer Bedeutung sind. Sportwissenschaftler wissen schon lange, wie wichtig es ist, die Herzfrequenz dauerhaft auf einem gleichmäßigen Niveau zu halten. Nicht umsonst schlug die Schildkröte den Hasen in der bekannten Fabel.

Welches Tempo, welches Niveau und welche Intensität »nachhaltig« ist, hängt individuell vom Sportler und Wettbewerb ab. Im Allgemeinen gelten 50 bis 75 Prozent der maximalen Herzfrequenz als nachhaltiges Niveau für sogenannte Ultrawettbewerbe (Ausdauerwettkämpfe mit einer Dauer von mindestens sechs Stunden). Für die meisten von uns bedeutet das eine Herzfrequenz zwischen 110 bis 160 Schlägen pro Minute. Liegt der Wert (vor allem früh im Rennen) darüber, werden wichtige Zuckerspeicher zu schnell aufgebraucht, was (laut dem psychobiologischen Modell der Erschöpfung) eine Warnung an das Gehirn auslöst, dass deine aktuelle Tätigkeit nicht nachhaltig ist und du lieber auf die Bremse treten oder ganz aufhören solltest.

Roger Bannisters 4-Minute-Mile ist bis heute eines der besten Beispiele für perfektes Pacing, da er das vielleicht stärkste Tempomacher-

Duo aller Zeiten zusammengestellt hatte. Heute gibt es andere Pacing-experten, die mit demselben Modell große Erfolge feiern. Das beste Beispiel aus der modernen Ära ist der auch als »Krone des Radsports« bezeichnete Stundenweltrekord. Die Geschichte des Radsports hat gezeigt, dass die größten Zeitfahrspezialisten für einen neuen Weltrekord stets ein ausgeklügeltes und strategisches Pacing mit einer Genauigkeit anwandten, die in der Welt des Sports ihresgleichen suchte.

PERFEKTES PACING: DER STUNDENREKORD

Der Stundenrekord gilt als die purste Leistung im Radsport. Statt eine festgelegte Distanz zu zurückzulegen, müssen die Fahrer dabei in 60 Minuten so viele Runden wie möglich in einem Velodrom absolvieren. Ein ganz simples Prinzip also. Eine weitere Besonderheit: Während Sportler in den meisten Wettkämpfen direkt gegeneinander antreten, wird die Stunde solo gefahren, der einzige Gegner ist die Zeit. Die Ursprünge des Stundenfahrens reichen zurück bis in die 1870er- und 1880er-Jahre, als Rennen noch auf den damals populären Hochrädern gefahren wurden. Der erste offiziell anerkannte Rekord (35,325 Kilometer) wurde am 11. Mai 1893 von Henri Desgrange im Pariser Vélodrome Buffalo aufgestellt, nachdem sich zuvor der erste internationale Radsportverband, die International Cycling Association, gegründet hatte. Im Laufe der Jahre wurde der Rekord von vielen Fahrern – unbekannten Amateuren und berühmten Profis gleichermaßen – immer wieder gebrochen, was zu seinem großen Reiz und Prestige beitrug. Inzwischen gibt es einen einheitlichen, offiziell anerkannten Weltrekord, für den der heutige Weltverband (Union Cycliste Internationale) ausschließlich den Einsatz von Rennrädern erlaubt.

Der Deutsche Jens Voigt war am 18. September 2014 der Erste, der unter den neuen, einheitlichen Regeln mit 51,110 Kilometern eine neue Bestmarke erzielte und damit den bisherigen Rekord des Tschechen Ondřej Sosenka um kolossale 1415 Meter überbot, den dieser 2005 aufgestellt hatte.

Damit hatte für Zeitfahrspezialisten eine neue Ära begonnen. Nur sechs Wochen nach Voigt, am 30. Oktober 2014, verewigte sich der Österreicher Matthias Brändle in den Annalen des Radsports und fuhr in einer Stunde 51,852 Kilometer – und damit noch mal 742 Meter weiter als der Deutsche. Mit jedem neuen Versuch schienen die Fahrer kollektiv zu lernen, die Stunde besser zu meistern und ihr Pacing zu perfektionieren.

Als eines Tages der Australier Jack Bobridge erklärte, sich der Herausforderung stellen zu wollen, zog er die Aufmerksamkeit der gesamten Radsportwelt auf sich. Viele Experten waren überzeugt, dass er den Stundenrekord mit links einstellen würde, denn Bobridge war eine Bahnradlegende und Weltrekordhalter in der Einerverfolgung, mit 4 Kilometern (16 Runden) in 4 Minuten und 10,534 Sekunden (was einer durchschnittlichen Rundenzeit von 15,6 Sekunden entsprach). Das exzellente australische Bahnradteam, das bei den Olympischen Spielen in London 2012 Silber in der Mannschaftsverfolgung holte, hätte ihn gut gebrauchen können, schaffte er die 250-Meter-Runde doch in 14,5 Sekunden und manchmal sogar weniger.

Und trotzdem stellte er am 31. Januar 2015 im DISC Velodrom im Melbourne keinen neuen Stundenweltrekord auf. 51,3 Kilometer hatte er geschafft, ihm fehlten 552 Meter. Aber warum? Das ergab eigentlich keinen Sinn. Die einfache Erklärung: Sein Pacing war nicht gut. Zeitfahrexperten sagen immer wieder, ein perfektes Pacing sei das A und O, dass man wie ein Uhrwerk konstante Rundenzeiten von 17,3 bis 17,4 Sekunden einfahren und (wenn Körper und Geist dazu noch in der Lage sind) das Tempo am Ende ein wenig erhöhen müsse, um den Weltrekord zu knacken.

Und nun wirf einen Blick auf Bobridges Rundenzeiten. Die sehen im Diagramm aus wie die Skyline von Manhattan, sodass man auf den ersten Blick erkennt, dass das niemals funktionieren konnte.

Vielleicht lag es an den Anfeuerungsrufen des heimischen Publikums oder am Adrenalin in seinem Körper, aber seine ersten beiden Rundenzeiten waren mit 16,3 Sekunden viel zu schnell, wenn man bedenkt, dass er in der Mannschaftsverfolgung zu Spitzenzeiten die 14-Sekunde-Marke knackte.

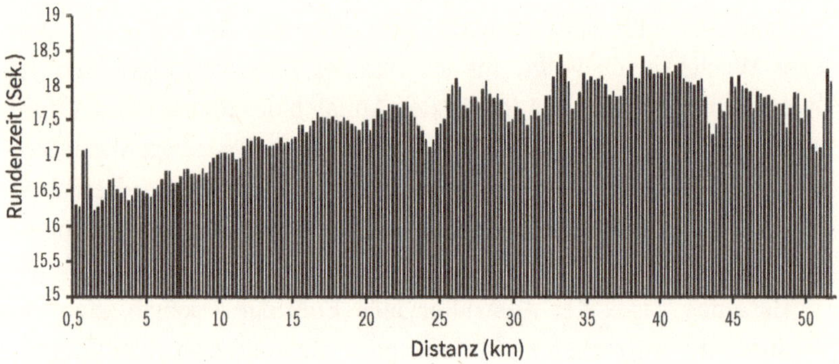

Als ihm der Fehler bewusst wurde, überkompensierte er und fuhr zwei Rundenzeiten von 17,1 Sekunden ein. Das war immer noch zu schnell, wenn man die Weltrekorde von Brändle und Voigt als Maßstab nahm, aber zumindest war nun ein wenig Geduld und Pacing erkennbar. An diesem Punkt hätte er noch etwas mehr Tempo herausnehmen sollen, um auf Rundenzeiten von 17,4 Sekunden zu kommen, stattdessen trat er wieder richtig in die Pedale und fuhr bis zur 10-Kilometer-Marke Rundenzeiten von unter 17 Sekunden ein.

Ein solches Wahnsinnstempo konnte er einfach nicht aufrechterhalten. Erst nach 16 Kilometern wurde er langsamer und fuhr die nötigen 17-Sekunden-Runden, doch da war es bereits zu spät. Seine Beine waren längst erschöpft und seine Lunge winselte um Gnade. Theoretisch befand er sich noch deutlich über Weltrekord-Soll, praktisch war das Ding für ihn zu diesem Zeitpunkt aber bereits gelaufen. Bobridge war mit der richtigen Einstellung an den Start gegangen und biss sich bis zum Ende durch, doch das allein ist ohne perfektes Pacing zwecklos, wie uns die Wissenschaft zeigt. Bobridge erklärte anschließend, näher könne man dem Tod nicht kommen, ohne tatsächlich zu sterben.

Ich will an dieser Stelle noch einmal betonen, dass Bobridge zu den besten Radfahrern der Welt gehörte. Seine Physiologie war beinahe übermenschlich und mit seiner Lungenkapazität und der Kraft, die er mit den Beinen erzeugte, konnte er einem Pferd Konkurrenz machen. Wenn eine schlechte Pacingstrategie selbst bei ihm einen solchen physiologischen Kollaps verursacht, stell dir vor, welche Auswirkungen sie bei einem weniger gut trainierten Sportler haben kann.

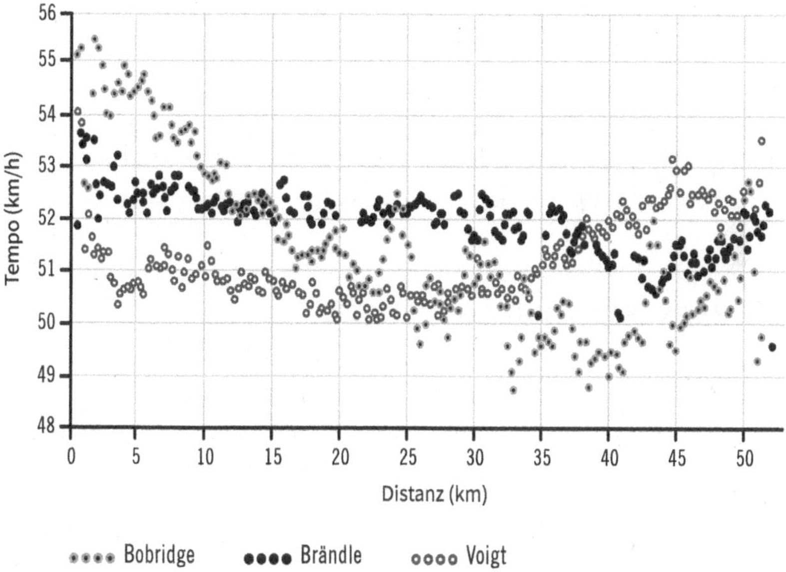

Pacing-Stundenrekord Voigt versus Brändle versus Bobridge

Während er seinen verpatzten Weltrekordversuch zu Ende brachte, stiegen die Rundenzeiten auf 18 Sekunden und mehr an, immer wieder unterbrochen von schnelleren Runden, wackeren Versuchen, die Situation noch zu retten, mit denen er sie aber nur noch verschlimmerte. Am Ende waren die 51,3 Kilometer, die Bobridge schaffte, eine beachtliche Leistung. Aber er hatte eben auch gezeigt, wie man den Stundenrekord auf keinen Fall brechen kann.

Einer seiner Landsmänner, Rohan Dennis, hatte Bobridges Versuch aufmerksam beobachtet und stellte sich ebenfalls der Herausforderung, entschlossen, nicht den gleichen Fehler zu machen. Dennis war Weltmeister im Verfolgungsfahren, hatte bei den Spielen in London Team-Silber in der Mannschaftsverfolgung geholt und das oben abgebildete Diagramm mit Sicherheit gründlich studiert.

Einen Monat später, am 8. Februar 2015, stellte Dennis, mit dem klaren Vorteil, von seinen Vorgängern gelernt zu haben, die neue Bestmarke von 52,491 Kilometern auf und überbot damit Brändles Rekord um atemberaubende 639 Meter.

Seitdem wurde der Rekord noch drei weitere Male gebrochen: Der Brite Alex Dowsett fuhr am 2. Mai 2015 52,937 Kilometer, Sir Bradley Wiggins schaffte am 7. Juni desselben Jahres 54,526 Kilometer und aktueller Weltrekordhalter ist der Belgier Victor Campenaerts, der am 16. April 2019 in einer Stunde 55,089 Kilometer fuhr. Und bei jedem dieser Weltrekorde war perfektes Pacing der Schlüssel zum Erfolg.

DIE PERFEKTE PACINGSTRATEGIE

Das perfekte Tempo zu finden, ist eine komplexe Angelegenheit. Welche Mechanismen genau der Erschöpfung zugrunde liegen, wird von Fachleuten noch immer diskutiert. Wir wissen aber, dass mit steigender Dauer und wachsender Intensität (von aerob auf anaerob) jeder theoretische Gleichgewichtszustand und jedes konstante Tempo verloren geht, weil der Sauerstoffverbrauch größer wird, die Herzfrequenz ansteigt, mehr Kalorien verbrannt werden, Abfallprodukte im Körper entstehen, die den Erschöpfungszustand weiter verstärken, der Körper Wasser verliert, die Körpertemperatur steigt, die Muskeln erschöpfen und ihnen die molekulare Energie (Adenosintriphosphat) ausgeht.

Diese Belastungsreize führen schließlich (laut dem psychobiologischen Modell der Erschöpfung) dazu, dass Signalgeber dem Gehirn raten, langsamer zu werden oder aufzuhören, weshalb wir in der Regel genau das tun. Experten sind der Ansicht, dass die perfekte Pacingstrategie ein konstantes Tempo direkt unterhalb der anaeroben Schwelle ist. An diesem Punkt muss dein Körper vom aeroben in das anaerobe Energiesystem wechseln. Auf dem Graph auf Seite 208 wäre dieser Punkt theoretisch dort, wo du je zur Hälfte mit dem aeroben und dem anaeroben Energiesystem arbeitest. Es gilt allerdings, folgende Punkte zu bedenken:

- In der Realität arbeiten beide Energiesysteme nie isoliert voneinander, sondern stets gleichzeitig, und zwar abhängig von Dauer und Intensität der Aktivität, zu unterschiedlichen Zeiten und Anteilen.

- Studien zeigen: Je fitter du bist (also je effizienter dein Herz-Lungen-Apparat ist), umso länger kannst du deinen Körper primär mithilfe des aeroben Systems versorgen, bevor das anaerobe System übernimmt.

Und woher weißt du, welches Energiesystem du gerade hauptsächlich verwendest (aerob oder anaerob)? Wie weiter vorn im Buch bereits erwähnt, ist der simpelste Indikator dafür, ob du laufen und dabei gleichzeitig noch komfortabel reden kannst.

- Kannst du in vollständigen Sätzen sprechen, bist du vermutlich mit aerobem Tempo unterwegs, das du eine lange Zeit aufrechterhalten kannst. Dies ist das Tempo, mit dem du »kreuzen« solltest.
- Kannst du nicht in vollständigen Sätzen sprechen, bist du vermutlich mit anaerobem Tempo unterwegs, das du nur kurze Zeit aufrechterhalten kannst. Dies ist das Tempo, mit dem du »jagen« solltest.

Dieses ideale Mittel genau zu treffen, ist schon schwer genug. Ein Radrennen um den Stundenrekord beginnt aber aus dem ruhenden Stand, weshalb die Gefahr besteht, das anaerobe System sofort zu überfordern, was die Energiespeicher schnell leert und sofort zu Erschöpfung führt. Für Radfahrer ist das ein Dilemma: Starten sie zu langsam, verschenken sie wertvolle Zeit. Beginnen sie jedoch zu schnell, geraten sie sofort in ein Sauerstoffdefizit, aus dem sie erst nach zig Runden wieder herauskommen.

Nun verstehst du auch, warum Jack Bobridge den Stundenweltrekord am 31. Januar 2015 mit seiner Pacingstrategie einfach nicht brechen konnte. Andrew Jones – ein Genie der modernen Sportwissenschaft und Trainer von Langstreckenläuferin Paula Radcliffe – sagt dazu: »Erschöpfung in Ausdauerwettbewerben wird herkömmlicherweise mit einem gesunkenen pH-Wert (Säuregehalt) in den Muskelzellen in Verbindung gebracht, der sich – wenn auch indirekt – in einem Anstieg des Laktatwerts im Blut widerspiegelt.[1] Die Fähigkeit, einen Anstieg des Laktatspiegels zu verzögern oder besser zu ertragen, gilt daher als entscheidend für eine gesteigerte Leistungsfähigkeit.«[2]

Zusammenfassend lässt sich also sagen, dass die exakte Wissenschaft und die Bedingungen für einen Sportler oder Abenteurer gar nicht so wichtig sind, sondern dass es auf perfektes Pacing ankommt, um ein biomechanisches Ungleichgewicht im Körper zu vermeiden, das Ermüdung und Verletzungsrisiko in der Muskulatur sowie das psychobiologische Modell der Erschöpfung stark beeinflusst. Ob du dich für Radsport interessierst oder nicht, die deutlichen Lehren, die sich aus dem Stundenweltrekord ziehen lassen, gelten für jeden. Wenn du dich nicht an die Regeln von Physiologie und Pacing hältst, werden dein Körper und dein Gehirn versagen – denn gegen deine eigene Physiologie und Psychologie kannst du nicht ankämpfen.

NICHTS ÜBERSTÜRZEN

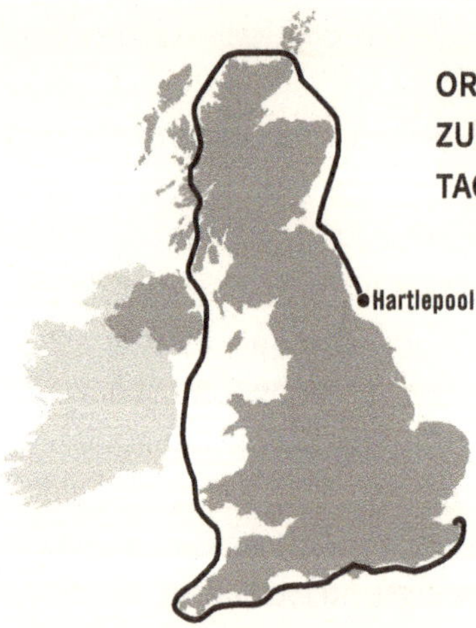

ORT: Hartlepool
ZURÜCKGELEGTE DISTANZ: 2422 Kilometer
TAGE AUF SEE: 124

Es ist 6:50 Uhr am 3. Oktober und wir verlassen (leider) Hartlepool. Die Gastfreundlichkeit, die uns hier in Yorkshire entgegengebracht wurde, machte uns den Abschied schwer. Der fiel dann sogar noch herzlicher aus als die Begrüßung. Der Hafenmeister hatte uns gebeten, vor unserer Abfahrt noch einmal kurz an seinem Wachturm vorbeizuschauen, der direkt neben dem Royal Navy Museum liegt. Wir wussten nicht, was uns dort erwarten würde, und machten uns auf den Weg quer durch den Hafen. Im Licht der noch immer aufgehenden Sonne wirkte die Silhouette der HMS Trincomalee besonders dramatisch. Ein atemberaubender Anblick, der an diesem Morgen aber nur die halbe Show war. Auf dem Steg neben dem Schiff standen nämlich zwei Männer in 18.-Jahrhundert-Seemanskluft, die eine riesige Kanone ausrollten, deren Zündschnur entzündeten und zur Feier unseres Abschieds mehrere zeremonielle Kanonenschläge abfeuerten.

Als das Echo der Schüsse durch Hartlepool hallte, begannen mehrere kleinere Gruppen von Seeleuten, die gekommen waren, um uns zu verabschieden, zu jubeln. Anschließend sprach der Hafenmeister über die Boxen:

»An Ross und die Besatzung der *Hecate*, wir wünschen euch eine gute Reise und immer eine Handbreit Wasser unter dem Kiel!«

In diesem Moment fiel es mir schwer, meine Emotionen zurückzuhalten. Dieses Sprichwort nutzen Seeleute untereinander häufig, bevor sie eine lange Reise beginnen. Als der Hafenmeister es nun zu mir sagte (begleitet von den Anfeuerungsrufen örtlicher Seeleute), fühlte ich mich plötzlich wie ein Teil der Seefahrergemeinde.

Ich wollte mit etwas ähnlich Bedeutungsvollem antworten, doch mir fiel nichts ein, weshalb ich in Panik geriet und schlicht sagte:

»Vielen Dank für Kuchen und Kanone.«

Bis heute ärgert es mich, dass ich keine besseren Worte zum Abschied gefunden hatte. Dennoch hätte dieser Tag (und diese Etappe) nicht besser beginnen können. Ich musste nur darauf achten, dass meine Emotionen nicht mit mir durchgingen und ich mich an meine Pacingstrategie hielt, als ich die Einfahrt des Hafens verließ. Schließlich hatte ich noch immer die gesamte Ostküste Englands vor mir und meinem Vater ein Versprechen gegeben, das ich halten wollte.

Die folgenden 32 Kilometer absolvierte ich mit perfektem Pacing. Ich musste keinen Frachtschiffen ausweichen, keinen Kampf gegen Quallen führen und die Küste von Yorkshire bot mir klares Wasser, so weit das Auge reichte, sodass ich ohne Probleme das Kontrollierbare (mein Pacing und mein Mindset) kontrollieren konnte und das Unkontrollierbare (Wellen, Wetter und Gezeiten) freudig akzeptierte.

PACING UND DAS IMMUNSYSTEM

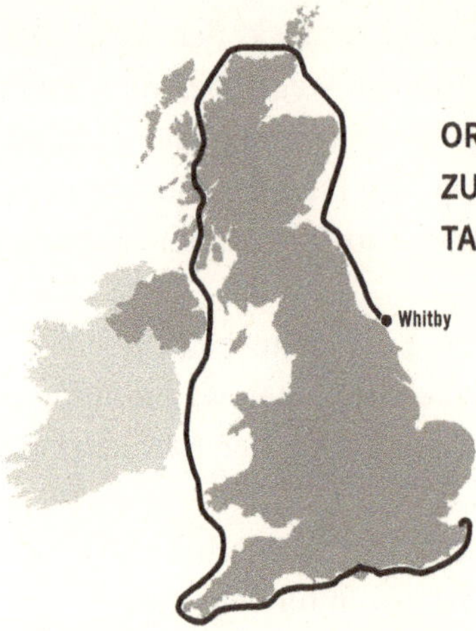

ORT: Whitby
ZURÜCKGELEGTE DISTANZ: 2454 Kilometer
TAGE AUF SEE: 124

Es ist 23:30 Uhr und bereits völlig dunkel, als wir Whitby erreichen.

Hartlepool liegt nun 32 Kilometer hinter uns und Kanonen und Kuchen scheinen bereits eine Ewigkeit her zu sein. Whitby ist einer der berühmtesten Küstenorte in Yorkshire, bekannt für seine Fish and Chips und Dampfloks. Außerdem leben dort Tausende Robben und Tümmler und ab und an stattet sogar ein Zwergwal der Küste einen Besuch ab.

Bei Nacht ist Whitby allerdings für etwas ganz anderes berühmt. Auf den Klippen an der Steilküste im Osten steht die Ruine von Whitby Abbey, die Abraham Stoker als Inspiration für seine Vampirgeschichte *Dracula* diente. Der 1897 veröffentlichte Roman legte den Grundstein für ein gesamtes Literatur- und Filmgenre sowie das weltberühmte Goth-Festival, das hier an Halloween stattfindet.

Ich kletterte aufs Boot und gesellte mich zu Matt ans Ruder, nahm meine Brille ab, zog meinen Neoprenanzug aus und wir begannen, meinen Körper wie üblich nach Wunden, Narben und Wassergeschwüren abzusuchen.

»Toll«, sagte Matt. »Platzwunden, Narben und Abschürfungen bluten, haben sich aber nach wie vor nicht entzündet.«

»Ja, ich weiß ... und den Großteil meiner Zunge habe ich auch noch«, antwortete ich ein wenig stolz.

Vielen Lesern mag das seltsam anmuten, aber nach 120 Tagen auf See haben sich sowohl meine als auch Matts Vorstellung davon, was »gesund« bedeutet, von Grund auf verändert.

Jemima (Matts älteste Tochter) beobachtete das Ganze und war weniger überzeugt als wir. Sie war erst seit einem Monat ständiger Teil der Besatzung und noch nicht so lange von der Außenwelt abgeschnitten wie die anderen. Dementsprechend war sie noch recht zivilisiert und besaß ein ganz normales Verständnis von Gesundheit und Wohlergehen eines Menschen.

»Das verstehe ich nicht«, sagte sie, verblüfft ob unserer seltsamen Logik. »Wenn dir so etwas an Land widerfahren würde, wäre dein erster Instinkt doch ein Besuch im Krankhaus. Und hier draußen packt ihr einfach noch mehr Gleitcreme und Isolierband drauf, und das war's?«, schüttelte sie ungläubig den Kopf.

Da war was dran. Matt und mir war bewusst, dass unser Verständnis von Gesundheit und Do-it-yourself-Medizin mit der konventionellen Behandlung eines Arztes wenig zu tun hatte, doch es gab eben keine Regeln und kein Handbuch, wie man sich beim Schwimmen über solche eine extreme Distanz verhalten muss, weil es vor mir schlicht noch niemand getan hatte. Wir sagten uns: Wenn wir mit Gleitcreme und Isolierband bis hierhin gekommen sind, warum sollten wir an diesem Erfolgsrezept etwas ändern?

»Mich beeindruckt, dass du trotz all dieser Wunden, Narben, Abschürfungen und Blutungen keinen einzigen Tag, nicht mal eine einzelne Etappe verpasst hast. Wie hast du das geschafft?«, wollte Jemima wissen.

Während ich auf Deck saß und bei Mondlicht (und Fackelschein) meine Wunden mit Desinfektionsmittel einrieb, erklärte ich dem Team, welche komplexen Faktoren für mein unverwüstliches Immunsystem verantwortlich waren. Etwa mein Wissen über die Bedeutung einer nährstoffreichen Ernährung und die Gefahren entsprechender Nährstoffdefizite. Aber auch ein grundlegendes Verständnis sowohl des menschlichen Immunsystems im Allgemeinen als auch davon, welchen Einfluss ein nicht nachhaltiges Tempo darauf haben würde.

Ich gab an diesem Abend also unter sternklarem Himmel ein weiteres Seminar in stoischer Sportwissenschaft, in dem ich Folgendes erläuterte: Wichtig ist erstens zu wissen, dass die Wissenschaft die Funktionsweise des Immunsystems noch immer nicht in allen Details kennt. »Die Immunitätslehre ist im Vergleich zu vielen anderen Fachbereichen der Sportwissenschaft noch eine vergleichsweise junge Forschungsrichtung. Das moderne Zeitalter dieser Disziplin, mit gewissenhaften epidemiologischen Untersuchungen und präzisen Laborstudien, begann erst Mitte der 1980er-Jahre.«[3] Hinzu kommt, dass keine dieser Studien über 157 Tage auf See durchgeführt wurde.[4]

Ich befand mich im Grunde in einer einzigartigen Ausnahmesituation, in der alles ein wenig komplizierter war. Deshalb begann ich, in den mehr als zweitausend wissenschaftlichen Publikationen zum Thema Immunitätslehre im Sport zu recherchieren, die seit Gründung des Fachverbands International Society of Exercise and Immunology (ISEI) 1989 erschienen waren. Aus diesen Recherchen erstellte ich einen Plan, der meine Abwehrkräfte stärken sollte und dessen Fokus auf Pacingstrategien und der ausreichenden Aufnahme von Protein lag. Dieser Plan war immens wichtig, denn das Immunsystem ist das Bollwerk des Körpers gegen Infektionen und Entzündungen.

In einer Reihe von Schritten, die wir als Immunantwort bezeichnen, attackiert es Organismen und Substanzen, die in den Körper eindringen und dort Krankheiten verursachen. Die meisten Sportler haben schon einmal einen »Immuncrash« erlebt. Während intensiver Phasen schweren oder extrem häufigen Trainings, das den Körper überfordert, kann das Immunsystem zusammenbrechen, sodass wir uns niedergeschlagen und krank fühlen.

Der Körper ist eindringenden Viren und Bakterien dann praktisch schutzlos ausgeliefert. Diese sogenannte trainingsinduzierte Immundepression hindert selbst die fittesten Spitzenathleten daran, ihr volles Potenzial im Training auszuschöpfen. Wissenschaftler sind der Ansicht, dass »Ausdauersportler, die extrem schwer trainieren, einer massiven physiologischen Belastung ausgesetzt sind, was eine temporäre Immundepression und ein erhöhtes Infektionsrisiko zur Folge haben kann«.[5]

Warum war ich also nicht einen einzigen Tag krank? Die Erklärung dafür steckt in der J-Kurven-Theorie,[6] die in 1990er-Jahren vom Universitätsprofessor Dr. David Nieman entwickelt wurde. Nieman beschrieb mit diesem Modell den Zusammenhang zwischen Trainingsintensität und dem Risiko eines unter Sportlern weitverbreiteten Infekts der oberen Atemwege (Nase, Rachen, Nebenhöhlen oder Kehlkopf). Indem sie viele Sportler unterschiedlicher Disziplinen untersuchten, hatten Wissenschaftler herausgefunden, dass moderates Training die Immunfunktion im Vergleich zu trainingsfaulen Menschen, die viel Zeit mit Nichtstun auf dem Sofa verbringen, verbessern kann, hochintensives Training das Immunsystem jedoch schwächt[7] und unsere Anfälligkeit für verschiedene virale und bakterielle Erkrankungen erhöht,[8] sodass wir die nächste Trainingseinheit übertrainiert, untermotiviert oder schlicht »ausgebrannt« antreten.[9]

Grafisch dargestellt, ergeben die Testergebnisse die Form eines »J«, daher der Name.

Das bedeutet, 15 Kilometer entspanntes Schwimmen in ruhigem Gewässer, am besten mit Sonnenschein und Delfinen, kann die Abwehrkräfte tatsächlich stärken. Ein Sprint durch eine viel befahrene Schifffahrtsroute, um eine Kollision mit riesigen Frachtschiffen zu vermeiden, kann sie dagegen schwächen.

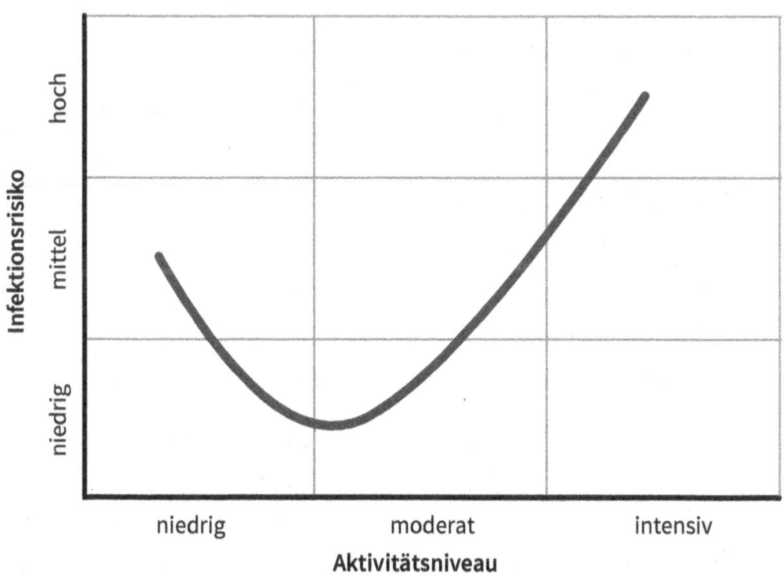

Der Vollständigkeit halber soll erwähnt sein, dass die J-Kurven-Theorie noch nicht durch ausreichend eindeutige Belege gestützt wird,[10] sondern nur auf einfachen Labordaten beruht,[11] in denen die immense Komplexität des menschlichen Immunsystems vermutlich nicht vollumfänglich berücksichtigt wurde. Aber rein vom Gefühl her ergibt sie Sinn. Kilometerweit entfernt vom Festland, war sie außerdem das einzige Forschungsergebnis, auf das ich mich stützen konnte.

Während ich also weiterschwamm und darauf wartete, dass die moderne Schulmedizin mehr Studien durchführt und stichhaltige wissenschaftliche Belege liefert, die mir helfen konnten, versuchte ich so gut es ging, mit moderatem Tempo zu schwimmen und mich auf der richtigen Seite der J-Kurve zu bewegen. Denn eines lehrt uns die moderne Schulmedizin mit Bestimmtheit: Vorbeugen ist besser als heilen.

PACING: TIPPS UND TRICKS

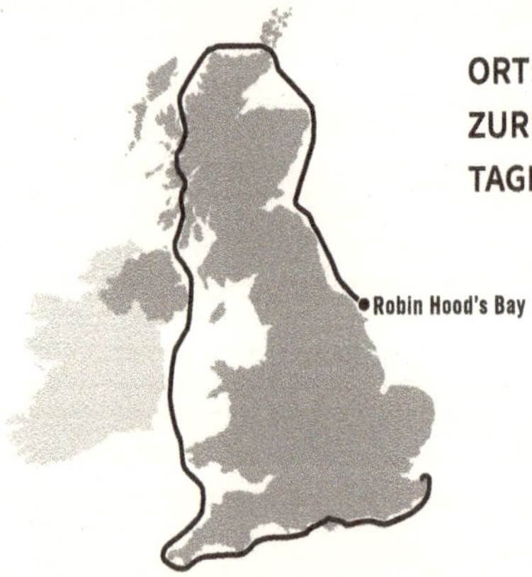

ORT: Robin Hood's Bay
ZURÜCKGELEGTE DISTANZ: 2462 Kilometer
TAGE AUF SEE: 125

Es ist 8 Uhr morgens am 4. Oktober 2018 und ich nähere mich Robin Hood's Bay in Yorkshire.

Ich war mehr als 120 Tage lang durch Plastik, Dreck und unzählige Hindernisse geschwommen, doch heute schien die Sonne. Strömung, Wellen und Wetter waren uns wohlgesonnen und ich hatte deutlich mehr als eine Handbreit Wasser unterm Kiel.

Die Stimmung auf dem Boot war daher großartig, auch ob der tollen Aussicht auf die alten, pittoresken Fischerdörfchen an der Heritage Coast der North York Moors, an denen wir nacheinander vorbeikamen (mit einem Pacing, nach dem man die Uhr hätte stellen können).

Heute war ich außerdem nicht allein im Wasser. Drei Stunden nach Beginn dieser Etappe war eine Gruppe Schwimmer zu mir gestoßen, allerdings keine menschlichen. Robin Hood's Bay ist bekannt für seine reiche Tierwelt, in der Hunderte Arten Fische, Seevögel, Delfine und Wale leben. Meine Lieblingsbewohner dieser Region und Trainingspartner an diesem Tag waren aber meine alten Freunde, die Kegelrobben (entfernte Verwandte von denen, die ich auf Lundy Island getroffen hatte). Es war mir immer eine große Freude, mein »Schwimmbecken« mit ihnen zu teilen. Zunächst saßen sie auf Felsen oder suchten Schutz unter Felsvorsprüngen und beobachteten mich nur, als ich vorbeischwamm.

Ich versuchte daher, mich so respektvoll wie möglich zu verhalten, und blieb zunächst auf Abstand. Kurz darauf kamen ein paar der jüngeren Männchen zu mir und begutachteten mich neugierig. Sie sprangen von den Felsen, tauchten um mich herum und öffneten und schlossen immer wieder ihre Nasenlöcher, um mich zu beschnuppern. Keine Ahnung, wie ich roch, aber ich hatte seit Monaten nicht geduscht – also vermutlich nicht so gut. Mit ihren großen Augen musterten sie mich von oben bis unten und versuchten scheinbar zu verstehen, was für eine seltsame neue Meereskreatur da als Besucher vorbeischaut.

Ein paar weitere Minuten später hatte ich das Gefühl, dass die Robben mich (zumindest halbwegs) in ihrer Kolonie akzeptiert hatten. Sie wussten noch immer nicht, was genau ich sein sollte, sahen aber, dass ich langsam, ungefährlich und keine Bedrohung für sie war. Die jungen Männchen schwammen deshalb weiter an meiner Seite und leisteten mir Gesellschaft. Mühelos glitten sie neben mir her, immer wieder abtauchend und miteinander spielend.

So verging Kilometer um Kilometer, meine Arme kämpften sich durch das Wasser und die Robben schlossen dann und wann im gleichen Tempo zu mir auf. Machten sie zwei Züge, brauchte ich allerdings zehn, und bis sie einmal Luft holen mussten, hatte ich dies bereits 23-mal getan. Im Vergleich zu ihnen sah ich wie ein blutiger Anfänger aus, sie schienen aber Spaß daran zu haben, ihren neuen Freund mit den schwimmerischen Defiziten zu babysitten.

Eine Sache hatten wir allerdings gemeinsam: den Tauchreflex, den alle lungenatmenden Säugetiere besitzen, auch wenn ihrer natürlich viel höher entwickelt war als meiner. Es handelt sich dabei um einen physiologischen Schutzmechanismus, durch den wir Atmung, Herzfrequenz und Blutzirkulation runterregulieren können. Wir Menschen beherrschen diese Fähigkeit genauso wie andere Säuger, etwa Robben, Otter, Delfine oder Bisamratten. Um ihn zu aktivieren, müssen wir nichts weiter tun, als unser Gesicht ins Wasser zu stecken.

Tun wir das, wird eine Reihe physiologischer Reflexe ausgelöst, die es unserem Körper ermöglichen, mit weniger Sauerstoff auszukommen. Die beiden wichtigsten physiologischen Veränderungen, die dabei geschehen, sind:

- **Bradykardie:** Die Herzfrequenz verlangsamt sich. Studien zeigen, dass die menschliche Herzfrequenz um 10 bis 30 Prozent herunterfahren kann, bei austrainierten Sportlern sogar um bis zu 50 Prozent.
- **Periphere Vasokonstriktion:** Die Blutgefäße in den Extremitäten verengen sich, um sicherzustellen, dass genügend Blut (und damit Sauerstoff) in sauerstoffempfindliche Organe wie Herz und Gehirn fließt.

Doch selbst die weltbesten menschlichen Freitaucher können nicht ansatzweise so lange die Luft anhalten wie meine neuen Schwimmpartner.[12] Einer der Gründe dafür ist, dass Robben ihre Körper- und Hirntemperatur Studien zufolge um bis zu drei Grad senken können. Dadurch verlangsamt sich ihr Stoffwechsel und ihr Sauerstoffverbrauch sinkt ebenso wie die Herzfrequenz (auf bis zu 14 Schläge pro Minute).[13] Die Blutversorgung zu den Extremitäten wird praktisch unterbrochen und das sauerstoffhaltige Blut stattdessen nur noch in Lunge, Herz und Hirn gepumpt.

Mein Tauchreflex funktioniert, wie gesagt, nicht so effizient wie der meiner kaltschnäuzigen Kumpel, die Kegelrobben von Yorkshire. Trotzdem lehrten sie mich damit eine wichtige Lektion. Seit diesem Tag begann ich jede Etappe damit, dass ich langsam, strategisch und stoisch ins Wasser stieg und zuallererst mit dem Gesicht untertauchte, um die eben beschriebenen Prozesse, das Verlangsamen des Herzens und Umleiten des Blutstroms, auszulösen. Dann (und nur dann) schwamm ich mit perfektem Pacing los, das durch mein neu gewonnenes Verständnis des Tauchreflexes (und die dadurch hervorgerufenen Effekte) nur noch weiter optimiert wurde.

Das mag total verrückt klingen, aber nachdem ich nun fast ein halbes Jahr auf (und vor allem in der) See verbracht hatte, entwickelte ich mich immer mehr zu einer seltsamen Art Meereswesen. Nicht Mann, nicht Robbe, sondern irgendwas dazwischen, das jeden Trick der Natur und jeden Rat der Wissenschaft ausnutzen würde, um nach Hause zu kommen und seinen Vater zu sehen.

Lektion 16

- Um in Ausdauerwettbewerben Erfolg zu haben, ist es wichtig, **die Herzfrequenz konstant auf einem nachhaltigen Niveau zu halten (perfektes Pacing).** Ist die Herzfrequenz zu hoch (oder zu niedrig), sendet das Gehirn ein Abschaltsignal an den Körper.
- Eine nachhaltige Herzfrequenz in Ultrawettbewerben (Dauer von mehr als sechs Stunden) liegt bei **50 bis 75 Prozent der maximalen Herzfrequenz.** Für die meisten Menschen sind das zwischen **110 und 160 Schläge pro Minute.**
- Die **perfekte Pacingstrategie** ist ein konstantes Tempo knapp unterhalb der anaeroben Schwelle, der Punkt, an dem dein Körper vom aeroben auf das anaerobe Energiesystem wechseln muss. Je fitter du bist (und je effizienter dein Herz-Lungen-Apparat funktioniert), umso länger kannst du **deinen Körper mithilfe des aeroben Systems mit Energie versorgen, bevor das anaerobe System übernimmt.**
- Sobald wir ins Wasser eintauchen, wird in uns automatisch ein **Tauchreflex** ausgelöst, den wir mit allen anderen lungenatmenden Säugetieren gemein haben. Eine Reihe von physiologischen Veränderungen im Körper sorgt dabei für eine **verlangsamte Herzfrequenz** und eine **Verengung der Blutgefäße** in den Extremitäten, um mehr sauerstoffreiches Blut in sauerstoffempfindliche Organe wie Herz und Gehirn zu leiten.

LEKTION 17 | DU BIST STÄRKER, WENN DU LÄCHELST

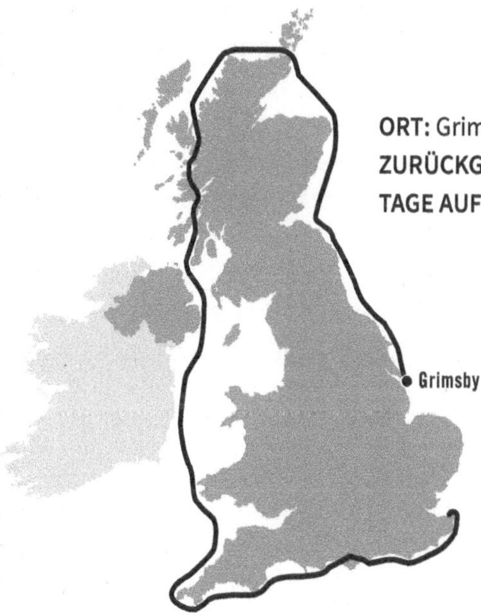

ORT: Grimsby
ZURÜCKGELEGTE DISTANZ: 2550 Kilometer
TAGE AUF SEE: 134

Es ist 10:30 Uhr am 12. Oktober 2018 und ich sehe rein gar nichts.

Seit zwölf Stunden schwamm ich im Humber-Ästuar (einer großen Flussmündung auf der historischen Grenze zwischen den Grafschaften Yorkshire und Lincolnshire). Vom kristallklaren Wasser der Küste von Yorkshire war hier nichts mehr zu sehen. Stattdessen schwamm ich in einem Cocktail aus braunem, organischem Sedimentschlamm, den ich immer wieder verschluckte und in dem atmen und sehen praktisch unmöglich war.

Später erklärte man mir, das »fruchtbare Wasser« erhalte seine einzigartige Farbe und Konsistenz von den erodierenden Tonfelsen entlang der Holderness Coast. Ich kam mir vor, als schwimme ich durch richtig dicke Bratensoße. Von der lokalen Küstenwache erfuhr ich, dass schätzungsweise bis zu 1,26 Millionen Tonnen Sedimente hier in dem Gewässer lagern, durch das ich gerade blind zu navigieren versuchte. Das machte es zu einer tollen Heimat für Vögel und andere Tiere des Meeres, aber zu einem ganz furchtbaren Schwimmbecken für mich.

Nicht nur meine Sicht, auch meine Atmung wurde behindert. Normalerweise atmete ich bilateral, also beidseitig, alle drei Züge. Im Humber entschied jedoch das Wasser, wann es mich atmen ließ. Das konnte mal nach drei, mal nach fünf und manchmal auch erst nach zehn Zügen sein. Wann immer es eine der unregelmäßigen und kurzen Unterbrechungen der Wellen gab, musste ich meinen Kopf aus dem Wasser recken und schnell Luft holen.

Dennoch schwamm ich stur und gegen die gigantischen braunen Wellen noch eine Stunde weiter, nur um mir dann von Mutter Natur sagen zu lassen, das Schwimmbad sei für heute geschlossen. Zum bereits dritten Mal mussten wir eine Etappe abbrechen, weil erneut ein Sturm aufzog. Callum, der zweite Sturm dieser Saison, wurde in den Medien als Alis kleiner, fieser Bruder bezeichnet. Ali hatte uns in Dunbar mit Windstärken von 169 Kilometern pro Stunde aufgehalten. Callum fegte immerhin mit 138 Kilometern pro Stunde über uns hinweg und sorgte für große Springfluten mit drei Meter hohen Wellen, die in vielen Küstenstädten über die Kaimauern schwappten.

Wir hatten also keine andere Wahl, als gemeinsam mit den anderen Schiffen Schutz im nächsten Hafen zu suchen, in unserem Fall waren das glücklicherweise die historischen und schwer befestigten Docks von Grimsby. Die sind mit ihren hohen Mauern, massiven Bauten und preisgekrönten Fish and Chips vermutlich der beste Ort, um sich für längere Zeit vor einem Sturm zu verstecken. Der Seehandel hat in Grimsby eine lange Tradition und reicht bis mindestens ins Mittelalter zurück. Was Schlechtwetter auf See anging, kannte man sich dort also aus.

Auch für mich war dies natürlich nicht der erste Sturm und die einsamen Stunden in meiner »Isolationszelle« in Dunbar waren mir noch immer gut im Gedächtnis. Doch dieser Sturm war anders und ich störte mich aus drei Gründen nicht daran:

- Grimsby liegt in der Grafschaft, aus der ich komme: Lincolnshire.
- Die Menschen hier waren extrem gastfreundlich.
- Am darauffolgenden Tag hatte ich Geburtstag und Freunde und Familie würden mich besuchen kommen.

Obwohl der Sturm draußen tobte, schlief ich in dieser Nacht wie ein Baby in meiner kleinen Kabine. Ich kontrollierte das Kontrollierbare und akzeptierte das Unkontrollierbare, wohl wissend, dass am nächsten Tag meine physiologischen, Sicherheits- und sozialen Bedürfnisse (nach Maslows Bedürfnishierarchie) alle auf einmal befriedigt werden würden, wenn meine Freunde, Familie und Crew gemeinsam mit mir in der Bordküche sitzen würden, essend, trinkend und feiernd, bis Sturmtief Callum vorbeigezogen war.

STÜRME, FEIERN UND EIN LÄCHELN: DIE WISSENSCHAFTLICHEN GRUNDLAGEN

Es ist 7:30 Uhr am 13. Oktober und ich bin heute als 33-Jähriger aufgewacht. Nachdem ich langsam aus dem Bett gekrochen war, begab ich mich als Erstes ins Bad und begutachtete meine Haut, die deutlich verwitterter, vernarbter und salziger aussah als noch mit 32. Damals war ich jünger, naiver und um einiges schlanker. Seit ich Margate am 1. Juni verlassen hatte, war mein Teint durch das Wetter ein anderer geworden und mein Sixpack und meine Jugendlichkeit waren irgendwo in Schottland auf der Strecke geblieben.

Als ich gerade fertig war mit Zähneputzen, öffnete sich die Tür meiner Kabine.

Und da stand Hester.

In diesem Moment wurde mir schmerzlich bewusst, dass ich eine haarige, fette und unzivilisierte Version des Mannes geworden war, mit dem sie vor Jahren einmal ausgegangen war, aber das schien sie nicht zu stören. Beim Versuch, mich beim Gratulieren zu umarmen, bekam sie wegen meiner neu erworbenen Leibesfülle ihre Arme nicht ganz um mich herum, und so standen wir dort in einer etwas peinlichen, weil nur halben, pummeligen Geburtstagsumarmung in meinem kuscheligen, eineinhalb Quadratmeter großen Bad.

»Oh ... du bist so knuddelig«, sagte sie mit einem Lächeln.

Bis heute bin ich mir nicht sicher, ob das Wort »knuddelig« ein Kompliment war. Nachdem ich mehr als 2400 Kilometer und um mehrere Länder geschwommen war, hatte ich auf Adjektive wie »heldenhaft« oder »tollkühn« gehofft. Aber genau deshalb liebte ich Hester. Was ich auch tat oder wie weit ich auch schwamm, ich wusste, sie würde stets für mich da sein, egal, ob ich fett, groß, klein oder dünn bin.

Dasselbe galt auch für den Rest meiner Familie. Meine Mutter und Scott waren inzwischen auch an Deck gekommen und hatten Kuchen und Geschenke mitgebracht, über die ich mit natürlich sehr freute. Doch mein größter Wunsch konnte heute nicht in Erfüllung gehen: Mein Vater war zu krank, um zu reisen, und hatte inzwischen seine Krebsimmuntherapie begonnen. Auf Anraten des Arztes war er deshalb zu Hause geblieben, um sich auszuruhen.

Matt, Suzanne und Taz waren bereits seit 6 Uhr wach, um das Boot mit Luftballons und Girlanden zu dekorieren und alles für mein Geburtstagsfrühstück vorzubereiten. Das war total lieb von ihnen und unter diesen Umständen brauchte ich das auch. Ich glaube, bis heute wissen all diese tollen Menschen gar nicht, wie viel mir dieses Treffen damals wirklich bedeutete.

Untersuchungen haben gezeigt, dass Beisammensitzen mit der Familie (ob verwandt oder adoptiert) bei Kaffee und Kuchen eine leistungssteigernde Wirkung besitzt, die weit über die soziale Bedürfnisebene in Maslows Modell hinausreicht. Experten glauben sogar, dass unsere Stimmung, Emotionen und Wohlbefinden einen starken Einfluss auf unser Tempo und unsere Widerstandsfähigkeit gegen (sowie Wahrnehmung von) Erschöpfung haben kann.

Wenn ich meine Schwimmnotizen so durchblättere, könnte da durchaus etwas dran sein. Aufgrund der Gezeiten, des Winds und der

Wellen lassen sich die Zeiten und Distanzen der verschiedenen Etappen zwar nicht hundertprozentig genau miteinander vergleichen, aber ich schien jedes Mal Bestwerte zu schwimmen, wenn meine Mutter, mein Vater oder meine Freundin aufs Boot kamen.

Eines der denkwürdigsten dieser schwimmenden Sozialexperimente ereignete sich noch in den Anfangstagen unserer Reise im Küstenort Portpatrick an der Westküste der schottischen Halbinsel Rhins of Galloway. Nachdem ich mich durch die Strömungen der Isle of Man gekämpft und es in schottische Gewässer geschafft hatte, war ich völlig platt. Meine beiden Brüder merkten sofort, dass ich körperlich wie mental in schlechter Verfassung war, und schmiedeten deshalb einen Plan: Sich beluden sofort ihre Autos mit Kuchen, Schokolade und Müsliriegeln und fuhren 563 Kilometer quer durch England und Schottland, um mich damit zu überraschen. Ich wusste zwar, dass sie vorbeikommen würden, weil sie vorher mit Matt gesprochen hatten, um herauszufinden, in welchem Hafen wir anlegten, um zu tanken und Vorräte aufzufüllen. Ich hatte aber nicht damit gerechnet, dass sie als Popeye der Seemann und Poseidon verkleidet (komplett mit Bart und Spielzeug-Dreizack) auftauchen würden. Die lokalen Fischer in Portpatrick auch nicht, weshalb Craig und Scott auf ihrem Weg durch den Hafen immer wieder haltmachen und lachend für Fotos posieren mussten.

Als ich aus meiner Kajüte auf Deck stieg, konnte ich vor Lachen kaum sprechen. Es war irgendwie bewundernswert, wie viel Mühe sie sich gaben, mich aufzuheitern.

»Wo habt ihr denn diese Kostüme her?«, fragte ich.

»Wir dachten, alle Seeleute laufen so rum?«, sagte Scott, ebenfalls lachend.

»Ja, wir wollten hier nur nicht auffallen«, bestätigte Craig und tanzte dabei auf dem Boot, während seine Perücke und der angeklebte Bart im Wind wehten.

Kurz darauf kam auch Matt aus seiner Kajüte, um nachzusehen, was da draußen los war. Noch immer völlig übermüdet vom Husarenstück in der Irischen See, rieb er sich erst einmal verschlafen die Augen, um sicherzugehen, dass er nicht halluzinierte.

»Oh ... ihr seid sicher die Brüder von Ross«, begrüßte er sie und lud sie an Bord zum Frühstück ein. In den folgenden beiden Tagen waren Popeye und Poseidon unsere neuen Besatzungsmitglieder, deren einzige, selbst gegebene Aufgabe es war, mich während jeder Etappe zum Lächeln zu bringen.

Tja, und was soll ich sagen? Kurz nachdem Popeye und Poseidon angekommen waren, hatte ich einen neuen Temporekord von 12,5 Kilometern pro Stunde (6,8 Knoten) aufgestellt und in nur etwas über vier Stunden 23,45 Kilometer das Mull of Kintyre hinauf zurückgelegt. (Und das trotz meines 160 Kilometer langen »Warm-ups« durch die Irische See.)

Was also war passiert? War ich stärker, wenn ich ein Lächeln auf den Lippen hatte? Laut einer im Fachblatt *Frontiers in Human Neuroscience* veröffentlichten Studie liegt die Antwort im psychobiologischen Modell der Erschöpfung.[1] Um diese Theorie zu überprüfen, ließen Wissenschaftler vom britischen Institute for the Psychology of Elite Performance Sportler bis zur Erschöpfung Rad fahren, während sie ihnen sogenannte subliminale Stimuli, also unterschwellige visuelle Reize in Form von Abbildungen glücklicher und trauriger Gesichter, zeigten.

Diese subliminalen visuellen Stimuli sind Worte oder Bilder, die das Gehirn nicht bewusst erkennen kann, weil es keine Zeit hat, sie zu verarbeiten und zu interpretieren. Sie werden so kurz gezeigt (einige wenige Millisekunden), dass sie nur unbewusst aufgenommen werden.

Die Ergebnisse zeigten, dass »die Teilnehmer deutlich länger Rad fahren konnten, wenn sie subliminal mit fröhlichen Gesichtern vorbereitet wurden«. Die Wissenschaftler ergänzten, dass auch der Grad der wahrgenommenen Anstrengung, kurz: RPE (für englisch: Rating of Perceived Exertion), während des Tests bei den Teilnehmern niedriger war, die mit glücklichen Gesichtern vorbereitet wurden.

Das Fazit der Forscher: »Diese Experimente zeigten erstmals, dass ›subliminale visuelle Stimuli‹ Emotionen und Handlungen derart beeinflussen können, dass sich die wahrgenommene Anstrengung und Ausdauerleistung dadurch verändert.« Weitere Studien in diesem Feld seien erforderlich. Die Royal Marines arbeiten trotzdem bereits seit vielen Jahren mit dieser Methode, die sogar in ihrem Berufsethos formuliert wird: »Cheerfulness in the face of adversity« lautet das Motto der Truppe, also etwa: »Frohen Mutes im Angesicht größter Widrigkeiten«.

Dies stützt frühere Forschungsergebnisse aus dem Fachblatt *Pain*, der offiziellen Publikation der International Association for the Study of Pain, zum Thema maladaptive und adaptive Copingstrategien für Schmerz (die ich weiter vorn in diesem Buch bereits erläutert habe). Das vielleicht beste Beispiel für die Macht eines Lächelns lieferte aber einer der größten Entdecker aller Zeiten, Sir Ernest Shackleton.

STÜRME, FEIERN UND EIN LÄCHELN: SHACKLETON

Shackleton war einer der zähsten und widerstandsfähigsten Abenteurer überhaupt. Der britische Polarforscher leitete drei Expeditionen in die Antarktis und war einer der führenden Köpfe des »Goldenen Zeitalters der Antarktisforschung«, einer Periode zwischen 1897 und 1922, in welcher der gefrorene Kontinent erstmals entdeckt und erforscht wurde.

Mit einer Expedition im Jahr 1914 verewigte Shackleton seinen Namen endgültig in den Geschichtsbüchern, als er auf seinem Segelschiff, der HMS Endurance, die Antarktis über den Südpol hinweg durchqueren wollte. Er begann die Reise mit der Vorratskammer voller Lebensmittel, darunter massig Teegebäck, der feinste Schinken aus York, Schafszungen und 25 Kisten Whisky. Zu Beginn des Jahres 1915 wurde das Boot jedoch im Weddell-Meer von Packeis eingeschlossen und schließlich zerdrückt. Der Besatzung blieb nichts anderes übrig, als es schließlich aufzugeben und Zuflucht auf einem schwimmenden Eisberg zu suchen. Als mit dem Schiff und den Vorräten auch die Moral der Männer auf den Meeresboden sank, wurde Shackleton bewusst, dass diese Expedition anders verlaufen würde als alle vorherigen. In schriftlichen Berichten der Besatzung stand zu lesen, dass einige der Männer blind waren vor Hunger und von schlaflosen Nächten geplagt wurden, weil sie von Essen fantasierten.

Doch dann tat er etwas, das einen großen Mann ausmacht. Shackleton kümmerte sich sofort um die physiologischen Bedürfnisse sowie die Sicherheitsbedürfnisse (nach Maslows Bedürfnishierarchie) seiner Besatzung und machte sich auf die Jagd nach Pinguinen und Seerobben. Berichten zufolge verputzten die hungrigen Männer selbst den Rüssel eines Seeelefanten. Ein Glücksgriff war ein Seeleopard, der das Boot attackierte, denn dessen Magen steckte noch voller unverdautem Fisch – ein Festmahl für die darbende Crew.

Als die physiologischen und Sicherheitsbedürfnisse seiner Männer (zumindest halbwegs) befriedigt waren, begann Shackleton mit dem Versuch, ihre Moral wieder zu heben, indem er sich ihren sozialen Bedürfnissen zuwendete. Dies tat er, indem er aus der Truppe eine vereinte Mannschaft formte, in der jedermann den gleichen Status besaß. Das damals vorherrschende Klassensystem warf er über Bord, sodass von nun an Wissenschaftler neben einfachen Seemännern Arbeiten verrichteten und Universitätsprofessoren neben Fischern aus Yorkshire saßen. Zwar wurde Shackleton von seinen Männern noch immer »Boss« genannt, besaß aber trotzdem keinen Sonderstatus. Im Gegenteil: Um der Besatzung über das Trauma hinwegzuhelfen, das der Verlust der Endurance verursacht hatte, bediente er die anderen Männer buchstäblich. Als Frühaufsteher bereitete er morgens heiße Milch zu und brachte sie persönlich in jedes Zelt des Notlagers.

Sein Mantra der Einigkeit und die Menschlichkeit, die er vorlebte, wirkten ansteckend. Obwohl die Männer ganz schrecklichen Hunger litten, folgten sie seinem Beispiel und zeigten erstaunliches Mitgefühl füreinander. Als Shackletons Erster Offizier Lionel Greenstreet eines Morgens seine kostbare Milch vergoss, war er am Boden zerstört. Einer nach dem anderen gaben ihm die sieben Männer, mit denen er sein Zelt teilte, stumm etwas von ihrer eigenen Ration ab, um seinen Becher wieder aufzufüllen.

Zum Glück nahm die Geschichte ein gutes Ende. 1916 begab sich Shackleton gemeinsam mit fünf Männern auf die Suche nach Hilfe. Er war 16 Tage lang unterwegs und legte 1300 Kilometer auf dem Meer zurück, bis er Südgeorgien erreichte, eine Insel mitten im Südatlantik, die er zu Fuß durchquerte, bis er endlich an einer Walfangstation ankam. Mit Hilfe von dort kehrte er im August 1916 in die Antarktis zurück und rettete den übrigen Teil der Besatzung. Erstaunlicherweise war kein einziger Teilnehmer der Expedition gestorben.

Während seiner gesamten Laufbahn wusste Shackleton stets, welch massive Bedeutung die Moral der Teilnehmer für eine Expedition hatte. Auf einer gescheiterten Forschungsreise zum Südpol mit Captain Scott im Jahr 1902 überraschte er seine Zeltgenossen Hunderte Kilometer von der Basisstation entfernt mit selbst angerührtem Weihnachtspudding, den er in seinen Socken versteckt hatte. Aufzeichnungen von damals zeigen, dass die Männer zu diesem Zeitpunkt bereits an Frostbeulen und Skorbut litten. Zweifellos hatten sie sich über die Süßspeise gefreut, auch wenn Shackletons Versteck nicht hundertprozentig hygienisch war.

Shackletons ganzes Leben war absolut inspirierend und ist eine Lehrstunde in menschlicher Widerstandskraft. Er überlebte selbst schlimmste Situationen, indem er die Moral seiner Männer hob, weil er verstanden hatte, dass Kameradschaft und die Kraft des Lächelns für jedes Abenteuer eine zentrale Bedeutung besaßen. Ein Wissen, das auch Matt, die Crew (inklusive Popeye und Poseidon) und ich uns während der verbleibenden 322 Kilometer unserer Reise immer wieder ins Gedächtnis riefen.

Lektion 17

- Deine Stimmung, Emotionen und mentales Wohlbefinden können einen großen Einfluss auf deine Widerstandsfähigkeit gegen (und Wahrnehmung von) Erschöpfung haben.
- Die Royal Marines praktizieren die Philosophie des **»frohen Mutes im Angesicht größter Widrigkeiten«**. Wissenschaftliche Untersuchungen stützen die Wirksamkeit einer solchen Methode und zeigen, dass die Leistung steigt und Erschöpfung in geringerem Maß wahrgenommen wird, wenn das Gehirn mit **positiven subliminalen visuellen Stimuli** vorbereitet wird (»fröhliche« Bilder oder Worte, die vom Gehirn nur auf unbewusster Ebene wahrgenommen werden).
- Als der große Entdecker **Ernest Shackleton** auf einer Expedition durch die Antarktis mit seinem Schiff, der HMS Endurance, stecken blieb, hob er die Moral seiner Besatzung und überlebte, weil er verstanden hatte, dass **Kameradschaft** und die **Kraft des Lächelns** von zentraler Bedeutung für jedes Abenteuer sind.

LEKTION 18 | SCHLAF DICH STARK!

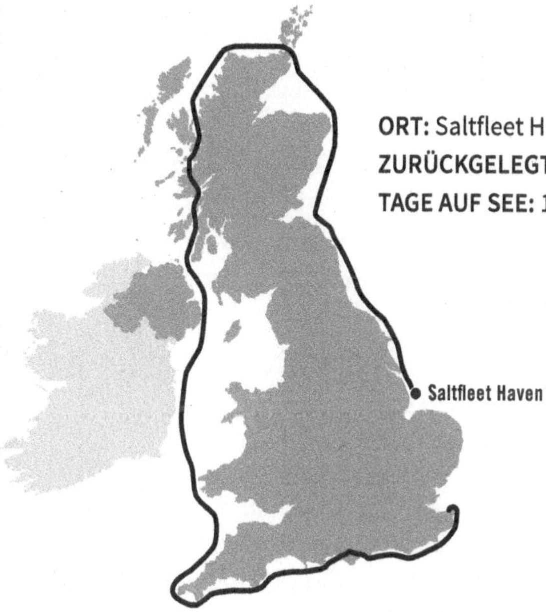

ORT: Saltfleet Haven
ZURÜCKGELEGTE DISTANZ: 2575 Kilometer
TAGE AUF SEE: 138

Es ist 5:30 Uhr am 16. Oktober 2018 und Sturmtief Callum ist vorübergezogen. Zwei Tage zuvor hatten wir vorsichtig den Schutz der Hafenanlage von Grimsby verlassen und arbeiteten uns nun nervös die britische Ostküste hinab. Der Sturm hatte eine gespenstisch ruhige See zurückgelassen, die unter der aufgehenden Sonne mit jedem Kräuseln und jedem Plätschern wieder mit voller Gewalt loszubrechen drohte.

Ich kam mir vor, als würde ich gegen eine tickende Zeitbombe anschwimmen. Der Herbst war zur Hälfte vorüber und uns allen war schmerzlich bewusst, dass die Stürme mit dem nahenden Winter häufiger und heftiger werden würden. Und das hieß, das Fortsetzen unserer Reise würde mit zunehmender Dauer recht schnell erst immer schwieriger, dann gefährlicher und schließlich unmöglich werden.

Wir ankerten vor der Küste von Saltfleet Haven in Lincolnshire und Matt und ich saßen wach an Deck, weil wir beide nicht schlafen konnten. Wir zögerten noch, die 58 Kilometer lange Strecke von Lincolnshire nach Norfolk, quer durch das Wash-Ästuar, zu wagen, und zwar aus drei Gründen:

- Es ist **riesig** ... Das Ästuar ist erstreckt sich über 259 Quadratkilometer.
- Es ist **fies** ... und gehört zur Nordsee (die ein Teil des Atlantiks ist, nur kälter, rauer und wilder).
- Es ist **gefährlich** ... und Standort eines 35 Quadratkilometer großen Offshore-Windparks, um den ich herumschwimmen musste.

Würde das Sturmtief Callum noch einmal zurückkehren, wäre dieser Versuch einer Durchquerung schwimmender Selbstmord.

»Wie groß sind die Rotorblätter der Windräder?«, fragte ich Matt.

»Hm, etwa 120 Meter lang. Groß genug also, um dir einen neuen Haarschnitt zu verpassen, wenn du ihnen zu nahekommst«, sagte er.

»Oh, alles klar«, entgegnete ich, als mir der Ernst der Lage bewusst wurde.

Matt nippte an seinem Morgentee und wir beide aßen Reste meines Geburtstagskuchens, die noch von Grimsby übrig waren und zwar nicht mehr ganz frisch, aber eben auch noch nicht so trocken schmeckten, dass wir sie hätten wegwerfen müssen.

»Du bist erschöpft, ich weiß«, sagte er und blickte auf meine vom Meer lädierten Schultern. »Aber die einzige Möglichkeit, dieses Ästuar zu durchqueren, ist mit Vollgas ab durch die Mitte ... 58 Kilometer weit ... Tag und Nacht, mit einem mörderischen Tempo, bis wir den Hafen von Burnham Flats in Norfolk erreicht haben.«

Ich wusste, dass er mit dieser Einschätzung wie immer richtiglag. In den vergangenen Monaten hatte sich Matt von einem sympathischen Freund und Mentor des Meeres zu einem brutal-realistischen Kapitän entwickelt.

Uns war allerdings klar, dass rotierende Windräder nicht unser eigentlicher Feind waren. Stattdessen mussten wir heute ein weiteres Mal gegen einen Gegner ins Feld ziehen, der immer wieder still und heimlich den Erfolg unserer Reise bedrohte ... massiver Schlafentzug. Der plagte nicht nur mich, sondern die gesamte Crew. Weil wir uns nach den Gezeiten richteten, die sich regelmäßig änderten, segelten und schwammen wir stets in 6-Stunden-Intervallen, und das seit 130 Tagen, was inzwischen sowohl physisch als auch mental eine schwere Belastung geworden war.

Uns allen war bewusst, dass wir den Kampf gegen diesen Gegner eines Tages zwangsläufig verlieren würden, denn irgendwann müssen wir alle einmal schlafen. Wir hofften einfach, dass dieser Tag heute noch nicht gekommen war und wir noch so lange gegen unsere Müdigkeit ankämpfen konnten, bis wir es nach Norfolk geschafft hatten.

Jeder hatte natürlich seine ganze eigene Copingstrategie. Matt beispielsweise aß mit Schokolade überzogene Kaffeebohnen, die er streng rationierte und sich während nächtlicher Etappen verabreichte. Ich persönlich war kein Fan von den Dingern, weil sie mir einfach zu bitter schmeckten. Ich nahm dennoch Koffein in Hülle und Fülle (und jeder denkbaren Darreichungsform) zu mir und profitierte von der Erfahrung aus mehreren 48-stündigen Trainingsschwimmeinheiten. Die härteste davon absolvierte ich im Royal Marines Training Centre in Lympstone, Devon.

Als ich auf Deck saß und auf den Gezeitenwechsel wartete, erzählte ich Matt die Geschichte davon, während er seine Kaffeebohnen knabberte und ich meinen Kaffee schlürfte.

48 STUNDEN SCHWIMMEN OHNE SCHLAF

Es war 10 Uhr morgens am 29. Januar 2018 im Commando Training Centre in Devon, dem wichtigsten Trainingszentrum der Royal Marines. Seit mehr als 75 Jahren beherbergt es 3000 Offiziere und Soldaten in 74 Baracken auf 22 Hektar Land, versteckt im Südwesten Englands, in der idyllischen Gegend von East Devon gelegen. Die Anlage besitzt eine stolze Geschichte als eine der renommiertesten Ausbildungs- und Trainingsstätten des britischen Militärs.

Einige der körperlich fittesten und mental stärksten Menschen der Welt wurden dort ausgebildet, für viele tapfere britische Soldaten ist dies ein geradezu heiliger Ort.

Und plötzlich tauchte ich dort auf. Ich war nie beim Militär gewesen, aber viele meiner Freunde aus Schul- und Studienzeit wurden später ausgezeichnete Soldaten der britischen Streitkräfte. Ich konnte mich glücklich schätzen, dass die Royal Marines mich aufgenommen hatten, einen ungezähmten, nomadenhaften Abenteuersportler, der einfach nur einen Platz zum Trainieren brauchte.

Und genau das tat ich an diesem Tag. Voll blindem Optimismus und kindlicher Neugier machte ich mich auf zum Schwimmbecken, um herauszufinden, wie weit ich zwei Tage lang ohne Pause schwimmen konnte. Wie der Zufall es wollte, waren gute Freunde von mir Ausbilder dort am Stützpunkt. Als sie von meinem Plan erfuhren, requirierten sie eine Schwimmbahn für 48 Stunden und wachten und schliefen abwechselnd am Rand des Beckens als Rettungsschwimmer und Mentoren in Personalunion, die mir bei Schlafentzug, Halluzinationen, Magen-Darm-Beschwerden und durch Chlor verursachten Hautproblemen helfen konnten. Sie waren gute Soldaten, aber noch bessere Freunde.

Als ich am Sportzentrum und in der Schwimmhalle ankam, hatte ich das Gefühl, ein Museum zu betreten. Jeder Gang war mit Pokalen, gerahmten Bildern und anderen Erinnerungsstücken geschmückt, um neue Rekruten zu motivieren und an das reiche Erbe und die stolze Geschichte der Truppe zu erinnern, die bis zum 28. Oktober 1664 zurückreicht, als die Royal Marines gegründet wurden.

Durch diese heiligen Hallen zu gehen, gab mir einen riesigen Motivationsschub. Hier roch es nach Geschichte, es fühlte sich elitär an und sah prestigeträchtig aus. Spitzenleistung und modernste Technologie trafen hier auf Pracht und Tradition. Der Kraftraum war das beste Beispiel dafür: Langhanteln und Trainingsmaschinen aus glänzendem Chrom standen dort zwischen hölzernen Balken und altem Tauwerk, die zusammen eine Art antiken Industrie-Chic ergaben und wirkten, als hätten sie dort die Jahrzehnte überdauert.

Mit dem Schwimmbecken selbst war das ähnlich. Auch hier traf modernste Sportwissenschaft auf alten Prunk aus der Zeit Eduards VII. Die Anlage war so gebaut, dass darin jeder erdenkliche Wassersport möglich war, von Schwimmen bis hin zu Kajak-Drills. Dies war für die kommenden 48 Stunden mein Zuhause und die äußere Bahn meine Küche, an deren Rand ich sorgfältig meine Lebensmittelvorräte auspackte.

Um 11 Uhr gesellten sich meine ersten beiden Rettungsschwimmer zu mir, zwei gute Freunde, die mir bisher bei jedem meiner Sportabenteuer geholfen hatten: Royal Marine Physical Training Instructor Alex »Benny« Benstead und Royal Marine Captain Oliver Mason.

Benny kann man schwer beschreiben. Stell dir eine Mischung aus Elitesoldat und Gewichtheber vor, mit den breitesten Schultern und dem dichtesten Schnauzbart, die du je gesehen hast. Und Captain Oliver Mason ist ein 1,93 Meter großer, 120 Kilogramm schwerer Rugbyspieler, der Ultramarathons läuft.

»Bist du bereit?«, fragte Benny.

»Ja«, nickte ich nervös, da ich in Wahrheit nicht so recht wusste, wie es sich anfühlt, »bereit« dafür zu sein, ohne Schlaf mehr als hundert Kilometer am Stück zu schwimmen. Ich hatte allerdings meine Hausaufgaben gemacht und mehr als hundert Studien und Fachartikel zu den Themen Schwimmen und Schlafentzug ausgedruckt und in einer Mappe gesammelt.

Die übergab ich nun Benny und deutete auf eine Studie aus dem Fachblatt *Biological Psychiatry*, in der er es um den massiven Verlust kognitiver Fähigkeiten von Militärpersonal ging, der durch Schlafmangel hervorgerufen wurde.[1] Beim Durchblättern stieß Benny auf weitere Symptome wie Stimmungsschwankungen,[2] biologischen Stress[3] und beeinträchtigte motorische Fähigkeiten.

»Jo, das scheint alles zu stimmen«, sagte er lapidar und klappte die Mappe wieder zu. »Komm am besten in die Gänge, denn besser wird's nicht.«

Mit zusammengebissenen Zähnen lächelte ich ihn an, denn ich wusste, dass er recht hatte. Ich war froh, diese Trainingseinheit unter so erfahrener Leitung zu absolvieren, denn in einem Forschungsbericht im Fachmagazin *Aviation, Space, and Environmental Medicine* stand: »Militäroperationen, insbesondere Gefechtssituationen, setzen Menschen multiplen Belastungsreizen aus, darunter Schlaf- und Nahrungsentzug sowie dauerhafte physische Aktivität.«[4]

Wer im Militär diente, besaß also mehr als genug Erfahrung mit den widrigen Umständen, die ich in meiner stoischen Sportwissenschaft immer wieder beschreibe.

SCHWIMMEN OHNE SCHLAF: DER START

Es war Mittag und damit an der Zeit, meine 48-stündige Einheit zu beginnen. Der Start war langsam und verhalten, niemand jubelte oder applaudierte. Das war geradezu antiklimatisch, denn die Fitnesstrainer am Rand wussten genau, was hier in den kommenden 48 Stunden geschehen würde. Unter ihnen war mein guter Freund, Sergeant Matt Burley, der einige Monate zuvor erst einen neuen Rekord in just diesem Becken aufgestellt hatte, indem er 55,46 Kilometer in zehn Tagen getaucht war (täglich 166 Bahnen mit nur 30 Sekunden Pause dazwischen) und damit Tausende Pfund für einen wohltätigen Zweck gesammelt hatte. Matt kannte dieses Becken besser als jeder andere, weshalb er mit einer Stoppuhr ausgerüstet darauf achtgab, dass ich mich an unsere zuvor verabredete Pacingstrategie hielt.

Die ersten 32 Stunden liefen gut und ich schrubbte mehr als 90 Kilometer. Doch dann liefen die Dinge plötzlich aus dem sprichwörtlichen Ruder. Warum das? Wissenschaftler sind der Meinung, dass »Schlaf ein lebenswichtiger Bestandteil der Homöostase ist und dass Schlafstörungen massive Konsequenzen für Verhalten und Gesundheit haben können«.[5] Das erklärt, warum meine innere »Uhr« – der zirkadiane Rhythmus[6] – genau wusste, dass es bereits 20 Uhr war, die Sonne unterging und ich eigentlich zugedeckt im Bett liegen sollte.

Der zirkadiane Rhythmus ist dafür zuständig, unsere biologischen Funktionen in einem 24-Stunden-Zyklus zu organisieren, von Anstieg und Fall der Testosteron- und Cortisolspiegel bis hin zur Abfolge von Schlaf- und Wachphasen, der Stimmung und kognitiven Leistungsfähigkeit.[7] Wenn dieses System nicht korrekt funktioniert, verursacht das große Probleme.

Doch es kommt noch schlimmer: Der deutsche Mediziner Jürgen Aschoff entdeckte, dass unser zirkadianer Rhythmus durch den Einfluss externer und Umweltreize, die er Zeitgeber nannte, an den 24-stündigen Lichtzyklus der Erde geknüpft ist.[8] Für Pflanzen und Tiere dienen die täglichen Wechsel von Licht und Dunkelheit sowie warmen und kalten Temperaturen zwischen Tag und Nacht als solche Zeitgeber, welche die biologischen Funktionen von Organismen nach einem regelmäßigen Zeitplan organisieren. Für Menschen können gesellschaftlich auferlegte Zyklen, etwa Arbeitszeiten im Beruf, Stundenpläne in der Schule oder regelmäßige Mahlzeiten ebenfalls als Zeitgeber fungieren.[9]

Damit dein zirkadianer Rhythmus (Hormone und grundlegende Körperfunktionen) wie ein Uhrwerk läuft, ist dein Körper auf solche Zeitgeber angewiesen. Im Moment blieb mir nichts anderes übrig, als diese Zeitgeber zu ignorieren. Das funktioniert allerdings nur für eine gewisse Zeit, bevor der eigene Verstand zu rebellieren beginnt.

»Geht's dir gut?«, fragte mich Benny nach einer kurzen Teepause.

»Körperlich schon, aber mental geht's mir mies«, antwortete ich.

Benny lächelte teilnahmsvoll und atmete nachdenklich aus. Er wusste genau, was ich durchmachte, denn er war schon oft genug selbst in dieser Situation gewesen. Er konfrontierte mich mit der unbequemen Wahrheit, die zwar nicht schön war, die ich aber hören musste, bevor ich meine zweite Nacht in Folge durchschwamm.

»Das wird eine richtige Qual werden«, sagte er geradeheraus, ohne es schönzureden.

Anschließend erklärte er mir, dass Schlafentzug seit Jahrtausenden als Foltermethode eingesetzt wurde. Das mag, verglichen mit anderen Arten der Folter, nur halb so wild erscheinen. Von einem erfahrenen Vernehmungsoffizier eingesetzt, kann Schlafentzug aber eine brutale

Methode sein, um Schmerzresistenz und mentalen Widerstand eines Gefangenen zu brechen.

Überlieferungen davon reichen zurück bis ins 15. Jahrhundert, als der italienische Arzt und Anwalt Hippolytus de Marsiliis als Erster nachweislich Schlafentzug als Folterinstrument einsetzte. Bekannt ist er heute vor allem dafür, dass er auch die chinesische Wasserfolter dokumentierte, bei der Wassertropfen so lange auf die Stirn eines Opfers fallen, bis es verrückt wird. Seine Schriften wurden später von Hexenjägern in Europa und Nordamerika übernommen, die seine Art der Folter »tortura insomniae« nannten und damit Tausende unschuldige Frauen wegen Vorwürfen der Hexerei verhörten. Der amerikanische Historiker Andrew Dickson schrieb dazu: »Aus vorübergehenden Wahnvorstellungen wurde dabei chronischer Wahnsinn, leichte Fälle wurden gewalttätig und brutal, Folter und Tod waren die Folgen.«[10]

Dazu muss ich sagen, dass ich in diesem Moment gerade nicht mit einem Lächeln auf den Lippen schwamm, sondern das genaue Gegenteil davon tat, weshalb die folgenden vier Stunden Training einfach nur schlimm wurden.

SCHWIMMEN OHNE SCHLAF: DER ANFANG VOM ENDE

Mit Geschichten von chinesischer Wasserfolter und Hexerei auf Dauerschleife in meinem Kopf, begann ich in den Morgenstunden nach etwa 145 Kilometern zu halluzinieren. Und tatsächlich bestätigten Untersuchungen, dass »Wahrnehmungsstörungen in den späten Abend- und frühen Morgenstunden (4 Uhr) am häufigsten vorkommen«.[11]

Ich war inzwischen ziemlich verwirrt. Die Bahnmarkierungen hielt ich für große Fische und schwamm (zweimal) in die Trennleine hinein, die ich für andere Schwimmer hielt und bei denen ich mich entschuldigte. Beide Male sagte ich: »Nehmen Sie sich gern Snacks am Ende meiner Bahn, falls Sie Hunger haben.«

Da wusste Benny, dass etwas nicht stimmte. Er sprintete ans Ende der Bahn, wo meine Lebensmittel lagen, weil er wusste, dass ich irgendwann kurz dort haltmachen würde, um etwas zu essen. Dabei konnte er begutachten, wie weit fortgeschritten die »tortura insomniae« bei mir bereits war.

»Wie sieht's aus, Kumpel?«

»Alles gut«, antwortete ich, was ich in dem Moment tatsächlich glaubte.

»Das glaube ich nicht, denn du hast dich gerade bei einer Trennleine entschuldigt und ihr Kekse angeboten.«

Ich sah mich um. Es war 8 Uhr morgens und ich der Einzige im Becken. Da begriff ich, dass ich langsam meinen Verstand verlor. Ich beschloss, das Denken fortan anderen zu überlassen, und fragte Benny, wie es mir ging.

»Du wirst es überleben, schätze ich«, sagte er mit völlig ernstem Blick. »Aber hundertprozentig sicher bin ich mir noch nicht.«

Während ich so viele Energieriegel in mich hineinstopfte, wie in meinen Mund und Magen passten, fragte ich ihn, warum ich plötzlich so drauf war.

»Nun, wir werden niemals sicher wissen, ob Schlafmangel für Menschen tödlich sein kann oder nicht. Aber es gab verschiedene Untersuchungen mit Tieren, die zeigten, dass zeitlich unbegrenztes Wachbleiben irgendwann wirklich zum Tod führt.«

Tatsächlich gab es dafür im Lauf der Geschichte mehr als genug Beweise. 1894 experimentierte die russische Wissenschaftlerin Marija Manasseina mit Welpen, um die Folgen von Schlafentzug zu erforschen. Sie schrieb: »In Versuchen mit zehn Welpen fand ich heraus, dass vier bis fünf Tage kompletten Schlafentzugs (96 bis 120 Stunden) irreparable Läsionen in den Gehirnen der Organismen verursachten und die Versuchstiere trotz größter Bemühungen nicht mehr gerettet werden konnten. Ein vollständiger Schlafentzug über diesen Zeitraum wirkt für Welpen also tödlich.«[12]

Ein Experiment mit Hunden führte 1898 zu ähnlichen Ergebnissen. Die italienischen Wissenschaftler Lamberto Daddi und Giulio Tarozzi hinderten Hunde am Schlafen, indem sie sie immer wieder aufweckten. Nach 9 bis 17 Tagen starben die Tiere, ohne dass die Todesursache vollumfänglich nachvollzogen werden konnte.[13]

In den 1980er-Jahren führte der amerikanische Schlafforscher Allan Rechtschaffen kontrollierte Experimente mit Rattenpaaren als Versuchstieren durch. Während er eine der Ratten schlafen ließ, musste die andere die gesamte Zeit über wach bleiben. Das Ergebnis: Die Kontrollratten blieben gesund, die Testratten mit Schlafentzug starben nach 11 bis 32 Tagen. Auch dort blieb die exakte Todesursache ein Rätsel, im Bericht stand: »Keine anatomische Todesursache war identifizierbar.«[14]

»Doch es gibt auch gute Nachrichten«, munterte Benny mich auf. »Du bist kein Hund und auch keine Ratte. Und bei uns Menschen scheint es so zu sein, dass wir Schlafentzug umso besser vertragen, je robuster wir mental sind.«

Er erklärte mir, dass Wissenschaftler des Walter Reed Army Institute of Research (der größten biomedizinischen Forschungsanstalt des US-Verteidigungsministeriums) in Befragungen und psychiatrischen Versuchen mit 74 Freiwilligen aus der Armee herausfanden, dass sie erstaunlich genau vorhersagen konnten, welche Personen mit dem Schlafentzug Probleme haben und anschließend von Halluzinationen berichten würden.[15] Anschließend erzählte er mir von einer (ethisch mehr als fragwürdigen) Studie der McGill University, in deren Rahmen die Forscher einen ähnlichen Zusammenhang zwischen psychischer Verfassung und Belastbarkeit bei Schlafentzug feststellten, nachdem sie sechs chronisch schizophrene Patienten 100 Stunden lang wach gehalten hatten. Mit zunehmender Dauer des Schlafentzugs zeigten die Patienten vermehrt akute Symptome, die seit Jahren nicht bei ihnen beobachtet worden waren, darunter akustische Halluzinationen (Stimmen im Kopf).[16]

All das ging mir durch den Kopf, während ich so durch die Nacht schwamm. Ich hatte gelernt, dass die Ausprägung negativer Symptome, die durch längeren Schlafentzug verursacht werden, abhängig vom individuellen psychischen Zustand einer Person ist und Studien zu belegen scheinen, dass derartige Symptome bei labilen Persönlichkeiten früher und mit größerer Intensität auftreten.[17]

Als die Sonne aufging, war endlich das Ende meiner schlaflosen Schwimmeinheit in Sicht. Wie im psychobiologischen Modell der Erschöpfung beschrieben, erkannte mein Gehirn das nahende Ende und löste deshalb die psychologische Handbremse, sodass ich nach einem starken Schlussspurt mit 175 zurückgelegten Kilometern mein 48-Stunden-Schwimmen beendete.

Als ich aus dem Becken stieg, war mein Körper am Ende. Ich hatte sogar erste Anzeichen von Fußbrand, einer schmerzhaften Gewebeverletzung, die entsteht, wenn die Füße lange Zeit in kaltes Wasser oder Schlamm getaucht sind. Eine andere, umgangssprachliche Bezeichnung dafür ist »Grabenfuß«, da Soldaten häufig während langer Grabenkämpfe darunter litten, wenn sie ihre Körper (und Füße) kaum trocken, warm und sauber halten konnten.

Doch das störte mich damals nicht. Ich hatte es geschafft, das zählte.

Ich dankte jedem, der in den zwei Tagen (heldenhaft) Rettungsschwimmer-Dienst geschoben und am Beckenrand geschlafen hatte. Ihr selbstloser Akt des Schlafentzugs erlaubte mir, wertvolle Lektionen in Widerstandsfähigkeit zu lernen, die man nur bekommt, wenn man den dunklen, harten Weg geht und bedingungslos Kilometer schrubbt (»winterhart« wird). Willst du wissen, was meine wichtigste Lektion war? In einem Notizbuch vermerkte ich:

Sportlern wird beigebracht, im bestmöglichen Zustand Bestleistungen zu erbringen.
Royal Marines wird beigebracht, im schlechtmöglichsten Zustand Bestleistungen zu erbringen.

Immer wenn während des Great British Swims meine Schultern schmerzten oder ich seekrank wurde, dachte ich an dieses Zitat zurück. Und beim Durchqueren des Wash-Ästuars von Lincolnshire nach Norfolk lief es die gesamten 58 Kilometer der Strecke auf Dauerschleife in meinem Kopf.

JETZT WIRD GESCHWOMMEN, SCHLAFEN KANN ICH SPÄTER

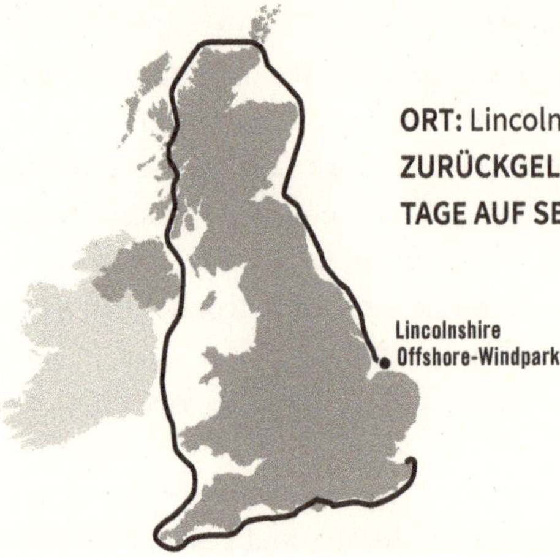

ORT: Lincolnshire Offshore-Windpark
ZURÜCKGELEGTE DISTANZ: 2623 Kilometer
TAGE AUF SEE: 138

Es ist 11:30 Uhr am 16. Oktober 2018 und ich schwimme bereits seit 20 Stunden am Stück. Wie zu erwarten war, ist der zirkadiane Rhythmus meines Körpers völlig durcheinander. In den vergangenen 130 Tagen auf See war Schlafentzug zwar ein notwendiges Übel, sodass ich zumindest eine gewisse Toleranz dafür entwickelt habe, dennoch begannen Körper und Geist langsam darunter zu leiden und der Mangel an Pausen und Erholung manifestierte sich in einer zähen Schlagzahl, Schneckentempo und Entscheidungen, die auf der geistigen Leistungskraft eines elfjährigen Kindes basierten.

Kurzum: Ich funktionierte zwar, allerdings nie in Bestform. Inspiriert von den Lehren der Royal Marines war ich dennoch entschlossen, zumindest zu versuchen, im schlechtmöglichsten Zustand mein Bestmögliches zu geben, und schwamm weiter durch die Nacht. Dabei wurde ich die gesamte Zeit über von Harriet im kleinen motorisierten Beiboot und Matt auf der *Hecate* flankiert, die dafür sorgten, dass ich kein Windrad rammte, und meine mentale Verfassung im Auge behielten.

Beides war leichter gesagt als getan. Auf den ersten Kilometern atmete ich bilateral und orientierte mich an den Lichtern von Matt und

Harriet, um Kurs zu halten. Je später es wurde, umso mehr verschlechterte sich jedoch mein Orientierungssinn und ich begann, Schlangenlinien zu schwimmen, weil die Sterne am Himmel den Lichtern der Boote immer ähnlicher wurden.

Um dies zu vermeiden, entschied ich mich, nur noch auf einer Seite Luft zu holen und mich fortan am größeren, helleren Licht der *Hecate* zu orientieren. Das funktionierte knapp zwei Kilometer lang ganz gut, bis ich (in einem kurzen Konzentrationsverlust) das Licht der *Hecate* mit dem Mond verwechselte und schlagartig den Kurs in Richtung Windpark wechselte.

Harriet fuhr mir in ihrem kleinen Boot sofort hinterher und rief: »Ross, stopp!«, während ich den riesigen Rotorblättern gefährlich nah kam.

Ich bekam das jedoch gar nicht mit und schwamm nichts ahnend weiter, im Dunkel der Nacht nun mit Schlaf- und Sinnesentzug. Harriet erkannte, dass hier andere Maßnahmen nötig waren, und bewarf mich flugs mit einer Banane, dich mich präzise am Hinterkopf traf.

Ich kann mich noch daran erinnern, wie ich mich in diesem Moment fragte, warum ich von Bananen halluziniere.

Weil ich erneut nicht reagierte, beschloss Harriet, mich als letzte Instanz mit dem Boot anzufahren. Das war weniger schlimm, als es klingen mag. Das Ding ist ein Gummiboot und Harriet erfahren im Umgang damit. Sie gab mir damit quasi nur einen Schubser. Als ich den abbekam, war mir sofort klar, dass ich vom Kurs abgekommen war.

»Sorry«, sagte ich, halb verschlafen.

Harriet lächelte. Es tat ihr leid, dass sie so weit gehen musste, mich mit einem Boot zu rammen, doch ich versicherte ihr, dass alles in Ordnung war – und in jedem Fall besser, als einen neuen »Haarschnitt« von einem riesigen Windrad zu bekommen. Ich gab ihr und Matt die Erlaubnis, mich notfalls wie in einem Flipperautomaten durch das Ästuar bis nach Norfolk zu schießen, und genau das taten sie auch. Die ganze Nacht lang, bis wir am 16. Oktober bei Sonnenaufgang endlich Burnham Flats erreichten.

Wir fuhren in den Hafen ein, legten an und hauten uns völlig erschöpft in unseren Kojen. In 27 Stunden hatten wir es von Lincolnshire nach Norfolk geschafft und waren nun nur noch 225 Kilometer von Margate entfernt – und damit vom Erreichen meines Ziels und dem Wiedersehen mit meinem Vater.

JETZT WIRD GESCHLAFEN, SCHWIMMEN KANN ICH SPÄTER

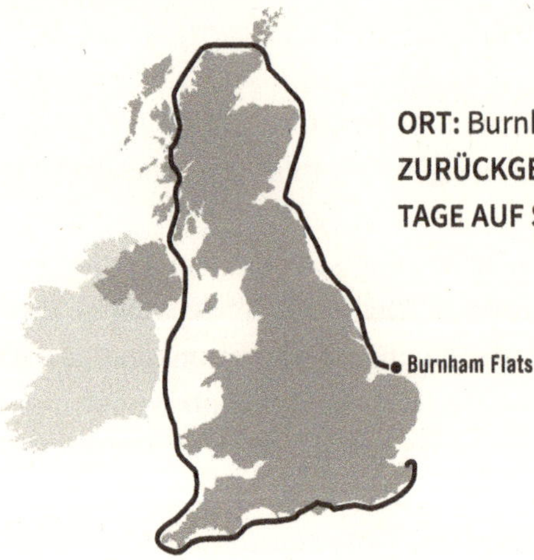

ORT: Burnham Flats

ZURÜCKGELEGTE DISTANZ: 2647 Kilometer

TAGE AUF SEE: 139

Es ist 11 Uhr am 17. Oktober 2018 und mein Wecker klingelt.

Ich habe den ganzen Tag geschlafen und fühlte mich nach dem Aufwachen kränklich. Mein Immunsystem und ich waren eindeutig keine Freunde mehr. Das überraschte mich nicht, denn Studien zeigen, dass unser Körper während des Schlafs regeneriert und seine leeren Speicher auffüllt, sodass wir nach dem Aufwachen wieder motiviert, konzentriert und funktionsfähig sind.

Während der vergangenen 27 Stunden hatte ich allerdings nichts dergleichen getan und diesen körpereigenen biologischen »Wartungsvorgang« verpasst.[18] Der Schlafmangel beeinflusste außerdem auch meine Leistungsfähigkeit negativ. Untersuchungen der Stanford University mit Basketballspielern analysierten, welchen Einfluss zehn Stunden Schlaf pro Nacht über einen Zeitraum von fünf bis sieben Wochen auf die Leistung von Spielern hatten, die bis dato nur sechs bis neun Stunden pro Nacht geschlafen hatten. Die Wissenschaftler fanden heraus, dass die zusätzlichen Schlafstunden die Leistung der Spieler dramatisch anhoben.[19]

»Die Wurfgenauigkeit hatte sich verbessert, die Freiwurfquote um 9 Prozent und die Quote bei Dreipunktewürfen um 9,2 Prozent. [...] Die Spieler berichteten zudem von einem insgesamt verbesserten geistigen und körperlichen Wohlbefinden während des Trainings und der Spiele.« Die Schlussfolgerung der Schlafforscher lautete: »Die Erhöhungen spezifischer Messwerte der Leistung im Basketball nach einer Verlängerung der Schlafdauer weisen darauf hin, dass ein optimales Schlafverhalten für das Erreichen von sportlichen Höchstleistungen vermutlich von Vorteil ist.«

Woher kommt diese nächtliche Magie? Laut Forschungsergebnissen im Fachmagazin *Frontiers in Systems Neuroscience* hängen die positiven Effekte von Schlaf eng mit den bereits erwähnten Neurotransmittern zusammen.[20] Neurotransmitter sind chemische Substanzen, die innerhalb des Körpers über eine Synapse Signale von einem Neuron zu einer anderen Zelle übertragen. Praktisch jede Funktion im Körper wird durch Neurotransmitter kontrolliert oder beeinflusst, von den verschiedenen Gefühlszuständen über die mentale Leistungsfähigkeit bis hin zur Wahrnehmung von Erschöpfung und Schmerzen. Sie sind die kleinen Boten des Gehirns und wenn die aufgrund von zu wenig Schlaf nicht korrekt funktionieren, dann kannst du am Spieltag auch keine Spitzenleistung erbringen.

Meine Neurotransmitter wollten an diesem Tag nicht so recht, ich war unmotiviert und hatte schon Probleme, meinen Kopf vom Kissen anzuheben. An Schwimmen war nicht zu denken.

Die Bedeutung von Schlaf nach extremer körperlicher Anstrengung unterstrichen Forscher der University of Toronto, die im Rahmen einer Studie die Schlafmuster von sechs Laufsportlern nach einem 92 Kilometer langen Ultramarathon analysiert hatten.[21] Ihre Untersuchungen zeigten, dass die Schlafdauer sich bei jedem Läufer »im Vergleich zu deren regulären Schlafmustern drastisch erhöht« hatte, und zwar an vier aufeinanderfolgenden Nächten nach dem Marathon. Das zeigt, wie sehr der Körper auf ausreichend Schlaf angewiesen ist, um sich zu erholen. Mithilfe eines Elektroenzephalogramms (EEG), das durch Elektroden die elektrische Aktivität des Gehirns misst, fanden die Wissenschaftler heraus, dass die Tiefschlafphasen der Läufer in den ersten beiden Nächten besonders lang waren. Sie schlossen daraus, dass diese objektive und quantitative Erhöhung der Schlafdauer insgesamt und der Tiefschlafphase im Speziellen die Theorie stützt, dass Schlaf immens wichtig für die optimale Regeneration von Sportlern ist.

Schlaf spielt aus einem weiteren Grund eine so entscheidende Bedeutung für die Erholung: Wir schlafen in der Regel dann, wenn eines unserer wichtigsten Revitalisierungshormone auf seinem Höchststand ist. Das auch als Somatropin bekannte Wachstumshormon ist ein Peptidhormon, das die Reproduktion, Regeneration, das Wachstum und die Erholung von Zellen stimuliert. Deshalb ist das beste Gegenmittel gegen Übertraining und Erschöpfung keiner der unzähligen Energieriegel und Recovery-Shakes auf dem Markt, sondern schlicht eine Mütze voll Schlaf.

Der war allerdings ein Luxus, den ich (und die Besatzung) nicht immer hatten. Ich wusste, dass es Zeiten geben würde, in denen ich müde,[22] erschöpft[23] und nicht optimal erholt bin,[24] und Zeiten, in denen meine Fähigkeit, Entscheidungen zu treffen, stark beeinträchtigt ist.[25] Auch wenn es bislang kaum Studien dazu gab, war ich mir außerdem sicher, dass die (vermeintlichen) Gründe für mich weiterzumachen in meinem Kopf durch den Schlafentzug immer weniger und die (vermeintlichen) Gründe aufzugeben immer mehr wurden, weil ich Belastungsreize und Signalgeber zunehmend falsch und/oder völlig überzogen interpretierte.

Doch ich war mir sicher, dass ich mit der Trainingsphilosophie der Royal Marines und meiner stoischen Sportwissenschaft bestens dafür gerüstet war, mich auch durch dieses Problem zu kämpfen.

Lektion 18

- Damit dein **zirkadianer Rhythmus** (Hormone und grundlegende Körperfunktionen) wie ein Uhrwerk läuft, ist dein Körper auf **Zeitgeber** angewiesen. Das sind externe und Umweltreize, etwa feste Essenszeiten und natürliche Wechsel zwischen Licht und Dunkel. Wenn du die ignorieren willst, dann auf eigene Gefahr.
- Studien zeigen: Je robuster du mental bist, umso weniger Probleme hast du bei **Schlafentzug**.
- Praktisch jede Funktion im Körper wird von **Neurotransmittern** (Botenstoffen, die Signale von Zelle zu Zelle transportieren) kontrolliert oder beeinflusst: von Gefühlszuständen bis hin zu geistiger Leistungsfähigkeit und der Wahrnehmung von Erschöpfung und Schmerzen. Arbeiten diese kleinen Boten des Gehirns aufgrund von Schlafmangel nicht korrekt, sinkt dein Leistungsniveau.
- Während du schläfst, stimuliert ein **Wachstumshormon** die Reproduktion, Regeneration, das Wachstum und die Erholung deiner Zellen. Du fühlst dich erschöpft oder übertrainiert? Dann **ab ins Bett**!

LEKTION 19 | HELDENTATEN GEGEN DEN HUNGER

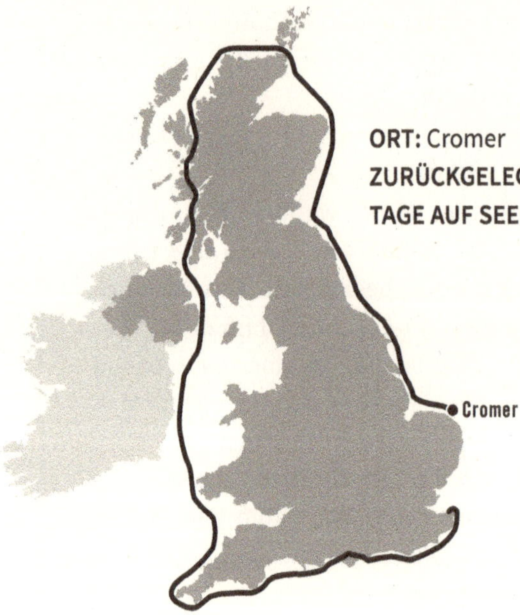

ORT: Cromer
ZURÜCKGELEGTE DISTANZ: 2680 Kilometer
TAGE AUF SEE: 142

Es ist 15 Uhr am 20. Oktober 2018 und wir befinden uns vor der Küste von Cromer in der Grafschaft Norfolk. Der Küstenort hat eine starke Verbindung zum Ozean, die lange zurückreicht und natürlich auch an seiner besonderen Architektur erkennbar ist. Wir ankerten direkt an der berühmten Seebrücke, die das Ufer dominiert. 151 Meter lang, ist sie ein beständiges Beispiel viktorianischer Baukunst, das Stürmen, Fluten und sogar einer versuchten Sprengung im Zweiten Weltkrieg standgehalten hat.

Doch der Bezug der Menschen hier zum Meer endet nicht an der Seebrücke der Stadt. Jedes Motiv in den Buntglasfenstern der Cromer Gemeindekirche gedenkt den örtlichen Helden der Seenotrettung, die eine der verdientesten Truppen der Royal National Lifeboat Institution (RNLI) waren. Das städtische Museum wurde außerdem nach Henry Blogg benannt, der 53 Jahre lang mit dem Rettungsboot auf die Nordsee rausgefahren ist und gemeinsam mit seiner Besatzung 873 Menschenleben gerettet hat.

Ich mochte Cromer und seine Einwohner, die alle stolze Seefahrer zu sein schienen. Sie wussten, dass ich nur noch 160 Kilometer zu schwimmen hatte und damit quasi auf der Zielgeraden war. Deshalb kamen sie in Scharen zur Seebrücke, um mich und das Team zu unterstützen. Man ernannte mich sogar zum Ehrenmitglied des North Norfolk Crawlers Swimming Clubs. Einige Mitglieder des Vereins schwammen von der Seebrücke zum Boot, um mir eine Schwimmkappe zu überreichen, die ich während meiner Zeit an der Küste von Norfolk tragen sollte.

Doch ein Ereignis, das während meiner Nachmittagsetappe genau um 16:10 Uhr geschah, zeigte das einzigartige Wesen der Menschen von Cromer ganz besonders: Ich war bereits seit zwei Stunden unterwegs und hatte meinen konstanten Schlagrhythmus gefunden. Weil ich nicht mehr unter Schlafentzug litt, hatte sich mein Orientierungssinn wieder dramatisch verbessert, weshalb ich nicht mehr von Matt und Harriet flankiert werden musste, um auf Kurs zu bleiben. Und trotzdem dachte ich für einen kurzen Moment, ich halluziniere wieder …

Völlig verwirrt glaubte ich, aus dem Augenwinkel einen Mann zu sehen, der von einem Boot aus mit Würstchen in meine Richtung winkte. Einen guten Kilometer weiter war die Halluzination noch immer nicht verschwunden, also beschloss ich, kurz Pause zu machen und mit Matt zu sprechen.

»Kann ich dich was fragen?«, sagte ich, während ich zur Seite des Boots schwamm.

Matt spähte vom Deck herunter. »Was ist los?«, fragte er besorgt.

»Halluziniere ich oder fährt da drüben ein Kerl in einem Boot, der mir mit einem Sack Würstchen zuwinkt?«

Da brach jeder auf dem Boot in schallendes Gelächter aus. Ich hatte mir den Mann nämlich nicht eingebildet. Es handelte sich um einen Metzger aus dem Ort, der Matt zuvor angerufen hatte, weil er uns ein Paket seiner preisgekrönten Würste überreichen und die

Übergabe koordinieren wollte. Und das nur, weil er gehört hatte, dass wir aufgrund von Platzmangel im Kühlschrank kaum frisches Fleisch auf dem Boot lagern konnten.

Nun wo ich wusste, dass der Wurstmann nicht meiner Einbildung entsprungen war, schwamm ich rüber zu seinem Boot und dankte ihm vielmals. Er gab mir nicht nur einen Sack voller Würste, sondern befriedigte mein primitives, grundlegendes physiologisches Bedürfnis nach Essen (laut Maslows Bedürfnisheirarchie) und hob die Moral der ganzen Truppe wie Shackletons Pudding aus den Socken.

Deshalb liefen Mahlzeiten während der Schwimmtour üblicherweise folgendermaßen für mich ab:

- Entweder ließ ich mir richtig Zeit und genoss den Geschmack und die Konsistenz des Essens, weil mein Gehirn in der Meereswelt, die mich umgab, unter ständigem Sinnesentzug litt und ich kaum etwas hören, sehen oder riechen konnte.
- Oder ich fraß wie ein wilder, übergewichtiger Wal, der sich nicht für den Geschmack seines Futters, sondern nur die darin enthaltenen wertvollen Kalorien und Nährstoffe interessierte.

Beide Arten der Nahrungsaufnahme waren notwendig und für beide gab es den richtigen Zeitpunkt. In der Straße von Corryvreckan wäre es beispielsweise unklug gewesen, ein gediegenes Weintasting mit der Hexengöttin zu veranstalten. Aber die kurze Pause mitten in der Etappe, um unter den Sternen von Norfolk ein leckeres Wurstbrot zu genießen, werde ich wohl niemals vergessen.

Segler, Surfer, Fischer und Schwimmer entlang der Küste wussten inzwischen alle, dass die beste Form der Unterstützung für uns Lebensmittel waren. Egal ob die leckeren Kartoffelkuchen im Hafen von Solva, die riesigen Cornish Pasties in Newquay oder die preisgekrönten Fish and Chips in Grimsby, die Leute wussten häufig gar nicht, wie sehr sie uns mit diesen Geschenken halfen, weil die Vorräte und Lagermöglichkeiten auf dem Boot so begrenzt waren.

Ich begann, diese essbaren Mitbringsel als »Heldentaten gegen den Hunger« zu bezeichnen. Und weißt du, wer darin absolute Experten waren? Die Menschen in Schottland. Die Gastfreundschaft völlig Fremder und der Trost ihres Essens hat mir durch meine schwersten Stunden geholfen, in denen die Nachricht von der Krankheit meines Vaters mir nicht aus dem Kopf gehen wollte.

Eine Person und ihren Akt der Güte werde ich dabei ganz besonders im Herzen behalten. Ihr Name war Iona, eine vielleicht 40-jährige (schwer zu sagen, denn sie hatte die unglaublichen Gene einer keltischen Amazone) schottische Freiwasserschwimmerin, die uns auf dem Weg um die Highlands begleitete. Weil sie genau wusste, wie kalt das Wasser hier oben war und wie wütend die Stürme sein konnten, wollte sie uns helfen.

Sie studierte also unsere Route und bestimmte den exakten Punkt, an dem wir ihr Haus passieren würden. Anschließend bereitete sie einen leckeren hausgemachten Früchtestollen zu, den sie mit militärischer Präzision just in dem Moment heiß aus dem Ofen holte, als wir am Haus vorbeikamen. Dann zog sie sich Schwimmbrille und Neoprenanzug an, schnallte sich den (noch immer heißen) Stollen auf den Kopf und rannte runter zur Küste, um ihn uns im Wasser zu übergeben.

So etwas hatte ich noch nie erlebt (außer vielleicht mit dem wurstschwingenden Spartaner in Norfolk): Scheinbar mühelos schwamm Iona einarmig im Brustabout zu uns und balancierte mit dem freien Arm den Früchtestollen auf ihrem Kopf, der – ohne zu übertreiben – noch warm war und dampfte, als sie ihn mir übergab.

Doch dies ist nur eine von vielen Geschichten und wir freuten uns über jedes Geschenk, Päckchen oder Gebäck, das man uns mitbrachte. Wir sagten dann häufig: Unverwüstlich wird man am besten durch Essen, denn sowohl mentale als auch körperliche Kraft brauchen ausreichend Treibstoff. Essen ist ein menschliches Grundbedürfnis und kann den Unterschied zwischen Erfolg und Misserfolg eines Abenteuers ausmachen. In Norfolk und während des verbliebenen Teils meiner Etappe, in der ich mich flink an der Nordostküste entlang vorarbeitete, dachte ich an die großen Abenteurer des Goldenen Zeitalters der Antarktis-Forschung, an Männer wie Roald Amundsen und Robert Falcon Scott,[1] deren Abenteuer man nicht anders beschreiben kann denn als »Heldentaten gegen den Hunger«.

ABENTEUR UND HELDENTATEN GEGEN DEN HUNGER

Im frühen 20. Jahrhundert spielte das Thema Hunger im Wettrennen zum Südpol – damals der Heilige Gral unter Endeckern – eine gewaltige Rolle. Den Weg dorthin als erster Mensch zu meistern, war ein Traum vieler Forschungsreisender, die deshalb in Scharen zu Expeditionen in die Antarktis aufbrachen. 1911 lieferten sich der Brite Robert Falcon Scott und der Norweger Roald Amundsen ein Kopf-an-Kopf-Rennen zum entlegensten Ort der Erde. Scott hatte 1902 schon einmal versucht, dorthin zu gelangen. Wegen extremer Minusgrade und gesundheitlicher Probleme war seine Gruppe allerdings gezwungen, vorher umzukehren. Seitdem war Scott fest entschlossen, in die Antarktis zurückzukehren und einen weiteren Versuch zu starten. Mit Unterstützung der britischen Seebehörde und der Regierung erhielt er Fördermittel in Höhe von 20 000 Pfund für seine nächste Expedition.

Die Männer dafür rekrutierte Scott aus Teilnehmern seiner ersten Südpolexpedition und von Ernest Shackletons Schiff HMS Nimrod, das gerade erst von der Antarktis zurückgekehrt war. Die Besatzung bestand aus mehreren Seemännern der Marine, Wissenschaftlern und zahlenden Gästen. Sein Schiff, die Terra Nova, legte am 15. Juni 1910 in Cardiff ab. Weiter oben im Norden hatte der renommierte norwegische Entdecker Amundsen derweil den Plan geschmiedet, noch vor den Briten den Südpol zu erreichen. Diesen Plan hielt er jedoch streng geheim und gab zunächst vor, mit seinem Schiff, der Fram, und dessen Besatzung nach Norden in Richtung Artis zu wollen, fuhr tatsächlich aber südwärts in Richtung Antarktis.

Die Fram erreichte das Ross-Schelfeis am 14. Januar 1911. Amundsen beschloss, in der Bucht der Wale an Land zu gehen. Dadurch hatten die Norweger 96 Kilometer Vorsprung vor Scott, der am McMurdo-Sund an Land gegangen war.

Am 18. Oktober 1911, als der arktische Winter vorüber war, begannen Amundsen und seine Gruppe ihre Fahrt zum Pol. Captain Scott startete seinen Marsch erst drei Wochen später. Um etwa 15 Uhr am 14. Dezember 1911 hisste Amundsen am Südpol die norwegische Flagge. Er war ganze 33 Tage vor Scott dort eingetroffen. Amundsen und seine Gruppe kehrten am 25. Januar 1912 in ihr Basislager zurück, 99 Tage und grob 2600 Kilometer nachdem sie von dort aufgebrochen waren.

Scott und sein Team verließ ihr Basislager am 1. November 1911 und erreichten den Südpol am 17. Januar 1912. Enttäuscht, dass Amundsen es vor ihm geschafft hatte, machte er sich stoisch und würdevoll auf den beschwerlichen Rückweg. Sein letzter Tagebucheintrag datiert auf den 29. März 1912. Geschwächt von Erschöpfung, Hunger und der extremen Kälte starb er gemeinsam mit zwei weiteren Männern in seinem Zelt.

Was war der entscheidende Faktor dieses Wettlaufs? Nahrung.

Auf der Rückreise vom Südpol hatten Amundsen und seine Begleiter nämlich ihre Hunde verspeist. Weil Tag für Tag immer weniger Ausrüstung für die Expedition benötigt und das Gepäck immer leichter wurde, brauchte man auch nicht mehr so viele Hunde, die diese Last zogen. Die Gruppe betrachtete die Tiere damals nicht als beste Freunde des Menschen, sondern als Verbrauchsgüter – für Frühstück, Mittag- und Abendessen. Clever, wenn auch äußerst makaber.

Im Gegensatz dazu wurde Scotts Polarexpedition von Ponys gezogen und nicht von Hunden. Die eigneten sich aber weder zum Ziehen der Schlitten noch zum Verspeisen besonders gut. Hätte Scott »Lebensmittel« dabeigehabt, die auf ihren eigenen vier Beinen durch die Antarktis gelaufen und in der Lage gewesen wären, zu überleben (die Ponys brachen Berichten zufolge durchs Eis und ertranken), wäre er vielleicht nicht nur am Leben geblieben, sondern auch als Erster am Südpol angekommen. Auch im Norden hatte der Name Amundsen für einige Furore gesorgt. Zehn Jahre bevor er den Südpol eroberte, hatte er die Briten schon einmal gedemütigt, indem er mit einem winzigen Boot erstmals die Nordwestpassage durchquerte und damit als erster Mensch erfolgreich über diese Route vom Atlantik in den Pazifik geschifft war.

Einer der Briten, denen Amundsen damit zuvorkam, war Sir John Franklin, ein weiterer Polarheld, der bei seinem Versuch, die Nordwestpassage zu durchqueren, ums Leben kam. Franklin war mit zwei großen, fortschrittlichen Booten unterwegs, der HMS Erebus und der HMS Terror. Geladen hatte er etwas, das den Erfolg der Expedition garantieren sollte: Lebensmittelkonserven. Diese damals neuartige Verpackungsmethode für frische Nahrung sollte dafür sorgen, dass seine Besatzung auf Jahre hinaus genug zu essen haben würde. Unglücklicherweise bestand das Lötmetall, mit dem die Dosen verschweißt wurden, aus Blei. Viele seiner Männer erlitten deshalb eine Bleivergiftung, wurden verrückt und starben. Amundsen verbrachte dagegen viel Zeit bei den kanadischen Ureinwohnern, den Inuit, und lernte von ihnen zu jagen und in der Wildnis zu überleben.

Amundsen verstand, welche Heldentaten gegen den Hunger manchmal nötig waren. Wie organisierte ich also meine eigene Lebensmittelversorgung? Diese Frage beschäftigte inzwischen die Medien, weshalb ich – mit weniger als 195 verbliebenen Kilometern vor mir – einen Journalisten von der BBC zum kleinen Plausch bei Frühstück und einer Tasse Tee aufs Boot einlud.

ISS ALLES, WAS DA IST

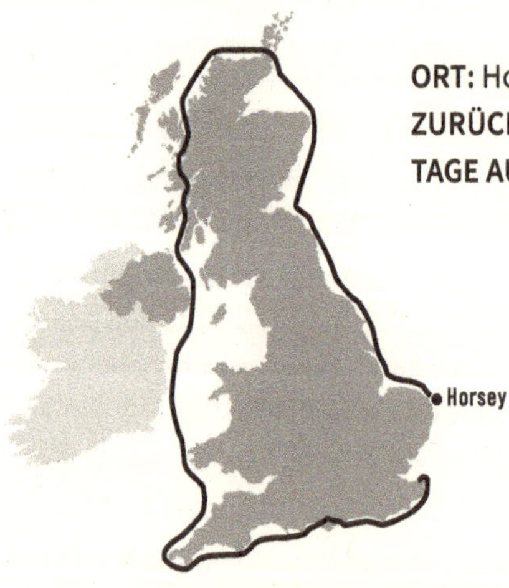

ORT: Horsey
ZURÜCKGELEGTE DISTANZ: 2712 Kilometer
TAGE AUF SEE: 143

Es ist 7:10 Uhr am 21. Oktober 2018. Heute ist ein großartiger Tag! Wir ankern vor der Nordostküste Norfolks, nahe einer kleinen Ortschaft namens Horsey, die für ihre große Kegelrobbenpopulation bekannt ist. Die Tiere kommen in dieser Zeit dorthin, um ihre Jungen zu bekommen. Natürlich freute ich mich nach 130 Tagen auf See (und den Begegnungen mit meinen »Freunden« in Lundy und Robin Hood's Bay), nun auch selbst ein wenig auf den Robbennachwuchs.

Ich beobachtete das Schauspiel vom Bullauge meiner Kajüte aus. Es war einfach atemberaubend, die kleinen neugeborenen Robbenbabys mit ihrem weißen Fell zu sehen, wie sie da am Strand lagen und auf die nächste Milchlieferung ihrer Mamas warteten. Diesen Anblick werde ich niemals vergessen.

Doch auch vom Wunder der Geburt einmal abgesehen, war heute ein großartiger Tag. Der Gezeitenwechsel – und damit unsere Startzeit für die nächste Etappe – geschah heute zu einer recht humanen Zeit, sodass wir noch in Ruhe frühstücken konnten. Das war eine willkommene Abwechslung zu vergangenen Tagen, etwa in der Irischen See, als ich mir um 2 Uhr nachts blutgetränkte Bettlaken vom Hals reißen musste. Tage wie heute, an denen einfach alles zu passen schien, waren zwar selten, aber wenn es sie gab, genossen wir alle sie in vollen Zügen.

Deshalb waren Taz und Harriet seit 6 Uhr morgens in der Bordküche zugange, wo sie mehrere Laibe Brot schnitten und toasteten und einen riesigen Kessel Porridge zubereiteten, der nun auf dem Herd vor sich hin blubberte.

Es roch himmlisch, weil Harriet die Haferflocken stets mit etwas Zimt und anderen Gewürzen verfeinerte. Wann immer sie das tat, brauchte ich keinen Wecker, sondern sprang freiwillig aus der Koje, um zu sehen, ob sie auch etwas Erdnuss- oder Cashewbutter dazugab (oder beides).

Da wir an diesem Morgen nicht so sehr in Eile waren, hatte ich außerdem genug Zeit, mich für den BBC-Journalisten ein wenig herzurichten, um vor der Kamera zumindest halbwegs vorzeigbar auszusehen. Da ich in meiner Kajüte aber keine sauberen Klamotten mehr fand, beschloss ich in meiner Panik einfach, Folgendes zu tragen:

- Meine schönste Wollmütze, die eine freundliche schottische Dame in Dunbar für mich gestrickt hatte (komplett mit Bommel)
- Das Shirt mit den wenigsten Falten und Krümeln, das ich finden konnte

- Statt einer richtigen Hose nur meine Badehose (weil all meine richtigen Hosen Löcher oder Flecken hatten, trug ich lieber gar keine)

Nachdem ich mein TV-Outfit beisammen hatte, begab auch ich mich in die Bordküche. Um 7:30 Uhr wurde das Frühstück serviert und der Journalist stieß zu uns, ein großer, adretter Kerl mit makellos gekämmtem Haar und weder Krümeln noch Falten auf Hemd oder Krawatte. Er war vielleicht Mitte 40 und vom ersten Eindruck her mochte ich ihn, denn er war überaus freundlich und rümpfte nicht die Nase, als ich mich ohne Hose neben ihn setzte.

Sofort kam er auf den riesigen Topf Porridge und den Berg Toast zu sprechen, die Harriet und Taz zubereiteten.

»Isst er all das an einem einzigen Tag?«, fragte er die Crew, offenbar geschockt von der schieren Masse an Essen.

»Oh nein«, erwiderte Taz. »Er isst das alles an einem Morgen. Das hier ist quasi Frühstück und Brunch.«

Ungläubig schüttelte der Journalist seinen Kopf, holte sein Aufnahmegerät, Stift und Block heraus und begann mit dem Interview.

»Welche Lebensmittel essen Sie?«, fragte er.

Ich musste lächeln, denn eine einfache Antwort gab es auf diese Frage nicht. Bei der Auswahl meiner Lebensmittel befolgte ich keinen strengen Ernährungsplan, weil wir Menschen nicht dafür geschaffen sind, uns beim Essen an Regeln, Verbote und Checklisten zu halten. Das ist viel zu restriktiv, wir sind biologisch aber so programmiert, stets Abwechslung zu suchen. In einem Artikel im Fachmagazin *American Journal of Clinical Nutrition* steht: »Es existierte kein singulärer, universeller Speiseplan, nach dem sich alle ausgestorbenen Menschenaffenarten ernährt haben. Stattdessen variierte die Ernährungsweise abhängig von der geografischen Lage, klimatischen Bedingungen und der spezifischen ökologischen Nische.«[2]

»Okay und halten Sie sich eher an eine fettarme oder kohlenhydratreiche Ernährung?«, fragte der Journalist weiter.

Ich lächelte und schüttelte erneut meinen Kopf. Alle Nährstoffe im Körper stehen in einer Beziehung zueinander. Fette, Proteine, Kohlenhydrate, Vitamine und Mineralien beeinflussen sich gegenseitig stärker, als wir vielleicht jemals vollständig verstehen werden. Sie alle funktionieren innerhalb eines komplexen Systems aus Wechselbeziehungen, in dem dein Frühstück vom Montagmorgen zwangsläufig deine Mahlzeit am Freitagabend beeinflusst. Alles verändert sich ständig.

Leider verkennt die Wissenschaft diesen Fakt nur allzu häufig. Lebensmittel werden völlig isoliert analysiert, Ernährungswissenschaftler gliedern Nährstoffe auseinander, die in der Natur niemals so zergliedert vorkommen. Dabei berücksichtigen wir leider nicht die Komplexität des menschlichen Körpers und all seinen unterschiedlichen Variablen.

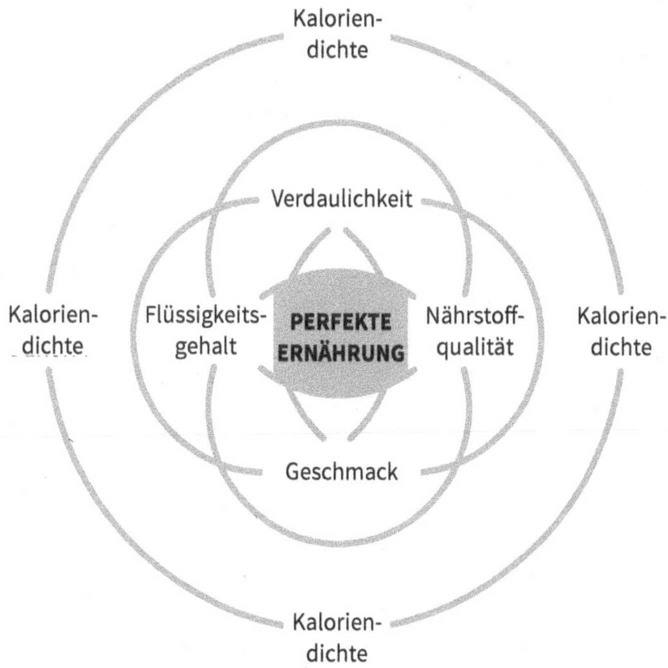

Für mich ändern sich die Dinge allerdings ständig, jede Woche, jeden Tag, jeden Gezeitenwechsel und jede Etappe. Draußen auf See bin ich meine Ernährung daher folgendermaßen angegangen:

- Ich schuf mir einen Handlungsrahmen aus erprobten und bewährten Richtlinien.
- Innerhalb dieses Handlungsrahmens nahm ich an jedem Tag und während jeder Etappe »fließend« Änderungen und Anpassung vor, je nachdem, was mein Magen gerade verdauen konnte.

Auf See hatte ich keine Zeit, Kalorien zu zählen, auf den Zuckergehalt eines Lebensmittels zu achten oder mein Frühstück nach einer ausgewogenen Kombination von Makronährstoffen zusammenzustellen. Ich schwamm außerdem zwölf Stunden am Tag. Es gab also im Grunde keine speziellen Mahlzeiten vor und nach dem Training – denn nach dem Training war automatisch immer auch vor dem Training.

Grafisch dargestellt, sah mein Handlungsrahmen aus wie auf der vorigen Seite abgebildet. Jede Mahlzeit, jeder Snack oder Shake wurde durch die folgenden fünf einfachen Faktoren bestimmt:

- Kaloriendichte
- Nährstoffqualität
- Geschmack
- Verdaulichkeit
- Flüssigkeitsgehalt

So hielt ich meinen Motor am Laufen.

Wie wichtig die Faktoren Verdaulichkeit und Flüssigkeitsgehalt sein können, hatte ich lange vor Norfolk gelernt, nämlich in den Schifffahrtsrouten Dovers oder den Gezeitenströmen von Portland Bill. Der Mann von der BCC wollte allerdings mehr zum Thema Kaloriendichte erfahren, insbesondere wie viele solcher Kessel voller Haferflocken ich täglich verputzte.

Lektion 19

- Halte dich beim Essen nicht an Regeln, Verbote und Checklisten, denn laut Wissenschaft existiert »kein singulärer, universeller Speiseplan, nach dem sich alle ausgestorbenen Menschenaffenarten ernährt haben. Stattdessen variierte die Ernährungsweise abhängig von der geografischen Lage, klimatischen Bedingungen und der spezifischen ökologischen Nische.«
- Wir Menschen sind biologisch so programmiert, **Abwechslung in unserer Ernährung** zu suchen. Diesem inneren Drang sollten wir folgen und einen möglichst **ausgewogenen Nährstoffmix** zu uns nehmen, statt uns nur auf vermeintlich »nützliche« Nährstoffe zu konzentrieren.
- **Alle Nährstoffe im Körper stehen zueinander in Beziehung.** Fette, Proteine, Kohlenhydrate, Vitamine und Mineralstoffe beeinflussen sich gegenseitig stärker, als wir vielleicht je verstehen werden, und funktionieren innerhalb eines komplexen Systems aus Wechselbeziehungen.
- Die perfekte »Diät« für herausfordernde Aktivitäten mit hohen Leistungsanforderungen basiert auf den fünf Faktoren **Kaloriendichte, Nährstoffqualität, Verdaulichkeit, Geschmack** und **Flüssigkeitsgehalt.**

LEKTION 20 | ISS DICH UNVERWÜSTLICH!

ORT: Horsey
ZURÜCKGELEGTE DISTANZ: 2712 Kilometer
TAGE AUF SEE: 143

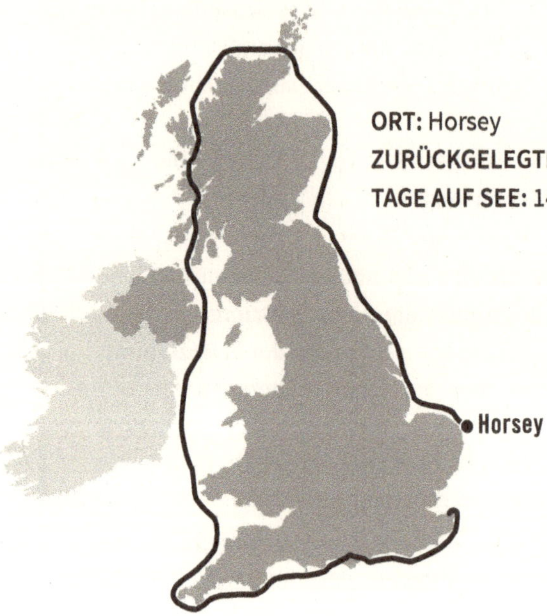

Es ist 8 Uhr morgens und ich habe während unseres Interviews bereits den ersten Toastberg und zwei Schüsseln Porridge verputzt. Der Kessel mit den Haferflocken köchelte noch immer auf dem Herd, mehr Brot wurde getoastet und mit Butter beschmiert und die Bordküche hatte sich inzwischen in eine Sauna verwandelt. Ich war der Einzige, den das nicht gestört hat, denn ich hatte noch immer keine Hose an. Dies war außerdem einer der seltenen Momente, in denen mir mal warm war. Der Journalist hatte inzwischen allerdings seine Krawatte gelöst, da sich bereits Kondenswasser an der Decke sammelte und die Bullaugen beschlagen waren.

Dennoch fuhr er völlig professionell mit seinen Fragen fort.

»Wie viele Kalorien essen Sie am Tag?«, wollte er wissen.

»So viel, wie ich benötige, um meine nächste Etappe zu schwimmen, mich anschließend zu erholen und meinen Körperfettanteil hoch zu halten, weil das Fett mir Auftrieb gibt und mich vor Kälte schützt«, sagte ich.

Nachdem er das notiert hatte, hakte er noch einmal nach: »Können Sie eine Hausnummer nennen?«

»Ich kann nur schätzen: Etwa 10 000 bis 15 000 Kalorien pro Tag, würde ich sagen.«

Danach erklärte ich ihm, wie ich von Robert Falcon Scott und Roald Amundsen wusste, dass mein Kalorienbedarf gigantisch sein würde. An manchen Tagen verbrauchte ich so viel Energie, dass ich selbst zu den unmöglichsten Zeiten und an den unmöglichsten Orten Kalorien tanken musste, nur um weitermachen zu können.

Das war an einigen Orten natürlich leichter als an anderen. An der Südküste Englands war es beispielsweise schwer, eine Banane zu schälen und mir reinzuzwingen, während ich gegen zwei Meter hohe Wellen ankämpfte, insbesondere inmitten einer Schifffahrtsstraße. Wenn mich Familie und Freunde auf dem Boot besuchten, war es dagegen deutlich einfacher, 15 000 Kalorien zu schaffen, denn sie brachten meist meinen Lieblingssnack mit: Ein frisch gebackenes Vollkornbaguette mit Hackfleischbällchen, eingewickelt in eine Pizza mit Käserand.

Ja, richtig gelesen. Und das schmeckt genauso gut, wie es klingt!

KALORIENDICHTE

Die Sportwissenschaft weiß seit Jahren, dass die Kalorienaufnahme eine wichtige Rolle für die Leistungsfähigkeit von Ultrasportlern spielt.

Nehmen wir Adventure Races als Beispiel. Das sind Wettkämpfe, in denen sich die Teilnehmer über zehn Tage hinweg in verschiedenen Disziplinen messen, von Mountainbiking über Laufen,

Kajakfahren, Klettern und Bergsteigen, und das in rauem, oft wildem und entlegenem Terrain. Wissenschaftler haben evidenzbasierte Ernährungsempfehlungen für solche Extremsportler erstellt und dabei herausgefunden, dass sie »pro Stunde 365 bis 750 Kalorien verbrauchen, woraus sich ein erforderlicher Gesamtkalorienbedarf von 18 000 bis 80 000 Kalorien für das Komplettieren eines Adventure Races ergibt«, und dass die Teilnehmer »während der Wettkämpfe häufig von stark negativen Energiebilanzen berichten«.[1]

Die Sportler aßen also schlicht nicht genug. Diese Erkenntnis stützt eine weitere Studie, in deren Rahmen die Kalorienaufnahme von Adventure-Race-Teilnehmern in einem 67-stündigen Laborexperiment überwacht wurde. Das Experiment simulierte einen Wettkampf, in dem die Sportler eine Gesamtdistanz von 477,3 Kilometern zurückgelegen mussten. Jede Nahrungsaufnahme wurde währenddessen notiert. Das Ergebnis: Selbst im sicheren und kontrollierbaren Umfeld eines Sportlabors »überstieg der Gesamtenergieverbrauch der Teilnehmer die Menge der aufgenommenen Kalorien (24 516 versus 14 738 Kalorien)«.[2]

Das ist ein Kalorienbilanzdefizit von mehr als 9000 Kalorien!

Deshalb kamen die Wissenschaftler trotz aller technologischen Fortschritte und Nahrungsergänzungen zum Schluss, dass »Wettkämpfer in Ultrasportarten ihre Ernährungsmängel beheben sollten, insbesondere jene, die ihr Energiedefizit betreffen«, da eine derart negative Energiebilanz »extrem problematisch für Gesundheit und Leistungsfähigkeit«[3] sei und »das Aufrechterhalten eines optimalen Nährstoff- und Flüssigkeitsniveaus eine entscheidende Voraussetzung für Training und Teilnahme an Ultrawettbewerben«.[4]

Für meine Schwimmtour hatten wir einen Energiebedarf von etwa 10 000 bis 15 000 Kalorien am Tag veranschlagt. Das war natürlich nur eine grobe Schätzung, denn kein Kalorienrechner der Welt konnte Wellen, Strömungen, Wassertemperatur, den Auftrieb des Salzwassers und die vielen anderen Faktoren berücksichtigen. Doch hätte ich meinen Kalorienbedarf nicht ausreichend gedeckt, wäre ich verschiedenen Studien zufolge nicht mehr in der Lage gewesen, mit derselben Intensität weiterzuschwimmen,[5] meine Erholung zwischen den Etappen wäre massiv beeinträchtigt worden,[6] und selbst mein Immunsystem wäre nach und nach zusammengebrochen.[7] Das war mir im Rahmen meiner primitiven Möglichkeiten ganz instinktiv bewusst.

Ein weiterer Grund für die kolossalen Kalorienmengen war mein Körperfettgehalt.

»Wie viel mussten Sie zulegen?«, fragte der Journalist.

»Als ich in Margate startete, wog ich 88 Kilogramm. Nun, 140 Tage später, knapp über 100«, sagte ich. »Diese Zunahme gebot aber zum größten Teil die Natur und der bevorstehende Winter.«

Ich wischte den Dunst von einem der Bullaugen und zeigte zum Strand vor Horsey, der nun voller winziger Robbenbabys war.

»Auch von denen wurde meine Ernährung inspiriert«, sagte ich.

Während ich meine dritte Schüssel Porridge verdrückte, erklärte ich ihm, dass die Muttermilch einer Robbe zu 60 Prozent aus Fett besteht und in etwa dieselbe Konsistenz wie Kondensmilch besitzt. Dadurch nehmen die Jungtiere schnell zu und können so den Winter überleben. Nicht selten verdreifacht sich ihr Geburtsgewicht hier am Strand in nur drei Wochen von 15 auf 45 Kilo, sie nehmen also im Schnitt zwei Kilogramm pro Tag zu.

Das ist natürlich eine Menge (selbst für mich). Mir war aber klar, dass ich es den Robbenbabys gleichtun und mir Fettspeicher anlegen musste, um für die kälteren Etappen im Winter gerüstet zu sein und Notreserven zu haben, die ich, wenn nötig, anzapfen konnte. Da ich allerdings weder fettreiche Robbenmilch noch große Lagermöglichkeiten auf dem Boot zur Verfügung hatte, griff ich dosenweise auf Nussbutter wie Erdnuss-, Cashew- oder Mandelbutter zurück, die ich zu praktisch allem aß, denn Nussbutter ist extrem fetthaltig und enthält neun Kalorien pro Gramm.

Um 8:15 Uhr tat ich genau das. Ich rührte Mandelbutter und ein paar Stücke dunkle Schokolade (80 Prozent Kakaogehalt) in mein noch heißes Porridge, sodass sie schmolzen. Anschließend gab ich noch Whey-Protein, Früchte, Beeren und alles andere hinein, was ich in den Schubladen der Bordküche finden konnte.

»Die Beeren geben den Geschmack?«, fragte der Journalist.

»Ja, aber sie haben auch einen anderen, wichtigeren Zweck«, sagte ich.

Wenn sichergestellt war, dass die Kaloriendichte meiner Mahlzeiten stimmte, musste ich für eine ausreichende Nährstoffdichte sorgen. Basierend auf meinem geschätzten täglichen Bedarf von 10 000 bis 15 000 Kalorien, studierte ich deshalb einen Forschungsbericht im Fachmagazin *International Journal of Sport Nutrition and Exercise Metabolism*, in dem die Nährstoffaufnahme von Ultraläufern im Verlauf eines 1005 Kilometer langen und neun Tage andauernden Laufwettbewerbs gemessen wurde. Da es keine solche Studie für eine 2865 Kilometer lange Schwimmtour gab, kamen diese Daten meiner Herausforderung am nächsten, weshalb ich meine Entscheidungen auf ihnen gründete.

Laut dem Bericht ist »eine Nährstoffzusammensetzung aus 62 Prozent Kohlenhydraten, 27 Prozent Fett und 11 Prozent Protein am besten geeignet, um erfolgreich an Ultramarathon-Wettbewerben teilzunehmen«.[8]

»Das heißt, Sie können einfach alles essen?«, wollte der Journalist wissen.

»Nun ... nicht wirklich«, sagte ich lächelnd, auch wenn ich wünschte, es wäre so gewesen.

Obwohl ich bis zu zwölf Stunden am Tag schwamm und Kalorien wie ein Hochofen verbrannte, so musste ich doch auch folgenden Absatz aus dem Fachblatt *Obesity Surgery* im Hinterkopf behalten: »Es ist ein weitverbreiteter Glaube, dass klinische Vitamin- und Mineralstoffdefizite in westlichen Gesellschaften aufgrund der dort praktisch unendlichen Vielfalt der Lebensmittelversorgung nur sehr selten sein müssten. Allerdings verzehren viele Menschen Lebensmittel, die entweder ungesund sind oder nur wenig Nährstoffe enthalten, denen es also an Protein, Vitaminen, Mineralien und Ballaststoffen fehlt. Vor allem in krankhaft übergewichtigen Teilen der Bevölkerung treten Vitamindefizite deshalb deutlich häufiger und drastischer auf als bislang angenommen.«[9]

Die Ernährung vieler Sportler (und »normaler Menschen« ebenso) ist zwar kalorienreich, im Grunde aber nährstoffarm. Wenn es ums pure Überleben geht, sind natürlich alle Kalorien gute Kalorien. Ansonsten solltest du aber stets versuchen, vor allem nährstoffreiche Lebensmittel zu verzehren, wie Studien zeigen. »Das Training für Ultrawettkämpfe verursacht einen riesigen Energiebedarf bei den Sportlern sowie aufgrund von Transpiration, eines erhöhten Stoffwechsels und muskuloskeletaler Reparaturprozesse einen ebenso hohen Vitaminbedarf. Ultrasportler konsumieren häufig Lebensmittel in unzureichenden Mengen oder von unzureichender Qualität, sodass diese Bedarfe nicht gedeckt werden. Als Konsequenz empfiehlt sich die orale Einnahme von Vitamin- und Mineralstoff-Supplementen, um Gesundheit und Leistungsfähigkeit der Sportler zu erhalten.«[10]

Andere Wissenschaftler zogen ein ähnliches Fazit: »Der Bedarf an Mikronährstoffen muss bei solchen Sportlern unter Umständen angepasst werden und kann über der regulär empfohlenen Tagesdosis liegen, da die aufgenommene Nahrungsmenge aufgrund des erhöhten Kalorienbedarfs insgesamt höher ist.«[11]

Aus diesem Grund wollte ich mit jeder Mahlzeit auf dem Boot und im Wasser Lebensmittel mit einer hohen Kalorien- und Nährstoffdichte zu mir nehmen. Während einer 24-stündigen Periode (in der die Gezeiten alle sechs Stunden zu unseren Gunsten wechselten, sodass ich schwimmen konnte) sah mein Ernährungsplan in etwa so aus, wie auf der nächsten Doppelseite beschrieben.

DER GREAT-BRITISH-SWIM-ERNÄHRUNGSPLAN

2:00 Uhr	2:30 Uhr	8:30 Uhr	9 Uhr	10 Uhr
Essen	Schwimmen		Essen	Schlafen
Power-Porridge • 150 g Haferflocken • 30 g Heidelbeeren • 1 Banane in Scheiben • 2 EL Erdnussbutter • 50 g dunkle Schokolade • 30 g Whey-Protein mit Schokogeschmack • 1 EL Leinsamen • 250 ml Mandelmilch	**Schwimmsnacks** Leicht verdauliche Kohlenhydrate, die ich alle 30 Minuten während des Schwimmens im Wasser aß: Bananen Smoothies Sportdrinks Früchtestollen Nudeln Toast Müsliriegel Bananenbrot		**Mahlzeit nach dem Schwimmen/vor dem Schlafen:** Vorspeise: Vollkorn-Wraps mit Hähnchen- und Avocadostreifen Hauptspeise: Hähnchen in Knoblauch-Ingwer-Olivenöl mit braunem Reis und Spargel Dessert: Hausgemachter Früchtestollen mit Vanillesoße	

Kalorien- und Nährstoffzusammensetzung:

Protein und Kohlenhydrate enthalten 4 Kalorien pro Gramm und Fett 9 Kalorien pro Gramm. Basierend auf diesen Werten und ausgehend von einem täglichen Bedarf von 15 000 Kalorien sowie einer Makronährstoffverteilung von 62 Prozent Kohlenhydraten, 27 Prozent Fett und 11 Prozent Protein, konnte ich meinen Nährstoffbedarf in Gramm berechnen:

- Protein = (15 000 × 0,11) ÷ 4 = 412,5 Gramm
- Fette = (15 000 × 0,27) ÷ 9 = 450 Gramm
- Kohlenhydrate = (15 000 × 0,62) ÷ 4 = 2325 Gramm

14:00 Uhr	14:30 Uhr	20:30 Uhr	21 Uhr	21:30 Uhr
Essen	**Schwimmen**		**Essen**	**Schlafen**
Power-Porridge UND **Hulk-Splash-Smoothie** • 1 kleiner Apfel • 1 Kiwi • 2 Karotten • 80 g Grünkohl • 15 g Ingwer • 3 EL Zitronensaft • 100 ml Apfelsaft • 100 mg Grünteepulver	**Schwimmsnacks** Siehe linke Seite		**Mahlzeit nach dem Schwimmen/vor dem Schlafen:** Vorspeise: Thunfisch-Wrap mit Avocado und Spinat Hauptspeise: Ganzes Hähnchen mit Kokosreis und Pfannengemüse Dessert: Hausgemachte Brownies aus dunkler Schokolade und Erdnussbutter	

DAS »PROTEINKISSEN«

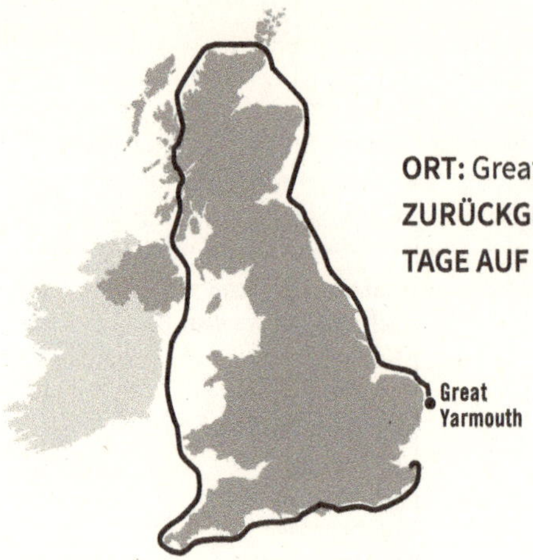

ORT: Great Yarmouth
ZURÜCKGELEGTE DISTANZ: 2728 Kilometer
TAGE AUF SEE: 143

Es ist 23 Uhr am 21. Oktober 2018 und mein Frühstück mit dem Journalisten liegt 14 Stunden zurück. Der Journalist war längst weg, der Mond aufgegangen und wir waren gezwungen, abrupt und widerwillig die Babyrobben am Strand von Horsey zu verlassen, nachdem Matt über Funk erfahren hatte, dass raue Nordwinde im Anmarsch waren, Ausläufer eines Sturms, der sich auf der Nordsee zusammenbraute. Weil es an der Nordküste von Norfolk keinen Hafen gab und wir dem Wetter hier völlig schutzlos ausgesetzt waren, mussten wir so schnell wie möglich weiter Richtung Süden, in den sicheren Hafen von Great Yarmouth.

Ich hatte deshalb schnelle 24 Kilometer zurückgelegt und dabei gegen immer stärker werdende Winde und kabbelige See zu kämpfen. Als wir endlich sicher in Great Yarmouth angekommen waren, sackte ich erschöpft auf dem Boot zusammen. Ich war einfach nur platt. Wir hatten ausgerechnet, dass ich in 140 Tagen auf See mehr als 1500 Stunden (oder 90 000 Minuten) geschwommen war. Jede Faser meines Körpers, die Sehnen und Bänder, die vom Salz geplagte Haut und mein Immunsystem bettelten um eine Pause und etwas Zeit zur Erholung. Leider konnte ich meinem Körper diese Pause noch nicht gönnen.

Es zeigten sich zusehends erste Anzeichen des Winters, der unsere Fortschritte im besten Fall bremsen und im schlimmsten Fall zum Stillstand bringen würde, sollte uns die örtliche Hafenbehörde wegen Sicherheitsbedenken bei schlechtem Wetter und hohem Verkehrsaufkommen nicht erlauben, die letzten 129 Kilometer durch das Themse-Ästuar zu schwimmen.

In dieser Phase der Schwimmtour versuchten wir eigentlich nur noch, den unvermeidbaren katabolen Zusammenbruch meines Körpers um jeden Preis kontrolliert hinauszuzögern (also erneut Grenzen zu durchbrechen). Eine Technik, die wir dafür entwickelt hatten, war extrem effizientes Schlafen und Essen, damit wir die Zeit für beides maximieren konnten.

Wie diese Technik aussah? Taz legte einfach ein ganzes gekochtes Hühnchen auf mein Kissen.

Das mag komisch klingen, aber nach so vielen Monaten gemeinsam auf See erkannte die Crew sofort, wenn ich zu erschöpft war, um in der Bordküche zu essen. An solchen Tagen zog ich meinen Neoprenanzug aus, trocknete mich ab, fiel ins Bett und schlief, was natürlich keine gute Ernährungsstrategie zum Auffüllen der leeren Speicher ist. Indem Taz mir das Hühnchen aufs Kissen stellte, konnte ich mich nicht hinlegen, ohne einen Bissen davon genommen zu haben. So saß ich dann häufig aufrecht, von Kissen gestützt in meinem Bett und futterte wie ein salziger, haariger Wikinger (ohne Hose) mit Essen im Mund und im ganzen Gesicht verteilt.

Es gab nicht immer Hühnchen (denn frisches Fleisch konnten wir nicht immer kaufen und mit dem begrenzten Platz auf dem Boot auch nur schlecht lagern). Manchmal war es eine Schüssel Thunfisch, ein Omelett oder ein Proteinshake, das Prinzip dahinter war aber stets dasselbe: Ich sollte meine tägliche Ration Proteine bekommen (um die Erholung, Reparatur und das Wachstum meines Körpers zu unterstützen), bevor ich erschöpft einschlafe.

Das hat scheinbar funktioniert, denn in mehr als 140 Tagen (und 2575 Kilometern) musste ich keinen einzigen Tag »krankfeiern« (mal abgesehen von meiner Seekrankheit, die Erinnerung an Dover sorgt bei mir immer noch für ein mulmiges Gefühl im Magen). Aber ich verpasste keinen Schwimmtag aufgrund eines geschwächten Immunsystems und schwamm jede Etappe bis zu Ende, wenn sie nicht durch einen Sturm unterbrochen wurde – alles dank meines »Proteinkissens«.

Studien zeigen tatsächlich, dass die »schlechte Nährstoffversorgung einiger Sportler sie möglicherweise für eine Immunosuppression prädisponiert« und dass »ein Proteindefizit schon lange für eine Fehlfunktion des Immunsystems verantwortlich gemacht wird«.[12]

Doch wie hilft Protein dem Immunsystem?

Dein Immunsystem ist ein Netzwerk biologischer Strukturen und Prozesse, die im Körper existieren, um ihn vor Krankheiten und fremden Bakterien zu schützen. Diese biologischen Strukturen können kleinste Zellen und Proteine sein, aber auch größere Gewebe und Organe, die alle harmonisch zusammenarbeiten, um uns fit und gesund zu halten. Eigentlich ist dieses faszinierende System so gebaut, dass es wie ein Uhrwerk funktioniert. Forschungen der Memorial University of Newfoundland in Kanada ergaben allerdings, dass »Ernährung eine kritische Determinante für die Immunantwort ist und Fehlernährung die weltweit häufigste Ursache für Immuninsuffizienz«.[13] Sobald ich auf See ans Decken meines täglichen Kalorienbedarfs einen Haken gemacht hatte, stand deshalb Protein als Nächstes auf meiner Ernährungs-Checkliste.

Bis heute streiten Experten darüber, wie viel Protein wir eigentlich benötigen. Das ist natürlich von Mensch zu Mensch unterschiedlich, wir können aber auf der Basis uns bekannter Fakten recht sinnvolle Schätzungen anstellen. Beginnen wir mit der oft zitierten »Bibel der Sporternährung«, *The Complete Guide to Sports Nutrition*. Darin steht beispielsweise, dass die Empfehlung des Internationalen Olympischen Komitees (IOC) für Sportler in kraft- und schnelligkeitsbetonten Disziplinen bei 1,7 Gramm Protein pro Kilogramm Körpergewicht am Tag liegt. Diese Menge gilt als optimaler Wert für die Regeneration und Erneuerung der Muskulatur.

Und was, wenn man kein Sportler in einer kraft- oder schnelligkeitsbetonten Disziplin ist, etwa ein Ultramarathonläufer, Adventure Racer oder ein kleiner, salziger Wikinger, der um Großbritannien herumschwimmt? Nun, Forschungsergebnisse im *Journal of Applied Physiology* zeigen, dass Ausdauersportler sogar noch mehr Protein benötigen als Kraftsportler: »Wir kommen zum Schluss, dass der tägliche Proteinbedarf von Ausdauersportlern aufgrund des Proteinkatabolismus während des Sports höher ist als der von Bodybuildern und Nicht-Sportlern gleichermaßen.«[14]

Ausdauersportler müssen, vereinfacht gesagt, also deshalb viel Protein zu sich nehmen, damit ihr Körper sich nicht Stück für Stück selbst abbaut. Deshalb schwamm ich wie ein Schwimmer, aß aber wie ein Strongman.

TURBOTREIBSTOFF AUS FETT UND KOHLENHYDRATEN

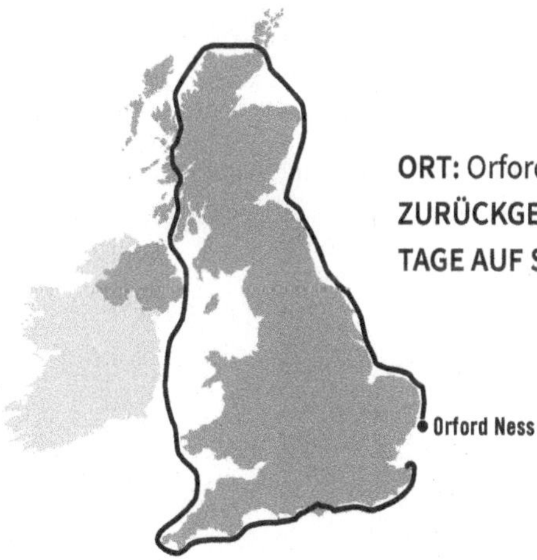

ORT: Orford Ness
ZURÜCKGELEGTE DISTANZ: 2784 Kilometer
TAGE AUF SEE: 147

Es ist 20:23 Uhr am 25. Oktober 2018 und wir sind in Orford Ness angekommen. Die Ziellinie ist nun bereits so nah, dass ich sie fast schon im Meer spüren konnte, weil die Sandbänke und starken Gezeitenströme an der Südostküste dem Wasser eine ganz besondere Farbe, Geschmack und Konsistenz verliehen, die ich seit mehr als 140 Tagen nicht mehr wahrgenommen hatte. Es lässt sich schwer beschreiben, aber ich genoss meine Etappe an diesem Tag, weil sie sich irgendwie so gewohnt und nach Heimkommen anfühlte.

Es gab allerdings ein Problem: Von der Ziellinie trennte mich noch die 80 Kilometer lange Strecke durch das Themse-Ästuar und die zuständige Hafenbehörde meldete dort aktuell heftige Winterwinde und massiven Schiffsverkehr. Wir mussten deshalb wieder einmal auf das passende Schönwetterfenster warten, bevor wir unsere Durchquerung beginnen konnten.

Wir saßen also vorerst in Orford Ness fest, wo wir geduldig und strategisch darauf warteten, unseren Schlussspurt hinzulegen. Es hätte für die Planung unserer finalen Etappe keinen besseren Ort geben können. Orford Ness ist ein Ort mit großer Bedeutung für die britische Militärgeschichte und war – was viele Menschen nicht wissen – an der Formung der britischen Nation (insgeheim) in mehrfacher Hinsicht beteiligt. Zunächst spielte er zwischen dem 17. und 19. Jahrhundert eine wichtige Rolle in den Seekriegen gegen Frankreich und die Niederlande, später, im Ersten und Zweiten Weltkrieg, diente er dann als geheimer Militärstandort, an dem spezielle Gebäude für Experimente und Tests gebaut wurden.

Während des Kalten Kriegs nutzte das Atomic Weapons Establishment (AWE), ein öffentliches Unternehmen, das für die Entwicklung, Bau, Wartung und Stilllegung von britischen Kernwaffen zuständig ist, diese verstärkten Spezialbauten für die Erforschung nuklearer Kriegsführung bis weit in die 1960er-Jahre hinein, als die Anlage schließlich stillgelegt wurde. Heute dienen die ominösen, halb im Boden vergrabenen Betonklötze (einst erbaut, um die tödlichsten Waffen aller Zeiten zu beherbergen), die überall in der öden Landschaft um den Ort verteilt sind, nur noch als langsam verfallende Zeitzeugen der jüngeren britischen Geschichte.

Vor diesem geschichtsträchtigen Städtchen ankerten wir nun also und planten unsere finale »schwimmende Invasion«. Unsere Wunderwaffe dabei sollte etwas sein, das ich als Turbotreibstoff bezeichne, eine potente Mischung aus Fetten und Kohlenhydraten. Deshalb wurde jeder Pott mit Essen, den Harriet und Taz auf dem Herd zubereiteten, mit Erdnussbutter, Kokosöl, Mandel- oder Cashewbutter verfeinert. Heraus kam eine Art Zweikomponententreibstoff für jede Etappe, der die beiden wichtigsten Energielieferanten des Körpers (Fette und Kohlenhydrate) in ausreichenden Mengen enthielt. Beide Makronährstoffe besitzen unterschiedliche Eigenschaften und dienten während der 80 Kilometer langen Etappe durch das Themse-Ästuar verschiedenen Zwecken.

Als ich an diesem Abend in der Bordküche saß und auf mein Wetterfenster wartete, aß ich schüsselweise fettangereichertes Porridge, das ich mit einem Hulk-Splash-Smoothie runterspülte, und schrieb die folgenden Notizen in mein Tagebuch, um all die Waffen in meinem Nährstoffarsenal zu dokumentieren.

NÄHRSTOFFNOTIZEN

Kohlenhydrate kommen überwiegend in Form von Zucker oder Stärke vor. Sie werden häufig als primäre Energiequelle des Körpers bezeichnet. Wir speichern Kohlenhydrate in der Leber, dem Hirn und der Muskulatur, wo wir den Zucker und die Stärke zu Glukose abbauen, die wir dann als Energie für unsere Körper und Futter für unsere Zellen verwenden.

Dieses grundlegende Verständnis von Kohlenhydraten haben wir schon mehr als 100 Jahre, seit Wissenschaftlern 1887 aufgefallen war, dass die Glukoseaufnahme im Kaumuskel von Pferden anstieg, sobald diese begannen, ihr Futter zu kauen.[15] Seitdem hat sich unser Verständnis von Kohlenhydraten deutlich weiterentwickelt.[16]

Forscher der Loughborough University wollten herausfinden, in welchem Maß die Aufnahme von Kohlenhydraten die Leistung von Laufsportlern beeinflusst. Um dies zu bewerkstelligen, teilten sie 18 Läufer in zwei Gruppen ein und ließen sie 30 Kilometer auf Zeit laufen. Beide Gruppen verzehrten vorher die gleiche Menge Kalorien, die eine Gruppe jedoch überwiegend Kohlenhydrate, die andere vor allem Fette und ein Proteinpulver. Dabei fanden die Wissenschaftler heraus, dass »die Männer in der Kohlenhydratgruppe die 30 Kilometer schneller liefen, nachdem sie ihren Körper mit Kohlenhydraten aufgeladen hatten«. Daraus folgerten sie, dass »sogenanntes ›Carb-Loading‹ – also das Aufladen mit Kohlenhydraten – die Ausdauerleistung während langer Laufeinheiten verbessert«,[17] was seitdem als fester Ernährungsgrundsatz im Ausdauersport gilt.

Unterstützt werden diese Forschungsergebnisse von der Scandinavian Physiological Society, die schrieb: »Die Ergebnisse lassen vermuten, dass die Verfügbarkeit von Muskelglykogen (Kohlenhydrate) die Leistung sowohl in kurzen als auch längeren hochintensiven Intervalltrainings verbessern kann«,[18] woraufhin das Australian Institute of Sport ergänzte: »Die Empfehlungen von Sporternährungsberatern basieren auf zahlreichen Belegen, dass eine höhere Kohlenhydratverfügbarkeit die Leistung und Ausdauer in einzelnen Trainingseinheiten verbessert.«[19]

Wie viele Kohlenhydrate brauchen wir also, um unsere Leistung zu verbessern? Um hinter all diese theoretischen Erkenntnisse eine exakte Zahl zu setzen, möchte ich einen Forschungsbericht aus dem *Journal of Sports Medicine* zitieren: »Die Kohlenhydrataufnahme reicht von 5 bis 7 Gramm pro Kilogramm Körpergewicht am Tag bei normaler Trainingsintensität und 7 bis 10 Gramm pro Körpergewicht am Tag bei einer intensiven Belastung wie bei Ausdauersportlern.«[20]

Leider können wir schlicht nicht genügend Kohlenhydrate essen und in den Muskeln speichern, um uns auch während langer Ausdauerwettbewerbe zu versorgen. So kamen Forscher der Harvard Medical School zu folgendem Schluss: »Rechnet man die gesamten Energiereserven aus Muskel- und Leberglykogen sowie Plasma-Glukose zusammen, wird deutlich, dass normale Kohlenhydratspeicher allein nicht ausreichen, um den Körper während eines Marathons mit Energie zu versorgen.«[21]

Die Lösung: Fett.

Laut einer Studie steigt »die Anzahl extremer Wettbewerbe, die Menschen an die Grenzen ihrer Ausdauer bringen und diese immer mehr verschieben. Solche Wettbewerbe verschieben dadurch auch die Grenzen ernährungswissenschaftlicher Einnahmeempfehlungen.« Deshalb hat man inzwischen erkannt: Obwohl das Aufladen mit Kohlenhydraten seit Jahren der weithin etablierte Ansatz zur Leistungssteigerung durch gezielte Nährstoffzufuhr war, »gibt es Situationen, in denen alternative Nährstoffoptionen (Zugabe von Fett) sinnvoll sind«.[22]

Eine Studie belegt, dass arbeitende Muskeln einen metabolischen Substratmix aufnehmen und die relative Verteilung von Fett und Kohlenhydraten in diesem Mix von der Trainingsintensität und der Größe der verfügbaren Glykogenreservoirs abhängt. Die Forscher kamen zu dem Schluss, dass »Kohlenhydrate bei hoher Intensität einen größeren Teil ausmachen und Fette nur dann einen großen Teil ausmachen, wenn das verfügbare Glykogen aufgebraucht ist.«[23]

Die unten stehende Kurve zeigt den relativen Verbrauch von Fett und Kohlenhydraten als metabolischen Treibstoff, abhängig von der Trainingsintensität. Wie man sieht, steigt der Anteil von Kohlenhydraten mit zunehmender Intensität an, während der Anteil der Fette gleichzeitig sinkt.

Da ich eine lange Strecke vor mir hatte und gelegentliche Sprints absolvieren musste, um nicht mit Schiffen zu kollidieren, war ich froh, meinen Körper sowohl mit Fetten als auch mit Kohlenhydraten in ausreichender Menge versorgt zu haben. So war ich auf wechselnde Intensitäten (Kreuzen und Jagen) bestens vorbereitet.

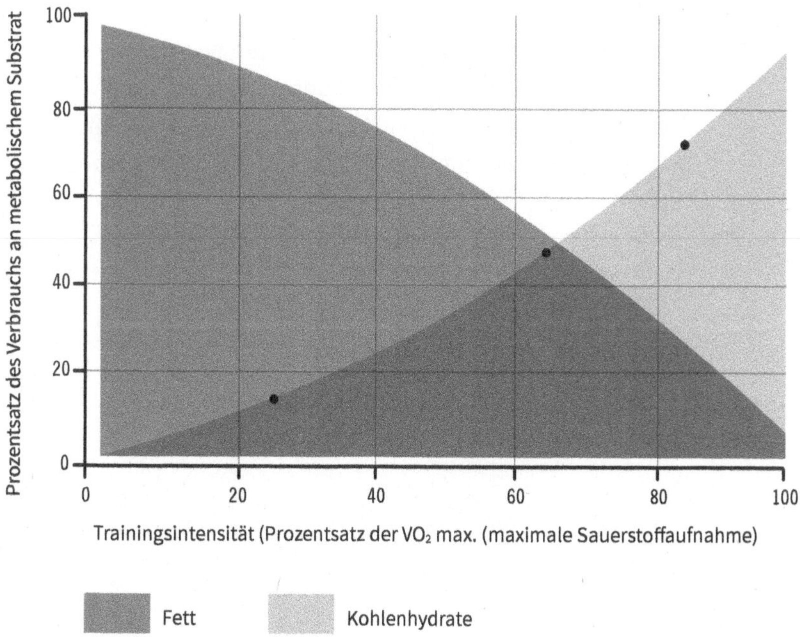

Lektion 20

- Während des Great British Swims aß ich **täglich zwischen 10 000 und 15 000 Kalorien,** darunter besonders viele Fette und Kohlenhydrate.
- Sportwissenschaftler sagen: »Ausdauersportler besitzen einen höheren Proteinbedarf als Bodybuilder oder Nicht-Sportler, um den Proteinkatabolismus während des Sports auszugleichen.«
- Sportwissenschaftler empfehlen, dass **Sportler 1,7 Gramm Protein pro Kilogramm Körpergewicht am Tag** zu sich nehmen sollten, damit die Muskulatur sich erholen und wachsen kann.
- **Kohlenhydrate sind die primäre Energiequelle des Körpers.** Eine Studie ergab, dass »eine erhöhte Verfügbarkeit von Kohlenhydraten die Ausdauer und Leistung in einer Trainingseinheit verbessert«.
- Obwohl das Aufladen mit Kohlenhydraten seit Jahren der weithin etablierte Ansatz zur Leistungssteigerung durch gezielte Nährstoffzufuhr ist, »gibt es Situationen, in denen alternative Nährstoffoptionen (Zugabe von Fett) sinnvoll sind«.

LEKTION 21 | MAGEN AUS STAHL

ORT: Themse-Ästuar
ZURÜCKGELEGTE DISTANZ: 2824 Kilometer
TAGE AUF SEE: 153

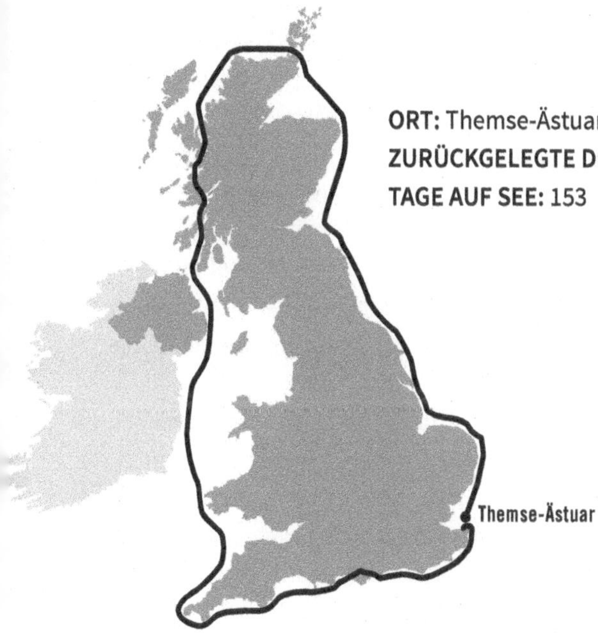

Es ist 23:45 Uhr am 1. November 2018 und wir beginnen unsere schwimmende Invasion.

Wir hatten uns vorgenommen, das Themse-Ästuar nachts anzugreifen. Tagsüber hätten wir zwar von wärmeren Temperaturen und besserer Sicht profitiert, nachts waren dafür weniger Schiffe unterwegs. Manch einer hätte diesen Plan vielleicht für gefährlich befunden, aber für Matt, die Besatzung und mich war es nur ein ganz normaler Donnerstag.

Nach 154 Tagen auf See waren wir nicht mehr nur eine Besatzung oder gar eine Familie, sondern eine präzise aufeinander abgestimmte nautische Einheit, die in der Lage war, durch verwunschene Waschzuber, Armeen von Quallen, Haien und Robben sowie Stürme zu schwimmen – ganz egal ob bei Tag oder bei Nacht.

Wie wir das schafften? Mit Bananen! Sie waren die eine Waffe in unserem Arsenal, von der ich noch nichts erzählt habe, das letzte Mitglied unserer Crew und der Kitt, der sie zusammenhielt. Bananen waren im Wasser meine Lieblingsenergiequelle, weil sie nicht den künstlichen Synthetikgeschmack der meisten Sportgels besaßen.

Mit der Zeit entwickelten meine Geschmacksknospen eine Vorliebe für die weiche, neutrale und wohltuende Konsistenz der Banane, sodass ich heute für jede einzelne Banane dankbar bin, die mich auf meiner Tour weitergebracht hat.

Aber weißt du, was das Beste an Bananen ist? Man kann sie leicht werfen (wie einen Bumerang), sodass mein Team eine einzigartige, zeitsparende Methode entwickelt hatte, mir Snacks ins Wasser zu servieren, während ich schwimme. So musste ich keine wertvolle Zeit mehr verschwenden, um zum Boot zu schwimmen und dort zu essen (was vor allem mitten in einer Schifffahrtsstraße von Vorteil sein konnte).

Matt hatte deshalb neben dem Ruder stets einen großen Korb Bananen stehen. Immer wenn die Zeit für einen Snack gekommen war, warf er mir lässig eine Banane zu, fast wie ein Pitcher mit einem Baseball, nur in Zeitlupe. Nach fünf Monaten auf See war er ein Experte im Bananenwerfen geworden. Ohne Spaß: Er war in der Lage, eine Banane von der *Hecate* aus in einem Radius von 30 Metern zielgenau in meine Hand zu werfen. Sein Rekord waren 41 Meter in einem Sturm vor der schottischen Küste – bis heute eine der großartigsten Leistungen, die ich je im Bananenwerfen gesehen habe.

Auch Matt war mächtig stolz auf sein neues Talent und führte an der Decke seines Führerhauses eine »Bananen-Strichliste«. Weil er dafür mehrere, verschiedenfarbige Stifte verwendet hatte, sah die Liste auf seltsame Weise aus wie ein Gemälde Michelangelos in der Sixtinischen Kapelle. Außerdem ließ sich daran ablesen, dass ich in der Irischen See im Schnitt noch eine Banane pro Meile verbraucht hatte, in der Pentland Firth, wo ich mit 26 Kilometer pro Stunde schwamm, aber nur noch eine Viertelbanane pro Meile verspeiste.

Nun im Themse-Ästuar kreuzte ich mit einer halben Banane pro Meile. Matt und ich waren inzwischen so gut eingespielt, dass er nicht einmal mehr Tageslicht brauchte, um sein Ziel zu finden, und mich nur mithilfe des Mondes und dessen Reflexion auf dem Wasser präzise treffen konnte.

Um 5:32 Uhr geschah es ... Die letzte Banane wurde abgefeuert, der letzte Strich in der Liste gemacht. Es war Nummer 649.

Sie war schon etwas angegammelt, hatte viele Druckstellen, war stellenweise schwarz und besaß eine komische Konsistenz, aber trotzdem hat dieses kleine gelbe Ding ihren Platz in den Geschichtsbüchern sicher.

»Wie schmeckt sie?«, rief Matt.

»Nach Sieg«, rief ich zurück, denn 649 Bananen, die an der Küste Großbritanniens entlang verspeist wurden, bleiben ein Rekord, auf den ich komischerweise besonders stolz bin. Matt übrigens auch, und so zog er den letzten Strich in seiner Liste, vollendete das Gemälde der kleinen Sixtinischen Kapelle und trat einen Schritt zurück, um sein Kunstwerk zu betrachten. Was er dort sah, war nicht nur ein Dach mit Bananenstrichen, es war ein Denkmal für Heldentaten gegen den Hunger.

~

Es ist 6:15 Uhr am 2. November und wir sind nur noch 40 Kilometer von Margate entfernt!

Wir sind schon so nah am Ziel, dass man, wenn sich der Morgennebel lichtet, am Horizont vage die unverwechselbaren Kalk-, Sandstein- und Tonfelsen von Kent erkennen kann, die über den Salzwiesen, Sand- und Kiesbuchten aufragen.

Dennoch mussten wir kurz haltmachen, weil die kräftigen Gezeitenströme der Themse nun entgegen unserer Schwimmrichtung flossen. Die finalen 16 Kilometer durften wir deshalb nicht auf die leichte Schulter nehmen. Bootsbesitzer auf der ganzen Welt fürchten die hiesigen Strömungen, die blitzschnell Sandbänke auftürmen und den Ozean braun färben können, wovon viele große Schriftsteller in ihren Werken berichtet haben.

T. S. Eliot beschrieb die düstere Einsamkeit des Orts, den wir aktuell unser Zuhause nannten, einst und nannte den Fluss, der hier mündete, einen »starken braunen Gott – mürrisch, ungezähmt und unverträglich«, während Charles Dickens fand, es »lastete der Schatten Londons in seiner riesenhaften Ausdehnung bedrückend auf dem Fluss«.

Nach 2848 Kilometern hatten wir gelernt, wann wir den Kampf gegen die Natur wagen konnten und wann nicht. Wir hatten halt bei Stürmen gemacht, Schutz hinter Landzungen gesucht und über mystische Waschzuber obsiegt. Wir wussten, dass wir keine Chance gegen die Strömung der Themse hatten, die uns vermutlich in die Nordsee zurückgespült hätte, irgendwo in Richtung Belgien (im besten Fall) oder der Niederlande (im schlechtesten Fall).

Wir beschlossen deshalb, als nächste Maßnahme nun erst einmal in Ruhe zu frühstücken. Als wir uns in der Bordküche versammelt hatten, verriet uns Suzanne, dass der Journalist, der vor einigen Tagen an Bord gewesen war, seinen Artikel veröffentlicht hatte. Darin beschrieb er, wie wir kurz davorstanden, Geschichte zu schreiben, und verwendete (freundlicherweise) Begriffe wie »granitartige Kraft« oder »Standhaftigkeit wie eine Eiche«. Dabei muss ich zugeben, dass dies gar nicht der Wahrheit entsprach.

Ich war kein Held, sondern nur hungrig. Die gesamte Schwimmtour war im Grunde ein einziger Esswettbewerb mit ein paar eingestreuten Schwimmetappen. Wer 2865 Kilometer um Großbritannien schwimmen will, braucht keinen eisernen Willen, sondern einen stählernen Magen.

KEIN HELD ... NUR HUNGRIG

Es ist 20:10 Uhr am 3. November, und dies ist unser letztes gemeinsames Abendessen. Wir sind nur noch 13 Kilometer von Margate entfernt!

Wir hatten nun schon seit 24 Stunden im Themse-Ästuar auf den richtigen Zeitpunkt gewartet, nach Margate aufzubrechen, und dabei versucht, Gezeitenstrom, Hafenbehörde, Schiffsverkehr, Familie, Freunde und Medien alle unter einen Hut zu bringen. Ich hatte also genügend Zeit, die vergangenen 156 Tage und 2852 Kilometer noch einmal Revue passieren zu lassen, bevor ich in die Zivilisation zurückkehren und mich wieder an das Leben an Land anpassen musste, was sich als äußerst hilfreich erwiesen hat.

Während auf dem Boot Hochstimmung herrschte, waren die Vorratsbestände im Lagerraum niedrig. Das war allerdings halb so wild, denn Suzanne konnte aus praktisch allem eine leckere Mahlzeit zaubern. Abgesehen davon war ich so viel durch Schifffahrtsstraßen und Meerwasser geschwommen, dass meine Geschmacksknospen kaum noch richtig funktionierten und es praktisch egal war, was ich aß.

Ich hatte einen Magen aus Stahl entwickelt, der sich beim Schwimmen als wertvolle Superkraft bewährt hatte. So komisch das klingen mag, aber alle Ausdauersportler sollten sich bei Profi-Wettessern etwas abschauen und ihre Mägen trainieren.

Diese These basiert auf einer Untersuchung der School of Sport, Exercise and Health Sciences an der Loughborough University, die ergab, dass »der Magen-Darm-Trakt während langer körperlicher Aktivität eine wichtige Rolle bei der Versorgung mit Kohlenhydraten und Flüssigkeit spielt und daher eine bedeutende Leistungsdeterminante sein kann«. Der Studie zufolge unterschätzen viele Sportler diese Bedeutung allerdings, bis heute wurde außerdem kaum zu diesem Thema geforscht.[1]

»Der Darmtrakt ist äußerst anpassungsfähig«, sagen Wissenschaftler. »Und es wird angenommen, dass ein gezieltes Training des Darmtrakts die Nährstoffversorgung während körperlicher Aktivität verbessern und dabei gleichzeitig einige (oder alle) Symptome lindern kann, die für einen stark belasteten Magen-Darm-Trakt typisch sind.«[2] Dass ein solches »Magen-Darm-Training« funktioniert, sei belegt, sagen die Forscher: »Anekdotische Evidenz zeigt, dass der Magen sich daran gewöhnen kann, große Mengen Flüssigkeit, feste Nahrung oder eine Kombination aus beidem aufzunehmen. Von Teilnehmern sogenannter Esswettbewerbe ist beispielsweise bekannt, dass sie ihre Mägen ›trainieren‹, ohne Beschwerden größere Mengen Nahrung aufzunehmen, und – durch regelmäßiges Training – in der Lage sind, große Lebensmittelmengen innerhalb kürzester Zeitfenster zu verzehren, die für einen durchschnittlichen, untrainierten Menschen undenkbar wären.«

2018 stellte der Amerikaner Joey Chestnut einen neuen Weltrekord bei Nathan's Hot Dog Eating Contest auf, der jedes Jahr am 4. Juli in Coney Island, New York City, stattfindet. Chestnut, ein Titan in der Welt der Esswettbewerbe, verdrückte 74 Hotdogs mit Brötchen – zwei mehr als die 72 im vergangenen Jahr – in nur zehn Minuten und brach damit seinen eigenen Rekord.

Wie hatte er das geschafft? Professionelle Wettesser bereiten ihre Mägen durch eine Vielzahl von Methoden auf diese Wettbewerbe vor, etwa durch das Trinken von Unmengen Flüssigkeit oder das Essen von Wassermelonen, um den Magen zu erweitern und so schrittweise immer mehr Nahrung in immer kürzerer Zeit aufnehmen zu können.

Eine Untersuchung der University of Pennsylvania aus dem Jahr 2007 ergab, dass die Wettesser dadurch ihre Physiologie verändern.[3] Ein herkömmlicher menschlicher Magen ist in etwa so groß wie ein American Football und kann sich um bis zu 15 Prozent ausdehnen. Professionelle Wettesser sind jedoch in der Lage, ihre Mägen auf das Zwei- bis Dreifache ihrer normalen Größe zu dehnen. Niemand weiß so genau, warum (es gibt, wie gesagt, kaum Studien zu diesem Thema), aber das zeigt, wie anpassungsfähig der Magen ist.

Ein solches »Magen-Darm-Training« hat zwei Effekte:

- Der Magen wird erweitert und kann dadurch mehr Nahrung aufnehmen.
- Ein sehr voller Magen wird besser vertragen und nicht mehr als unangenehm empfunden.

Beide Aspekte könnten in einer Trainingssituation relevant sein.

Wissenschaftler sagen: »Künftige Studien sollten in einer Vielzahl von Bereichen durchgeführt werden, um etwa die effektivsten Methoden für eine gezielte Adaption des Magen-Darm-Trakts zu finden, [...] denn es ist unstrittig, dass ›Ernährungstraining‹ das Leeren des Darmtrakts sowie die Absorption von Nährstoffen optimieren, wahrscheinlich das Risiko und Ausmaß von belastungsinduzierten Magen-Darm-Störungen verringern und dadurch die Ausdauerleistung verbessern kann.«

Die Bordküche der *Hecate* war also gleichzeitig ein Fitnessstudio für meinen Magen.

Lektion 21

- Alle Ausdauersportler sollten ihren **Magen-Darm-Trakt trainieren.**
- Untersuchungen zufolge spielt »der Magen-Darm-Trakt während langer körperlicher Aktivität eine wichtige Rolle bei der Versorgung mit Kohlenhydraten und Flüssigkeit und kann daher eine bedeutende Leistungsdeterminante sein«.
- **Ein herkömmlicher menschlicher Magen ist in etwa so groß wie ein American Football** und kann sich um bis zu 15 Prozent ausdehnen. Professionelle Wettesser sind jedoch in der Lage, ihre Mägen auf das Zwei- bis Dreifache ihrer normalen Größe zu dehnen.

LEKTION 22 | UNVERWÜSTLICHKEIT BEDEUTET, SCHMERZEN STRATEGISCH ZU ERTRAGEN

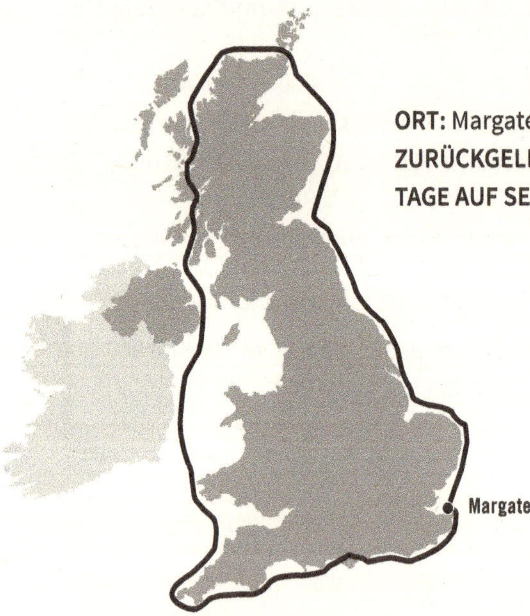

ORT: Margate
ZURÜCKGELEGTE DISTANZ: 2863 Kilometer
TAGE AUF SEE: 157

Es ist 7:50 Uhr am 4. November 2018 und wir sind nur noch wenige Kilometer entfernt!

Nach 157 Tagen, 2863 Kilometern und 649 Bananen ist endlich ein Ende in Sicht. Nachdem wir beim Durchqueren des Themse-Ästuars raues, kaltes und dunkles Wetter erlebt hatten, lichteten sich nun die Wolken auf dramatische Weise, sodass sich uns ein ganz wundervoller

Sonnenaufgang bot, wie ein letztes Geschenk von Ozean und Mutter Natur.

Ich drehte mich zu Matt um und umarmte ihn. Worte waren nicht nötig. Fünf Monate lang war er Freund, Coach und Mentor für mich und hat während jeder Etappe, jedem Kilometer auf mich aufgepasst. Er hatte mich heimgeführt, damit ich das Versprechen einlösen konnte, das ich meiner Familie nach der Nachricht von der Krankheit meines Vaters gegeben hatte.

Als ich ins Wasser stieg, hatte ich mit den Tränen zu kämpfen. Mir war klar, dass das Ende dieser letzten Etappe, wenn ich meine ersten Schritte an Land seit Beginn des Sommers getan und den Sand von Margate Beach geküsst haben würde, folgende drei Dinge bedeutete:

- Die erste Schwimmtour um Großbritannien aller Zeiten wäre geschafft.
- Es würde ein Umdenken darüber stattfinden, was Körper und Geist eines Menschen zu leisten imstande sind.

Doch viel wichtiger als all das:

- Ich würde endlich meinen Vater umarmen können.

Es war 8:05 Uhr und obwohl die See an diesem Morgen freundlich war, hatte ich Probleme zu schwimmen. Ich habe auf meiner Tour entlang der britischen Küstenlinie praktisch jeden denkbaren Zustand erlebt, aber nichts hätte mich darauf vorbereiten können, diese letzten Meter zu schwimmen, während ich 157 Tage unterdrückter Emotionen zurückhalten musste. Denn nie hatte ich mir erlaubt zu feiern und an diesen Zieleinlauf zu denken oder auch nur davon zu träumen.

Ich hatte mir deshalb über den Zieleinlauf und den Empfang, der mich dort erwarten würde, ehrlich gesagt auch gar keine Gedanken gemacht. Als ich im Juni in Margate gestartet war, standen vielleicht hundert Leute oder so am Strand, hauptsächlich Lokalmedien, Bürgermeisterin Julie und ihr Mann Ray, Familie und Freunde. Nun, fünf Monate später, hatte ich 400 Schwimmer eingeladen, um mich auf der

Zielgeraden nach Margate zu begleiten. Nie hätte ich geglaubt, dass tatsächlich so viele Leute verrückt genug wären, zum Winteranfang raus aufs Meer zu schwimmen, um dort einen Kerl zu treffen, den sie überhaupt nicht kannten.

Aber da hatte ich mich wohl geirrt – und zwar gewaltig.

Zunächst sah ich sie gar nicht, sondern hörte sie nur, denn ihr Jubel schallte über (und durch) das Wasser. Aufgereiht wie eine Flottille kamen Massen von Freiwasserschwimmern jeder Größe und jeden Alters auf mich zugeschwommen. Die gesamte Formation wurde angeführt von den Royal Marines, die in Militärkajaks vorwegpaddelten, allen voran Captain Oliver Mason, der mich schon ganz zu Beginn im Training begleitet hatte und es nun am Ende meiner Reise ebenfalls tat.

Als wir uns mitten auf See wiedersahen, fiel es mir schwer, meine Emotionen in Worte zu fassen. Seit einem halben Jahr hatte ich nun kaum jemand anderen als meine Besatzung gesehen, und nun tauchten hier 400 Schwimmer auf, um mich zu begrüßen.

Das kann man nicht beschreiben, man muss es fühlen. Mir liefen die Tränen über die Wangen und dennoch hatte ich ein breites Lächeln auf den Lippen und Gänsehaut am ganzen Körper. Meine Gefühle spielten mit meiner Physis. Ich zettelte eine riesige Gruppenumarmung an, überall waren Hände und Füße und ich musste mir meine Schwimmbrille aufsetzen, um die Tränen zurückzuhalten. Vor allem, als die Piloten der Flugshow in der Moray Firth uns einen weiteren Überraschungsbesuch abstatteten und mit ihrem Rauch ein großes Herz ans Firmament malten, um meinen Zieleinlauf zu zelebrieren.

Als wir im Hafen ankamen, war der Empfang, den man uns bereitete, einfach atemberaubend. Aus meiner unbändigen Freude wurde allerdings schnell unkontrollierte Aufregung, als mir bewusst wurde, dass hier Tausende Menschen am Strand standen (die meisten mit Kameras), während ich aus dem Meer steigen und dabei versuchen würde zu laufen, nachdem ich monatelang meine Beine nicht mehr an Land benutzt hatte.

Ich schwamm so weit ich konnte in meiner flüssigen Komfortzone, bis das Wasser irgendwann so flach war, dass ich die Kiesel und den

Sand vom Meeresboden mit meinen Händen berühren konnte. Weil es komisch ausgesehen hätte, an Land zu kriechen, versuchte ich vorsichtig, den ersten Fuß aufzusetzen. Nach einer kurzen Pause fühlte ich mich (zunächst) sicher genug und begann, langsam loszugehen. Doch durch den Jubel der Menschenmassen und all die hellen Lichter am Strand wurde daraus schnell ein ambitionierter Sprint.

Dreimal wäre ich dabei fast gestürzt, schaffte es aber doch, lange genug aufrecht zu bleiben, um es bis zum Strand zu schaffen. Alles danach verschwimmt jedoch in meiner Erinnerung. Nachdem ich so viel mit meinen eigenen Gedanken verbracht hatte, in dieser Welt des Sinnesentzugs draußen auf See, waren die Blitzlichter des versammelten Pressepulks eine totale Reizüberflutung, umwerfend, aber auf eine erfreuliche Art und Weise.

Irgendwer gab mir ein Mikrofon in die Hand und ich richtete ein paar Worte in die Kameras (bis heute bin ich mir nicht ganz sicher, was da aus meinem Mund kam), doch unter all den Tausenden Anwesenden suchte ich die ganze Zeit nur einen einzigen Menschen: meinen Vater.

Als er endlich irgendwann aus der Masse auftauchte, verpasste er mir die dickste (und überfälligste) Umarmung unserer Familiengeschichte. Fast musste ich meine Schwimmbrille erneut aufsetzen, um meine Tränen zu verstecken. Irgendwie gelang es mir, sie zurückzuhalten, indem ich einfach nicht viel sagte, auch weil ich einen riesigen Kloß im Hals hatte.

Meinem Vater war das egal. Er war ohnehin niemand, der viel über seine Gefühle sprach, und das musste er an diesem Tag auch nicht. Dass er hier war, sagte mehr als tausend Worte. Beim Start seiner Krebsimmuntherapie hatte er den Ärzten gesagt, dass er dem Zieleinlauf seines Sohns nach dessen Umrundung Großbritanniens um jeden Preis beiwohnen wolle. Die Ärzte willigten ein und verpassten ihm eine kräftige Dosis Schmerzmittel und (vorsichtshalber) einen Rollstuhl, für den Fall, dass er zu schwach zum Laufen sein würde. Und hier war er nun und legte seine Arme um mich.

Anschließend umarmte ich meine Mutter, Brüder und Freundin, bis mein Vater (selbstlos wie immer) mich aufforderte, jedem der Anwesenden zu danken, die so weit gereist waren, um bei meinem Zieleinlauf dabei zu sein.

Gut erzogen, wie ich bin, hörte ich auf ihn und bahnte mir meinen Weg durch die Menschenmassen. Tausende waren gekommen aus dem ganzen Vereinten Königreich (und der Welt). Eine Gruppe erschien mit riesigen aufblasbaren Bananen und hielt Banner mit den Worten »Nashornnacken« in dicken Lettern darauf in die Höhe. Schulkinder aus der Region waren gekommen mit aus Papptellern und Bindfäden gebastelten Quallen und unzählige Schwimmer hatten weit mehr als meine üblichen 15 000 Kalorien Tagesbedarf mitgebracht, in jeder vorstellbaren Form von Kuchen, Schokolade oder Keksen.

Irgendwann (als meine Lippen bereits blau waren von der Kälte und mein Magen voller Kekse und Kuchen) wurde ich dann von Sicherheitsleuten in das Media Centre gebracht, wo eine warme Dusche und eine warme Pizza im Umkleideraum auf mich warteten. Weil ich mich nicht entscheiden konnte, ob ich zuerst duschen oder essen sollte, tat ich einfach beides. Während ich ein riesiges Stück BBQ-Pizza in einer Hand hielt, massierte ich mit der anderen Shampoo in meine Haare. So verbrachte ich die nächste Stunde damit, mich wieder mit Wärme und Hygiene vertraut zu machen, zwei guten alten Freunden, die ich in mehr als fünf Monaten auf See nicht mehr gekannt hatte.

Stunden vergingen und ich stand einfach da, duschend und irgendwie verstört versuchte ich, die vergangenen 2865 Kilometer erst einmal sacken zu lassen. Gelungen ist es mir nicht. Nach einer ganzen Flasche Shampoo (und der kompletten Pizza) wusste ich noch immer nicht, welche finale Lektion ich aus dem Great British Swim mitnehmen würde. Deshalb begann ich in den Monaten danach, die Tour Kilometer für Kilometer auseinanderzunehmen und wieder neu zusammenzusetzen, bis ich dieses Buch fertig hatte. Herausgekommen ist – ein ganzes Jahr später – folgender Schluss.

Lektion 22

Einige Statistiken des Great British Swim:

- 157 Tage auf See
- 2865 Kilometer – entspricht 85 Ärmelkanal-Durchquerungen oder 57 679 Bahnen in einem olympischen Schwimmbecken)
- 0 Tage krank
- 2,3 Millionen Schwimmzüge
- 649 verzehrte Bananen
- Mehr als eine Million verzehrte Kalorien
- Über 100 Quallenstiche
- 2 Zwergwale
- 1 Riesenhai
- Mehr als tausend Robben
- 5 Rollen Gafferband, um Hautrisse zu bedecken
- 3 Kilogramm Vaseline gegen Wundscheuern der Haut
- Schlimmste Bedingungen: 18. September 2018 – Sturm Ali mit Windgeschwindigkeiten von bis zu 160 Kilometern pro Stunde

Was lernen wir aus alledem? **Dass alles möglich ist!**

EPILOG

Es ist der 4. November 2019 in Cheshire, England.

Ich bin unterwegs zu einem meiner Lieblingsorte zum Schwimmen, ein Wassersportzentrum am See namens Manley Mere, das draußen auf dem Land gelegen ist, inmitten von vier Hektar Feldern in den verschiedensten Grüntönen. Im Kofferraum lagen Schwimmbrille, Badehose und Sportdrinks. Meine beiden Brüder (Scott und Craig) hatten außerdem beschlossen, mich heute beim Training zu begleiten. Für mich stand allerdings keine normale Schwimmeinheit an, der Tag war aus zwei Gründen etwas Besonderes:

- Es war der Jahrestag meiner Ankunft in Margate.
- Hier beendete ich das letzte Kapitel meines Buchs.

Seit meiner Rückkehr an Land hatte sich einiges verändert. Erst jetzt, 365 Tage später, nachdem ich meine stürmische Medientour beendet hatte, realisierte ich, was alles geschehen war.

Matt und Suzanne waren auf ihren Bauernhof in Devon zurückgekehrt, wo sie einen völlig überwucherten Garten vorfanden, den sie den Rest des Jahres über wieder zurechtstutzten. Nachdem sie so den Winter verbracht hatten, fuhren sie im Frühjahr wieder zur See und wurden zuletzt gesehen, als sie mit der *Hecate* in Richtung Portugal segelten, um in Nazaré 15 Meter hohe Wellen zu surfen. Meine »Meeresgeschwister« Taz, Peony, Jemima und Harriet sind natürlich mit an Bord.

Meine Mutter war froh, dass ich endlich wieder festen (und trockenen) Boden unter den Füßen hatte und sie mich nicht mehr vor schottischen Stürmen beschützen musste. Es ist wenig überraschend, dass sie keinen Fuß mehr auf ein Boot gesetzt hat, seit ich von meiner Tour um Großbritannien zurück war, aber wir sehen uns regelmäßig. Ihre

Küche bleibt einer meiner liebsten und meistbesuchten Orte 2019, denn ich hatte ein Jahr versäumte Hausmannskost nachzuholen.

Meist bin ich nicht allein dort, wenn ich ihren Kühlschrank durchwühle, denn mein Vater leistet mir auf der Suche nach Käsekuchen oft Gesellschaft. Auch ein Jahr nach meiner Tour bleibt er einer der stoisch stärksten Menschen, die ich kenne. Er befindet sich nach wie vor in Immuntherapie und bekämpft und besiegt den Krebs. Ich schreibe »besiegt«, weil er bereits wieder als Tennislehrer angefangen und von der Lincolnshire Lawn Tennis Association in diesem Jahr einen Preis für sein Lebenswerk erhalten hat. Wenige Monate darauf feierte er außerdem den 40. Hochzeitstag mit meiner Mutter.

Auch Hester war froh, dass ich wieder zu Hause war. Geduscht, rasiert und (halbwegs) wieder in die Gesellschaft integriert, habe ich meine animalischen Instinkte langsam abgelegt und benutze sogar wieder eine Toilette. Auch sie hat seit Margate kein Boot mehr betreten und mir das Versprechen abgerungen, mindestens ein Jahr lang nicht mehr um oder zwischen irgendwelchen Ländern zu schwimmen. Wir sind seit sieben Jahren zusammen, sie kennt mich also gut genug, um zu wissen, was in mir vorgeht, wann immer wir die Küste besuchen.

Und was ist mit mir?

Nun, Margate lag gefühlt schon eine Ewigkeit zurück und meine Geschichten von Quallenstichen, Wassergeschwüren und der sich auflösenden Zunge, waren durch die Medien unsterblich geworden. Doch obwohl Journalisten (freundlicherweise) Artikel über meine angeblichen »Heldentaten« verfasst hatten, habe ich alles Erreichte nur durch die systematische Anwendung der stoischen Sportwissenschaft und der Kunst der Unbesiegbarkeit geschafft.

Widerstandsfähigkeit ist keine übermenschliche Eigenschaft, die nur den Kühnen und Mutigen vorbehalten ist. Sie steckt in uns allen und wird erst durch Stress und Belastungsreize aktiviert. Deshalb beschreibt der Begriff der Zähigkeit laut medizinischen Untersuchungen der Marine eine Reihe psychologischer und physiologischer Prozesse, die die Leistungsfähigkeit unter Stress verbessern.[1] Und deshalb wird Widerstandskraft definiert als die Fähigkeit, traumatische oder belastende Ereignisse zu ertragen und erfolgreich zu verarbeiten, und umfasst eine Reihe physischer, behavioristischer, sozialer und psychologischer Faktoren.[2]

Beide Eigenschaften habe ich in diesem Buch ausführlich beschrieben.

Verstehe deshalb (bitte): Die wichtigste Lehre aus meiner Schwimmtour (und das Vermächtnis dieses Buchs) lautet, dass ich nicht mutig war. Mut definiert sich als Kraft im Angesicht von Schmerz oder Trauer. Ich dagegen berief mich im Angesicht von Schmerz und Trauer auf stoische Sportwissenschaft, die sich auf den gesammelten Werken einiger der größten Geister und widerstandsfähigsten Menschen aller Zeiten gründet.

Ich war nicht furchtlos ... sondern habe Stress habitualisiert (und kannte das Konzept der tierischen Furcht).

Ich war nicht unverwundbar ... sondern bin mithilfe bewährter Prinzipien aus Sportwissenschaft und Kraftsport widerstandsfähiger geworden.

Ich war nicht immun gegen Schmerzen ... sondern verstand das psychobiologische Modell der Erschöpfung.

Ich war nicht mit übermenschlicher Ausdauer gesegnet ... sondern kannte die Bedeutung eines perfekten Pacings.

Ich war emotional nicht unerschütterlich ... sondern wusste um die Kraft des Lächelns und wie ich Kontrollierbares kontrollieren konnte.

Ich war kein Held ... sondern hungrig und hatte im Training einen Magen aus Stahl geformt.

Ich hoffe, dass du dich nach dem Lesen dieses Buchs in der Lage fühlst, deinen ganz eigenen Okugake zu beschreiten. Angetrieben von einer intrinsischen Form der Motivation, dem Wunsch nach Selbstfindung durch Selbstdisziplin und gerüstet mit stoischer Sportwissenschaft, verstehst nun auch du die Kunst der Unverwüstlichkeit und kannst – wie die Pioniere und Helden, die in diesem Buch Erwähnung finden (von Captain Webb bis Emil Zátopek) – zu deinem ganz eigenen sportlichen Abenteuer aufbrechen.

QUELLEN

Kapitel 1 | **Warum habe ich mir das angetan?**

1 Duckworth A. L., Peterson C., Matthews M. D. und Kelly D. R. (2007). »Grit: perseverance and passion for long-term goals«. *Journal of Personality and Social Psychology* 92 (6): 1087–10101

Kapitel 2 | **Warum der Körper nicht zerbricht**

1 Talpey S. W. und Siesmaa E. J. (2017). »Sports injury prevention: The role of the strength and conditioning coach«. *Strength and Conditioning Journal* 39 (3): 14–19

2 Fleck S. J. und Falkel J. E. (1986). »Value of resistance training for the reduction of sports injuries«. *Journal of Sports Medicine* 3 (1): 61–68

3 Ebd.

Kapitel 3 | **Warum der Geist nicht kapituliert**

1 Asmussen E., (1979). »Muscle fatigue«. *Medicine and Science in Sports* 11 (4): 313–321

2 Austruy P. (2016). »Neuromuscular fatigue in contact sports: Theories and reality of a high-performance environment«. *Journal of Sports Medicine & Doping Studies* 6 (4)

3 Knicker A. J., Renshaw I., Oldham A. R. und Cairns S. P. (2011). »Interactive processes link the multiple symptoms of fatigue in sport competition«. *Journal of Sports Medicine* 41 (4): 307–328

4 Pennazio S. (2009). »Homeostasis: a history of biology«. *National Library of Medicine National Institutes of Health* 102 (2): 253–271

Lektion 1 | **Stoische Sportwissenschaft ist eine Theorie, die aus der Praxis entstand**

1 Grøntved A., Brask T., Kambskard J. und Hentzer E. (1988). »Ginger root against seasickness. A controlled trial on the open sea«. *Acta Oto-Laryngologica* 105 (1–2): 45–49

2 Deibert P., Berg A., Koenig D. und Dickhuth H. H. (2005). »The gastrointestinal system: the relationship between an athlete's health and sport performance: review article«. *International SportsMed Journal* 6 (3): 130–140

Lektion 2 | **Entdecke die Kraft der spirituellen Sportwissenschaft**

1 Wrzesniewski A., Schwartz B., Cong X., Kane M., Omar A. und Kolditz T. (2014). »Multiple types of motives don't multiply the motivation of West Point cadets«. *Proceedings of the National Academy of Sciences of the United States of America* 111 (30): 10990–10995

Lektion 3 | **Der Körper blutet und leidet, doch gibt sich nicht geschlagen**

1 Ramesh G., Nagarajappa R., Madhusudan A. S., Sandesh N., Batra M., Sharma A. und Patel S. A. (2012). »Estimation of salivary and tongue coating pH on chewing household herbal leaves: A randomized controlled trial«. *Ancient Science of Life* 32 (2): 69–75

2 Nielsen R., Akey J. M., Jakobsson M., Pritchard J. K., Tishkoff S. und Willerslev E. (2017). »Tracing the peopling of the world through genomics«. *Nature* 541: 302–310

3 Collins M. (2009). »Genetics and Sports«. *Medicine and Sports Science* 54: 102–109

4 Scott R. A. und Pitsiladis Y. P. (2006). »Genetics and the success of East African distance runners«. *International SportMed Journal* 7 (3):172–186

5 Randall L. W. und Pitsiladis Y. P. (2012). »Kenyan and Ethiopian distance runners: What makes them so good?« *International Journal of Sports Physiology and Performance* 7 (2):92–102

6 Osterberg K. L., Horswill C. A. und Baker L. B. (2009). »Pregame urine specific gravity and fluid intake by National Basketball Association players during competition«. *Journal of Athletic Training* 44 (1): 53–57

7 Casa D. J., Armstrong L. E., Hillman S. K. und Montain S. J. (2000). »National Athletic Trainers' Association Position Statement: Fluid replacement for athletes«. *Journal of Athletic Training* 35 (2): 212–224

8 Judelson D. A., Maresh C. M., Farrell M. J., Yamamoto L. M., Armstrong L. E., Kraemer W. J., Volek J. S., Spiering B. A., Casa D. J. und Anderson J. M. (2007). »Effect of hydration state on strength, power, and resistance exercise performance«. *Medicine and Science in Sports & Exercise* 39: 1817–1824

Lektion 4 | **Um deinen eigenen Weg zu gehen, brauchst du einen eigenen Plan**

1 Koutedakis Y. (2000). »›Burnout in Dance‹: the physiological viewpoint«. *Journal of Dance Medicine & Science* 4 (4): 122–127

2 Lehmann M. J., Lormes W., Opitz-Gress A., Steinacker J. M., Netzer N., Foster C. und Gastmann U. (1997). »Training and overtraining: an overview and experimental results in endurance sports«. *Journal of Sports Medicine and Physical Fitness* 37 (1): 7–17

3 Parker S., Brukner P. und Rosier M. (1996). »Chronic fatigue syndrome and the athlete«. *Sports Medicine, Training and Rehabilitation* 6 (4): 269–278

4 Kreher J. B. (2016). »Diagnosis and prevention of overtraining syndrome: an opinion on education strategies«. *Journal of Sports Medicine* 7: 115–122

5 Halson S. L. und Jeukendrup A. E. (2004). »Does overtraining exist? An analysis of overreaching and overtraining research«. *Sports Medicine* 34 (14): 967–981

6 Gouarné C., Groussard C., Gratas-Delamarche A., Delamarche P. und Duclos M. (2005). »Overnight urinary cortisol and cortisone add new insights into adaptation to training«. *Medicine and Science in Sports & Exercise* 37 (7): 1157–1167

7 Pichot V., Roche F. und Gaspoz J. M. (2000). »Relation between heart rate variability and training load in middle-distance runners«. *Medicine and Science in Sports & Exercise* 32 (10): 1729–1736

Lektion 5 | **Mach deinen Körper zum Werkzeug, nicht zum Schmuckstück**

1 García-Pallarés J. und Izquierdo M. (2011). »Strategies to optimize concurrent training of strength and aerobic fitness for rowing and canoeing«. *Sports Medicine* 41 (4): 329–343

2 Curtis T. (1991). »Strength training modalities: The perfect workout«. *National Strength and Conditioning Association Journal* 13 (6):83–85

3 Midgley A. W., McNaughton L. R. und Jones A. M. (2007). »Training to enhance the physiological determinants of long-distance running performance: can valid recommendations be given to runners and coaches based on current scientific knowledge?« *Journal of Sports Medicine* 37 (10): 857–880

4 Kambouris M. (2011). »Predictive genomics profiling in athletics and sports performance«. *British Journal of Sports Medicine* 45 (2)

5 Wathen D. und Baechle T. (2008). *Periodization Essentials of Strength Training and Conditioning*, 3. Auflage. Human Kinetics/NSCA

6 Magra M. und Maffulli N. (2008). »Genetic aspects of tendinopathy«. *Journal of Science and Medicine in Sport* 11 (3): 243–247

7 Atkinson G. und Reilly T. (1996). »Circadian variation in sports performance«. *Journal of Sports Medicine* 21 (4): 292–312

8 Deschenes M. R., Kraemer W. J., Bush J. A., Doughty T. A., Kim D., Mullen K. M. und Ramsey K. (1998). »Biorhythmic influences on functional capacity of human muscle and physiological responses«. *Medicine and Science in Sports & Exercise* 30 (9): 1399–1407

9 Deschenes M. R., Bronson L. L., Cadorette M. P., Powers J. E. und Weinlein J. C. (2002). »Aged men display blunted biorhythmic variation of muscle performance and physiological responses«. *Journal of Applied Physiology* 92: 2319–2325

10 Kanaley J.A., Weltman J. Y., Pieper K. S., Weltman A. und Hartman M. L. (2001). »Cortisol and growth hormone responses to exercise at different times of day«. *Journal of Clinical Endocrinology and Metabolism* 86: 2881–2889

11 Merrow M., Spoelstra K. und Roenneberg T. (2005). »The circadian cycle: daily rhythms from behaviour to genes«. *EMBO Reports* 6: 930–935

12 Tucker R. und Collins M. (2012). »What makes champions? A review of the relative contribution of genes and training to sporting success«. *British Journal of Sports Medicine* 46 (8): 555–561

Lektion 7 | **Schnell kann fragil und langsam kann stabil bedeuten**

1 Borghols E. A., Dresen M. H. und Hollander A. P. (1978). »Influence of heavy weight carrying on the cardiorespiratory system during exercise«. *European Journal of Applied Physiology and Occupational Physiology* 38 (3): 161–169

2 Li T. Z. und Zhan J. M. (2015). »Hydrodynamic body shape analysis and their impact on swimming performance«. *Acta of Bioengineering and Biomechanics* 17 (4): 3–11

3 Cohen R. C. Z., Cleary P. W. und Mason B. (2010). »Improving Understanding of Human Swimming Using Smoothed Particle Hydrodynamics«. *Proceedings of 2010 Singapore IFMBE, 6th World Congress of Biomechanics* 31: 174–177

4 Kucia-Cztszczon K., Dybinkska E., Ambrozy T. und Chwala W. (2013). »Factors determining swimming efficiency observed in less skilled swimmers«. *Acta of Bioengineering and Biomechanics* 15: 115–124

5 Sacilotto G. B., Ball N. und Mason B. R. (2014). »A biomechanical review of the techniques used to estimate or measure resistive forces in swimming«. *Journal of Applied Biomechanics* 30 (1): 119–127

6 Wanivenhaus F., Fox A. J. S., Chaudhury S. und Rodeo S. A. (2012). »Epidemiology of injuries and prevention strategies in competitive swimmers«. *Journal of Sports Health* 4 (3): 246–251

7 Talpey S. W. und Siesmaa E. J. (2017). »Sports injury prevention: The role of the strength and conditioning coach«. *Strength and Conditioning Journal* 39 (3): 14–19

8 Lauersen J. B., Bertelsen D. M. und Andersen L. B. (2014). »The eff ectiveness of exercise interventions to prevent sports injuries: a systematic review and meta-analysis of randomised controlled trials«. *British Journal of Sports Medicine* 48 (11): 871–877

9 Lauersen J. B., Andersen T. E. und Andersen L. B. (2018). »Strength training as superior, dose-dependent and safe prevention of acute and overuse sports injuries: a systematic review, qualitative analysis and meta-analysis«. *British Journal of Sports Medicine* 52 (24): 1557–1563

10 Askling C., Karlsson J. und Thorstensson A. (2003). »Hamstring injury occurrence in elite soccer players after preseason strength training with eccentric overload«. *Scandinavian Journal of Medicine and Science in Sports* 13 (4): 244–250

11 Hejna W. F., Rosenberg A., Buturusis D. J. und Krieger A. (1982). »The Prevention of Sports Injuries in High School Students Through Strength Training«. *National Strength Coaches Association Journal* (Feb)

12 Skelton D. A. und Beyer N. (2003). »Exercise and injury prevention in older people«. *Scandinavian Journal of Medicine and Science in Sports* 13 (1): 77–85

13 Pedemonte J. (1986). »Foundations of training periodization Part I: historical outline«. *Strength & Conditioning Journal* 8 (3): 62–66

14 Issurin V. (2010). »New horizons for the methodology and physiology of training periodization«. *Sports Medicine* 40 (3): 189–206

15 Faigenbaum A. D. und Myer G. D. (2010). »Resistance training among young athletes: safety, efficacy and injury prevention eff ects«. *British Journal of Sports Medicine* 44 (1): 56–63

16 Brooks J. H., Fuller C. W., Kemp S. P. und Reddin D. B. (2006). »Incidence, risk, and prevention of hamstring muscle injuries in professional rugby union«. *American Journal of Sports Medicine* 34 (8): 1297–1306

17 Chumanov E. S., Schache A. G., Heiderscheit B. C., et al. (2012). »Hamstrings are most susceptible to injury during the late swing phase of sprinting«. *British Journal of Sports Medicine* 46 (2): 90

18 Heidt R. S., Sweeterman L. M., Carlonas R. L., Traub J. A. und Tekulve F. X.(2000). »Avoidance of soccer injuries with preseason conditioning«. *American Journal of Sports Medicine* 28 (5): 659–662

19 Byram I. R., Bushnell B. D., Dugger K., Charron K., Harrell F. E. und Noonan T. J. (2010). »Preseason shoulder strength measurements in professional baseball pitchers: Identifying players at risk for injury«. *American Journal of Sports Medicine* 38 (7): 1375–1382

20 Windt J., Gabbett T. J., Ferris D. und Khan K. M. (2017). »Training load–injury paradox: is greater preseason participation associated with lower in-season injury risk in elite rugby league players?« *British Journal of Sports Medicine* 51 (8): 645–650

Lektion 8 | **Kraft verbessert Ausdauer und Ausdauer verbessert Kraft**

1 Aagaard P. und Andersen J. L. (2010). »Effects of strength training on endurance capacity in top-level endurance athletes«. *Scandinavian Journal of Medicine & Science in Sports* 20 (2): 39–47

2 Rønnestad B. R., Hansen E. A. und Raastad T. (2010). »Effect of heavy strength training on thigh muscle cross-sectional area, performance determinants, and performance in well-trained cyclists«. *European Journal of Applied Physiology*, 108 (5): 965–975

3 Vikmoen O., Ellefsen S., Trøen Ø., Hollan I., Hanestadhaugen M., Raastad T. und Rønnestad B. R. (2016). »Strength training improves cycling performance, fractional utilization of VO2max & cycling economy in female cyclists«. *Scandinavian Journal of Medicine & Science in Sports* 26 (4): 384–396

4 Kucia-Cztszczon K., Dybinkska E., Ambrozy T. und Chwala W. (2013). »Factors determining swimming efficiency observed in less skilled swimmers.« *Acta of Bioengineering and Biomechanics* 15 (4): 115–124

5 Vikmoen O., Ellefsen S., Trøen Ø., Hollan I., Hanestadhaugen M., Raastad T. und Rønnestad B. R. (2016). »Strength training improves cycling performance, fractional utilization of VO2max and cycling economy in female cyclists«. *Scandinavian Journal of Medicine & Science in Sports* 26 (4): 384–96.

6 Lundberg T. R., Fernandez-Gonzalo R., Gustafsson T. und Tesch P. A. (2012). »Aerobic exercise does not compromise muscle hypertrophy response to short-term resistance training«. *Journal of Applied Physiology* 114 (1): 81–89

7 Lundberg T. R., Fernandez-Gonzalo R., Tesch P. A., Rullman E. und Gustafsson T. (2016). »Aerobic exercise augments muscle transcriptome profile of resistance exercise«. *American Journal of Physiology* 310 (11): 1279–1287

8 Aagaard P. und Andersen J. L. (2010). »Effects of strength training on endurance capacity in top-level endurance athletes«. *Scandinavian Journal of Medicine & Science in Sports* 20 (2): 39–47

9 Wathen D. und Baechle T. (2008). *Essentials of Strength Training and Conditioning*, 3. Auflage. Human Kinetics/NSCA

10 Zehr E. P. und Sale D. G. (1994). »Ballistic movement: Muscle activation and neuromuscular adaptation«. *Canadian Journal of Applied Physiology* 19 (4): 363–378

11 Mangine G. T., Ratamess N. A., Hoffman J. R.; Faigenbaum A. D., Jie K. und Chilakos A. (2008). »The effects of combined ballistic and heavy resistance training on maximal lower and upper-body strength in recreationally trained men«. *Journal of Strength and Conditioning Research* 22 (1): 132–139

12 Lauersen J. B., Bertelsen D. M. und Andersen L. B. (2014). »The effectiveness of exercise interventions to prevent sports injuries: a systematic review and meta-analysis of randomised controlled trials«. *British Journal of Sports Medicine* 48 (11): 871–877

13 Behm D. G., Leonard A. M., Young W. B., Bonsey W. A. und MacKinnon S. N. (2005). »Trunk muscle electromyographic activity with unstable and unilateral exercises«. *Journal of Strength and Conditioning Research* 19 (1): 193–201

14 Jenkins N. D. M. (2012). »Implement training for concentric-based muscle actions«. *Strength and Conditioning Journal* 34 (2): 1–7

Lektion 9 | **Kreuzen und jagen**

1 Siehe www.pressandjournal.co.uk/fp/news/highlands/1471746/light-plane-crash-off-kintyre-likely-caused-by-poor-visibility/

2 Scott A., Heinlein P. T. und Cosgarea A. J. (2010). »Biomechanical considerations in the competitive swimmer's shoulder«. *Sports Health* 2 (6): 519–525

3 Deschodt V. J., Arsac L. M. und Rouard A. H. (1999). »Relative contribution of arms and legs in humans to propulsion in 25-m sprint front-crawl swimming«. *European Journal of Applied Physiology* 80 (3): 192–199

4 Counsilman J. E. (1968). *The Science of Swimming.* Prentice-Hall, Englewood Cliff s, NJ

5 Hay J. G. (1993). *The Biomechanics of Sports Techniques* 4. Auflage. Prentice Hall, Englewood Cliff s, NJ

6 Rushall B. S. (2013). »Current swimming techniques: The physics of movement and observations of champions«. *Swimming Science Bulletin* 44

7 Czabanski B. und Koszcyc T. (1979). »Relationship of stroke asymmetry and speed of breaststroke swimming«. *Swimming III* Terauds J. und Bedingfield E. W. (Hrsg.), University Park Press, Baltimore: 148–152

8 Laursen P. B. und Jenkins D. G. (2002). »The scientific basis for high-intensity interval training: Optimising training programmes and maximising performance in highly trained endurance athletes«. *Sports Medicine* 32 (1): 53–73

9 Tabata I., Nishimura K., Kouzaki M., Hirai Y., Ogita F., Miyachi M. und Yamamoto K. (1996). »Effects of moderate-intensity endurance and high intensity intermittent training on anaerobic capacity and VO_2max«. *Medicine and Science in Sport & Exercise* 28 (10): 1327–1330

10 O'Leary T., Collett J., Howells K. und Morris M. (2017). »High but not moderate-intensity endurance training increases pain tolerance: a randomised trial«. *European Journal of Applied Physiology* 117 (11): 2201–2210

Lektion 10 | **Lerne, Grenzen zu durchbrechen**

1 Weir J. P., Beck T. W., Cramer J. T. und Housh T. J. (2006). »Is fatigue all in your head? A critical review of the central governor model«. *British Journal of Sports Medicine* 40 (7): 573–586

2 Lambert E. V., St Clair Gibson A. und Noakes T. D. (2005). »Complex systems model of fatigue: integrative homoeostatic control of peripheral physiological systems during exercise in humans«. *British Journal of Sports Medicine* 39 (1): 52–62

Lektion 11 | **Zwei Methoden zur Schmerzbewältigung**

1 Johnson M. H., Stewart J., Humphries S. A. und Chamove A. S. (2012). »Marathon runners' reaction to potassium iontophoretic experimental pain: pain tolerance, pain threshold, coping and self-efficacy«. *European Journal of Pain* 16 (5): 767–774

2 Freund W., Weber F., Billich C., Birklein F., Breimhorst M. und Schuetz U. H. (2013). »Ultramarathon runners are different: investigations into pain tolerance and personality traits of participants of the TransEurope FootRace 2009«. *Pain Practice: the Official Journal of the World Institute of Pain* 13 (7): 524–532

3 Alschuler K. N., Kratz A. L., Lipman G. S., Krabak B. J., Pomeranz D., Burns P., Bautz J., Nordeen C., Irwin C. und Jensen M. P. (2019). »How variability in pain and pain coping relate to pain interference during multistage ultramarathons«. *Journal of the International Association for the Study of Pain* 160 (1): 257–262

4 Tan G. et al. (2008). »Comparison of adaptive and maladaptive coping/ appraisal as they relate to adjustment to chronic pain«. *Journal of Pain* 9 (4): 57

5 Zelman D. C., Howland E. W., Nichols S. N. und Cleeland C. S. (1991). »The effects of induced mood on laboratory pain«. *Journal of Pain* 46 (1): 105–111

6 Büssing A., Ostermann T., Neugebauer E. A. und Heusser P. (2010). »Adaptive coping strategies in patients with chronic pain conditions and their interpretation of disease«. *BMC Public Health* 10 (1): 507

7 Weisenberg M., Tepper I. und Schwarzwald J. (1995). »Humor as a cognitive technique for increasing pain tolerance«. *Journal of Pain* 63 (2): 207–212

8 Ayahuasca, aus einer Pflanze mit dem Namen Banisteriopsis caapi gewonnen, wird in schamanischen Heilritualen verwenden and und ist dafür bekannt, dass es positive spirituelle Offenbarungen zum Sinn des Lebens hervorruft.

9 Büssing A., Ostermann T., Neugebauer E. A. und Heusser P. (2010). »Adaptive coping strategies in patients with chronic pain conditions and their interpretation of disease«. *BMC Public Health* 20 (10): 507

10 Büssing A., Ostermann T., Neugebauer E. A. und Heusser P. (2010). »Adaptive coping strategies in patients with chronic pain conditions and their interpretation of disease«. *BMC Public Health* 10 (1): 1

11 Weir J. P., Beck T. W., Cramer J. T. und Housh T. J. (2006). »Is fatigue all in your head? A critical review of the central governor model«. *British Journal of Sports Medicine* 40 (7): 573–586

12 Butler R. K. und Finn D. P. (2009). »Stress-induced analgesia«. *Progress in Neurobiology* 88 (3): 184–202

13 Amit Z. und Galina Z. H. (1986). »Stress-induced analgesia: adaptive pain suppression«. *Physiological Review* 66 (4): 1091–1120

Lektion 12 | **Bekämpfe Angst mit dem »Konzept der tierischen Furcht«**

1 Padgett D. A. und Glaser R. (2003). »How stress influences the immune response«. *Trends in Immunology* 24 (8): 444–448

2 Reiche E. M. V., Nunes S. O. V. und Morimoto H. K. (2004). »Stress, depression, the immune system, and cancer«. *The Lancet Oncology* 5 (10): 617–625

3 Vgontzas A. N., Bixler E. O., Lin H. M., Prolo P., Mastorakos G., Vela-Bueno A., Kales A. und Chrousos G. P. (2001). »Chronic insomnia is associated with nyctohemeral activation of the hypothalamic-pituitary-adrenal axis: clinical implications«. *Journal of Clinical Endocrinology & Metabolism* 86 (8): 3787–3794

4 Glaser R. und Kiecolt-Glaser J. K. (2005). »Stress-induced immune dysfunction: implications for health«. *Nature Reviews Immunology* 5 (3): 243–251

5 Thompson R. F. und Spencer W. A. (1996). »Habituation: A model phenomenon for the study of neuronal substrates of behaviour«. *Psychological Review* 73 (1): 16–43

6 Van Paridon K. N., Timmis M. A., Nevison C. M. und Bristow M. (2017). »The anticipatory stress response to sport competition; a systematic review with meta-analysis of cortisol reactivity«. *BMJ Open Sport & Exercise Medicine* 3 (1): e000261

7 Vera F. M., Manzaneque J. M., Carranque G. A., Rodríguez-Peña F. M., Sánchez-Montes S. und Blanca M. J. (2018). »Endocrine modulation in longterm karate practitioners«. *Evidence-Based Complementary and Alternative Medicine* 2018: 1074801

8 Salvador A. (2005). »Coping with competitive situations in humans«. *Neuroscience & Biobehavioral Reviews* 29 (1): 195–205

9 Salvador A. (2005). »Coping with competitive situations in humans«. *Neuroscience & Biobehavioral Reviews* 29 (1): 195–205

10 Meyer V. J., Lee Y., Böttger C., Leonbacher U., Allison A. L. und Shirtcliff E. A. (2015). »Experience, cortisol reactivity, and the coordination of emotional responses to skydiving«. *Frontiers of Human Neuroscience* 25 (9): 138

11 Orlansky J. (1989). »The military value and cost-eff ectiveness of training«. NATO Defense Research Group Panel 7 on the Defense Applications of Operational Research. Research Study Group 15 on the Military Value and Cost-Effectiveness of Training. Institute for Defense Analyses, Alexandria, VA.

12 Gorman P. F. (1990). »The military value of training«. *Institute for Defense Analyses Paper* P-2515

13 Robson S. und Manacapilli T. (2014). *Enhancing Performance Under Stress: Stress Inoculation Training for Battlefield Airmen.* RAND Corporation, Santa Monica, CA.

14 Friedland N. und Keinan G. (1992). »Training effective performance in stressful situations: Three approaches and implications for combat training«. *Military Psychology* 4 (3): 157–174

15 Beilock S. L., Carr T. H., MacMahon C. und Starkes J. L. (2002). »When paying attention becomes counterproductive: Impact of divided versus skillfocused attention on novice and experienced performance of sensorimotor skills«. *Journal of Experimental Psychology: Applied* 8 (1): 6–16

Lektion 14 | **Akzeptiere das Unkontrollierbare**

1 Friedrich Nietzsche: *Werke in drei Bänden.* München: Carl Hanser Verlag, 1954, Band 2, S. 1098

Lektion 15 | **Kontrolliere das Kontrollierbare**

1 Übersetzung von Bertram Kottmann. https://gedichte.xbib.de/Blake,+William_gedicht_Jerusalem.htm. Abdruck mit Genehmigung des Übersetzers.

Lektion 16 | **Unverwüstlichkeit braucht Zeit, aufgeben geht schnell**

1 Sjodin B. und Svedenhag J. (1985). »Applied Physiology of Marathon Running«. *Sports Medicine* 2 (2): 83–99

2 Farrell P. A., Wilmore J. H., Coyle E. F., Billing J. E. und Costill D. L. (1979). »Plasma lactate accumulation and distance running performance«. *Medicine and Science in Sports & Exercise* 11 (4): 338–344

3 Walsh N. P., Gleeson M., Shephard R. J., Gleeson M., Woods J. A., Bishop N. C., Fleshner M., Green C., Pedersen B. K., Hoffman-Goetz L., Rogers C. J., Northoff H., Abbasi A. und Simon P. (2011). »Position statement Part One: Immune function and exercise«. *Exercise Immunology Review 17*: 6–63

4 Shephard R. J. (2010). »Development of the discipline of exercise immunology«. *Exercise Immunology Review 16*: 194–222

5 Castell L. M. (2002). »Exercise-induced immunodepression in endurance athletes and nutritional intervention with carbohydrate, protein and fat: What Is possible, what Is not?«. *Nutrition* 18 (5): 371–375

6 Chamorro-Vina C., Fernandez-del-Valle M. und Tacón A. M. (2013). »Excessive Exercise and Immunity: The J-Shaped Curve«. *The Active Female* 357–372

7 Shephard R. J. (2010). »The history of exercise immunology«. In: *The History of Exercise Physiology.* Tipton C., hg. v. Human Kinetics, Champaign, IL.

8 Shephard R. J. (1997). *Physical Activity, Training and the Immune Response.* Cooper Publishing Group, Carmel, IN.

9 Brenner I. K., Shek P. N. und Shephard R. J. (1994). »Infection in athletes«. *Sports Medicine 17*: 86–107

10 Oliver S. J., Laing S. J., Wilson S., Bilzon J. L., Walters R. und Walsh N. P. (2007). »Salivary immunoglobulin A response at rest and after exercise following a 48 h period of fluid and/or energy restriction«. *British Journal of Nutrition* 97 (6): 1109–1116

11 Nieman D. C., Nehlsen-Cannarella S. L., Markoff P. A., Balk-Lamberton A. J., Yang H., Chritton D. B., Lee J. W. und Arabatzis K. (1990). »The effects of moderate exercise training on natural killer cells and acute upper respiratory tract infections«. *International Journal of Sports Medicine* 11 (6): 467–473

12 Lindholm P. und Lundgren C. E. G. (2009). »The physiology and pathophysiology of human breath-hold diving«. *Journal of Applied Physiology* 106 (1): 284–292

13 Hindell M. A. und Lea M. A. (1998). »Heart rate, swimming speed, and estimated oxygen consumption of a free-ranging southern elephant seal«. *Physiological Zoology* 71 (1): 74–84

Lektion 17 | **Du bist stärker, wenn du lächelst**

1 Blanchfield A., Hardy J. und Marcora S. (2014). »Non-conscious visual cues related to affect and action alter perception of eff ort and endurance performance«. *Frontiers in Human Neuroscience* 11 (8): 967

Lektion 18 | **Schlaf dich stark!**

1 Lieberman H. R., Bathalon G. P., Falco C. M., Kramer F. M., Morgan C. A. und Niro P. (2005). »Severe decrements in cognition function and mood induced by sleep loss, heat, dehydration, and undernutrition during simulated combat«. *Journal of Biological Psychiatry* 57 (4): 422–429

2 Scott J. P., McNaughton L. R. und Polman R. C. (2006). »Effects of sleep deprivation and exercise on cognitive, motor performance and mood«. *Physiology & Behaviour* 87 (2): 396–408

3 Tobaldiniab E., Costantinoa G., Solbiatia M., Cogliatic C., Karade T., Nobilif L. und Montanoa N. (2017). »Sleep, sleep deprivation, autonomic nervous system and cardiovascular diseases«. *Neuroscience & Biobehavioral Reviews* 74 (Part B): 321–332

4 Lieberman H. R., Niro P., Tharion W. J., Nindl B. C., Castellani J. W. und Montain S. J. (2006). »Cognition during sustained operations: comparison of a laboratory simulation to field studies«. *Aviation, Space, and Environmental Medicine* 77 (9): 929–935

5 Chrousos G., Vgontzas A. N. und Kritikou I. (2016). »HPA Axis and Sleep«. In: Feingold K. R., Anawalt B., Boyce A. et al., hg. v. Endotext [Internet], South Dartmouth, MA.

6 Dijk D. J. und Czeisler C. A. (1995). »Contribution of the circadian pacemaker and the sleep homeostat to sleep propensity, sleep structure, electroencephalographic slow waves, and sleep spindle activity in humans«. *Journal of Neuroscience* 15 (5): 3526–3538

7 Reppert S. M. und Weaver D. R. (2002). »Coordination of circadian timing in mammals«. *Nature* 418: 935–941

8 Arendt J. und Broadway J. (1987). »Light and Melatonin as Zeitgebers in Man«. *Journal of Biological and Medical Rhythm Research* 4 (2): 161–185

9 Wever R. A. (1980). »Phase shifts of human circadian rhythms due to shifts of artificial Zeitgebers«. *Chronobiologica* 7 (3): 303–327

10 West L. J., Janszen H. H., Lester B. K. und Cornelisoon F. S. jr. (1962). »The psychosis of sleep deprivation«.In: Sankar S. (Hrsg.) »Some biological aspects of schizophrenic behavior«. *Annals of the New York Academy of Science* 96 (1): 66–70

11 Babkoff H., Sing H. C., Thorne D. R., Genser S. R. und Hegge F. W. (1989). »Perceptual distortions and hallucinations reported during the course of sleep deprivation«. *Perceptual and Motor Skills 68* (3): 787–798

12 Kovalzon V. M. (2009). »Some notes on the biography of Maria Manasseina«. *Journal of the History of the Neurosciences 18* (3): 312–319

13 Bentivoglio M. und Grassi-Zucconi G. (1997). »The pioneering experimental studies on sleep deprivation«. *Sleep 20* (7): 570–576

14 Everson C. A., Bergmann B. M. und Rechtschaffen A. (1989). »Sleep deprivation in the rat: III. Total sleep deprivation«. *Sleep 12* (1): 13–21

15 Morris G. O. und Singer M. T. (1961). »Sleep deprivation«. *Archives of General Psychiatry 5*: 453–461

16 Koranyi E. K. und Lehman H. E. (1960). »Experimental sleep deprivation in schizophrenic patients«. *Archives of General Psychiatry 2*: 534–544

17 Luce G. G. (1973). »Current research on sleep and dreams«. US Dept of Health, Education and Welfare, Public Health Service, National Institute of Mental Health

18 Brand S., Beck J., Gerber M., Hatzinger M. und Holsboer-Trachsler E. (2010). »Evidence of favorable sleep-EEG patterns in adolescent male vigorous football players compared to controls«. *World Journal of Biological Psychiatry 11* (2-2): 465–475

19 Mah C. D., Mah K. E., Kezirian E. J. und Dement W. C. (2011). »The effects of sleep extension on the athletic performance of collegiate basketball players«. *Sleep 34* (7): 943–950

20 Diekelmann S. (2014). »Sleep for cognitive enhancement«. *Frontiers in Systems Neuroscience 8* (1): 46

21 Shapiro C. M., Bortz R., Mitchell D., Bartel P. und Jooste P. (1981). »Slow-wave sleep: a recovery period after exercise«. *Science 214* (4526): 1253–1254

22 Pilcher J. J. und Huffcutt A. I. (1996). »Effects of sleep deprivation on performance: a meta-analysis«. *Sleep 19* (4): 318–326

23 Honn K. A., Hinson J. M., Whitney P. und Van Dongen H. P. A. (2019). »Cognitive flexibility: A distinct element of performance impairment due to sleep deprivation«. *Accident Analysis & Prevention 126*: 191–197

24 Alhola P. und Polo-Kantola P. (2007). »Sleep deprivation: Impact on cognitive performance«. *Neuropsychiatric Disease and Treatment 3* (5): 553–567

25 Van Dongen H. P. A., Maislin G., Mullington J. M. und Dinges D. F. (2003). »The cumulative cost of additional wakefulness: Dose-response effects on neurobehavioral functions and sleep physiology from chronic sleep restriction and total sleep deprivation«. *Sleep 26* (2): 117–126

Lektion 19 | **Heldentaten gegen den Hunger**

1 Widdowson E. (1980). »Adventures in nutrition over half a century«. *Proceedings of the Nutrition Society 39* (3): 293–306

2 Cordain L., Eaton S. B., Sebastian A., Mann N., Lindeberg S., Watkins B. A., O'Keefe J. H. und Brand-Miller J. (2005). »Origins and evolution of the Western diet: health implications for the 21st century«. *American Journal of Clinical Nutrition 81* (2): 341–354

Lektion 20 | **Iss dich unverwüstlich!**

1 Ranchordas M. K. (2012). »Nutrition for Adventure Racing«. *Sports Medicine* 42 (11): 915–927

2 Zimberg I. Z., Crispim C. A., Juzwiak C. R. und Antunes H. K. M. (2008). »Nutritional intake during a simulated adventure race«. *International Journal of Sport Nutrition and Exercise Metabolism* 18 (2)

3 Nikolaidis P. T., Veniamakis E., Rosemann T. und Knechtle B. (2018). »Nutrition in ultra-endurance: State of the art«. *Nutrients* 10 (12): doi10.3390/nu10121995

4 Peters E. M. (2003). »Nutritional aspects in ultra-endurance exercise«. *Current Opinion in Clinical Nutrition & Metabolic Care* 6 (4): 427–434

5 Rodriguez N. R., Di Marco N. M. und Langley S. (2009). »American College of Sports Medicine position stand. Nutrition and athletic performance«. *Medicine and Science in Sport & Exercise* 41 (3): 709–731

6 Economos C. D., Bortz S. S. und Nelson M. E. (1993). »Nutritional practices of elite athletes. Practical recommendations«. *Sports Medicine* 16 (6): 381–399

7 Venkatraman J. T. und Pendergast D. R. (2002). »Effect of dietary intake on immune function in athletes«. *Sports Medicine* 32 (5): 323–337

8 Eden B. D. und Abernethy P. J. (1994). »Nutritional intake during an ultraendurance running race«. *International Journal of Sport Nutrition and Exercise Metabolism* 4 (2): 166–174

9 Kaidar-Person O., Person B., Szomstein S. und Rosenthal R. J. (2008). »Nutritional defi ciencies in morbidly obese patients: a new form of malnutrition? Part A: vitamins«. *Obesity Surgery* 18 (7): 870–876

10 Knez W. L. und Peake J. M. (2010). »The prevalence of vitamin supplementation in ultraendurance triathletes«. *International Journal of Sport Nutrition and Exercise Metabolism* 20 (6): 507–514

11 Applegate E. A. (1991). »Nutritional considerations for ultra-endurance performance«. *International Journal of Sport Nutrition and Exercise Metabolism* 1 (2): 118–126

12 Gleeson M. und Bishop N. C. (2000). »Elite athlete immunology: importance of nutrition«. *International Journal of Sports Medicine* 21 (Suppl 1): S44–50

13 Chandra R. K. (1997). »Nutrition and the immune system: an introduction«. *American Journal of Clinical Nutrition* 66 (2): 460S–463S

14 Tarnopolsky M. A., MacDougall J. D. und Atkinson S. A. (1988). »Influence of protein intake and training status on nitrogen balance and lean body mass«. *Journal of Applied Physiology* 64 (1): 187–193

15 Chauveau M. A. und Kaufmann M. »Experiences pour la determination du coefficient de l'activite nutritive et respiratoire des muscles en repos et en travail«. *Comptes Rendus Hebdomadaires Des Seances De L'Academie Des Sciences* 1887 (104): 1126

16 Ivy J. L. (1999). »Role of carbohydrate in physical activity«. *Clinics in Sports Medicine* 18 (3): 469–484

17 Williams C., Brewer J. und Walker M. (1992). »The effect of a high carbohydrate diet on running performance during a 30-km treadmill time trial«. *European Journal of Applied Physiology and Occupational Physiology* 65 (1): 18–24

18 Balsom P. D., Gaitanos G. C., Söderlund K. and Ekblom B. (1999). »High-intensity exercise and muscle glycogen availability in humans«. *Acta Physiologica Scandinavica* 165 (4): 337–345

19 Burke L. M., Cox G. R., Culmmings N. K. und Desbrow B. (2001). »Guidelines for daily carbohydrate intake: do athletes achieve them?« *Journal of Sports Medicine* 31 (4): 267–299

20 Ebd.

21 Rapoport B. I. (2010). »Metabolic factors limiting performance in marathon runners«. *PLoS Computational Biology* 6 (10): e1000960

22 Brown R. C. (2002). »Nutrition for optimal performance during exercise: carbohydrate and fat«. *Current Sports Medicine Reports* 1 (4): 222–229

23 Romijn J. A., Coyle E. F., Sidossis L. S., Gastaldelli A., Horowitz J. F., Endert E. und Wolfe R. R. (1993). »Regulation of endogenous fat and carbohydrate metabolism in relation to exercise intensity and duration«. *American Journal of Physiology* 265 (3): E380–391

Lektion 21 | **Magen aus Stahl**

1 Jeukendrup A. E. (2017). »Training the gut for athletes«. *Sports Medicine* 47 (Suppl 1): 101–110

2 Jeukendrup A. E. und McLaughlin J. (2011). »Carbohydrate ingestion during exercise: effects on performance, training adaptations and trainability of the gut«. *Nestle Nutrition Institute Workshop Series* 69 (1): 1–17

3 Levine M. S., Spencer G., Alavi A. und Metz D. C. (2007). »Competitive speed eating: truth and consequences«. *American Journal of Roentgenology* 189 (3): 681–686

Epilog

1 O'Donnell A., Morgan C. A., Jovanov E., Andrasik F. und Prevost M. C. (2002). *The Warfighter's Stress Response: Telemetric and Noninvasive Assessment.* Naval Aerospace Medical Research Lab, Pensacola, FL.

2 Meredith L. S., Sherbourne C. D., Gaillot S. L., Hansell L., Ritschard H. V., Parker A. M. und Wrenn, G. (2011). *Promoting Psychological Resilience in the US Military.* RAND Corporation, Santa Monica, CA.

STICHWORTVERZEICHNIS

S

T

V

W

Z

DANK

Der Great British Swim (und demzufolge auch dieses Buch) wäre ohne das großartige Team, das mich monatelang über Wasser gehalten hat, nicht möglich gewesen. Beginnen möchte ich (selbstverständlich) mit Captain Matt Knight, dessen Heldentaten im Lauf dieser fünf Monate sich gar nicht alle in Worte fassen lassen. In 157 Tagen lag er mit keinem Gezeitenwechsel, keiner Wettervorhersage und keiner Routenplanung falsch. Er hat Unglaubliches geleistet und wird ganz ohne Frage in die Segelgeschichte eingehen. Dann war da Suzanne, die allein für mich locker mehr als eine Million Kalorien gekocht, gebraten und angerührt hat. Ohne ihre »Heldentaten gegen den Hunger« wäre meine Schwimmtour auf keinen Fall machbar gewesen. Sie war der Kitt, der diese Tour und unser Schiff zusammenhielt. Ebenso weiß ich nicht, was ich ohne meine Meeresgeschwister Taz, Harriet, Peony und Jemima getan hätte, die sich alle mehrmals sprichwörtlich und buchstäblich ins ganz tiefe Wasser für mich begeben haben und mich durch Schifffahrtsrouten, Stürme und drei Meter hohe Wellen lotsten. Diese Tour war keine Individualleistung, alleine hätte ich sie niemals geschafft, weshalb ich dieser Familie gar nicht genug danken kann.

Nun zu meiner eigenen Familie: Ohne die Liebe und Unterstützung meiner Mutter, meines Vaters, meiner Brüder und (extrem geduldigen) Freundin hätte ich niemals den Entschluss gefasst, am Strand von Margate loszuschwimmen. Viele hielten dieses Abenteuer für »schwimmenden Selbstmord«, als ich meiner Familie aber (beim Sonntagsbraten) von der Idee berichtete, begannen sie sofort mit der Planung und suchten die besten Häfen, Anlegeplätze und Landzungen heraus, an denen sie mich besuchen konnten, um mir Essensvorräte in Form von Käsekuchen vorbeizubringen. Das zeigt mir, wie glücklich ich mich schätzen kann und dass ich alles nur deshalb erreichen konnte, weil ich sie habe.

Unter all den Helden, die in diesem Buch beschrieben sind, findet einer jedoch keine Erwähnung, weil er aufgrund seiner extremen Bescheidenheit lieber »hinter den Kulissen« bleiben wollte. Während ich Monate auf See verbrachte, war er daheim an Land und kümmerte sich (praktisch ohne zu schlafen) um die Logistik des ganzen Projekts. Sein Name lautet Richard Bowen. Obwohl 99,99 Prozent der Leute meinten, dass dieses ganze Abenteuer keine gute Idee sei, wurde er Mediendirektor von dem ganzen Ding und produzierte im Alleingang eine Onlinereihe, mit der wir mehr als 500 Millionen Menschen erreichten. Richard ist ein Pionier moderner digitaler Medien und ein hervorragender Regisseur, aber ein noch besserer Freund. Ich stehe für immer in seiner Schuld und der seines Teams (Craig, Tom, Ben, Euan und Harvey), das mit Kameras bewaffnet durch ganz Großbritannien gereist ist, um meine Schwimmtour zu dokumentieren.

Zu guter Letzt möchte ich noch den tollen Mitarbeitern im Verlag danken. Ohne sie wäre dieses Buch bis heute nur eine Sammlung langer, zusammenhangloser Schmierereien in einem meerwassergetränkten Notizbuch. Weil aber Oliver Malcolm und Ed Faulkner meine Vision teilten, Millionen von Menschen das Wissen und die Kraft für ihre ganz eigenen Abenteuer an die Hand zu geben, durfte ich dieses Buch schreiben. Monate später war aus diesen Schmierereien dann, mit der Hilfe von Marketing-, Lektorat- und Designteam (Orlando Mowbray, Tom Whiting, Sarah Hammond, Isabel Prodger und Simeon Greenaway), tatsächlich ein fertiges Manuskript entstanden und der Traum, meine Philosophie und Konzepte zum Thema Unverwüstlichkeit zu veröffentlichen, Realität geworden.